全书统筹，并编写项目 1、项目 4、项目 12 及项目 13，约 9.0 万字；张东月负责编目 2、项目 3 和项目 14，约 10.9 万字；高梦梦负责项目 5、项目 6、项目 7 和项目约 12.2 万字，雷俊霞负责项目 9、项目 10 和项目 11，约 9.0 万字。同时参考了大量理专家、学者的研究成果，以及各省份文旅厅官网和各大景区官网资料，并得到了中旅游出版社、郑州旅游职业学院等单位的大力支持，特别是得到了中国旅游出版社段民老师的大力支持，在此一并向上述单位与个人表示感谢。

由于编者时间和水平有限，错误与疏漏之处在所难免，恳请专家学者、同人及广大者批评与指正，我们对此表示衷心感谢。

编者

2023 年 4 月

中国旅游院校五星联盟教材编写出版项目
中国骨干旅游高职院校教材编写出版项目

新编中国旅游地理

（第二版）

主编◎焦金英　张东月　　参编◎高梦梦　雷俊霞

中国旅游出版社

《新编中国旅游地理》作为院校教材，距离第一版已过去了六年。
教育快速发展，旅游供给侧改革逐步推行，全域旅游、文旅融合、智慧
生旅游行业从业态到岗位发生重大变化，进而对旅游人才需求提出了更
求。作为培养旅游人才的院校，更要紧贴行业需求，不断调整人才培养
置与课程内容上及时调整，以培养复合型高素质技能型人才。在此背景下
了二版修订。

本教材相比一版，在以下几个方面进行了较大调整。第一，教材以任
实训项目为载体，将理论与实践有机融合。每个任务中，以实训项目检验
果，同时达到学以致用的目的，提升学生的职业技能与综合素养。第二，教
科学合理重构。教材内容在理论模块和实训模块基础上，将理论模块重新整
理、资源地理、行为地理、旅游可持续发展四个章节，按照学生认知规律、旅
程双重标准，进行逻辑严谨、梯度明晰的编写。第三，充分遵循职业教育教学
才成长规律。教材符合学生认知特点，体现了职业教学理念，重视学生综合素
技能并重。作为专业基础类课程，第二版在修订时压缩了区域地理部分核心景
容，对旅游线路也进行了删减，更加符合学生学情特点，体现职业教育理念，
综合素养培养的同时，也为后续职业技能的提升奠定了坚实的基础。第四，将产
新技术、新理念、新规范体现在教材中。教材中专门设置"行业前沿"环节，融
行业动态、前沿资讯，引导学生关注行业发展。第五，重视课程思政效果引导。教
终将文化自信、责任担当、精术立德等理念融入教材中，通过职业素养、案例精选
识拓展等环节体现正确的政治方向和价值导向，引导学生热爱旅游行业，提升服务
与责任担当，弘扬技能宝贵、德能并举的时代风尚。

二次修订作者仍是教学一线教师，均有多年旅游地理教学经验。焦金英担任主

前言

随着现代社会经济的发展，旅游已成为大众旅游时代下人们的一种生活方式，旅游业已成为世界最重要的支柱性产业。根据国家旅游局发布的数据显示，2016年，中国旅游人数共计45.6亿人次，旅游消费达4.66万亿元，中国国内旅游、出境旅游人数和国内旅游消费、境外旅游消费均列世界第一。快速发展的旅游业成为助推经济增长的新引擎，也对我国的旅游教育，尤其是高等旅游教育带来千载难逢的发展机遇和新的挑战。“中国旅游地理”是高等职业教育旅游相关专业必修的一门主干专业课程，不仅是旅游从业人员应学习的必备知识，还有助于全面提升国民旅游素质、服务于中国旅游业可持续发展，具有很强的实用性。

本书的编写，依据教育部、国家旅游局等相关部门颁布的新规范、新标准，以中国旅游地理环境为基础，旅游资源为依托，客源市场为导向，能力培养为目标，以服务旅游业与地方经济发展为宗旨；学科理论强调以必需与够用为度，力求兼顾理论系统性、专业基础性、职业实用性、学习操作性等，以深入浅出、生动实用为指导思想。为便于学生学习，本书每章设置了学习目标、专业技能训练、同步思考、知识小扩充以及职业能力提升等环节。本书在结构上分为上下两篇共14章，上篇1~4章为中国旅游地理相关理论，分述了中国旅游地理的基本理论，包括绪论、旅游与地理环境、中国旅游资源地理和中国旅游交通地理；下篇5~14章为区域旅游分论，介绍了我国31个省、自治区、直辖市，以及我国港澳台等地的旅游地理环境概况、旅游业发展现状，以及区内主要旅游资源、景区、节庆与旅游线路等。

本书作者全部是教学一线教师，都有着多年的旅游地理教学经历，在编写本书过程中作者们集思广益，博采众长，注重创新。本书由郑州旅游职业学院的张东月、焦金英担任主编，确立本书的基本框架以及统稿工作。参编人员具体编写分工为：张东月负责编写第1、第2、第10、第11章和前言；焦金英负责编写第3、第4、第7、第14章；

雷俊霞负责编写第 8、第 9 章；付娟负责编写第 5、第 6 章；金慧慧负责编写第 12、第 13 章。

本书在编写过程中，大量参考和引用了本专业专家、学者的研究成果，以及各省区旅游局（或旅游委）和各大景区、旅行社的官网资料，并得到了中国旅游出版社、郑州旅游职业学院等单位的大力支持，特别是得到了中国旅游出版社段向民老师的大力支持，在此一并向上述单位与个人表示感谢。

由于编者时间和水平有限，错误与疏漏之处在所难免，恳请专家学者、同人及广大读者批评与指正，我们对此表示衷心感谢。

编者

2017 年 7 月

目 录

项目考核参考答案

项目 1

旅游与地理环境

项目导学

- 旅游与地理环境
  - 自然与人文地理环境关系辨析
    - 自然地理环境认知
    - 人文地理环境认知
    - 自然与人文地理环境的关系辨析
  - 旅游者产生的地理背景探寻
    - 旅游者概况认知
    - 旅游者产生的地理背景探寻
  - 旅游资源形成的地理环境条件探源
    - 旅游资源价值认知
    - 旅游资源形成的地理环境条件探源

学习目标

知识目标：

1. 了解自然地理环境与人文地理环境要素、旅游者概念。
2. 熟悉自然与人文地理环境关系、自然与旅游资源形成的条件。
3. 掌握旅游者产生的地理背景。

能力目标：

1. 具备地理与人文关系的思辨能力。
2. 充分认识地理环境对旅游资源形成的重要性。

素质目标：

1. 树立热爱旅游行业的职业道德观念。
2. 提升我国作为旅游资源大国的自豪感。
3. 具备良好的自然地理环境与人文地理环境协调发展观。

任务1　自然与人文地理环境关系辨析

【任务概述】

自然地理环境不仅是人类赖以生存的基础，也是人文地理环境形成的前提。随着科技与经济发展，人文地理环境对自然地理环境的依赖性逐步弱化。通过学习，了解自然与人文地理环境的组成要素，熟悉自然与人文地理环境的关系及其变化。

【学习目标】

1. 了解自然地理环境、人文地理环境的组成要素。
2. 具备对自然与人文地理环境关系的客观辨析能力。
3. 树立尊重自然、和谐发展的人地协调观。

【知识准备】

一、自然地理环境认知

（一）自然地理环境要素

自然地理环境是指一定社会所处的地理位置以及与此相联系的各种自然条件的总和，包括气候、土壤、河流、湖泊、山脉、矿藏以及动植物资源等。地理环境是能量的交错带，位于地球表层，即岩石圈、水圈、土壤圈、大气圈和生物圈相互作用的交错带上，其厚度10~30公里。

（二）自然地理环境特征

1. 整体性

地理环境的整体性是指全球大小不同的自然综合体内部的各要素和各部分相互联系、相互制约，从而形成一个完整的、独立的、内部具有相对一致性、外部具有独特性的整体。

【知识拓展1-1】

自然环境的整体表现

自然地理环境要素和各部分之间的相互联系、相互作用表现在三个方面：一是地理环境中这一要素的变化影响到另外要素的变化。二是地理环境中这一部分的变化会影响到另外部分的变化。三是各级自然综合体内部任何一个要素和部分的发展变化都要受到整体的制约。

资料来源：编者根据相关资料整理。

2. 差异性

地球上不同的地区，由于所处纬度位置和海陆位置互不相同，分别具有一定的热量和水分组合，形成不同气候，又产生了与之相应的、有代表性的植被和土壤类型，从而形成了具有一定宽度、呈带状分布的陆地自然带区域。

二、人文地理环境认知

人文地理环境是人类的社会、文化和生产生活活动的地域组合，包括疆域、政区、人口、民族、聚落、政治、社团、经济、交通、军事、信仰、社会行为等许多要素。它们在地球表面构成的圈层，称为人文圈（社会圈）、智慧圈、技术圈。随着经济和科技的高速发展，人文地理环境所涵盖的要素越来越多，范畴也越来越广泛，对自然地理环境产生的影响也越来越明显。

三、自然与人文地理环境的关系辨析

（一）自然地理环境是人文地理环境形成的客观性前提

自然地理环境作为人类实践活动的对象，是人类实践活动的物质前提，是人文地理环境形成的客观性前提。在不同历史时期的不同区域，自然地理环境的差异影响着人文地理环境中聚落、民族、交通、信仰、社会行为等的形成，也为人类的农业活动、工业生产活动及旅游业发展提供了极为重要的物质基础。

在人类发展的不同时期，自然地理环境对人文地理环境形成的作用大小有所差异。在人类社会形成的初期，由于生产力低下，人们对自然资源的依赖性过强，自然地理环境对人文地理环境形成所起到的作用最为明显，甚至决定了最初的人文地理环境的形成。但随着人类社会发展阶段不断提高，生产力和科学技术不断进步，自然地理环境对人文地理环境形成的作用逐渐减弱。但无论社会发展到何种程度，自然地理环境对人文地理环境的影响都是存在的。

【实践活动 1-1】

经济和科技改变靠天吃饭

查找资料，以小组为单位，举例说明随着科技和经济的发展，自然地理环境对人文地理要素的影响逐渐减弱。

（二）人文地理环境影响自然地理环境改变

人文地理环境是围绕人类的活动形成的各种发展现象，人类在适应自然地理环境的同时，也改造自然、征服自然，使得自然地理环境中的气候、水文、动植物也发生着不断变化。这种变化既有积极的影响，也有负面的作用。过度砍伐、污水排放、滥用农药等人类活动都对自然地理环境造成破坏，而植树造林、退耕还林、污水治理等积极行动有助于自然地理环境生态恢复。

【案例精选 1-1】

三峡大坝有效防洪

2006 年长江上世界最大的水利工程三峡大坝建成，221.5 亿立方米的库容有效实现了对洪水的拦截、削峰、错峰，多年来一次又一次制服了汹涌洪峰，长江再无出现过大规模洪灾。人类通过积极的措施，将自然灾害降到最低，正是对自然地理环境的有益改变。

（三）自然地理环境与人文地理环境应和谐发展

近代工业革命的发展，是以牺牲自然规律、破坏自然环境及生态系统为代价换取的经济飞速与社会繁荣。自20世纪70年代以来，资源危机、能源危机、生态危机、自然灾害等问题层出不穷，人类深受其害。在此基础上，人们开始重视自然地理环境与人文地理环境的发展协调性，主动尊重自然地理环境，反对任意对待自然地理环境，保护自然，实现人地可持续发展。不管科技如何发展，尊重自然、保护人类赖以生存的环境是人地协调观的基本原则。

【任务引入】

哈尼梯田广泛分布于云南省红河哈尼族彝族自治州各个县。其中哈尼梯田世界文化遗产保护区位于哀牢山脉南段、红河南岸的元阳县，是哈尼族传统人居环境和农耕文化的典范，也是哈尼族人1300多年来生生不息地“雕刻”的山水田园风光画。这些梯田规模宏大、气势磅礴，被法国报刊列为1993年度新发现的七大人文景观之一。

【任务分析】

哈尼梯田拥有独特的灌溉系统和奇异而古老的农业生产方式，形成了“森林—河流—村寨—梯田”为一体的良性原始农业生态循环系统。这种人与自然高度协调的、可持续发展的、良性循环的生态系统，充分展现了哈尼人利用天时、地利并始终与生态环境协调发展的人地协调观，折射出哈尼族人高超的生命智慧。

【任务实施】

任务要求：分组查找哈尼梯田的农业生态循环系统模式后，对其中蕴含的自然地理环境与人文地理环境的关系进行辨析。

任务目标：

1. 对世界遗产景区哈尼梯田资源概况有基本认知。

2. 认识到哈尼梯田最初形成的决定性因素。

3. 学会辨析哈尼梯田中人文对自然地理环境的影响和改变。

实训步骤：参见表 1–1 提示。

表 1–1　实训操作指导步骤

步骤	标准	提示
1.了解哈尼梯田生态循环系统自然	自然要素、人文要素的分类	如森林、水源、山地为自然要素；村寨、梯田开垦、水系打造为人文要素
2.梳理哈尼梯田自然或人文地理环境内部要素关系	要素之间影响及结果	如森林涵养水源、河流灌溉土壤等
3.对自然地理环境与人文地理环境关系进行辨析	分清主次关系、影响关系	如梯田形成最重要因素是水源，人为的水系改造让梯田实现生态循环

任务 2　旅游者产生的地理背景探寻

【任务概述】

短期内离开常住地到异地进行以旅行为目的、获得物质或精神追求的人就是旅游者。促使旅游者前往旅游目的地旅行的背景包括自然、文化、经济与环境质量。通过学习，了解旅游者的概念，掌握旅游者产生的四种地理背景。

【学习目标】

1. 了解旅游者的概念、旅游者的特征。
2. 掌握旅游者产生的地理背景。
3. 充分认识环境质量对于旅游者产生起到的重要作用。

【知识准备】

一、旅游者概况认知

（一）旅游者定义

旅游者就是暂时离开常住地，通过游览、消遣等活动，以获得精神上的愉快感受为主要目的的人。

旅游是一种内容丰富、形式多样、涉及面极广的社会经济现象，是人类社会一种短期性的特色生活方式。作为旅游者的人是旅游活动的主体，即旅游是人的活动，旅游业的一切生产经营活动都是围绕旅游者开展的，可以说旅游者是各旅游企业乃至旅游业赖以生存和发展的基本条件及源泉。因此，正确认识旅游者，对于发展旅游业、指导旅游实践具有重要的理论价值和现实意义。

根据对旅游者定义的理解和旅游活动自身的特性，作为旅游活动主体的旅游者具备异地性、闲暇性、享受性、消费性和地域性等特征。

【职业素养 1-1】

文明旅游　人人有责

文明旅游，是每个公民在旅游过程中应尽的义务。不仅体现着个人良好的修养，也是对旅游资源及工作人员的尊重。2015 年 5 月，《游客不文明行为记录管理暂行办法》正式实施，这是国家旅游局为推进旅游诚信建设工作，提升公民文明出游意识，依据《中华人民共和国旅游法》、中央文明委《关于进一步加强文明旅游工作的意见》及相关法律法规及规范性文件制定的暂行办法。作为旅游从业人员，更应成为文明旅游的宣传员、形象大使，引导游客文明旅游。

（二）旅游者分类

在我国国内游览的游客，根据其来源的行政区域，可分为国际旅游者和国内旅游者两大类。

国内旅游者是指在具有中华人民共和国国籍，到某目的地进行娱乐、度假、运动、商务、会议、学习、探亲访友、康养等的居民。1979 年国家统计局和国家旅游局对国际旅游者作了明确规定：国际旅游者是指来中国参观旅游、探亲、访友、休养、考察或从事贸易业务，参加体育、宗教活动、会议等的外国人、华侨和我国港澳台同胞。并规定八种人不属于国际旅游者：应邀来我国访问，由部长以上人员率领的党、政、议会、军队代表团成员；各国驻华使领馆人员；常驻我国的外国专家、留学生、新闻记者等；乘国际班机直接过境的游客、机组人员和在口岸逗留不过夜的铁路员工及船员；边境地区往来的居民；回内地定居的华侨、港澳台同胞；到中国定居的外国人和原已出境又返回中国定居的外国侨民；归国的中国出国人员。

【实践活动 1–2】

旅游者的 24 小时

不同学者对旅游者定义不同，且在一些关键词上存在着不同的争议，如到异地的距离、在目的地停留的时间等。1937 年国际联盟统计委员会最早提出“超过 24 小时”，后许多学者都沿用这一时间节点。但随着交通的飞速发展、人们生活节奏的加快，“早出晚归”式的短途游普遍小于 24 小时，这些游客是否也属于旅游者成为争议。

请就以上争议小组讨论，发表观点。

二、旅游者产生的地理背景探寻

地理环境的差异性和丰富性与人类各自居住环境的局限性与单调性之间的矛盾激发了人们的旅游愿望。激发旅游者旅游动机形成和旅游行为实现并具有恒定持续影响的地理环境称为旅游者产生的地理背景。在地理环境诸多因素中，与旅游者的产生密切相关的主要有自然地理背景、文化地理背景、经济地理背景和环境质量背景，称为旅游者产生的四大地理背景。

（一）自然地理背景

自然地理环境是由地貌、水文、气候、植物、动物等要素组成的。自然地理环境的复杂性、多样性、地带性造成了自然旅游资源的显著的差异性，也形成了开展旅游的基础资源条件。如亚热带地区冬季温暖的气候，构成了冬季避寒旅游的条件；高山地区夏季凉爽的气候，使其成为夏季的避暑胜地；而登山旅游必须要在山地分布地带；观赏岩溶地貌、丹霞地貌、黄土地貌、冰川地貌等必须在相应特定的地理环境中才能实现。

在自然地理环境的诸多构景要素差异中，不同自然地理环境特征差异越大，未知程度越高，对人们的心理吸引力越强，旅游动机就越明显。故各种地貌区、自然带、气候等自然地理环境被人们称为旅游的第一环境。第一环境及其共生的自然旅游资源，不仅是旅游客流最稳定的基本因素，更是旅游动机最持久的主导因素。

【案例精选 1-2】

最美的极光

我们都知道极光很美，但要想看到极光这种天象旅游资源却不容易。我国最北端的漠河北极村虽然距离北极圈不远，但却不是看极光最佳的地方。想欣赏这种神奇的自然之光可以去俄罗斯北部、挪威北部等地。

（二）文化地理背景

文化地理环境是人类在利用自然、改造自然的过程中，在自然环境的基础上形成的，也是激发旅游者产生的一种重要客观因素。文化地理环境与文化景观对旅游者产生的影响巨大。不同的国家、民族、文化圈和文化区之间，在生活方式和行为方式以及与之相适应的制度和组织形式等众多方面有着巨大差异。文化地理环境的差异主要表现在时间和空间上。时间差异是指在同一地域创造的有形的文化景观，随着时间的推移所发生的演变；而空间差异是指文化景观特征随地域不同所发生的变化。

文化景观的差异对异域旅游者均可产生吸引力。相对而言，一个地区历史越悠久、文化影响力越强、内容与形式越丰富、审美特色越突出的文化景观，其旅游吸引力就越大。

（三）经济地理背景

经济地理背景包括社会经济发展水平与社会经济结构的地区差异，是旅游者产生的重要客观因素。经济发达地区、经济中心城市以及沿海开放城市、江河口岸城市，为旅游者的产生奠定了重要的物质基础条件。

首先，经济发达地区是重要的旅游客源地。经济发达地区高度发达的生产力必然带来高效、快速的发展和高额的人均国民生产总值与人均收入，经济发达地区与经济中心城市错综复杂的社会因素更容易诱发人们的旅游动机。其次，经济发达地区也必然使旅游者产生的主观条件和客观条件得以具备。再次，经济发达地区的中心城市，为各种出游动机提供了充足的推动力，如工作的高压力、生活的快节奏、便捷的交通、先进的思想等。最后，经济发达地区巨大的建设成就与发展活力，完善的旅游功能与服务设施对旅游流的形成有显著的拉动作用，吸引人们前来旅游，是重要的旅游接待地。

（四）环境质量背景

环境质量即环境素质的优劣程度，它标志着自然环境受人类活动负面影响的程度，是反映人类对环境评定的一种标准概念。环境质量背景也是激发旅游者产生的又一重要因素。随着人类活动在广度和深度上对自然环境负面影响的增大，环境质量高的地区对旅游者的吸引力有日益增强的趋势。因此，回归自然的田园生态旅游、森林生态旅游、海洋生态旅游、草原生态旅游和高山生态旅游等产品，已经成为人们普遍追求的时尚、品质旅游形式。尽管目前“绿水青山就是金山银山”的发展理念得到全面贯彻，各地在推动绿色发展、建设美丽中国方面取得了显著成就，但原生态、环境优美的的高山、森林、草原仍是旅游者的首选。

【任务引入】

为提振旅游经济，促进旅游业复苏，杭州旅游放大招：2023年1月1日至2023年3月31日，杭州国有和部分非国有A级旅游景区实行首道门票免费游，包括大家所熟知的西湖景区、西溪湿地、良渚遗址公园、千岛湖、大明山、天目山、黄公望隐居地、瑶琳仙境、七里扬帆等41个景区和景点。尤其是灵隐寺免门票后，过年后，游客人山人海。地铁客流单日突破400万人次，龙翔桥地铁站出现火爆场景。

【任务分析】

杭州是浙江省会，地处华东地区、浙江北部、钱塘江下游、东南沿海、京杭大运河南端，是中国著名的旅游胜地。它以秀丽的湖光山色和众多的名胜古迹闻名中外，素有“人间天堂”的美誉。此外，杭州人文古迹众多，集西湖文化、良渚文化、丝绸文化、茶文化等于一体。

【任务实施】

任务要求：分组补充查找资料，从旅游者产生的四个地理背景角度，分析杭州能成为著名旅游城市的原因。

任务目标：

1. 对著名旅游城市杭州有基本概况认知。

2. 能多个角度综合分析杭州具备旅游吸引力的主要原因。

实训步骤：参见表 1–2 提示。

表 1–2　实训操作指导步骤

步骤	标准	提示
1.了解杭州自然地理背景	杭州著名的自然景观	如西溪湿地、西湖等
2.熟悉杭州主要的人文资源	文化分类	如良渚文化、丝绸文化等
3.分析杭州经济条件为旅游业带来的便利条件	如“食、住、行、游、购、娱”六要素方面	如交通异常便利、娱乐时尚发达等
4.查找杭州市区环境质量优秀的证明	如森林覆盖率、绿化率、负氧离子含量等指标	如森林覆盖率66.85%（截至2021年11月）

任务 3　旅游资源形成的地理环境条件探源

【任务概述】

自然界和人类社会凡能对旅游者产生吸引力，可以为旅游业开发利用，并可产生经济效益、社会效益和环境效益的各种事物现象和因素，均称为旅游资源。旅游资源作为旅游业发展的依托载体，其形成的地理环境条件受多种因素影响。通过学习，认识到旅游资源在旅游业发展中的重要地位，熟悉自然与人文旅游资源形成的地理环境条件。

【学习目标】

1. 了解旅游资源的效用和价值。
2. 熟悉自然与人文旅游资源形成的地理环境条件。
3. 充分认识旅游资源作为旅游业发展载体的重要地位。

【知识准备】

一、旅游资源价值认知

旅游资源是旅游业赖以生存和发展的前提，是旅游活动的客体。旅游资源的形成以地理环境的差异性为基本条件，存在于一定的自然或人文地理环境之中。

旅游资源的效用和价值主要分为两个方面：一是对游客来说，其功能主要表现为观赏休闲、娱乐健身和增智益神三个方面，其中观赏休闲是旅游资源最基本的功能；二是对旅游目的地国家或地区及其旅游经营者来说，其功能主要表现为通过旅游资源的开发取得经济效益、社会效益和环境效益。

二、旅游资源形成的地理环境条件探源

（一）自然旅游资源形成的地理环境条件

1. 地球圈层是形成自然旅游资源的物质条件

自然旅游资源是天然赋予的，它的形成是自然地理环境中各要素相互作用的结果，人类活动所及的各个圈层均可形成各类旅游资源。地球圈层可分为岩石圈、生物圈、水圈和大气圈。岩石、水体、生物和大气是构成旅游资源，尤其是自然旅游资源的基本物质要素。如岩石圈内形成的各种地质类和地貌类景观或旅游资源；水体圈内形成的江河、湖泊、瀑布、涌泉及海洋等水景或旅游资源；生物圈的动植物和微生物形成的各种各样的生物景观或旅游资源；大气圈内大气中的冷热、干湿、风云、雨、雪、雾等形成瞬息万变的气象景观或气候旅游资源。

2. 地质作用是形成自然旅游资源的动力条件

地质作用是自然旅游资源，尤其是风景地质地貌形成的根本动力。地球表面千姿百态的地貌形态，具有观赏功能的山地、平原、峡谷、盆地和丘陵等都是由地球内力与外力共同作用的结果。具体来说，火山、地震遗址等各种高低起伏的地貌景观都是内力作用的产物；而那些通过各种风化、侵蚀、搬运与堆积作用形成的地貌景观是外力作用的产物。地球内力作用可使地表产生褶皱、断层、上升或下降现象，使地表变得高低起伏；而外力作用则可削高填低，使地表日趋平坦。正是这两种力共同作用于地表，才形成了地 表千姿百态的地貌景观与地质地貌旅游资源，如火山地貌、岩熔地貌、风蚀地貌、海岸 地貌与峡谷溶洞等。

3. 地域分异规律是形成自然旅游资源的区位条件

地理环境是由地质、地貌、气候、水文、土壤、植被和动物等在内的许多要素构成的统一整体。而这个整体又存在显著的空间差异，这种差异表现为地域分异，也是地理环境的基本特征之一。地域分异是由纬度地带性和非纬度地带性共同作用的结果。纬度地带性因素简称地带性因素，它是由于太阳辐射能沿纬度方向分布不均形成的有规律

的差异；非纬度地带性因素简称非地带性因素，它是由海陆分布、大地构造、海拔高低和地貌差异等导致的局部地域分异。地带性与非地带性都对旅游资源的形成具有决定性的区位影响，如高、中、低纬度影响自然景观的纬向分布，海陆分布与地势高低影响局部自然景观的形成等；气候的区域差异形成了康乐气候、避暑胜地、避寒胜地等旅游资源。

【行业前沿 1-1】

夏季避暑热门区域线路

目前，国内有名的夏季避暑自驾旅游线路主要包括：一是东北环线，包括内蒙古东北部—黑龙江—吉林；二是318川藏线，包括四川西部—林芝—拉萨；三是大柴旦线路，包括西宁—青海湖—莫高窟，四是北疆环线，包括喀纳斯—赛里木湖——伊犁河谷；五是贵州环线，包括贵阳—六盘水—毕节。

（二）人文旅游资源形成的基本条件

1. 实物遗存是形成人文旅游资源的物质条件

实物遗存代表了一定的社会生产力和经济水平，是物质财富的载体。人类在历史进程中，在特定的地理环境中，根据不同时期社会生产力的发展水平，通过活动遗迹、工程建筑、雕刻绘画、文学艺术等形式遗存下来。它们是人类创造的物质财富和实体要素，是反映当时历史面貌的载体，对于了解人类和社会发展史具有重大意义，具有很高的历史价值和美学价值，因而成为重要的人文旅游资源。如巍巍的长城、辉煌的宫殿等古代建筑以及古典园林等。

2. 历史文脉是形成人文旅游资源的精神条件

文化的发展总是沿着一定的历史主线和脉络，继承优秀的文明成果和传统，成为割不断撕不裂的精神羁绊，并不断得到发展和传承。任何文化继承和物质文化实体都是人类文明智慧和技术水平的结 晶，人类文明的发展是继承精华、扬弃糟粕，在不断积累的过程中延续的，并非全部破坏或替代，这就是历史的文脉，历史的传承性和延续性，是形成人文旅游资源的精神条件。

3. 文化差异是形成人文旅游资源的个体条件

不同国家和地区的人们由于所处的自然地理环境不同、发展的历史各异，形成了具有显著差异的地域传统文化。千差万别的地域文化差异，形成了各具特色的文化旅游资源。这里包含了人类创造的有形的物质文化要素和无形的精神文化要素，是人类的创造和自然存在的复合体。在时空上都存在着历史的延续性和地域性分异两重性。表现在不同的文化圈、文化区等之间彼此都存在着一定的差异和较强的吸引力，因而形成丰富的人文旅游资源和无形的精神条件。

【行业前沿 1–2】

巴渝联动打造文旅发展新增长极

为贯彻落实党中央、国务院关于“推动成渝地区双城经济圈建设、打造高质量发展重要增长极”重大决策部署，推动重庆市、四川省共建巴蜀文化旅游走廊，打造国际范、中国味、巴蜀韵的世界级休闲旅游胜地，文化和旅游部、国家发展和改革委、重庆市人民政府、四川省人民政府于 2022 年 6 月联合印发了《巴蜀文化旅游走廊建设规划》（简称《规划》）。一记重磅发布，为川渝两地带来新的发展机遇。

资料来源：《人民日报》，2022–06–22。

【任务引入】

文化旅游资源是旅游目的地旅游业发展中体现出的物质价值和精神价值，在旅游业中占据主导地位，是旅游业发展的强大动力，是提高经济效益和社会效益的重要动力，对旅游业的发展有着重要的影响。2020 年 5 月，习近平总书记在山西云冈石窟考察时深刻指出，通过彰显文化自信、深化文旅融合，深入挖掘和阐释文化内涵，把历史文化与现代文明融入旅游业发展，推动旅游业实现社会效益和经济效益有机统一。

【任务分析】

文化可以通过文物古迹、琴棋书画等凝固于物，也可以通过科技创新赋存于人，更应该通过文旅产业融合发展做大做强。近几年河南充分调动“融媒体 +”合力，打造出了《唐宫夜宴》《水下洛神》、“奇妙游”等系列线上创新文旅产品，并依托河南多家热门景区搭建场景，打通了河南文化输出新渠道，成功“出圈”，将体验式“文化穿越”展现到了极致，推进了文旅融合，增强了文化自信。但线上文旅产品要想成功对接线下文旅资源，将“流量”转化为“留量”，则不仅需要有游客看得见、摸得着的文旅资源做载体，更需要资源创新赋能，符合主流群体的文化需求。

【任务实施】

任务要求：分组访谈周边同学，梳理大学生群体对于传统文旅资源在当下的新需求内容与形式。

任务目标：

1. 认识到通过文旅融合对于彰显文化自信的重要推动作用。

2. 关注年轻群体对于传统文化产品在内容与形式上的新需求。

3. 对旅游业中的游客需求变化有一定关注度与敏感性。

实训步骤：参见表1–3提示。

表1–3　实训操作指导步骤

步骤	标准	提示
1.调查周边同学喜欢河南近两年爆火的线上文旅产品原因	由点及面、由小到大地总结原因	如体验感强、视觉呈现新颖等
2.调查周边同学喜欢的传统文化的具体类别	可以是类别，也可以是具体元素	如建筑、园林、古城镇、民俗、美食、等
3.基于以上调查结果，综合梳理新需求	将喜欢的文化类别或内容与喜欢的创新形式结合起来梳理总结	如沉浸式体验文化娱乐需求、科技创新的景区游览需求等

【项目考核】

一、单项选择题

1. 坎儿井修建于干旱的西北地区，采用地下暗渠的形式用来运送水源，这是由于（　）决定的结果。

A. 自然地理环境　　B. 人文地理环境　　C. 综合地理环境　　D. 其他地理环境

2. 南方低山丘陵地区深受亚热带季风气候影响，地表水丰富，河流众多，土壤黏重呈酸性的红壤，多发育在坡脚，适合茶树生长，这些现象说明自然地理环境具有（　）的特征。

A. 差异性　　B. 整体性　　C. 综合性　　D. 区域性

3. 寒冷的冬季，过去北方人大多只能吃白菜、萝卜等越冬蔬菜，品种单调。如今蔬菜大棚的发展，各种蔬菜在冬日供应充足。这一案例说明（　）主要影响改变着我们的生活。

A. 自然地理环境　　B. 人文地理环境

C. 综合地理环境　　D. 其他地理环境

4. 只有少数游客不远万里赴南极洲旅游，主要是（　）地理背景影响最为明显。

A. 自然地理背景　　B. 文化地理环境

C. 经济地理环境　　D. 环境质量环境

二、多项选择题

1. 下列（　）属于旅游者产生的自然地理背景。

A. 去挪威看北极光　　B. 冬日到海南避寒

C. 攀登珠穆朗玛峰　　D. 黄山上看日出

2. 下列（　）属于旅游者产生的经济地理背景。

A. 白领小王一到假期就坐着飞机去旅游，她在 2022 年共出游了 6 次

B. 一些在线旅游企业把总部设在经济发达的地区或城市，以此吸引消费者

C. 前往新马泰线路的游客，回国前都会去当地免税店购物

D. 许多年轻人推着小车，开着直播，开启前往西藏、新疆的徒步行

3.（　）说明了地域分异规律是形成自然旅游资源的区位条件。

A. 夏天的黑龙江，平均气温在 22℃左右，是理想的避暑胜地

B. 白居易在《大林寺桃花》中赞誉庐山：人间四月芳菲尽，山寺桃花始盛开

C. 新疆吐鲁番位于低凹盆地中，热量集中不易扩散，被称为“火洲”

D. 珠穆朗玛峰的形成是由于地质挤压和地质运动造成的抬升和隆起

4. 作为未来的旅游从业者，（　）属于提升文化自信的表现。

A. 带团中，认真向游客讲好中国历史，宣传地方特色文化

B. 在朋友圈转发有关优秀的非遗宣传片、纪录片并鼓励朋友一起点赞

C. 认真学习专业课知识，全面了解我们国家的自然与人文风貌

D. 求真务实、热爱旅游行业，认真做好本职工作

【项目实训】

位于浙江省德清县的“中国四大避暑胜地”之一莫干山，从 2007 年开始，充分依托和发挥长三角区位优势和人文历史底蕴，以特色民宿产业为先导，带动乡村旅游和乡

村产业新发展。作为乡村旅游的高级形态和中国民宿产业发展的先行者与急先锋，在莫干山乡村旅游品牌的示范作用，以及国家乡村振兴战略的带动下，浙江等地县市包括全国各地都掀起了一股民宿热。

实训要求：请以小组为单位，从旅游资源的角度查找资料，分析莫干山民宿能叫响全国的原因。

项目 2

中国旅游资源地理认知

项目导学

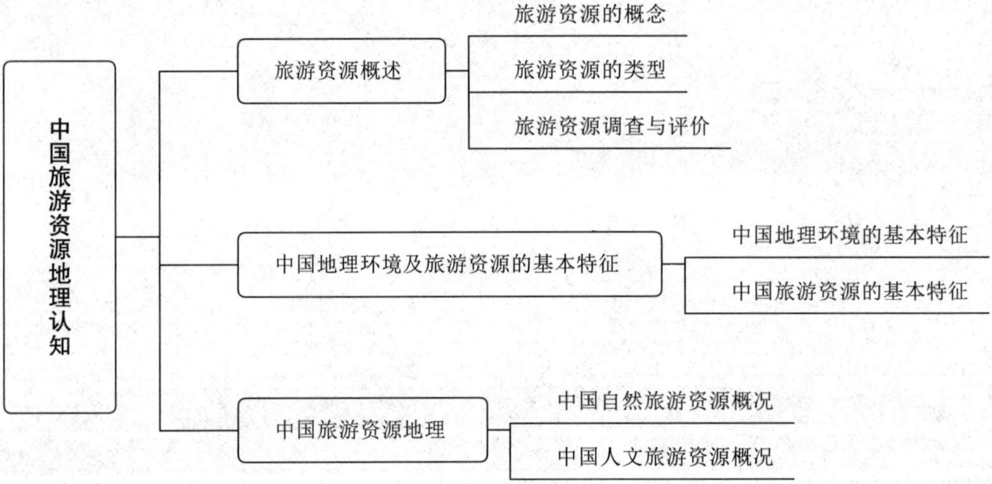

学习目标

知识目标：

1. 了解旅游资源的调查与评价。
2. 熟悉旅游资源的基本类型、中国地理环境与旅游资源的基本特征。
3. 掌握旅游资源概念与内涵、中国自然旅游资源与人文旅游资源概况。

能力目标：

1. 具备对中国旅游资源概况、基本特征的认知与判断的专业基础能力。
2. 具备探究学习、整合知识与综合运用知识分析问题和解决问题的能力。

素质目标：

1. 充分认识中国旅游资源地理认知对课程学习的重要性。
2. 提升中国作为旅游资源大国、旅游大国的自豪感。

任务1　旅游资源概述

【任务概述】

旅游资源是旅游业发展的基本前提，是旅游活动的客体。旅游资源作为一切具有旅游吸引力的自然与人文因素的总和，内容极为丰富，包括山水风光、文物古迹、民俗风情、田园牧场、现代化工程、人造主题公园等。通过学习，掌握旅游资源的概念、分类，并能对旅游资源调查的内容与步骤、旅游资源评价的内容与方法进行概况评述，为下一步的专业学习奠定基础。

【学习目标】

1. 掌握旅游资源的概念、内涵与基本类型，了解旅游资源的调查与评价。
2. 具备把握旅游资源内涵特征，初步认知旅游资源调查的内容与步骤、旅游资源评价的内容与方法的能力。

【知识准备】

一、旅游资源的概念

何谓旅游资源？人们着眼点不同、对旅游的认识存在差异，因而对旅游资源概念的具体界定也存在不同的见解。本书对旅游资源概念的界定为：旅游资源是指自然界和人类社会中凡能对旅游者产生吸引力，可以为旅游业开发利用，并可产生经济效益、社会效益和环境效益的各种事物和现象。中国旅游资源既有广泛性、地域性、季节性、审美性与文化性等一般特征，又具有中国独特地理环境下所形成的特殊个性。

旅游资源的内涵可以从以下四个方面来理解：

第一，旅游资源是客观存在的。旅游资源包括自然界和人类社会中各种事物和因素，有物质的，也有精神的；既有有形的，也有无形的。如珍禽异兽、文物古迹、园林建筑、湖光山色等是物质的、有形的；文学艺术、社会风尚、民俗风情、掌故传说等是精神的、无形的。旅游资源的范畴非常广泛，包括自然生成的，也包括人为创造的，甚至包括许多现在被旅游业利用而原来是其他目的所创造的物质和环境，如众多影视拍摄基地、长城等被发展成为具有游览、娱乐功能的旅游资源。旅游资源的范畴随着时代的推移和旅游需求的多样化而逐渐扩展。

第二，旅游资源对旅游者具有吸引力。旅游资源最核心的特点就是能激发旅游者的旅游动机和引导旅游行为的实现。有人干脆将“旅游吸引物”作为旅游资源的代名词。无论是自然界赋予的或者是人工创造的、历史遗存的客观实体，或者是那些不具备物质形态的文化、艺术等因素，只要具有一定的美学艺术观赏价值、对游客具有一定吸引且能被旅游业开发利用的因素均属于旅游资源。这里应指出的是一项旅游资源的吸引力是定向的，它只能吸引某些客源市场，这是由人们旅游需求的多样性决定的。因此，旅游资源的界定只能针对一定的旅游客源市场而言。

第三，旅游资源必定能为旅游业所利用。作为驱使旅游者产生旅游动机并实施旅游行为的旅游吸引因素，必定能为旅游业所利用，或者在可预见的将来有可能被旅游业所开发利用，并产生相应的旅游价值及效益。在现实条件下，正在被利用的旅游吸引因素，是现实的旅游资源，在可明确预见的将来能被利用的旅游吸引因素，则是潜在的旅游资源。

第四，旅游资源能产生经济、社会、环境三大效益。旅游资源作为资源的一种，其利用必然会产生旅游效益，但从可持续发展的观点来看，任何资源的开发利用都不能只用经济效益来衡量，还必须充分重视其社会效益和环境效益。

二、旅游资源的类型

根据不同的目的，旅游资源可以有不同的分类标准与分类方法。一般来说，旅游资源主要有以下几种分类方案。

（一）旅游资源二分法

根据旅游资源的属性与成因把旅游资源分为自然旅游资源和人文旅游资源两大类，简称二分法。二分法两大类又分别相应分为6个和7个亚类。

1. 自然旅游资源

自然旅游资源是指能使人产生美感、能为旅游业所利用而产生效益的自然环境和物象的地域组合，包括山、水、气、光与动植物等。自然旅游资源包括地质、地貌、水体、气候气象、生物旅游资源，及其他以风景名胜区、自然保护区、地质公园和森林公园等基本类形态存在的旅游资源。

2. 人文旅游资源

人文旅游资源是指由古今中外人类所创造的、能够激发人们旅游动机的物质财富和精神财富。其内容丰富，具有明显的民族性、时代性、文化性，主要包括历史遗迹、古代建筑、古典园林、都市城镇、宗教文化、民俗风情、文化艺术7个亚类。

（二）旅游资源八分法

根据主要由国家旅游局规划财务司、中国科学院地理科学与资源研究所起草，2018年7月1日开始实施的国家标准《旅游资源分类、调查与评价》（GB/T 18972—2017）中对旅游资源基本类型的界定，依据旅游资源的性状，即现存状况、形态、特性、特征，旅游资源共分为8个主类、23个亚类和110个基本类型。旅游资源主类包括：地文景观、水域景观、生物景观、天象与气候景观、建筑与设施、历史遗迹、旅游购品与人文活动8个类型。

【知识拓展2-1】

旅游资源的其他分类

此外，按照旅游资源的市场特征和开发现状可分为现实旅游资源、潜在旅游资源两类；按照旅游资源的价值级别及管理可分为国家级旅游资源、省级旅游资源及市（县）级旅游资源三种。

三、旅游资源调查与评价

旅游资源之所以能够吸引游客，是因为旅游资源具有美学、科学、历史文化及经济等价值特征。将这些具有吸引力的旅游资源通过适当的方式改造成旅游吸引物，并使旅游活动得以实现的经济技术过程即是旅游资源开发，旅游资源开发规划是旅游资源得以合理开发利用的关键。旅游资源的合理科学开发规划与保护利用，是旅游业可持续发展的保障。而旅游资源开发规划的前期工作就是旅游资源调查与评价。

（一）旅游资源调查

旅游资源的调查包括概查、普查和详查，是旅游资源开发利用的前期基础工作。

1. 旅游资源调查的目的

旅游资源调查的目的是查明可供旅游业利用的资源状况，全面系统地掌握调查区域内旅游资源的数量、类型、质量、分布、组合状况、成因、特点和价值等，以及有关的自然、社会、经济、环境条件等基本情况，为旅游资源的评价和开发、规划提供科学依据。

2. 旅游资源调查的内容

旅游资源调查内容包括区域内旅游资源状况调查、旅游资源的环境条件状况调查、旅游资源开发现状调查、客源市场分析调查、国内外相似或相近项目的调查等。针对旅游资源状况调查，要先确定区域内旅游资源对象，接着进一步调查其种类、数量、结构、规模、分布状况、成因，以及与旅游资源有关的重大历史事件、名人活动、文艺作品等基本情况。其环境条件状况调查，除包括与旅游资源相关的自然、社会、经济及生态环境质量等条件，还包括调查区内空气、水源、土壤中的重要物质或元素的含量值等。同时，调查、分析邻近资源与区域内资源的相互联系及所产生的积极和消极影响；根据旅游资源的吸引力和当地的社会经济状况，初步分析客源市场形成的范围和规模等。

3. 旅游资源调查的步骤

旅游资源的调查工作包括室内准备工作、室外调查工作、整理总结工作。室内准备工作是室外调查的前期工作，包括人员组织、相关资料和行动方案准备。室外调查工作又可分为三个阶段：系统普查、重点调查、专题勘查。系统普查是指对旅游资源进行全面系统的调查，包括旅游资源的规模、质量、美感、特色、可能的客源分析等各方面；重点调查是指对经过筛选的具有开发价值的重点旅游资源进行详细调查；专题勘查是指对具有开展专业或科普旅游意义的旅游资源进行深入的专业调查，如对有国际学术价值的地质剖面、珍稀濒危动植物等进行的专业调查。整理总结工作主要包括，对室外调查的现场调查资料进行归纳整理，编写旅游资源调查报告。旅游资源调查报告是资源调查的最主要的成果形式。

【实践活动 2-1】

北京必游的十大景区评选活动

若你参与组织策划“北京必游的十大景区”的评选活动，关于评选方案你有何建议？拟邀请哪些地区的评选者以何种方式参与调查活动？

（二）旅游资源评价

所谓旅游资源评价就是从合理开发和利用旅游资源及获取最大经济、社会、生态效益的角度出发，运用某种方法，对特定区域内的旅游资源价值及开发条件等方面进行综合评判和鉴定的过程。旅游资源评价是在旅游资源调查的基础上，对旅游资源的规模、质量、等级、开发前景及开发条件进行深入分析和评价，为旅游资源的科学开发、规划与管理提供科学依据。旅游资源评价一般采用定性描述和定量评价方法，具有指标数量化、评价模型化、标准科学化的显著特点。

1. 旅游资源评价的内容

旅游资源评价的内容极为广泛，归纳起来主要包括三个方面，即资源本身评价、开发条件评价和三大效益评价。资源本身评价包括旅游资源的性质与特色、价值与功能、密度与容量三个方面的评价。如旅游资源价值评价是对旅游资源自身品质和丰富程度的评价，一般包括以下主要指标：旅游资源自身的特色性、季节性；旅游价值与旅游功能；资源规模与组合状况评价等。对旅游资源的评价必须把握一定时空内的旅游环境容量，不可忽视旅游的饱和度与承载力因素。旅游资源开发涉及社会、经济、文化、环境等多部门、多领域，必然要受各种外部环境制约。因此，对旅游开发条件进行评价有重要的意义。这里把旅游资源开发条件归纳为区位交通条件、客源市场条件、自然环境条件、经济环境条件、社会文化条件、工程施工条件等。旅游资源的三大效益，即经济效益、社会效益和环境效益，这是衡量一个地区旅游资源是否具备可开发性的重要指标。

2. 旅游资源评价的方法

（1）旅游资源的定性评价。

旅游资源评价的定性评价主要包括“三三六”评价法（卢云亨）、一般体验性评价法、美感质量评价法及“六字七标准”评价法（黄辉实）等。卢云亭的“三三六”评价法，即“三大价值”“三大效益”“六大开发条件”评价体系，是目前我国最权威的定性描述评价方法。其中“三大价值”是指旅游资源的历史文化价值、艺术观赏价值、科学考察价值；“三大效益”是指旅游资源开发所带来的经济效益、社会效益和环境效益；“六大开发条件”是指旅游资源所在地的地理位置和交通条件、景观组合条件、旅游环境容量、旅游客源市场、投资能力、施工难度六个方面。而一般体验性评价法和美感质量评价法则是以大量旅游者或专家的印象与美感体验为基础的评价方法，往往具有一定的主观性和局限性。

（2）旅游资源的定量评价。

旅游资源评价的定量评价包括旅游资源技术性单因子定量评价法和综合性多因子定量评价法。这种运用比较精确的数值对旅游资源进行量化的评价方法，其结果比较直观和准确，体现科学评价的发展趋势。技术性单因子定量评价方法，针对旅游资源的旅游功能，集中考虑某些起决定作用的关键因素，运用大量技术性指标对这些因素进行适宜评价或优劣评判，这一般只限于对自然旅游资源的评价，对于开展专项旅游，如登山、滑雪、海水浴等尤为适用，均已形成较为成熟的评价模型。而综合性多因子定量评价方法，是在考虑多因子的基础上运用一些数学方法，对旅游资源进行综合评估。这类评估方法非常多，除国家标准《旅游资源分类、调查与评价》（GB/T 18972—2017）的共有因子综合评价方法外，还有层次分析法（保继刚，简称 AHP）、指数评价法等。这些方法和模型在课外可以进行拓展学习与运用，在此不加赘述。

【任务引入】

随着旅游行业的不断升级，游客越来越注重旅游资源的文化内涵和人文内涵，更加讲究精神层面的体验和感受，注重旅游项目的参与性，洛阳汉服、淄博烧烤等的爆火引发了业界的广泛关注与思考。

【任务分析】

旅游资源的范畴随着时代的推移和旅游需求的多样化而逐渐扩展，现在已经很难找到有哪一类事物和现象绝对与旅游资源无关了。基于旅游资源与旅游项目的市场吸引力与竞争力，请分组查找资料，在市场调查的基础上，列举出你所在省级行政区域较有市场号召力的10个旅游景区（或旅游目的地），并根据所学进行综合分析和评价。

【任务实施】

任务要求：完成对你所在省级行政区域内知名度高人气旺的10个旅游景区（或旅游目的地）的调查与分析。

任务目标：

1. 学会通过查找资料、市场调查，对各类旅游资源的吸引力有一定的梳理认知能力。

2. 提升对旅游资源调查与评价是旅游资源合理开发利用前提的认识。

3. 对家乡知名旅游景点加深认知，培养热爱家乡的家国情怀。

实训步骤：参见表2–1提示。

表2–1　实训操作指导步骤

步骤	标准	提示
1.针对本省（市）最有吸引力的旅游景区进行资料查找	总结出本省（市）最受市场认可的15个旅游景区（或旅游目的地）	如旅游主管部门发布的数据、旅游研究机构的研究报告、旅游电子商务平台的推荐榜单等
2.针对本省（市）最有吸引力的旅游景区进行市场调研	总结出本省（市）最受市场认可的10个旅游景区（或旅游目的地）	如通过问卷星对在校师生、通过线上对公众进行问卷调查，对专业人士、行业专家进行访谈调查
3.对本任务所学知识、实训内容的总结升华	分析本省（市）最有吸引力的旅游景区的资源特点，提出旅游资源开发建议	对家乡知名旅游景区的关注、对区域旅游资源开发与旅游业发展的启示与建议

任务2　中国地理环境及旅游资源的基本特征

【任务概述】

地理环境既是人类生存、发展的“环境”，又为其进行生活和生产活动提供各种“资源”，是人类社会生存与发展的空间和物质基础。辽阔的地域、悠久的历史、复杂多样的气候与地形地貌，决定了中国是一个旅游资源大国，为建设世界旅游强国奠定了坚实的物质基础。通过学习，掌握中国自然与人文地理环境特征、中国旅游资源的基本特征，为下一步区域地理的学习奠定基础。

【学习目标】

1. 掌握中国地理环境与旅游资源的基本特征。

2. 具备通过认知学习本任务知识，理解把握中国具体旅游资源的特征与优势的能力。

【知识准备】

一、中国地理环境的基本特征

（一）中国自然地理环境特征

1. 地理位置优越，疆域辽阔

中国拥有陆地总面积约 960 万平方公里，海域总面积约 473 万平方公里。其中 90% 以上的陆地国土位于北纬 20°~50° 的中纬度地带，绝大部分地区属于亚热带和温带，气候适中，四季分明。就经纬度位置而言，中国北起北纬 53.5° 的漠河黑龙江主航道中心线，南抵北纬 3°58′ 的南海曾母暗沙，南北纵跨将近 50 个纬度，约 5500 公里；西起东经 73° 附近的新疆维吾尔自治区帕米尔高原东缘，东抵东经 135° 附近的黑龙江与乌苏里江的交汇处，东西横跨将近 62 个经度、4 个时区，约 5200 公里。

就海陆位置而言，中国位于亚欧大陆的东部，陆地疆界长约 2.28 万公里，直接与朝鲜、俄罗斯、哈萨克斯坦、吉尔吉斯斯坦、塔吉克斯坦、蒙古、阿富汗、巴基斯坦、印度、尼泊尔、不丹、缅甸、老挝和越南共 14 个国家接壤；中国东临太平洋，有着漫长的海岸线，北起中朝交界的鸭绿江入海口，南到中越交界的北仑河入海口，全长约 1.8 万公里，隔海与日本、韩国、菲律宾、印度尼西亚、文莱和马来西亚 6 个国家相望。囊括了由北向南依次濒临的渤海、黄海、东海和南海四大边缘海域的大部分地区以及 7300 多个面积超过 500 平方米的岛屿。优越的地理位置、辽阔的疆域，造就了我国复杂多样的地理环境，从而塑造了千姿百态的自然和人文旅游资源。

2. 地形地貌齐全，地域差异明显

中国陆地上的五种常态地形地貌类型齐全。四大高原（青藏高原、内蒙古高原、黄土高原和云贵高原）、四大盆地（准噶尔盆地、塔里木盆地、柴达木盆地和四川盆地）、三大平原（东北平原、华北平原和长江中下游平原）、三大丘陵（辽东丘陵、山东丘陵和东南丘陵）及不计其数的山系，塑造了风景区的基本骨架，形成了各地发展旅游业中得天独厚的优势资源。仅就地势地貌而言，中国地势自西向东呈阶梯状逐渐下降，地貌类型齐全且以山地为主、地势起伏大。从“世界屋脊”的青藏高原到东部的长江中下游平原，从海拔 8848.86 米的珠穆朗玛峰到海拔 −154.31 米的吐鲁番艾丁湖；特殊地貌丰富多彩，如花岗岩地貌、丹霞地貌、岩溶地貌、熔岩地貌、雅丹地貌、海岸地貌、冰川地貌等，在我国不同地域各放异彩，形成了我国千姿百态、异彩纷呈的地貌景观。同时，我国地形整体上的西高东低造就了大江大河大都自西向东奔流，并产生巨大的落差和丰富的水力资源，为开展水体旅游资源提供了优越的先天条件。

3. 气候复杂多样，季风气候显著

就气候水热条件而言，我国南北跨越热带、亚热带、暖温带、中温带与寒温带五个温度带，东西跨越湿润、半湿润、半干旱与干旱四个干湿区域，同时面积广阔的青藏高原又属于独特的高原气候区域。多样的气候带与不同的干湿条件组合搭配，加上垂直气候差异明显的山地穿插，以及我国面临世界最大海洋太平洋的濒海位置，使得我国既有以青藏高原冬冷夏凉、降水较少为特征的高原气候区，又有以干旱、半干旱为特征的西北气候区，还有以季风气候显著为特征的东部季风区。在以上三大气候区各自的范围内，受不同地域水热条件的局部差异、地形起伏高低不同的内部因素影响，最终形成了我国复杂多样、地域差异十分明显的气候特征，也造就了中国丰富多彩、区域特色明显的自然景观。

（二）中国人文地理环境特征

1. 悠久的历史，古老的文化

中国是世界四大文明古国之一，中国历史文化博大精深，源远流长，也是世界上延续时间最长的文明。我们的祖先早在远古时期就在中华大地上生活、劳动、繁衍，考古研究表明，170 万年前旧石器时代，中国的史前文化就已经形成了华北和华南两大文化谱系，包括著名的元谋文化、蓝田文化、许家窑文化、丁村文化等。到距今 9000—4000 年的新石器时代，我国形成了旱地农业经济、稻作农业经济和狩猎采集经济三大史前文化区；其中，距今 7000—4600 年的黄河流域的仰韶文化和大汶口文化、长江流域的屈家岭文化、河姆渡文化、马家窑文化等，已经在原始农业、家畜饲养、制陶工艺等方面有了较大发展，较大型的定居村落已四处可见。

文字的出现是人类进入文明时代的重要标志。我国在公元前16世纪的商代就形成了系统的汉字——甲骨文，并已有了最早的文字记载。周朝形成了以礼、乐为中心的教化系统，并达到了鼎盛，及至春秋、战国时期出现了以儒、墨、道、法等为代表的诸子百家争鸣、文化空前繁荣的崭新局面；并以春秋战国时期诸子百家学说为基础、儒家文化为骨干不断演化、不断发展而形成了中华文化，一直延续传承至今。甲骨文的文字、五经六艺、百家争鸣、四大发明等穿越历史的长河，留下了浩如烟海的文化遗产，随处可见的文化古迹、代代相传的优秀民族精神与传统美德等都是我们古老文化的载体。

2. 发达的文明，璀璨的艺术

中华民族在五千年的历史发展长河中，历经多民族的融合与发展，逐渐形成了灿烂多姿、高度发达的文明。今天这些文明以各种遗址遗迹、建筑艺术、民风民俗等形式呈现出来，具有很高的史学和美学价值，成为我国人文景观的重要内容。中华文明在历史嬗变与朝代更迭中，也形成了璀璨的文化艺术。从天文地理、天干地支、阴阳八卦和五行生肖，到玉石陶瓷、丝绸竹木和漆器铜器；从甲骨文及儒、释、道文化，到衣食住行、婚丧嫁娶；从中医烹饪、武术园林，到唐诗宋词、音乐绘画、曲艺杂要等，无不以其独特性屹立于世界文化艺术之林，也为中国人文旅游资源的开发奠定了坚实的基础。

3. 众多的民族，多彩的风情

我国是一个多民族的国家，包括汉族在内的56个民族，统称为中华民族。中国各民族分布的特点是大杂居、小聚居、相互交错居住。尽管少数民族人口在全国总人口中的比重不到10%，但分布却十分广泛，少数民族自治地区面积占全国的60%以上。由于所处的地域环境的差异和历史发展过程不同，56个民族，尤其是各少数民族在居住生产、服饰饮食、婚丧嫁娶、宗教信仰、禁忌礼仪、岁时节气乃至语言文字、文学艺术等方面均表现出鲜明的地域特色和民族风格，因此早在汉代我国就有“十里不同风，百里不同俗”的说法。多姿多彩的民族风情是我国人文旅游资源的重要组成部分，以其独有的魅力吸引着游客。

【知识拓展 2-2】

余秋雨：中国文化为何长寿

余秋雨在喜马拉雅的中国文化必修课上，讲到中国文化长寿有八大原因：地大人多、从不远征、追求统一、严于秩序、简化思维、淡化竞争、防范极端、实行科举。你是怎么理解中华文化长寿的原因的？

二、中国旅游资源的基本特征

中国旅游资源既有旅游资源的一般特征，同时，由于受到我国特定的自然地理环境和人文地理环境的影响，又具有其独特性，主要表现为：种类的多样性和数量的丰富性、空间分布的广泛性和地域性、时间分布的季节性和共生性、文化内涵的深远性和独特性等。

（一）种类的多样性和数量的丰富性

我国幅员辽阔、地形复杂、气候多样，自然地理环境复杂多样；历史悠久、文化灿烂，人文地理环境丰富多彩。因此我国的旅游资源种类齐全、数量丰富。根据2018年开始实施的国家旅游资源基本类型标准，旅游资源分为8个大类、23个亚类和110个基本类型，在中国都可以找到其典型代表。如楼阁可分为酒楼、茶楼、戏楼、城楼、钟楼、箭楼、风月楼、观景楼、藏书楼、过街楼等；奇花异草中仅观赏性菊花就有3000多种、兰草2000多种、梅花300多个品种等。充分显示出中国旅游资源的多样性和丰富性。

（二）空间分布的广泛性和地域性

我国旅游资源在空间上的分布十分广泛，无论是从东海之滨到西北内陆、从南海礁岛到黑龙江畔，还是从高原到盆地、从城镇到乡野，都有着丰富的自然和人文旅游资源。即使在被称为“地球第三极”的珠穆朗玛峰，也有冰峰可供旅游者攀登探险，在海拔最低的艾丁湖面有盐池景观可供旅游者观赏。同时，各地不同的地理环境在自然景观与人文风貌上的差异，呈现出鲜明的地域特色。旅游资源的地域性，表现为地理环境的地带性和非地带性的差异。其地带性差异以自然旅游资源中的气候、植被、水文等因素最为明显，非地带性差异则以地貌造型及大多数人文旅游资源表现最为突出。旅游资源的地域特色越突出，其旅游吸引力就越大，旅游资源的地域性是旅游资源最本质的特征。

（三）时间分布的季节性和共生性

由于中国大部分地区地处季节变化明显的温带地区，自然景观上表现出有规律的季节性变化。四季交替、景观更迭，并在不同季节呈现出不同的风姿与魅力。如杭州西湖十景中的苏堤春晓、曲院风荷、平湖秋月和断桥残雪；花卉中的“春牡丹、夏荷花、秋菊、冬梅”等就是四季景观的生动写照；闻名遐迩的钱塘潮在农历八月十八最为壮观等。同时，由于我国南北跨度较大，具有热带、亚热带、暖温带、中温带、寒温带等多种温度带，因此我国旅游资源的共生性强。当冬季我国北方雪漫冰封、天寒地冻之时，南方的海南岛仍然繁花似锦、瓜果飘香。此外，我国地形多样，高原与盆地、高山与平原共存，许多地方形成了“一山有四季，十里不同天”的胜景。

（四）文化内涵的深远性和独特性

中华文化五千年一脉相承，世代相传，一直保持着自己的独特风格，因此我国的历史遗存、文物古迹、风土风情、风味食品、工艺制品、文化艺术乃至自然风景，都打上了独特的古老文化的烙印。如我国古长城修筑历史延续了2500余年，京杭大运河始凿于公元前5世纪的春秋末期，都江堰建于公元256年，梅花、菊花的栽培历史都在3000年以上，养蚕取丝织绸已有4000~5000年的历史，古老的陶瓷艺术也有5000年以上的历史等，无不显示出我国旅游资源文化内涵的深远性。而江南的水乡景色、内蒙古的草原风情、东南山区的客家土楼、赤壁的悬崖、辉煌的紫禁城、壮观的秦始皇兵马俑、迷人的苏州园林、丰繁的八大菜系等，无不显示出其古老文化的独特魅力。

【任务引入】

优越的地理位置、辽阔的疆域、复杂多样的气候，悠久的历史、灿烂的文明、多彩的风情，造就了我国复杂多样、独具魅力的旅游地理环境，从而塑造了千姿百态的自然与人文旅游资源，以及独具特色的基本特征。

【任务分析】

中国旅游资源种类的多样性和数量的丰富性、文化内涵的深远性和独特性等基本特征，影响并决定了我国旅游资源的开发与利用、旅游活动的策划与实施。

【任务实施】

任务要求：思考分析中国地理环境与旅游资源的基本特征对旅游业发展的影响。

任务目标：

1. 理解把握中国地理环境与旅游资源的基本特征。

2. 思考分析中国地理环境与旅游资源的基本特征对旅游资源开发利用、旅游活动的影响。

3. 具备在实践应用中对不同地域旅游资源基本特征的客观分析和判别能力。

实训步骤：参见表 2–2 提示。

表 2–2　实训操作指导步骤

步骤	标准	提示
1.深化认知中国地理环境与旅游资源的基本特征	掌握中国自然与人文环境地理特征、旅游资源特征	如中国旅游资源种类的多样性和数量的丰富性、文化内涵的深远性和独特性等
2.梳理总结中国地理环境与旅游资源特征对旅游业发展的影响	总结出中国自然与人文地理环境等特征对资源开发、旅游活动的影响	如地形地貌齐全、气候复杂多样，悠久的历史、发达的文明等对旅游资源的影响等
3.对本任务所学知识、实训内容的总结升华	初步具备在实践中应用本任务所学知识与能力	推理判别一个具体区域的旅游资源所处地理环境与基本特征

任务 3　中国旅游资源地理

【任务概述】

根据旅游资源的属性和成因，旅游资源通常被分为自然旅游资源和人文旅游资源两大类。其中自然旅游资源包括地质地貌、水体景观、气象气候与天象、生物景观等几个亚类；人文旅游资源包括历史遗址遗迹、古代建筑、古典园林、都市城镇、宗教文化、民俗风情等几个亚类。

【学习目标】

1. 掌握中国自然旅游资源与人文旅游资源概况。

2. 具备通过认知学习本任务知识，认知把握中国各类主要旅游资源的分布与概况的能力。

【知识准备】

一、中国自然旅游资源概况

（一）地质地貌旅游资源

地质泛指地球的性质和特征，主要是指地球的物质组成、结构、构造、发育历史等；地貌即地球表面各种形态的总称，也称为地形。在地球漫长的演化过程中，由于地壳构造变动、岩浆活动、古地理环境演变、古生物进化等因素而保存在岩层中的化石、岩体、构造形迹、矿床、地貌景观等景象，具有观赏、科学研究与普及教育价值。地质旅游资源是指地质历史时期形成的具有观赏价值的地表形态，以及有重大科学价值的保留在岩层中的生命遗迹和地质构造遗迹；地貌旅游资源是具有观赏价值和一定吸引功能的地表形态的总称。地貌的宏观格局决定了区域自然景观的基本轮廓，地貌形态本身也可构成各种引人入胜的观赏型旅游资源，典型的地貌可成为科考旅游资源。同时，作为旅游活动的载体，地质地貌条件不同，适于开展的旅游项目也有所不同，也影响着旅游资源开发的难易程度。地质地貌与旅游有着密切的关系并影响人文旅游资源的产生和分布。在此，主要对我国的地貌旅游资源进行探讨。

1. 常态地貌

地貌按照地表起伏状态及海拔高度分为高原、山地、丘陵、平原和盆地五种常见类型。不同的常态地貌类型，旅游价值不一样，适宜开展的旅游活动不同。以五种地貌形态而言，山地是地貌的格架，中国大地貌单元如大高原、大盆地的四周都被山脉环绕。山地受人类影响相对较小，较多地保留了原始的生态环境，加之地形起伏大，形态景观变化丰富，往往是旅游资源最集中的地方，因而成为常态地貌中旅游价值最高的自然旅游资源，而且不同海拔的山地旅游意义也不尽相同。

根据海拔高度不同，山可分为低山（海拔 500~1000 米）、中山（海拔 1000~3500

米）、高山（海拔3500~5000米）和极高山（海拔5000米以上）。低山和中山风光秀丽、环境幽雅舒适，而且通达条件好，开发较为成熟，往往成为游览观光和休闲度假的旅游目的地，如我国“三山五岳”“四大佛教名山”“四大道教名山”等旅游名山。高山和极高山往往险峻陡峭，有的山还终年积雪，是登山探险和科学考察的理想去处，且由于风光奇异，日益成为旅游者向往的旅游目的地，如云南玉龙雪山和梅里雪山、四川贡嘎山、新疆天山等。而海拔低于500米以下的低山从风景观赏性而言，无法具备山体景观的精华，吸引力也不强。

2. 特殊地貌

因岩性及成因不同所形成的各具特色的地貌统称为特殊地貌，通常主要包括花岗岩地貌、火山熔岩地貌、岩溶地貌、丹霞地貌、风沙地貌、冰川地貌、海岸地貌等。这些地貌形态特征各异，其旅游吸引力也各不相同。

（1）花岗岩地貌。

花岗岩是由地球内部炽热岩浆侵入近地表处逐渐冷凝而形成的，是地球上分布最广泛、最常见的火成岩。由于地壳运动，有的花岗岩岩体出露地表，岩体坚硬，抗蚀性强，但因本身垂直节理发育，在太阳辐射、风力吹蚀、流失冲刷等外力作用下，立体风化与球状风化明显，加之地貌的发育深受岩性差异的影响，形成了奇峰深壑、陡峭险峻、主峰突出、群峰簇拥、石蛋堆叠的花岗岩地貌。中国花岗岩地貌分布广泛，以集中分布在云贵高原和燕山山脉以东的第二、第三级地形阶梯，海拔2500米以下的中低山和丘陵为主。其中以黄山、华山、泰山、三清山最为著名，其次还有普陀山、崂山、九华山、衡山、鸡公山、千山、太白山、莫干山等。

（2）火山熔岩地貌。

火山熔岩地貌是指地下深处的熔岩喷出地表并快速冷凝所形成的各种地貌的总称。常见的形态既包括火山本身所形成的火山锥、火山口、火山喉管，也包括熔岩喷发后在地面所形成的熔岩流、熔岩丘、熔岩垄岗、熔岩台地、熔岩隧道和熔岩堰塞湖等。火山熔岩地貌景观具有山形圆、山体拔地而起、点状分布、排列成阵、错落有致等特征。中国火山熔岩地貌主要集中分布在环内蒙古高原带、青藏高原带与环太平洋带，其中又以东北地区最为集中。著名的火山熔岩地貌景观有东北的长白山天池、五大连池火山群、镜泊湖与火山口原始森林，以及云南腾冲火山等。此外，山西大同、台湾大屯、海南岛北部与雷州半岛等也拥有著名的火山熔岩地貌景观。

（3）岩溶地貌。

岩溶地貌又称喀斯特地貌，是指地下水和地表水对碳酸盐等可溶性岩石（如石灰岩）进行溶蚀、侵蚀等综合地质作用所形成的地表和地下形态的总称。常见的岩溶地貌发育形态有石林、峰丛、峰林、孤峰、石芽、石柱、石笋、天生桥、漏斗、地下河、溶洞等，其景观特征是奇峰林立或孤峰突起，山石嶙峋，造型丰富。中国岩溶地貌分布广、面积大，主要分布在西部地区的碳酸盐岩出露地区，其中以广西、贵州和云南东部所占的面积最大，是世界上岩溶地貌分布最广泛、最典型的地区；西藏和北方一些地区也有分布。“山水甲天下”的桂林是我国岩溶峰林地貌的突出代表，云南路南以密集而形态独特的岩溶石林著称，而地下溶洞几乎遍布碳酸盐岩地区，但以桂林芦笛岩、肇庆七星岩、贵州织金洞、浙江桐庐瑶琳仙境、湖北利川腾龙洞、辽宁本溪水洞最为著名。

（4）丹霞地貌。

丹霞地貌是指红色沙砾岩在地球内营力和外营力的作用下形成的以赤壁丹崖为特色的地貌，形成了顶平、身陡、麓缓的方山、石墙、石峰、石柱等奇险的地貌形态。1928年我国著名地质地貌学家冯景兰等在广东省韶关市的丹霞山考察时首先命名。丹霞地貌主要分布在中国、美国西部、中欧和澳大利亚等地，以中国分布最广，主要集中在广东、福建、江西、云南、四川、贵州等地。目前，中国已发现丹霞地貌1005处，分布于全国28个省份。2010年，广东丹霞山、贵州赤水、福建泰宁、湖南崀山、江西龙虎山、浙江江郎山共同组成的中国丹霞列入世界自然遗产。此外，福建武夷山、甘肃天水麦积山、甘肃张掖等都是闻名全国的丹霞地貌景观。

（5）风沙地貌。

风沙地貌是指干旱地区或内陆地区由于强风、流沙和间歇性地表水等因素造成的风化、侵蚀和堆积地貌的总称，包括沙漠、戈壁等。作为自然风光的风沙地貌，主要包括沙丘、鸣沙和雅丹等地貌类型。沙丘是组成沙漠的基本形态单元，形态多样，其中以新月形沙丘和金字塔形沙丘最具有观赏价值，连绵的沙丘构成了波涛起伏、浩瀚无垠的茫茫沙海。中国干旱地区十分广大，西北地区、内蒙古中西部、东北西部、华北北部共有约128万平方公里的面积风沙地貌广布。其中，新疆的塔克拉玛干沙漠与内蒙古的巴丹吉林沙漠以沙丘众多、面积广大和沙丘高大著称。

鸣沙又名响沙或“会唱歌的沙子”，沙鸣的原因目前尚无定论，鸣沙现象广泛存在于沙漠地带，鸣沙景观以甘肃敦煌鸣沙山、内蒙古鄂尔多斯响沙湾、宁夏中卫沙坡头等最为著名。“雅丹”在维吾尔语中的意思是“具有陡壁的小山包”，泛指干燥地区一种风蚀地貌。雅丹地貌是指已经干涸的河湖相地层经风力“雕琢”、间歇性流水冲刷形成的与盛行风向平行、相间排列的风蚀土墩和风蚀凹地（沟槽）地貌组合。雅丹地貌以新疆罗布泊、将军戈壁与青海冷湖最为典型。

（6）冰川地貌。

冰川地貌主要是由冰川侵蚀和堆积作用而形成的对旅游者具有吸引力的地貌景观，可分为现代冰川地貌和冰川遗迹（如冰斗、角峰、刃脊、冰川谷等）。现代冰川地貌主要分布在高纬度、高山和高原寒冷地区，冰川遗迹分布则更为广泛。我国青藏高原地区冰川地貌发育显著，如珠穆朗玛峰，此外，祁连山、贡嘎山、四姑娘山、天山等，都有现代冰川覆盖；冰川遗迹以江西庐山、新疆喀纳斯湖最为典型。

（7）海岸地貌。

海岸地貌是海岸在地质构造运动、海水动力、生物作用及气候因素等共同作用下所形成的各种地貌形态的总称，可分为海岸侵蚀地貌和海岸堆积地貌两大类。侵蚀地貌是基岩海岸在波浪、潮流等不断侵蚀下所形成的，主要有海蚀洞、海蚀崖、海蚀平台、海蚀柱、海蚀蘑菇等，海南的天涯海角、台湾的野柳等即为典型代表。堆积地貌是近岸物质在波浪、潮流和风的搬移下堆积而成，其中以砂质堆积海岸旅游价值最高，适于开发海滨浴场，尤以沙滩坡度较缓、沙质纯净、沙粒粗细相宜的海滩为佳，如我国海南岛的亚龙湾、广西的北海银滩、河北的北戴河等即为著名的堆积海岸地貌。

（二）水体景观旅游资源

水是自然界分布最广的因素之一，地球表面的3/4由水所覆盖，不仅存在于水圈、大气圈、生物圈、岩石圈，也是生物体的重要组成成分。其存在形态多种多样，有液态的海洋、河流、湖泊、泉水、瀑布、雨、露等，有固态的冰川、积雪、雾凇等，有气态的云雾等。水作为自然资源的重要组成部分，它既是自然环境形成和发展过程中最活跃的因素之一，也是各类自然景观最基本的构景元素之一；水是存在形式最广泛的一种旅游资源，本身既可单独构景，又可以与其他旅游资源互为结合，成为重要的构景要素。如水体通常与山地巧妙结合在一起，我国自古就有“山得水而活，水得山而媚”等说法，因此我国自古就把山水作为风景的代名词。同时，借助水体可以开展丰富多彩的体验性游乐与运动项目，满足人们参与体验亲水的需求，是最富有普遍吸引力的康乐型自然旅游资源。

1. 海洋旅游资源

海洋是世界上最大的水体，辽阔的海面，水天一色，浩瀚无际，海面时而狂涛滚滚、巨浪如山，时而风平浪静、微波荡漾，目前海洋旅游还主要集中在海滨和近海进行。海滨空气清新、气候宜人、风光优美，特别是海水、沙滩和阳光被称为“3S”旅游资源，不少滨海都有条件开展各种沙滩、水上、水下运动，如海钓、游泳、驶帆、冲浪、滑水和海底观光探秘等，还有各种海岸地貌、海底景观、海洋生物、海上日出、潮汐景观及海边建筑等可供观赏，因此往往成为观光旅游、疗养度假的胜地。

中国有漫长的海岸线，沿海许多地方都已经形成滨海旅游胜地，如大连的金石滩、河北的北戴河和黄金海岸、浙江普陀山海滨、厦门鼓浪屿、台湾地区新北野柳以及山东的青岛、烟台、威海和成山头海滨等。海南岛是我国著名的滨海旅游地，这里气候宜人，沙细滩平，全年可进行海水浴，成为世界著名的避暑、避寒、疗养、度假和水上活动胜地，其著名的海滨有三亚天涯海角、亚龙湾、三亚湾、大东海等。另外，在河流入海的喇叭状河口地区，常会有涌潮现象，我国浙江钱塘江口的大潮，潮差最高时达 9 米，是世界三大涌潮之一，每年农历五月至十月的初一、十五前后几天都是理想的观潮时间，其中农历八月十六至八月十八是钱塘江口全年最大潮发生的时间，有大批游人前往观潮第一胜地浙江海宁盐官镇观潮。

【实践活动 2-2】

为什么钱塘江涌潮每年农历八月十六至八月十八最为壮观

试从潮汐现象产生的原因出发、结合大潮发生区域的特殊地形与气候风向等角度分析为什么钱塘江上会出现“八月十八潮，壮观天下无”涌潮现象。

2. 江河旅游资源

河流是指降水或由地下涌出地表的水汇集在地面低洼处，在重力作用下经常地或周期地沿线形洼地流动。河流中较大的称为江、河，较小的称为溪、涧。河流是地球的血脉，是人类文明的发祥地。在河流的中上游山高坡陡，河面狭窄，水流湍急，奇峰耸立，峡谷幽深；在河流的下游，河阔水深，两岸田园辽阔、人文景观密集。河流上下游形成了风格各异、魅力无穷的旅游走廊。河流两岸的山林风光与丰富多彩的人文旅游资源和谐统一，秀丽多姿，景象万千。此外，河流上还可以开展漂流、游泳、泛舟、垂钓等旅游活动，我国北方冬季河流结冰后，还可以开展滑冰、冰橇等冰雪活动。中国是世界上河流最多的国家之一，有许多源远流长的大江大河，其中流域面积超过1000平方公里的河流就有1500多条。长江和黄河就是典型的综合性大型河流旅游资源。峡谷风光是河流旅游资源的重要组成部分，著名的峡谷有长江三峡、金沙江虎跳峡、雅鲁藏布大峡谷、怒江大峡谷、澜沧江梅里大峡谷等。

江河旅游资源在实际开发利用中，根据其核心吸引要素的差异，可以分为以下几类：一是风景优美的河流，如列入国家级重点风景名胜区的广西漓江、浙江富春江和楠溪江、福建武夷山九曲溪、海南岛万泉河、藏南雅砻江、东北松花江和鸭绿江等。二是人文历史悠久的河流，如沿河附近分布着许多历史文化名城的河流，如长江、黄河、江南运河、钱塘江、湘江、赣江、漓江、松花江等。三是适合漂流探险的河段，在水深、流速及坡度适中的河段，如雅鲁藏布江大峡谷漂流、虎跳峡漂流、湖南猛洞河漂流、湖北神农溪漂流、武夷山大峡谷漂流、河南豫西大峡谷漂流等都是较为著名的漂流项目。

3. 湖泊旅游资源

湖泊是地面上的洼地积水而形成的比较宽广的水域。我国湖泊众多，共有天然湖泊24800多个，其中面积在1平方公里以上的有2800多个。我国湖泊的分布范围广泛且相对集中，主要分布在长江中下游平原和青藏高原，云贵高原、新疆和内蒙古高原，以及东北地区也多有湖泊分布。我国的湖泊千姿百态，不同地域、民族对湖泊的称呼也不同，如汉族称之为湖，白族称之为海，藏族称之为错，蒙古族称之为诺尔，满族称之为泡子；山东称之为泊，河北称之为淀，江苏、浙江、上海称之为荡等。常用的湖泊分类有两种：一是根据湖水的矿化程度，湖泊可分为淡水湖（矿化度小于1克/升）、咸水湖（矿化度在1~35克/升）和盐湖（矿化度大于35克/升）；二是根据湖泊的成因，湖泊可分为构造湖（滇池、洱海、青海湖等）、火口湖（长白山天池、腾冲大龙潭等）、堰塞湖（五大连池、镜泊湖等）、河迹湖（鄱阳湖、洞庭湖、洪泽湖等）、海迹湖（太湖、杭州西湖等）、岩蚀湖（云贵高原区石灰岩溶蚀所形成的湖泊等）、冰蚀湖（新疆喀纳斯湖、九寨沟长海、天山天池等）、风蚀湖（敦煌月牙泉、内蒙古居延海等）和人工湖（如千岛湖、松花湖、三峡水库等）。

湖泊不仅具有蓄水、灌溉、养殖、净化环境、调节气候的功能，还是具有旅游观赏价值的重要的旅游资源。湖泊景观是以水面为中心，与周围的地形地貌、植被、气象气候景观以及人文景观等要素组合成景，湖中的游鱼及水生植物的花、茎、叶使得湖面景观更为丰富，可谓和谐恬静、湖光潋滟、气象万千，或烟波浩渺、或秀丽娇艳。同时，湖泊适合垂钓、划船等休闲娱乐活动，各种水产品作为湖区特产可供食用，湖泊风景区已成为人们进行游览观赏、娱乐休闲的重要旅游活动区。我国主要的湖泊景观有：杭州西湖、南京玄武湖、扬州廋西湖、济南大明湖、武汉东湖等园林风景湖，江西鄱阳湖、湖南洞庭湖、江苏太湖、河北白洋淀等平原大湖，天山天池、长白山天池、台湾日月潭、黑龙江镜泊湖、四川九寨沟湖泊群等山地秀湖，青藏高原的纳木错和青海湖、云贵高原的滇池、洱海及泸沽湖等高原旷湖，浙江千岛湖、吉林松花湖、福建金湖等人工湖泊。此外，我国与湖泊相关的湿地景观主要有杭州西溪国家湿地公园、宁夏沙湖自然保护区、黑龙江齐齐哈尔扎龙自然保护区等。

4. 泉水旅游资源

泉是地下水的天然露头，是地下水涌出地表的自然景观。它不仅为人们提供了理想的水源，而且还可以造景、育景，给人带来幽雅、秀丽的景色。泉水可转化为溪、涧、河、湖，造就出更大的风景场地和丰富多彩的特色风景。泉水的类型多种多样，根据水流状况的不同，可以分为间歇泉和长流泉；按泉水的温度可以分为冷泉（水温低于20℃或低于当地年平均气温）和温泉（水温超过20℃或超过当地年平均气温），泉水的温度与地下水循环深度、地质条件等自然地理环境有关；按泉水的成因和地质条件可分为侵蚀泉、接触泉、溢出泉、堤泉、断层泉、喀斯特泉等。此外，通常把含有一定数量的多钟矿物质、微量元素或气体并具有治疗疾病和强身健体功能的泉水称为矿泉（矿化度为1克/升以上），一些景观奇特、具有特色观赏价值的泉称为观赏泉。

我国是世界上泉水资源丰富且分布广泛的国家，泉水主要分布在山区的坡麓和沟谷地带以及地表径流丰富的地区，南方明显多于北方。山东济南、福建福州、四川康定等城市因泉眼分布密集有“泉城”之誉。我国因位于环太平洋地震带和地中海—喜马拉雅地震带之间温泉遍布全国，其中粤、闽、台、滇、藏等省份温泉的分布最为集中，著名的温泉如陕西潼关、广东从化、南京汤山、北京小汤山、辽宁汤岗子、台湾北投与阳明山、内蒙古阿尔山等，多被开发为疗养旅游胜地。绝大部分温泉是矿泉，但矿泉并不都是温泉。我国著名的矿泉有山东崂山矿泉、黑龙江五大连池药泉、内蒙古阿尔山温泉等。著名的观赏泉有云南大理蝴蝶泉、西藏羊八井沸泉、广西桂平乳泉、四川广元含羞泉、安徽寿县喊泉、湖南石门鱼泉、台湾台南县的水火泉等。

5. 瀑布旅游资源

瀑布是河、溪、泉、湖等水体遇到陡坎断崖，凌空跌落而形成的水景。瀑布的大小取决于水体宽度、水量和落差。瀑布因水量、地势差异，景观各异，或势若大海倒泻、银河决口，雄浑粗狂、气势恢宏，或状如白绫脱轴、水晶珠帘，轻柔美妙、袅娜多姿；其练呈水色，其珠显白色，其烟映天色，阳光斜照下瀑面时显五色彩虹，瀑布宛如形、声、色俱佳的动人画卷。瀑布的类型多种多样，按照瀑布水流量的洪枯以及多寡，可分为常年性瀑布、季节性瀑布、偶发性瀑布；按跌水级数，可分为单级型瀑布和多级型瀑布；按瀑布本身气势的大小、造型的优美等，可分为雄壮型瀑布和秀丽型瀑布；按产生环境条件的差异可分为江河干支流瀑布、山岳涧溪型瀑布和地下飞瀑等；按照瀑布的成因及本质特征，可以将瀑布分为构造型瀑布、堰塞瀑布、袭夺瀑布、差异侵蚀瀑布、喀斯特瀑布等。我国地形复杂，河湖众多，形成了众多的瀑布。著名的瀑布有贵州黄果树瀑布、黄河壶口瀑布、黑龙江镜泊湖吊水楼瀑布（并称中国三大瀑布）、四川九寨沟瀑布群、浙江雁荡山大龙湫瀑布、云南石林大叠水瀑布、贵州赤水大瀑布、江西庐山三叠泉瀑布和香炉峰瀑布、安徽黄山九龙瀑和百丈瀑等。

（三）气象气候与天象旅游资源

气象是指大气层中发生的云、雨、风、雪、霜、雾、虹、电、雷等自然现象。气候则是指某一地区多年天气状况的综合特征。天象通常是指发生在地球大气层外的太阳出没、行星运动、日月变化、彗星、流星、陨星、日食、月食、极光等运动现象。我国地域辽阔、地形复杂，气候类型多样，各种奇特的气象、天象资源丰富，都可成为重要的旅游资源，不仅能作为旅游环境的重要组成要素直接造景、育景，而且是各类自然和人文旅游资源形成、发育的条件。气象气候旅游资源地域性强，季节性明显，瞬息万变，且组合性比较复杂。

1. 气象气候旅游资源

（1）云雨冰雪雾。

云雨冰雪雾是大气中水汽运动所产生的气象景观，它们在特定环境下与名山大川融合起来常能给人各种美的意境，我国的一些旅游地以观赏云、雾、雨景而著名。虽然云与雾现象到处都有，但作为旅游资源的云海主要出现在中山，如黄山、泰山、峨眉山、阿里山、齐云山、巫山等的云海景观，以及庐山的瀑布云、苍山的玉带云、三清山的响云等云中奇景，既波澜壮阔又变幻无穷；雾景、烟雨景主要出现在平原湖区、中低山地，轻雾缥缈的湖面、细雨霏霏中的楼台，如“雾都”重庆、江南烟雨、烟雨漓江等景观，朦胧迷幻、令人遐想；至于冰雪，除一些极高山外，以我国北方中纬度和高纬度地区在冬季常见，不仅以其银装素裹、晶莹剔透让人感到分外妖娆，而且依托冰雪可以开展滑雪、溜冰、冰球、冰雕、雪塑等丰富多彩的冰雪旅游项目，我国冰雪旅游以东北地区，尤其是“冰城”哈尔滨最为典型。吉林市“吉林雾凇”是我国四大自然奇观之一，每当玉树琼花的雾凇（树挂）奇景来临，吉林松花江岸十里长堤“忽如一夜春风来，千树万树梨花开”把人们带进如诗如画的仙境。

（2）佛光与蜃景。

佛光、蜃景（海市蜃楼）等奇景都是大气物理现象，是大气和光的杰作。佛光又称宝光，是在阳光斜射的条件下，由云海雾珠产生的衍射分光现象；佛光现象以中低纬度地区多云海的中高山地较为多见，如我国的峨眉山、五台山、庐山、泰山、黄山，以峨眉宝光最为著名。当晴朗无风、云雾弥漫的夏天和初冬的午后，当游客站在峨眉山金顶的舍身岩，背向太阳而立，有时会在前下方的天幕上看到一个外红内紫的七色光环，且人动影随，人去环空。这是太阳、人体与云雾处在一条倾斜的直线上，太阳光自观赏者的身后，将人影投射到观赏者面前的云雾之上，通过云彩中的细小冰晶与水滴的衍射作用而产生七彩光环。蜃景是在稳定的晴空条件下，太阳光通过不同密度的大气层发生折射，将远处景物显示在空中或海面上空形成的一种幻影。海市蜃楼多出现在夏天的海湾、沙漠的上空和山岳顶部，如我国山东蓬莱和长岛、浙江普陀山、江苏连云港的海州湾等地都是观看海市蜃楼的理想之地。

（3）宜人的气候。

追求舒适宜人的气候是游客的天性，宜人的气候是指人们无须借助任何消寒、避暑及空气净化的装备和设施，就能保证一切生理过程正常进行使人感到舒适的气候条件。如酷暑难当时的凉爽气候、严寒季节的温暖气候、大气质量恶劣时的洁净大气等。气候旅游资源不仅是以优越的气候条件为主要吸引力的消寒、避暑胜地，而且也是任何一个旅游环境必不可少的重要背景构成因素。我国有良好的气候旅游资源条件，一般来说，宜人性气候类型分为三个类型：一是避暑型气候，包括山地高原型如庐山、莫干山，海滨型如青岛、北戴河等，高纬度型如黑龙江漠河、哈尔滨等；二是避寒型气候，如海南岛的三亚、云南的西双版纳等；三是四季如春型气候，如昆明等。

2. 天象旅游资源

（1）日出、日落和月景。

日出景、日落景和月景都是大自然赋予人类最动人的自然景观的组成部分，观赏日出、日落和月景是人们旅游活动中重要的体验项目。我国许多著名中山山地及海滨旅游地都成为观看日出、日落的首选地，如泰山观日亭、华山东峰、黄山清凉台、庐山含鄱亭等都是著名的观日出之处，大连老虎滩和黑石礁、北戴河鹰角亭、普陀山朝阳洞等则是观海上日出的佳地。杭州西湖“雷峰夕照”、陕西临潼“骊山夕照”、台湾“平安夕照”等都是著名的日落景观。北京“卢沟晓月”、杭州西湖“平湖秋月”和“三潭印月”、承德避暑山庄“梨花伴月”、无锡“二泉映月”等都是著名的月景景观。

（2）日食、月食、彗星观测。

日食与月食是太阳、地球、月球在运行过程中处于同一直线上时出现的天象景观。月球居中部分或全部遮掩了太阳光，月球之黑影从太阳表面穿过并遮挡阳光的现象，即日食；地球居中挡住了太阳光，月球途经地球影子时，部分或全部失去了光明的现象，即月食。彗星是进入太阳系内亮度和形状会随日距变化而变化的绕日运动的天体，呈云雾状的独特外貌。这些发生频率不高的天象由于每次的最佳观赏地点不同，成为许多人竞相追逐的热点。如著名的哈雷彗星，它公转一周需76年，地球人需76年才能与其会面一次。无论是日食、月食还是彗星出现，都是不多见或者说罕见的天象奇观，自古就引人关注。1986年的哈雷彗星观察、1997年的海尔彗星观察、2008年的日全食观察、2016年三次半影月食观察，都吸引众多的天文爱好者前往最佳观察区域，从而形成了一股特殊的旅游客流。此外，陨石（陨星）也成为一种特殊的天象旅游资源，是地球以外脱离原有运行轨道的宇宙流星或尘碎块飞快散落到地球或其他行星表面的未燃尽的石质、铁质或石铁混合的物质。吉林陨石博物馆是中国唯一一个以陨石为主题的博物馆，其中吉林一号陨石重达1770千克，也是世界上最大的石陨石。

（四）生物景观旅游资源

生物是自然界中最活跃、最有生机的因素，是自然界中具有生命物体的总称，包括植物、动物和微生物。生物是人类衣食之源，生命演化至今，丰富多彩的生物使地球生机盎然。生物对净化、美化、活化环境，提高旅游地的观赏价值有着特殊意义，具有观赏、科普、康乐保健、塑造意境、深化文化内涵等功能。生物本身可以单独成景，成为主要观赏对象，也是自然环境的重要组成部分，可以丰富自然景观、衬托人文景观、保护生态环境、美化旅游景区、增添游人游兴、陶冶游人情操等，成为风景中重要的构景要素。我国生物资源种类繁多，形态各异，组合复杂，季节变换明显，可以给人以形形色色的美。总体上说，生物旅游资源可分为植物旅游资源和动物旅游资源两大类；具体来说，生物旅游资源可分为森林与树木景观、草原与草地景观、花卉景观、奇特珍稀的生物景观等；从目前开发情况看，已形成的以生物为主的旅游地主要包括自然保护区、森林公园、动植物园、农业生态景观、花圃、狩猎场、水族馆、奇特生物景观，以及人们以各种动植物为题材创办的花卉节、花市与动物娱乐项目等。

1. 森林与树木景观

森林植被对改善人类生存环境起着重要作用，今天人们回归大自然进行森林旅游、绿色旅游、生态旅游已蔚然成风。我国的森林可分为天然林和人工林两类，天然林又可分为原始林和次生林。我国具有代表性的森林旅游地有吉林长白山、云南西双版纳、湖南张家界、福建武夷山、湖北神农架、广东鼎湖山等。而具有代表性的、风景独特的林木景观有大兴安岭北部的兴安落叶松林、吉林长白山的长白松林、太行山的栎树林、河北围场的桦木林、新疆天山的冷杉林、新疆塔里木盆地的胡杨林、江西井冈山的杜鹃林、海南岛的椰林、四川蜀南竹海等。有些树木以树龄长、规模大、形姿美、文化意蕴厚重，被称为古树名木。我国古树名木遍布全国，著名的有陕西黄陵的“轩辕柏”、河南嵩阳书院的“将军柏”、安徽黄山的“迎客松”、台湾的“阿里山神木”等。我国还建立了各级森林公园，于1982年建立的张家界森林公园是我国第一个国家森林公园，至2022年年末，中国国家级森林公园已达906处，这是我国森林资源保存最精华的板块之一，因而也成为最能满足人们回归大自然愿望的旅游目的地。

2. 草原与草地景观

草原是指中、低纬度在干旱、半干旱的气候条件下，以旱生或半旱生草本植物组成的一种生态地理景观，分为热带稀树草原、温带草原、高山草原等多种类型，是地球上分布最广的植被类型。草地是以多年生草本植物和小部分灌木组成的复合植物群落。草原和草地组成了一望无际的绿色草原景观，再加上蓝天、白云和清新的空气，以及点缀其间的牛羊，对旅游者产生了强大的吸引力。中国是世界上草原资源最丰富的国家之一，占全国土地总面积的40%。我国草原的主要类型有温带草原（如内蒙古草原）和高山草甸草原（新疆天山南北坡、青藏高原等）等，分布区主要包括新疆草原区、青藏草原区、蒙宁甘草原区、东北草原区等。内蒙古的呼伦贝尔草原、锡林郭勒草原、新疆伊犁草原和天山高山草甸等都是我国著名的草原旅游地，适宜开展草原观光、骑马、滑草、野餐露营等活动。

3. 花卉景观

花能美化环境，给人以美好的视觉体验。花卉广义的概念是指具有观赏价值的草本与木本植物。自古以来，人们便赋予了花卉丰富的寓意内涵，如梅花喻高洁顽强、牡丹喻尊贵荣华、莲花喻清雅圣洁等。我国常见的景观花卉有牡丹、菊花、梅花、兰花、茶花、杜鹃、芍药、玉兰、水仙、莲花、桂花、月季花、山茶花等。花卉旅游是一种以花卉为资源和基础，结合花卉文化、花卉体验、花卉观赏、花卉科普等有益特性建设的生态旅游。去无锡梅园、南京梅花山、武汉东湖等地赏梅，去河南洛阳和山东菏泽观牡丹，去江西井冈山观杜鹃等都是著名的花卉旅游项目。而无锡鼋头渚、苏州香雪海、江西婺源风景区、北京颐和园、成都漫花庄园、武汉大学等都是国内热门赏花目的地。此外，各地定期举办的花展、花会，如广州迎春花市、洛阳牡丹文化节等也能吸引众多的游人。

4. 奇特、珍稀的生物景观

许多动植物因在色、形、规模、品种、类型等方面特色鲜明，或因为特别古老、奇特、珍稀等而成为旅游者特别关注的对象。奇特动植物往往以其独特或地球上绝无仅有的某一特征而闻名，如结"面包"的树——面包树、世界上最大的莲——王莲、四不像——麋鹿等。珍稀濒危动植物是人类保护的主要对象，同时具有极高的景观价值，如世界八大珍稀植物中水杉（古老的活化石）、望天树（热带雨林巨树）、桫椤（蕨类植物之冠）、珙桐（中国的鸽子树）、金花茶（稀世山茶之宝）原为中国独有的五种珍稀植物；我国一类保护动物中的大熊猫、金丝猴、白鳍豚、白唇鹿被称为中国四大国宝，朱鹮是世界上数量最少的珍稀鸟类；以及海面上因某些发光生物产生的奇异现象——海火，候鸟迁徙过程中在新疆天鹅湖、青海湖鸟岛、江西鄱阳湖、云南滇池等地云集所构成的胜景等，都成为深受游客喜爱的生物旅游景观。

5. 自然保护区、动植物园与农业生态景观

自然保护区是指为了保护珍稀濒危野生动植物物种与有代表性的自然生态系统等，为进行科研、自然保护教育和宣传等依法划出一定面积予以特殊保护和管理的区域，可在指定的区域内开展有限的旅游和生产活动。即在自然保护区内开展活动必须严格限制游客的活动范围和数量，自然保护区的核心区绝对不允许进行旅游开发，缓冲区可开展一些对其环境和功能不会产生损害的游览观赏活动，但吃住等相关设施一定要安排在外围区。我国著名的野生动植物栖息地自然保护区有四川卧龙国家级自然保护区、黑龙江扎龙国家级自然保护区、山东黄河三角洲国家级自然保护区以及海南南湾猴岛、大连蛇岛、云南西双版纳和苍山洱海等。

相对而言，动植物园与农业生态景观则完全是由人工营造的生物景观。动植物园是人们为了对动植物进行研究或者为普及动植物保护知识或为提供娱乐而开辟的动植物人工养殖场所，各地的珍稀动植物可以汇集一地，供人们观赏。有的动植物园还增加了大象、海豚、猴等动物表演的娱乐项目，给旅游者增添了许多乐趣。我国著名的综合性动物园有北京动物园、上海动物园、广州动物园等；我国著名的植物园有南京中山植物园、庐山植物园、北京植物园、华南植物园、昆明植物园和西双版纳热带植物园等；著名的农业生态景观有云南哈尼族梯田、新疆吐鲁番葡萄沟等。随着旅游业的发展，各类专项动植物园不断涌现，如水族馆、海洋公园、海底世界、鸟语林、蝴蝶园、猴园、鳄鱼园、樱花园等都颇受游人喜爱。

二、中国人文旅游资源概况

（一）历史遗址遗迹旅游资源

历史遗址遗迹是指人类社会发展过程中遗留下来的有突出普遍价值的人类活动场所与痕迹，是历史的真实记录，反映了不同时代的社会经济生活，使人了解丰富历史文化知识的同时，能够给人以很强的历史感悟，包括古人类遗址遗迹、古代历史文化遗址遗迹和近现代历史纪念地等。

1. 古人类遗址遗迹

古人类遗址是指人类发展到有文字记载以前的人类历史遗址，其内容包括古人类生产和生活的方方面面，如原始聚落、生产和生活用具、史前人类建筑、原始艺术和墓葬等。其时间上，一般来说分为旧石器时代（人类社会形成到距今 1 万年前）、新石器时代（从距今 1 万年前到公元前 21 世纪夏朝的建立）。根据考古发现，我国古人类遗址分布广泛。其中，旧石器时代的代表性遗址主要有：170 万—180 万年前的云南“元谋人”遗址、80 万—115 万年前的陕西“蓝田人”遗址、50 万—60 万年前的北京周口店“北京人”遗址等，以及陕西“大荔人”、山西“丁村人”、湖北“长阳人”、内蒙古“河套人”、北京龙骨山“山顶洞人”等遗址。我国已发现的新石器时代遗址有 5000 多处，主要分布在自然地理条件优越的黄河流域和长江中下游地区，尤以黄河流域最为集中。其中著名的有：河南新郑裴李岗文化遗址、河南渑池的仰韶文化遗址、陕西半坡文化遗址、浙江余姚河姆渡文化遗址、山东泰安大汶口文化遗址、山东章丘龙山文化遗址、长江下游良渚文化遗址以及内蒙古赤峰红山文化遗址等。

2. 古代历史文化遗址遗迹

古代历史文化遗址泛指人类社会有文字记载以来至近代以前，古代人类从事政治、经济、文化活动的遗址。在中国有据可考的文字记载的历史始于商代，至1840年鸦片战争结束，共有3000多年的历史，遗址的遗存数量大、类型多，是旅游开发的主要对象。按照其内容不同主要分为以下类型：

一是古代城池遗址遗迹。著名的政治性城池遗址遗迹有西周丰镐遗址、秦咸阳城、汉长安城、洛阳汉魏古城等；经济性城池遗址遗迹有江西景德镇白虎湾古瓷窑遗址、河南禹州钧瓷瓷器遗址等；军事性城池遗址遗迹有汉长城的玉门关城、明长城的九边九镇、烟台的蓬莱水城等；此外还有因交通优势丧失、气候等自然条件演变形成的高昌故城、楼兰古城等城池遗址遗迹等。

二是古代交通道路遗址遗迹。我国在历史上都发挥过重要的作用的著名古代交通道路遗址遗迹众多，如山海关、嘉峪关、函谷关、潼关等关隘遗址遗迹；秦始皇时期的子午道、新疆的盖次古驿舍遗址等驿道和驿站遗址遗迹；丝绸之路、茶马古道等古路遗址遗迹。

三是古代军事遗址遗迹。最著名的是长城遗址遗迹，主要包括春秋战国、秦、汉、明等朝代的长城遗址；还有在历史上具有重大意义的战争发生地，如秦赵之间的长平之战、齐魏的马陵之战、曹操和袁绍的官渡之战、东晋时期的淝水之战等古战场遗址遗迹；又如，陕西骊山的西周烽火台、甘肃河西走廊的汉代烽燧遗址等烽燧遗址遗迹。

四是历史名人遗址遗迹。我国上下五千年的历史发展，涌现出过许许多多对社会、经济、文化等发展有贡献、有影响的名人，他们的诞生地、故居、有迹可考的重要活动场所以及墓葬都成为人们表达敬仰、追忆怀古、瞻仰凭吊的场所，也成为一类重要的旅游资源。如河南新郑黄帝故里、山东曲阜孔庙、湖北秭归屈原故里、陕西韩城司马迁墓、四川成都武侯祠和杜甫草堂、浙江绍兴鲁迅故居等。

3. 近现代历史纪念地

近现代历史纪念地主要为鸦片战争以来，中国人民为争取民族独立和人民解放，同帝国主义、封建主义和官僚资本主义进行了不屈不挠的斗争，留下的许多革命遗址、遗迹及重大历史事件纪念地等。这些遗址遗迹对缅怀先烈、教育后人起着重要作用，是重要的红色旅游资源。其中主要有两大类：一是革命纪念地，主要包括革命斗争场所、重要会议会址、烈士墓葬、陵园及各类革命纪念馆或建筑物等，如南昌起义总指挥部旧址、井冈山革命根据地旧址、山西平型关战役遗址、延安革命旧址、西柏坡革命旧址、重庆八路军办事处旧址、卢沟桥抗日战争纪念馆等；二是重大历史纪念地，如广东虎门销烟遗址、山东刘公岛甲午战争纪念地、北京圆明园遗址、侵华日军南京大屠杀遇难同胞纪念馆等。

（二）古代建筑旅游资源

古代建筑是历史的载体和见证，也是文化和思想的外现，更是观赏性很强的旅游资源。中国古建筑作为世界唯一以木结构为主的建筑体系，是世界上延续历史最长、分布地域最广的独特体系，具有很高的科学研究、历史文化和艺术观赏价值。但由于一些自然或人为的原因，我国许多古建筑都遭到了破坏，遗留下来的比较稀少。中国现存最古老的木结构建筑是山西五台山重建于唐大中十一年（857 年）号称“中国第一国宝”的佛光寺大殿，是梁思成、林徽因等人于 1937 年 6 月发现的。

1. 中国古建筑的特征

一是巧妙而科学的木框架结构，灵活防震。中国古代建筑主要是木构架结构，即采用立柱、横梁、顺檩通过榫卯连接构成房屋的框架，屋顶与房檐的重量通过梁架传递到立柱上承担，墙壁只起隔断防护与分割空间的作用，承重与围护结构分工明确。框架结构及木材有更好的柔韧性，因此我国古建筑具有较好的防震功能，“墙倒屋不塌”，是典型的“屋歪而房不垮”的建筑。同时，由于房屋的墙壁不负荷重量，门窗设置有极大的灵活性，并结合美学价值创造了宫殿、寺庙及其他高级建筑才有的“斗拱”，既有支承荷载梁架的作用，又有装饰作用。

二是庭院式的组群布局，中轴对称。一般来说，住宅、宫殿、官衙、寺庙等中国古代建筑平面组群与布局以庭院为单元，采用均衡对称的方式，沿着纵轴线（也称前后轴线）与横轴线展开，比较重要的建筑都安置在纵轴线上，次要房屋安置在它左右两侧的横轴线上，单体建筑形象融于群体序列，加上衬托性建筑的应用，借助建筑群体的有机组合和烘托，使主体建筑显得格外宏伟壮丽。如北京故宫的组群布局和北方的四合院是最能体现这一组群布局原则的典型实例。而民居及风景园林则采用“因天时、就地利”的灵活布局方式。

三是优美而多变的艺术造型，单体建筑形象优美。中国古建筑构件丰富，整体形式丰富多彩，有方形、长方形、三角形、六角形、八角形、圆形、扇形等等；建筑屋顶是三大部分（台基、柱框与墙身、屋顶）中变化最大、最有特色的部分，有平顶、坡顶、尖顶、圆拱顶等形式。其中，坡面屋顶变化最为丰富，如庑殿顶、歇山顶、攒尖顶、悬山、硬山顶等甚至体现了建筑等级由高到低的变化；并创造了屋顶举折和屋面起翘、出翘，形成如鸟翼伸展的檐角和屋顶各部分柔和优美的曲线，大屋顶是中国古代建筑最具特点的地方。同时，屋脊的脊端都加上适当的雕饰，檐口的瓦也加以装饰性的处理，又大量采用琉璃瓦，为屋顶加上颜色和光泽，形成富有装饰性艺术形象的屋顶，进而形成各种优美造型的亭台楼阁。单体建筑从整个形体到各部分构件的艺术加工，达到建筑的功能、结构与艺术的完美统一。

四是绚丽淡雅的色彩、丰富多彩的雕刻装饰。中国古代建筑的色彩，体现于墙体、屋面、柱、门窗，以及最能反映古代建筑色彩特点的建筑彩画。彩画以其独特的风格和特有的制作技术及其富丽堂皇的装饰艺术效果成为古代传统建筑装饰中最突出的特点之一。宫殿、坛庙等建筑以红墙黄瓦衬托着绿树蓝天，显得分外壮观；屋檐下的阴影部分，室内梁、柱、斗拱及天花板、藻井上绘有精美彩画，使整个建筑光彩悦目。民居、道观和园林，或白墙灰瓦，与青山绿水相掩映；或土墙青瓦，与岩影土色相协调，营造出朴素淡雅、返璞归真的和谐意境。同时，我国古代建筑善用雕刻装饰，梁柱上有木雕，墙壁上有砖雕，台基的栏柱上有石雕，殿、塔上有金雕、银调、铜雕等，技法娴熟、内容丰富、表现形式多样，令人叹为观止。

五是重视建筑环境整体协调与经营、规模与形制体现等级与秩序。基于天人合一的中国传统哲学思想和对大自然的向往与尊重的中国文化精神，中国古代建筑师在进行规划、设计、施工时，不仅考虑建筑内部各部分的配合与协调，而且十分注重建筑与周围环境的协调，“依山就势”“远取势、近取质”“借景”等手法贯彻其间。同时，“等级和秩序”等元素涵盖了我国古建筑的体量、造型、结构、材料、装饰、色彩、砖瓦等各个方面，几乎无所不及。如用以承托建筑物，并使其防潮、防腐的台基，因使用的建筑等级不同、有无栏杆等技术繁简程度差异（高度、用材、装饰等），从低到高依次为普通台基、较高级的台基、更高级台基（须弥座、常用于宫殿与寺院中的主要殿堂建筑）、最高级台基（几个须弥座相叠而成，常用于最高级建筑，如故宫三大殿和山东曲阜孔庙大成殿）；古建筑屋顶除功能性外，还是等级的象征，其等级大小依次为：重檐庑殿顶＞重檐歇山顶＞重檐攒尖顶＞单檐庑殿顶＞单檐歇山顶＞单檐攒尖顶＞悬山顶＞硬山顶＞盝顶；彩画原是为木结构防潮、防腐、防蛀，后来才突出其装饰性，等级从高到低依次为：和玺彩画、旋子彩画（用于次要宫殿或寺庙中）、苏式彩画等。

2. 中国古建筑的主要类型

（1）辉煌的宫殿。

宫殿建筑又称宫廷建筑，为传统建筑之精华。中国宫殿是中国古代帝王为了巩固自己的统治，烘托皇权的威严，满足精神生活和物质生活的享受而建造的规模宏大、气势雄伟、格局严谨的大型建筑组群，是中国古代最重要的建筑类型，在很多方面代表了传统建筑艺术的最高水平。我国历史上曾出现过许多规模宏大的宫殿建筑，如秦朝阿房宫、汉朝未央宫、唐朝大明宫等，现存的宫殿主要有北京故宫、沈阳故宫和河北承德避暑山庄内的宫殿，先后于1987年、2004年和1994年被列为世界文化遗产。其中，北京故宫是中国现存规模最大、保存最完整的古代宫殿建筑群，是具有世界级旅游吸引力的文物古迹旅游资源。

我国宫殿建筑的形制有一个历史发展的过程，逐渐发展形成以下几个布局特点：

一是前朝后寝、三朝五门，“前朝”是帝王上朝和处理政务的地方，“后寝”是皇帝和后妃们居住生活的后宫和后花园；“三朝”是外朝（太和殿）、中朝（乾清宫）和内朝（坤宁宫），“五门”是指正阳门（大明门或大清门）、天安门、端门、午门和太和门。

二是左祖右社，“左祖”是指在宫殿左前方设祖庙（又称太庙），“右社”是指在宫殿右侧设社稷坛。

三是严格的中轴对称，宫殿建筑强调中轴线和对称布局，集最高等级于一体。

四是以黄色和红色为主。黄色在我国被视为最尊之色，红色则代表了吉祥、喜庆、幸福和庄严。

（2）古朴的坛庙。

坛庙建筑又称礼制建筑，是为了表达对天地、祖先、先哲、名人的崇敬与感恩而建的祭祀性建筑，建筑规模宏大、造型精美，是我国古建筑的重要代表之一。

坛是中国古代主要用于祭祀天、地、社稷等活动的台型建筑。坛早期除用于祭祀外，也用于举行会盟、誓师、封禅、拜相、拜帅等重大仪式，后来逐渐成为中国封建社会最高统治者专用的祭祀建筑，规模由简而繁，体型随天、地等祭祀对象的特征而有圆有方，形式多样，并逐渐发展为宏大的建筑群。都城各坛，其坐落方位，各个朝代有所不同。现北京保留至今的有天坛、地坛、日坛、月坛、社稷坛和神农坛等。其中，位于北京故宫南端的天坛是明清两代皇帝祭天、祈谷的地方，布局严谨、结构奇特、装饰瑰丽，是我国现存规模最大、保存最完整、最精致的古代坛庙建筑，1998年被列为世界文化遗产。

庙是专门的祭祀建筑，形制要求严肃整齐。按照祭祀对象大致可分为三类：一是祭祀祖先的宗庙。在宗庙中，古代帝王的宗庙称太庙，其他贵族、显宦、世家大族奉祀祖先的建筑称家庙或宗祠，其建筑仿照太庙方位，建筑在宅第东侧，规模不一。现北京市劳动人民文化宫是唯一保存下来的太庙，广州的陈家祠是现存规模宏大、建筑精美、保存完整的世家宗祠。二是奉祀圣贤先哲的庙。这种庙遍及全国，其中以祭祀孔子的文庙和祭祀关羽的武庙最多，孔庙中以山东曲阜孔庙规模最大、历史最久、规制最高，是我国现存仅次于北京故宫的古代建筑群，为世界文化遗产。其他代表性的名人祠庙还有四川成都武侯祠、浙江杭州岳飞庙、湖南汨罗屈子祠、河南开封包公祠、四川眉山三苏祠、海南海口五公祠等。三是祭祀山川、神灵的庙。最著名的是奉祀五岳中的泰山岱庙、华山西岳庙、衡山南岳庙、恒山北岳庙、嵩山中岳庙，其中尤以岱庙最具影响力，是历代帝王举行封禅大典和祭祀东岳大帝的地方，庙内的天贶殿与故宫太和殿、曲阜孔庙大成殿并称中国三大殿。此外，还有大量源于各种宗教和民间习俗的祭祀建筑，如城隍庙、土地庙、龙王庙、财神庙和妈祖庙等。

（3）多姿的民居。

中国不同地域的古民居受自然条件、资源环境、历史传统、生活习俗、审美观念及生产力水平等因素影响，呈现出淳朴自然而又丰富多彩的民族特色。我国最具代表性的民居有北京四合院、西北黄土高原的窑洞、皖南的古民居、福建和广东等地的客家土楼（如世界遗产福建永定土楼）以及内蒙古、青海、西藏的蒙古包等。民居建筑素有“北山西，南皖南”的说法。山西民居主要分布在祁县、平遥、太谷等地，典型代表有乔家大院、王家大院、曹家大院等。徽派民居又称皖南民居，主要分布在安徽南部、江西北部的古徽州地区（安徽黟县、歙县、绩溪县，江西婺源县），受到独特的地理环境和人文观念的影响，显示出较鲜明的区域特色，被称为“古民居建筑艺术宝库”，皖南的古村落西递、宏村是其典型代表，已被列为世界文化遗产。此外，西双版纳的干栏式住宅、湘鄂渝桂等地的吊脚楼、云贵高原的“一颗印”式民居、藏南谷地的碉楼等都是著名的特色民居。

（4）伟大的工程。

伟大工程是指人类历史发展过程中所兴建的与国计民生密切相关、对国家或地方的社会经济发展产生过重大影响的宏伟工程。我国今天依然留下了许多反映古代建筑水平的著名伟大工程，作为中华民族勤劳智慧的象征，成为重要的旅游资源。

一是军事防御工程。古代的军事防御工程主要是指长城和城市城墙、护城河等城防工程。长城又称万里长城，是中国古代也是世界上修建时间最长、工程量最大的一项军事防御工程，也是世界上体量最大的历史文化遗产。现存长城是西周、春秋战国、秦、汉、晋、隋、唐、宋、明等十多个朝代，不同规模修筑和加固的遗留，其中以汉、明两朝为高潮。2016 年 11 月国家文物局发布数据显示，历代长城墙壕遗存总长度为 21196.18 公里，包括长城墙体、壕堑、单体建筑、关堡和相关设施等长城遗存 43721 处。但由于年代久远，早期各个朝代的长城大多残缺不全，目前保存比较完整、已开放的长城旅游景观主要是明代遗存。如北京八达岭长城、居庸关、慕田峪长城，河北山海关、老龙头、金山岭长城，以及天津黄崖关、山西雁门关、甘肃嘉峪关等关隘与城墙已成为著名游览胜地。我国保存至今较为完整的城防工程有西安古城、南京城墙、平遥古城、兴城古城、荆州古城及北京故宫紫禁城等。

二是水利工程。我国人口众多，自古重农，而水利是农业的命脉，水运又是古代运量最大、最廉价的运输方式，因而“水利灌溉、河防疏泛”被视为兴国安邦的重要保障。我国历史上修建了许多规模宏大、起过巨大历史作用的水利工程。京杭大运河、都江堰水利工程、坎儿井和灵渠并称为我国古代四大水利工程。其中京杭大运河是世界上里程最长、工程最大的古代运河；都江堰两千多年来一直发挥着防洪灌溉的作用，是全世界迄今为止年代最久、以无坝引水为特征的宏大水利工程；坎儿井是我国西北干旱地区的地下引水灌溉系统，以新疆吐鲁番市最为集中；灵渠又称兴安运河或湘桂运河，于公元前 214 年凿成通航，是世界上最古老的运河之一，有着“世界古代水利建筑明珠”的美誉。

三是交通桥梁工程。中国是桥的故乡，自古就有“桥的国度”之称，发展于隋，兴盛于宋。遍布在神州大地的桥，编织成四通八达的交通网络，连接着祖国的四面八方。中国古代桥梁的建筑艺术，有不少是世界桥梁史上的创举，充分显示了中国古代劳动人民的非凡智慧。潮州广济桥（湘子桥）、河北赵州桥、泉州洛阳桥、北京卢沟桥被称为中国四大古桥。广济桥集梁桥、浮桥、拱桥于一体，是我国古桥的孤例，被著名桥梁专家茅以升誉为“世界上最早的启闭式桥梁”。赵州桥由著名匠师李春设计建造，距今已有1400多年的历史，是当今世界上保存最完整的古代单孔敞肩石拱桥。洛阳桥作为中国现存最早的跨海石桥，其“筏形基础”“种蛎固基法”，是中国乃至世界造桥技术创举。卢沟桥是北京市现存最古老的石造联拱桥，为华北最长的古代石桥。

（5）神秘的寺观。

佛教、道教和伊斯兰教在我国都有悠久的历史，并留下了许多杰出的寺观建筑。佛教、道教讲究“超凡脱俗”，所谓天下名山僧占多，因此我国的宗教寺观大多依山而建，讲究与地理环境的和谐与协调，并突出营造出肃穆神秘的宗教意境。

一是佛教建筑。佛教建筑包括佛寺、佛塔和石窟。佛寺一般采取中国传统的庭院组群布局，在中轴线上由南向北依次分布着山门殿、天王殿、大雄宝殿、法堂、藏经楼、毗卢阁、观音殿等建筑。目前中国最富有盛誉的寺院有洛阳白马寺、登封少林寺、杭州灵隐寺、宝鸡法门寺、南京栖霞寺、扬州大明寺、苏州寒山寺、厦门南普陀寺等，而体现汉藏文化融合的风格典型寺院主要有北京雍和宫、拉萨布达拉宫与大昭寺、西宁塔尔寺以及承德的外八庙等。

二是道教建筑。道教建筑是用以祀神、修道、传教以及举行斋醮等祝祷祈禳仪式的建筑物，规模较大者称宫或观，部分主祀民俗神之建筑或称庙。道教建筑常由神殿、膳堂、宿舍、园林四部分组成，总体采取中国传统的庭院组群布局。有的还利用建筑群附近名胜古迹和奇异地形地物（如山泉溪流、巨石怪洞、悬岩古树等），建置楼、阁、台、榭、亭、坊等，形成建筑群内以自然景观为主的园林。著名的道教建筑有武当山紫霄宫、龙虎山正一观、青城山天师洞道观、武汉长春观、鹿邑太清宫、北京白云观等。

三是伊斯兰建筑。清真寺（礼拜寺）是中国伊斯兰教建筑的主要类型，清真寺建筑形式和布局较为灵活，可为圆柱拱顶的阿拉伯式建筑，也可为中国特色的宫殿建筑，但礼拜殿的朝向必须面东以确保教徒礼拜时朝向圣城麦加，礼拜殿内不设偶像，仅以殿后的圣龛为礼拜的对象，清真寺建筑装饰纹样不准用动物纹样，只能是植物或文字的图形等。著名的清真寺建筑有西安市化觉巷清真寺、北京牛街清真寺、宁夏同心清真寺、新疆喀什市的艾提尕尔清真寺等，而杭州凤凰寺与扬州仙鹤寺、广州怀圣寺、泉州清净寺并称中国伊斯兰四大古寺。

（6）肃穆的陵墓。

古人认为“灵魂不灭”，且死后仍能祸福后代，因此，古代社会盛行厚葬，无论任何阶层对于陵墓的建筑皆倍加用心，“事死如事生”“厚葬以明孝”，不惜耗费巨额财力、大批人力精选“风水宝地”去精心构筑死者的阴宅，便逐渐形成了一套隆重的丧葬制度，其主要特征就是厚葬、隆葬和祭祀。集安葬与祭祀于一体的陵墓建筑是我国古代建筑的重要组成部分，因此古代中国留下了许多著名的陵墓建筑。作为旅游资源的陵墓主要有古代帝王及显贵陵墓、先哲圣贤及伟人名人纪念性陵墓、独特的墓葬等。

一是古代帝王及显贵陵寝。古代帝王陵墓建筑规模宏大、随葬品丰富，由封土（秦汉时期的“方上”、唐代“以山为陵”、明清时期的“宝城宝顶”）、地面建筑（祭殿与配殿等祭祀建筑、阙门与石像等组成的神道、护陵监等）、地下建筑三部分组成，是建筑、雕刻、绘画及与自然环境融于一体的综合性艺术杰作。现存的帝王陵寝主要有秦始皇陵、汉武帝的茂陵、唐太宗李世民的昭陵、唐高宗李治和武则天的乾陵、明孝陵、明十三陵、清东陵和清西陵等。

二是先哲圣贤及伟人名人纪念性陵墓。历史上对社会做出过突出贡献的先哲圣贤及伟人名人包括三皇五帝、昔圣先贤、历代伟人和名人等。这类墓葬有的是真人真墓，有的是纪念性衣冠冢，没有皇帝陵墓的规模与建制，也没有奢华的随葬品，占地面积不大，但因其墓主人的知名度仍然具有很强的吸引力，用于人们前往表达怀古、追思、敬仰之情。如河南淮阳太昊陵、陕西黄帝陵、山东曲阜孔林、河南洛阳关林、湖北秭归屈原墓、内蒙古呼和浩特昭君墓、陕西韩城司马迁墓、浙江杭州岳飞墓等。

三是独特的墓葬。这些墓葬因形制独特，或技艺高超，或葬法独特，或文物丰富而成为旅游资源，如龙虎山等地的春秋战国崖墓、悬棺葬，以及河南南阳汉画像石墓、湖南长沙马王堆汉墓等。

此外，中国古代建筑除以上六个基本类型外，还有众多富有艺术特色的衬托性小品建筑，如牌坊与牌楼、华表、影壁、碑、阙、经幢，以及亭、台、轩、榭等，其应用在建筑群中起着重要的烘托作用。

（三）古典园林旅游资源

中国古典园林是世界上独树一帜具有重大成就的建筑类型，是人文旅游资源中最能反映中国文化特色的一种类型，在此单列阐述予以强调。中国古典园林艺术是以模拟自然山水为目的，利用山石、水体、生物、建筑及匾额与楹联等构景要素，按照一定的艺术构思而建成的具有生活、游憩和观赏功能的富有诗情画意的综合建筑艺术景观、诗意栖居。它深浸着中华文化崇尚自然、师法自然理念，以“天人合一”的哲学思想为内蕴，以自然变化、曲折为特点，追求“虽由人作，宛自天开”的审美旨趣，形成了自然式山水风景园林的独特风格。在世界三大园林体系中，中国园林历史最为悠久、内涵最为丰富，有“世界园林之母”的美誉，成为东方文明的有力象征。

1. 中国古典园林的发展历程

我国园林艺术有着悠久的历史，最早可追溯到公元前11世纪周文王时期营造的“囿”，其发展历程可简单概况为：源于商周秦汉、转折于魏晋，繁盛于唐宋，成熟于明清，集大成于乾隆盛世。

一是先秦及秦汉时期的园林萌芽和发展阶段，是从“囿”到“苑”的发展时期，如汉武帝的上林苑。

二是魏晋南北朝时期的园林转折发展时期，社会动荡使文人士大夫寄情于山水、视隐逸为高雅，文人、画家参与造园，扬弃了秦汉时代以宫室建筑为中心的构园法，转向以自然山水为主体的园林风格，私家造园兴盛，如石崇的洛阳金谷园。

三是隋唐及两宋时期的园林的全盛时期，隋唐以后，真正大批文人、画家参与造园，造园家与文人、画家相结合，造园艺术从自然山水园林阶段进入文人写意山水园林阶段，如华清宫、王维的“辋川别业”、白居易的“庐山草堂”，艮岳、金明池、琼林园等。

四是明清时期的园林集大成时期（成熟时期），园林包含着浓郁的诗情画意，使风景与建筑巧妙地融合在一起，如北京等地的皇家园林，尤以苏州、杭州、无锡、扬州等地的江南私家园林艺术达到了典雅精致、趋于完美的境界，出现了大批园林杰作及造园高手和构园专著，以计成著的《园冶》最为著名。

2. 中国古典园林的分类与主要园林

（1）根据占有者身份的不同划分。

一是皇家园林，是专供帝王休息享乐的园林，所以皇家园林一般选址自由、规模宏大，在艺术风格上以庄重华丽为主，真山真水较多，建筑体型高大，在规则中求得变化，在华丽中求得娴雅，营造诗情画意。现存著名皇家园林有北京颐和园与北海公园、河北承德避暑山庄等。

二是私家园林，是供皇家的宗室外戚、王公官吏、富商大贾等休闲的园林。其特点是位于市内，功能合一，规模较小，所以常用假山假水，咫尺山林，多方胜景，以人工雕琢，求自然之趣，建筑小巧玲珑，但建造精巧、素雅朴实。后来由于文人参与造园，园林与文学、绘画关系密切，更加抒情写意，书卷气息最浓，步步为景、步移景异，使私家园林在艺术上达到了很高的境界。现存著名的私家园林有北京恭王府，苏州的沧浪亭、狮子林、拙政园、留园、网师园，上海的豫园等。

三是寺庙园林，附属于宗教建筑，常处于山水胜地，广植银杏、松柏等树木，建筑与自然巧妙结合，以营造肃穆、清幽的氛围与色彩，具有公共园林功能。如北京潭柘寺、成都青羊宫等。

四是公共园林，是经过逐渐开发建设而形成的著名游览点，是在自然大景中再造园林小景，建筑布置和设计为了突出自然环境，如杭州西湖、济南趵突泉、昆明大观楼、北京什刹海、扬州瘦西湖等。

（2）按园林所处地区的不同划分。

根据园林所处地区的地域分异特征，出现北方园林雄浑（以北京皇家园林为代表）、江南园林秀美（以苏州私家园林为代表）、岭南园林繁盛（如广东珠江三角洲的顺德清晖园、东莞可园、番禺的余荫山房、佛山梁园等）以及少数民族园林多彩（新疆维吾尔族花果园式园林、西藏拉萨罗布林卡等）的明显差异。

3. 中国古典园林的构景方法与艺术特征

（1）中国古典园林的构景方法。

中国古典园林在造园构景时主要运用筑山（园林的骨骼）、理池（园林的血液）、花木（园林的毛发）、建筑（园林的眼睛）和书画墨迹（园林的精神和灵魂）五大组成要素，运用多种构景方法来表现自然，以求得渐入佳境、小中见大、步移景异的理想境界，以取得自然、淡泊、恬静、含蓄的艺术效果。中国古典园林的构景方法很多，主要有抑景、添景、借景、夹景、对景、框景、漏景等。

抑景，我国古典园林主张“山重水复疑无路，柳暗花明又一村”“欲扬先抑”“先藏后露”的创作方法。如园林入口处常迎门挡以假山、树丛，介于隔和透之间，曲径通幽，步移景异，引人入胜，以达到层次丰富、境界深幽、意趣无穷的艺术魅力。添景，如在远方自然景观或人文景观的中间或近处，添以树木花卉或作建筑小品作为过渡景以丰富空间层次。借景，即在横向或纵向上让游人扩展视觉和联想，计成在《园冶》中指出，“园林巧于因借”，化虚为实，借景可远借山、邻借树、仰借飞鸟、俯借游鱼、应时借四季的花或其他自然景象。使主人只需坐卧在亭台楼阁等建筑物内，仿佛赏玩一幅山水画，透过门窗便可饱览园外的无限风光。夹景，即当远方自然的山、或人文的建筑

（如塔、桥等）景观视线的两侧大而无当，显得单调乏味时，就用建筑物或树木花卉将两侧屏障起来，使远方观赏点显得更有诗情画意的构景手法，如在颐和园后山的苏州河中划船，远方的苏州桥主景，为两岸起伏的土山和美丽的林带所夹峙，构成了明媚动人的景色。对景，即在园林中，或登上亭、台、楼、阁、榭，可观赏堂、山、桥、树木，或在堂桥廊等处可观赏亭、台、楼、阁、榭，从甲观赏点观赏乙观赏点，从乙观赏点观赏甲观赏点的构景方法。框景，即利用园林中的建筑的门、窗、山洞、树枝等，有选择地摄取空间的山水美景或人文景观的优美景色，如植黄山松柏、古梅、美竹，收之圆窗。漏景，从框景发展而来，框景景色全观，漏景若隐若现，含蓄雅致，漏景可以用漏窗、漏墙、漏屏风、疏林等手法，如苏州留园入口的洞窗漏景、苏州狮子林的连续玫瑰窗漏景等。

（2）中国古典园林的艺术特征。

一是自然美、艺术美与理想美的统一体。中国古典园林的造园过程，一般要通过三个创作境界，即生境、画境和意境。生境就是自然美，园林模山范水，山贵有脉，水贵有源，脉源相通，全园生动；画境就是艺术美，即将自然和生活素材通过取舍、概括，经过艺术加工，使其“源于自然，高于自然”；意境即使用诗文等多种艺术手法，从“生境”和“画境”升华，感受到美的精神境界。

二是强调崇尚自然、师法自然、和谐统一。古人筑园叠石前必先察看地形，再根据地形地貌、古树名木的位置巧作构思，人文景观与自然景观的和谐统一，随机应变规划设计，呈现出多样化、多变性、朴实性、布局不规则的风格。

三是重视深邃意境的表达，具有深厚的文化内涵。古典园林以其特色鲜明地折射出中国人的自然观、人生观和世界观，同时蕴含了儒、道、佛等哲学或宗教思想以及田园诗、山水画等传统艺术影响，将社会的文化理念、伦理观念和社会心理形成一个整体。

（四）都市城镇旅游资源

都市城镇是人口集散中心，不同的都市城镇因区位、交通、气候等原因在历史发展中起过不同的作用，也是不同生产力和文明发展程度的体现。我国许多都市城镇交通便利、商业发达、设施完善，同时也因历史悠久、环境优美，有着深厚的文化底蕴和丰富的旅游资源，成为重要的旅游胜地和游客集散中心。都市旅游以都市为依托开展与进行，如商务会议、探亲访友、文化修学、观光购物以及游乐休闲等旅游活动，上海、北京、广州、深圳、香港、重庆等经济发达、文化繁荣的大都市的都市旅游发达。古镇名村旅游是围绕古民居、古宅院、街道、店铺等古镇建筑，以及新农村风貌等旅游元素来发展观光旅游、休闲旅游活动，如山西平遥、云南丽江、浙江南浔以及河南的荆紫关古镇与南街村等。

1. 国家历史文化名城

历史文化名城是指有悠久历史，在我国历史进程中起过重要作用，现仍有特别丰富的历史文物遗存，可体现中华民族的悠久文化、灿烂文化和革命传统的城市。中国五千年的历史孕育出了一些因深厚的文化底蕴和发生过重大历史事件而青史留名的城市。这些城市，有的曾是王朝都城，有的曾是当时的政治、经济重镇，有的曾是重大历史事件的发生地，有的因为拥有珍贵的文物遗迹而享有盛名，有的则因为出产精美的工艺品而著称于世。如我国著名的八大古都，中华儒家文化产生地曲阜，古代对外交流的港口城市泉州、扬州、明州（宁波）等，少数民族区域历史文化中心拉萨、大理、喀什等，近代革命圣地延安、遵义等。截至 2023 年 3 月，国务院已将 142 座城市（琼山已并入海口市）列为国家历史文化名城，并对这些城市的文化遗迹进行了重点保护。

2. 特色小城镇

相对于大城市而言，小城镇因现代化的脚步相对缓慢，保留了更多的地方特色。这里的特色小城镇主要是指国家级历史文化名镇名村、全国特色小镇。中国历史文化名镇名村，是由建设部和国家文物局从 2003 年起共同组织评选的，是指保存文物特别丰富且具有重大历史价值或纪念意义的、能较完整地反映一些历史时期传统风貌和地方民族特色的镇和村。

截至 2022 年年末，中国历史文化名镇名村公布了七批，共有 799 个榜上有名，其中名镇 312 个、名村 487 个，既有乡土民俗型、传统文化型、革命历史型，又有民族特色型、商贸交通型，基本反映了中国不同地域历史文化村镇的传统风貌。中国特色小镇则是国家发展改革委、财政部以及住建部在全国范围开展的 1000 个左右的特色小镇培育工程，其中第一批 127 个中国特色小镇名单是住建部于 2016 年公布的，这些小镇各具特色、美丽宜居、富有活力。目前我国著名的特色旅游小镇有乌镇、周庄镇、西塘古镇、宏村镇、西递村等江南水乡风貌小镇，我国最北的边塞小镇漠河，而中国四大古镇一般是指广东的佛山镇、江西的景德镇、湖北的汉口镇、河南的朱仙镇。

3. 现代化大都市

我国北京、上海、香港、广州、成都、重庆、深圳、南京、杭州、武汉等城市都是现代都市的代表，它们具备的共同特征是：经济发达，市场聚集、扩散和影响力大；城市基础设施完善，具有强大的交通枢纽功能、服务功能、金融功能和信息功能；第三产业发达，在产业比重中占有重要地位；劳动者素质、人均总产值和人均收入及消费水平高；教育发达，人力资源雄厚，科技成果及信息化成果转化快；高水平的社会管理和高质量的城市生态环境。

（五）宗教文化旅游资源

我国是一个多宗教的国家。目前，在我国影响较大的宗教是佛教、道教、伊斯兰教和基督教。宗教文化是极具特色的人文旅游资源，其旅游吸引力除宗教精神及其活动外，更重要的是其所拥有的文物古迹、文化艺术成就及独特的环境。如我国的佛教四大名山、道教四大名山、布达拉宫及大昭寺、敦煌莫高窟等都成了著名的宗教旅游胜地。旅游业的发展对宗教文物古迹的保护与开发，对于宗教文化的传承、传播、交流和研究起到积极的促进作用。

1. 佛教及其旅游资源

佛教是对中国影响最大的宗教，它起源于公元前 6 公元至公元前 5 世纪的古印度。其创始人乔达摩·悉达多反对古印度不平等的种姓制度，提出了众生平等的思想，得到了大众的支持，被尊称为“释迦牟尼”“佛陀”，所创宗教被称为佛教。佛教的基本教义，主要是关于生命和宇宙的真相、关于善恶因果与修行两大方面，包括缘起、法印、四谛、八正道、十二因缘、因果业报、三界六道、三十七道品、涅槃，以及自成一体的密宗法义等。佛教认为，人生充满苦难，其根源是人的各种欲望，唯有断绝欲望才能摆脱一切烦恼和苦难，得道成佛。印度佛教大约于东汉时期传入中国，以“中国第一古刹”“释源”洛阳白马寺的建成为标志。由于佛教传入的时间、途径、地区和民族文化、社会历史背景的不同，中国佛教形成三大系，即汉传佛教（北传佛教）、藏传佛教（藏语系）和云南少数民族地区上座部佛教（南传佛教）。其中汉传佛教传播发展迅速，通过长期的消化、吸收、改造、充实，与儒家正统伦理观念相结合，形成具有中国特色的中国佛教，主要有禅宗、密宗、华严宗、律宗、净土宗五大佛教宗派。

佛教旅游资源广泛分布于我国汉文化地区，如五台山、峨眉山、九华山和普陀山等自然风光与宗教建筑艺术巧妙融合的四大佛教名山。佛教文化旅游资源主要有寺庙（院）、佛塔、石窟三种类型，我国著名的有：寺庙如佛教祖庭白马寺、禅宗祖庭少林寺、恒山悬空寺、北京法源寺、上海龙华寺、陕西法门寺，以及南传佛教信徒朝圣中心——西双版纳总佛寺、中国藏传佛教的青海塔尔寺与拉萨大昭寺等；佛塔如西安大雁塔、应县木塔、杭州六和塔、苏州虎丘塔、登封嵩岳寺塔、开封铁塔、大理千寻塔等；最著名的四大石窟是敦煌莫高窟、大同云冈石窟、洛阳龙门石窟、天水麦积山石窟。

2. 道教及其旅游资源

道教是在我国产生、发展的本土宗教，植根于中华民族古老深厚的文化土壤，在自然崇拜和神灵崇拜的基础上，承袭春秋战国以来黄老神仙方术、民间巫术，其正式形成于东汉顺帝年间张道陵开创的五斗米道。道教尊黄帝为始祖，奉春秋时代的老子为道祖，以老子所著的《道德经》为主要经典，形成了全真道和正一道两大教派。道教的教义庞杂，以"道"为其核心信仰，认为"道"是宇宙万物的本源，"道"在人和万物中的显现就是"德"，因此信徒要"修道养德"，得道便长生久安。道教供奉的对象主要有三清、四御、星神、四方之神与八仙等。

道教旅游资源主要有道教名山和道教宫观。我国道教名山遍布，著名的有道教四大名山（湖北武当山、四川青城山、江西龙虎山和安徽齐云山）、五岳（东岳泰山、西岳华山、南岳衡山、北岳恒山、中岳嵩山）、山东崂山、河南王屋山、江苏茅山等。我国道教宫观遍布各地，是道教徒祭神、礼拜的场所，也是他们修行、隐居之所；其规模不等、形制各异，或是宫殿式的庙宇，或是一般的祠庙，甚至是朴素的茅庐或洞穴；著名的道教宫观有北京白云观、山西芮城永乐宫、陕西西安重阳宫、河南鹿邑太清宫、江苏苏州玄妙观、四川成都青羊宫等。

3. 伊斯兰及其旅游资源

就信仰人数而言，伊斯兰教是仅次于基督教的世界第二大宗教，在我国主要分布在西北地区。伊斯兰教于公元 7 世纪由阿拉伯半岛麦加人穆罕默德创立，其教徒称穆斯林，大约自唐代传入我国，后经元代、明代的发展，中国伊斯兰教大致可以分为内地伊斯兰教和新疆地区伊斯兰教两大系统。内地伊斯兰教最早大致在中国唐朝的永徽二年（651 年）传入泉州、广州等地，以海路为主；新疆地区伊斯兰教的传入时间是在公元 10 世纪末及 11 世纪初喀喇汗王朝时期，以陆路为主。信仰伊斯兰教的少数民族主要有回族、维吾尔族、哈萨克族、东乡族、柯尔克孜族、撒拉族等，穆斯林人口目前已达 2000 多万。伊斯兰教的教义核心内容是：信奉安拉（真主）是唯一的真神，穆罕默德是安拉的使者，以《古兰经》为主要经典，认为世间一切都是安拉"前定"的，要求教徒顺从。清真寺是伊斯兰信徒进行宗教活动的场所，我国现存著名清真寺旅游资源有西安化觉巷清真寺、广州怀圣寺、泉州清净寺、北京牛街清真寺、新疆喀什艾提尕尔清真寺、西宁东关清真大寺等。

4. 基督教及其旅游资源

基督教产生于公元1世纪罗马帝国统治下的巴勒斯坦地区，相传为犹太的拿撒勒人耶稣所创立。到中世纪，基督教传遍欧洲，成为欧洲封建社会的统治支柱。基督教历史上几经分裂，形成天主教、东正教、基督新教三大派别，基督教是对奉耶稣基督为救世主的各教派统称。基督教信奉上帝（天主），其主要经典为《圣经》，认为“人皆有罪”导致了世人的一切苦难，“因信称义”，只有信奉基督，才可升入天国。基督教早在唐代时就传入中国，当时称景教，但信奉者不多，发展缓慢；鸦片战争后，外国传教士在“传教条款”的保护下，纷纷涌入中国。我国现存著名的教堂有北京南堂与北堂、上海徐家汇天主教堂与沐恩堂、广州石室圣心大教堂、哈尔滨圣索菲亚大教堂等。

（六）民俗风情旅游资源

民俗就是民间约定俗成的习俗，民俗风情泛指一个地区的民族在特定的自然、社会环境下，在生产、生活和社会活动中所形成的风俗习惯，包括民间节庆活动、生活习俗、社交习俗、行业习俗、民间艺术形式与风格、普遍存在的观念与心态等。我国地域辽阔、民族众多、历史悠久，因此民俗风情多姿多彩；如汉族地区与西南少数民族地区、青藏高原藏民区、西北少数民族地区、北方少数民族地区等区域的人们在饮食、服饰、节庆、婚恋嫁娶乃至丧葬民俗等诸方面都存在着显著差异，因此自古就有“百里不同风，千里不同俗”的说法。其中，参与性、观赏性、娱乐性很强的民间节庆活动、社交礼仪、民间艺术表演及独具特色的生产方式与产品等，都是极具吸引力的旅游资源。今天，民俗风情已成为人文旅游资源中最活跃、最绚丽多彩的组成部分。

1. 我国主要的风味佳肴

中国物产丰富，创造了独具一格的饮食文化，中国烹饪因历史悠久、内涵丰富、影响深远成为世界三大烹饪流派之一。中国烹饪选料严谨，刀工精湛，配料合理，技法繁多，善于调味，注重火候，讲究盛器；我国菜肴以色、香、味、形、器俱全为特色，科学性与艺术性并重，能给人以味觉、嗅觉和视觉多方面的享受与满足。品尝风味佳肴已成为旅游者旅游活动的重要组成部分，我国许多旅游城镇兴建了“风味小吃街”或“美食一条街”，以集中展示地方特色佳肴，颇受旅游者青睐。我国显著的地域差异，使各地菜肴的用料与做法大不相同，经过长期积累，逐渐形成了宫廷菜、地方菜、素菜、药膳等不同体系和层次的菜系、菜种。

一是菜系，也称“帮菜”，是指在选料、切配、烹饪等技艺方面，经长期演变而自成体系，具有鲜明的地方风味特色，并为社会所公认的中国菜肴流派。我国有四大菜系（鲁菜、川菜、粤菜、苏菜）、八大菜系（四大菜系加上浙菜、闽菜、湘菜、徽菜）、十大菜系（八大菜系加上京菜、沪菜）之说。此外，中国较有影响的菜系还有潮州菜、东北菜、赣菜、鄂菜、津菜、冀菜、豫菜、客家菜、清真菜等。其中，鲁菜为北方菜的代表，还曾传入宫廷成为御膳的主体，其特点是浓少清多，醇厚不腻，十分讲究用汤，代表菜有葱烧海参、糖醋鲤鱼、清汤燕菜等；川菜以味多、味厚、味广著称，味型以麻辣、鱼香、怪味等为主，技法以小炒、小煎、小烧、干烧、干煸见长，风靡全国的四川火锅就集中了川菜的精华；粤菜以用料广泛，讲究鲜嫩爽滑、突出原味和营养养生为特色，对鱼虾、禽畜、野味的烹调各有所长，素有“食在广州”之说；苏菜口味平和、咸甜适中、风味清鲜、浓而不腻、淡而不薄，具有酥、烂、鲜、香的特色，代表菜肴有金陵盐水鸭、清炖蟹粉狮子头、扬州煮干丝等。

二是风味小吃。我国各地均有具有浓郁地方特色的著名风味食品，其中以北京炸酱面、全聚德烤鸭、东来顺涮火锅，天津狗不理包子，山西的刀削面和猫耳朵，陕西的羊肉泡馍，四川的担担面，兰州牛肉拉面，新疆的烤羊肉串和手抓饭，河南的胡辣汤，武汉的热干面，南京的板鸭和盐水鸭，常熟的叫花鸡，苏州的东坡肉和糕团，浙江的金华火腿，广东的腊肠、叉烧包和肠粉，云南的过桥米线等很受旅游者喜爱。

2. 著名特产

（1）名茶。

中国是茶叶的故乡，已有6000多年的茶叶种植历史，茶发于神农，闻于鲁周公，兴于唐朝，盛于宋代。茶叶最早是作为解毒良药饮用的，后来才发展成为开门七件事（柴、米、油、盐、酱、醋、茶）之一，唐代茶圣陆羽著有世界上第一部茶叶专著《茶经》。茶既有健身、治病之医疗价值，品茶待客又是中国人高雅的娱乐和社交活动，中国是茶文化的发祥地。中国茶文化糅合了中国儒、道、佛诸派思想，独成一体，源远流长，博大精深，以茶可行道，以茶可雅志。当前茶已经成为世界三大无醇饮料中饮用价值较高的天然饮品之一，中国拥有众多在世界上享有很高声誉的名茶珍品。茶叶按照发酵程度可分为绿茶、红茶、乌龙茶（青茶）、白茶、黄茶、黑茶六大类，此外还有花茶、紧压茶等，每类都有名品。我国著名的绿茶有西湖龙井、太湖碧螺春、黄山毛峰、六安瓜片、庐山云雾、信阳毛尖茶等；红茶以安徽祁门红茶、云南滇红、江西宁红最为著名；乌龙茶名品有福建武夷岩茶、安溪铁观音、凤凰单枞茶、台湾冻顶乌龙茶等；白茶主要有白毫银针茶、白牡丹茶、贡眉等；黄茶主要有君山银芽、蒙顶黄芽、霍山黄芽等；我国著名的黑茶有云南普洱茶、湖南黑茶、广西六堡茶等；花茶以苏杭的茉莉烘青最为有名。

（2）名酒。

中国是酒的故乡，考古研究表明我国在8600多年前已开始酿酒，传说夏朝的仪狄、杜康就是酿酒的名师。酒渗透于整个中华五千年的文明史中，从文学艺术创作、文化娱乐到饮食烹饪、养生保健等各方面，酒文化在中国人生活中占有重要的位置。中国制酒源远流长，品种繁多，名酒荟萃，享誉中外。酒根据酿造方法可分为蒸馏酒、发酵酒和配制酒；根据本身性质可分为黄酒、白酒、果酒（葡萄酒）、配制酒和啤酒几大类别；按照其香型可分为酱香型、浓香型、清香型和混合香型等。著名的名酒有：酱香型的贵州茅台酒、四川郎酒；浓香型（窖香型）的泸州老窖、五粮液、剑南春、洋河大曲、古井贡酒、宋河粮液等；清香型（又称汾香型）的山西汾酒、宝丰酒等；米香型的桂林三花酒等；兼香型（复香型）的董酒等。其他名酒还有：西凤酒、二锅头酒、四特酒、竹叶青酒、加饭酒和女儿红等；少数民族的特色名酒有蒙古族马奶酒、藏族青稞酒、土家族甜酒茶、纳西族合庆酒、羌族蒸蒸酒等。其中，中国贵州茅台酒、英国苏格兰威士忌、法国柯涅克白兰地并称世界三大蒸馏名酒。

（3）织锦与刺绣。

中国是世界上发现与使用蚕丝最早的国家，人们在四五千年前就已经开始养蚕、缫丝、织造了，公元前3世纪，中国因盛产丝织物而闻名于世，有“丝绸王国”的美誉。我国传统的丝绸名品众多，其中，织锦指的是用染好颜色的彩色经纬线，经提花、织造工艺织出图案的织物。中国丝织提花技术起源久远，早在殷商时代已有丝织物，周代技艺臻于成熟。南京云锦、成都蜀锦和苏杭宋锦最知名，被称为中国三大名锦；民族地区著名的织锦有广西的壮锦、湖南的土家锦、云南的傣锦、贵州的苗锦、海南的黎锦等。中国刺绣又称丝绣、针绣，是中国优秀的民族传统工艺之一，驰名世界，其中苏绣、湘绣、粤绣和蜀绣合成中国“四大名绣”。此外，开封的汴绣、北京的京绣、上海的顾绣、温州的瓯绣、福建的闽绣也很有名。

（4）著名工艺美术品。

民间工艺是中华民族文化艺术的瑰宝，中国工艺美术品，历史悠久，品种繁多，技艺高超。它蕴含着中国人民的智慧，融汇了中华民族特有的民族气质和文化素养，以其生动的神韵蜚声国内外，是世界文明中一颗璀璨明珠。常见的民间工艺除丝绸、刺绣外，主要还有陶瓷、漆器、紫砂、珐琅、雕塑、蜡艺、文房四宝、玉器、金银制品、书画、皮影等。

一是陶瓷。中国是世界上最早生产陶瓷的国家，我国精美的陶瓷产品很早就远销世界各地。我国著名的陶器有江苏宜兴的紫砂壶、广东佛山的石湾陶塑、山东淄博的釉陶、四川会理的绿陶等，其中江苏宜兴紫砂陶享誉世界，素有“陶都”之称。中国瓷器是从陶器发展演变而成的，原始瓷器起源于3000多年前，是用瓷石、高岭土、石英石、莫来石等用比烧陶高几百度的温度烧制而成，在器物表面施釉。至宋代，名瓷名窑已遍及大半个中国，当时的汝窑、官窑、哥窑、钧窑和定窑并称为宋代五大名窑。今天陶瓷业遍及全国，其中被称为“瓷都”的江西景德镇的青花瓷器最为有名，湖南醴陵、福建德化、广东佛山、河北唐山、山东淄博、河南禹州等地的瓷器也毫不逊色。

二是景泰蓝。景泰蓝又称“铜胎掐丝珐琅”，是一种在铜质的胎型上，用柔软的扁铜丝，掐成各种花纹焊上，然后把珐琅质的色釉填充在花纹内烧制而成的瓷器器物。因其在明朝景泰年间盛行，制作技艺比较成熟，使用的珐琅釉多以蓝色为主，故而得名“景泰蓝”。作为一种宫廷艺术，景泰蓝是明清宫中华贵的装饰艺术品，是皇室权力与地位的象征。再加上制作工艺十分复杂，既运用了青铜工艺，又吸收了瓷器工艺，同时大量引进传统绘画和雕刻技艺，堪称集中国传统工艺之大成，因而自古便有“一件景泰蓝，十箱官窑器”之说，具有较高的收藏和欣赏价值。

三是漆器。漆器是指将漆涂在各种器物的表面上所制成的日常器具及工艺品、美术品等。历经商周直至明清，中国的漆器工艺不断发展，达到了相当高的水平。中国的炝金、描金等工艺品，对日本等地都有深远影响。漆器是中国古代在化学工艺及工艺美术方面的重要发明，它不仅美观，而且具有耐潮、耐高温、耐腐蚀等特色功能。我国著名的漆器有福州脱胎漆器、甘肃天水漆器、平遥推光漆器等，其中福州脱胎漆器与景德镇瓷器、北京景泰蓝并称为我国传统工艺“三绝”。

四是雕塑工艺品。雕塑工艺品是指以木、石、砖、竹、象牙、玉等材料雕刻，和以黏土、油泥、糯米面等材料塑造而成的小型或装饰性手工艺品，是雕刻和塑造工艺品的总称。我国雕塑工艺品质繁多，雕塑工艺品遍布大江南北。其中浙江东阳木雕、广东潮州木雕、浙江黄杨木雕、福建龙眼木雕被称为中国四大木雕，其中浙江东阳被称为“雕花之乡”。玉雕工艺以北京、扬州、苏州、南阳的玉雕见长，主要做成首饰、配饰、把玩件、摆件等，随着玉料价格的逐年上涨，精美的玉器更是价值连城。

五是文房四宝。笔、墨、纸、砚是书写、绘画的工具和材料，是五千年中华文化传承的主要载体，也是国家非物质文化遗产。勤劳智慧的华夏儿女将文房四宝打造得百花争艳、精彩纷呈，笔之魁、墨之冠、纸之最、砚之首，不仅被古人所喜爱和珍藏，而且至今魅力不减，也是中外游客非常喜爱的工艺品。自宋朝以来“文房四宝”则特指湖笔（浙江省湖州）、徽墨（安徽省徽州）、宣纸（安徽省宣州）、端砚（广东省肇庆，古称端州）。而广东肇庆端砚与甘肃洮河砚、安徽歙砚、山西澄泥砚并称中国四大名砚。

（七）其他人文旅游资源

1. 文化艺术旅游资源

文化艺术是人类文明的重要组成部分，包括诗词、小说、散文、游记、传说、舞蹈、戏剧、绘画、书法、电影、杂技等。它们都有自身发生和发展的规律，但也可以为旅游业所用，有的文化艺术形式本身就能构成旅游资源、成为旅游者极感兴趣的旅游项目，如敦煌壁画、杂技表演、少林武术表演等。有的借助文化艺术形式能够创造旅游资源、或提升旅游资源的知名度，如李白《望庐山瀑布》中的“飞流直下三千尺，疑是银河落九天”诗句使庐山瀑布名扬天下，庐山瀑布由此几乎成为中国瀑布的文化形象代表；陶渊明的《桃花源记》脍炙人口，各地由此出现了众多的“桃花源”景区；张择端的《清明上河图》描绘了北宋开封城的繁华，多地于是建起了“宋城”或“清明上河园”等景区；还有如“愚公移山”传说、武则天贬牡丹仙子等神话传说提升了故事发生地相关事物元素的知名度。较之其他类型旅游资源，文化艺术在内容上更接近客观现实，更充满作者的激情，因而更易于引起人们心灵的共鸣，在形式上更直观，更易于为广大群众所接受。

一是旅游文学。包括诗词、散文、楹联、小说、传说等。如徐霞客“五岳归来不看山，黄山归来不看岳”，极言黄山景观之胜；在我国名胜古迹随处可见楹联的存在，如成都武侯祠大殿上的“能攻心则反侧自消，从古知兵非好战；不审势即宽严皆误，后来治蜀要深思”的“攻心对”引无数游人驻足品读。

二是书法、绘画、雕塑和摩崖石刻。关于书法，在我国的旅游风景地经常可以看到以匾额、楹联、碑林、石刻等形式存在的书法墨迹，如王羲之最具代表性的行书作品《兰亭集序》；关于绘画，游客观赏最多的是壁画，著名的有山西芮城永乐宫壁画、甘肃敦煌莫高窟壁画等；关于雕塑，著名的有秦始皇兵马俑、西汉霍去病墓前石刻、唐代“昭陵六骏”石刻、重庆大足石刻等；关于摩崖石刻，著名的有陕西汉中褒斜道摩崖石刻、山东泰山摩崖石刻、福建武夷山摩崖石刻，宁夏贺兰山岩画、新疆阿尔泰山岩画、广西左江花山岩画等。

三是戏曲、杂技和武术。戏曲，是具有浓郁地方风格和民族艺术特色的重要人文旅游资源，我国300多个剧种，京剧、豫剧、越剧、评剧和黄梅戏并称为中国五大戏曲剧种；杂技，我国著名的杂技之乡有：河北吴桥、肃宁与霸州，河南濮阳、周口，山东聊城、菏泽，江苏建湖，湖北天门等。其中，“杂技之乡”河北吴桥在海内外影响巨大，中国吴桥国际杂技艺术节创办于1987年，每两年一届。

2. 现代文体设施与人造旅游景观

丰富知识和开阔视野是现代人旅游的动机之一，博物馆、展览馆、美术馆、体育馆等现代文体设施是最能给旅游者以文化艺术享受的场所。其中博物馆可以使旅游者从中获得丰富的知识，开阔视野，提高文化素质，因此受到很多游客的青睐。我国博物馆按展品内容可分为综合性博物馆和专题性博物馆，著名的综合性博物馆如北京的首都博物馆和各省份的博物馆；专题性博物馆如历史博物馆、革命博物馆、自然博物馆、天文博物馆、地质博物馆、航空航天博物馆、军事博物馆、恐龙博物馆等，著名的有西安半坡博物馆、自贡恐龙博物馆、秦始皇陵博物馆等。我国最著名的体育设施莫过于北京的奥运场馆“鸟巢”与“水立方”，其造型与所用材料的新颖独特、文化寓意的深远、科技与技术的完美结合，是北京旅游必不可少的景点。此外，各地的广播电视塔、现代化大剧院以及城市标志性建筑等也会成为热门旅游景点。

现代人造旅游景观主要是指专为旅游目的而修建的各类模拟景点、微缩景观类主题公园等人造景观，其中著名的有：深圳的锦绣中华、中国民俗文化村和世界之窗，上海世博园、迪士尼乐园，广州长隆欢乐世界，昆明世界园艺博览园，香港海洋公园以及河南的只有河南·戏剧幻城等。

【任务引入】

我国特定的自然环境和人文环境造就了我国类型丰富且特色鲜明的各类旅游资源，为我国旅游业高质量发展、迈向旅游强国提供了坚实的基础。可以让更多人乐享美好旅程、领略自然之美、感悟文化之美、陶冶心灵之美、体验生活之美，演绎美好中国故事。

【任务分析】

我国进入大众旅游、休闲旅游和全域旅游的新时代新阶段，旅游已然成为人们社会生活、社会实践的一个重要渠道，成为满足人民美好生活需要的重要途径，甚至成为推动社会发展的一种力量。旅游也成为“讲好中国故事、弘扬中国精神、传播中国声音”的一个载体。

【任务实施】

任务要求：分组查找资料拓展，梳理总结讲好“中国旅游故事”。

任务目标：

1. 掌握中国自然与人文旅游资源概况。

2. 强化讲好“中国旅游故事”的责任认知与能力培养。

3. 提升中国作为旅游资源大国、旅游大国的自豪感。

实训步骤：参见表 2–3 提示。

表 2–3　实训操作指导步骤

步骤	标准	提示
1.总结掌握中国旅游资源地理概况	描述讲解中国自然与人文旅游资源概况	如各大类旅游资源的基本类型、旅游开发项目与著名旅游胜地
2.认知梳理讲好“中国旅游故事”	1~2个最受认可的某类旅游发展成就与影响	如增强中华文明影响力、提升居民的获得感与幸福感等
3.对本任务所学知识、实训内容的总结升华	初步具备在实践中应用本任务所学知识与能力	认识到讲好“中国旅游故事”的重要性，并具备相应的实操能力

【项目考核】

一、单项选择题

1. 旅游资源最核心的特点的是（　）。

A. 客观存在的　　　　B. 具有吸引力

C. 能产生三大效益　　　　D. 特色性与季节性

2. 我国观看海市蜃楼的理想之地是（　）。

A. 长白山天池　　B. 峨眉山金顶

C. 山东蓬莱　　D. 青海湖

3. “墙倒屋不塌”体现了中国古达建筑的什么特征（　）。

A. 木框架结构　　B. 庭院式组群布局

C. 单体建筑形象优美　　D. 重视建筑环境协调统一

二、多项选择题

1. 中国火山熔岩地貌主要集中分布在（　）。

A. 环内蒙古高原带　　B. 青藏高原带与环太平洋带

C. 西南地区　　D. 长江中下游平原

2. 气候旅游资源的主要类型包括（　）。

A. 避暑型　　B. 阳光型　　C. 避寒型　　D. 四季如春型

3. 中国现存著名的私家园林有（　）。

A. 承德避暑山庄　　B. 沧浪亭　　C. 恭王府　　D. 什刹海

【项目实训】

请根据所学自然与人文旅游资源各大类概况，在拓展资料的基础上，撰写中国旅游资源地理某一大类自然或人文旅游资源的讲解词，字数500字以内。

实训要求：请以小组为单位，查找资料，梳理总结某大类自然或人文旅游资源的基本类型、主要旅游开发项目与对应著名旅游胜地，进行课前分享讲解。

项目3

旅游者行为地理认知

项目导学

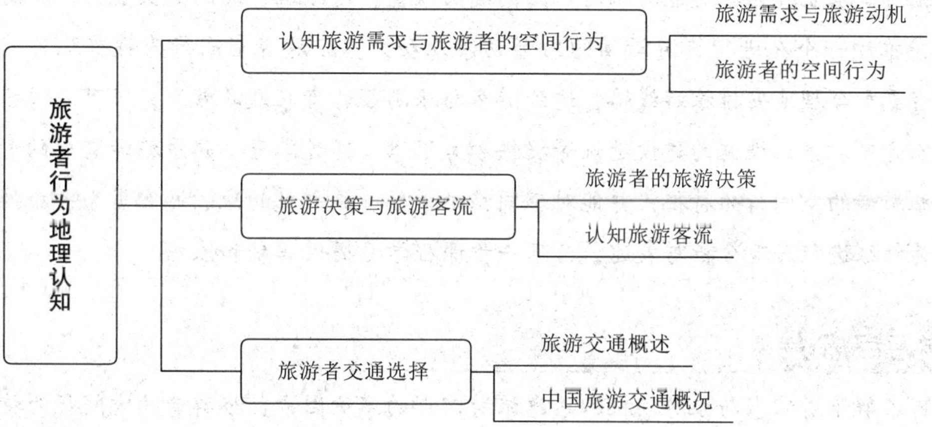

学习目标

知识目标：

1. 了解旅游需求、旅游者的空间行为特征与旅游决策的步骤。

2. 熟悉旅游需求、旅游决策的影响因素，公路、铁路等旅游交通的发展与空间格局。

3. 掌握旅游者决策原则、旅游客流现状特征及旅游交通运输主要方式及特点。

能力目标：

1. 具备旅游者空间行为和旅游客流分析、旅游交通方式选择的专业基础能力。

2. 具备探究学习、整合知识和综合运用知识分析问题和解决问题的能力。

素质目标：

1. 充分认识旅游者空间行为特征、旅游交通选择对旅游业发展的重要性。

2. 提升我国作为旅游资源大国、交通强国的自豪感。

任务 1　认知旅游需求与旅游者的空间行为

【任务概述】

旅游需求表现为旅游者对旅游产品的购买欲望、对旅游产品的购买能力，旅游动机是直接推动一个人进行旅游活动的内部动因或动力。旅游者空间行为特征既可以指导旅游者更加合理地安排旅游线路，达到游客与旅游经营者双赢的效果，又可以对旅游资源评价开发、接待设施的建设选址等提供参考思路。通过学习，熟悉旅游需求的影响因素、旅游者的空间行为特征，并能对不同旅游景区、旅游目的地的游客类型、旅游者空间行为特征进行客观分析与表述，为下一步课程学习提供基础和依据。

【学习目标】

1. 了解旅游需求与旅游动机，熟悉旅游需求的影响因素、旅游者的空间行为特征。

2. 具备关注景区、旅游目的地的游客类型，初步把握其旅游行为特征的能力。

【知识准备】

一、旅游需求与旅游动机

旅游需求促进旅游动机的产生，旅游动机是对旅游需求的一种引导，二者相辅相成。旅游需求是指人们为了满足外出旅游的欲望所发生的对旅游产品的需求量。旅游动机是指一个人外出旅游的主观条件，包括旅游者身体、文化、社会交往、地位和声望等方面的动机。有钱、有闲、有动机，是个人旅游需求产生和实现需要同时具备的三个条件。其中，有钱、有闲是决定个人旅游需求的客观因素，旅游动机是决定个人旅游需求的主观因素。

（一）认知旅游需求

旅游需求是指在一定时期内，旅游者愿意并能够以一定货币支付能力购买的旅游产品的数量。即旅游者对某一旅游产品或旅游目的地所需求的数量。旅游需求分为有效或现实的旅游需求与受抑制的旅游需求（包括潜在旅游需求和延缓旅游需求）。旅游需求的含义可以从以下几个层次来理解和把握，即旅游需求表现为旅游者对旅游产品的购买欲望；旅游需求表现为旅游者对旅游产品的购买能力；旅游需求表现为旅游市场中的一种有效需求。

1. 影响旅游需求的因素

影响旅游需求的因素可以分为两个方面：

一是关系到旅游客源地，涉及客源地旅游需求的水平和旅游者个人的情况，前者影响因素包括经济发展水平、人口特征和政治制度，后者影响因素包括旅游者个人收入、职业、带薪假期、教育水平、生活阶段、个人偏好等。

二是关系到旅游目的地的供给部分，包括资源的吸引力、旅游价格、货币汇率、交通条件、接待设施条件以及旅行组织机构等。

2. 认知旅游需求分析

旅游市场需求呈现出多样性、具有可诱导性的特点。同时，对旅游经营者而言，旅游需求随时间变化而出现剧烈的变化，且每一个旅游目的地都要有自己相对稳定的客源地，旅游需求在时间分布与空间分布上具有集中性。因此，从数量上度量旅游需求现状特征、随时间的变化趋势及客源地的空间分布变化等，对经营决策和旅游规划具有重要意义。如疫情期间，近距离的出行、高频次的休闲、多场景的消费，成为我国节假日旅游市场的显著特征。

首先，旅游需求分析需要可靠的数据资料支撑，根据来源和性质，数据资料可以分为第一手资料和第二手资料两大类。收集第一手资料的方法主要有调查法（抽样调查、重点调查、典型调查、普查等）和观察法，但收集第一手资料成本高、耗时长，往往还需要地方政府的配合。第二手资料收集相对节省时间和经费，如企业内部资料，主管政府机构、旅游研究机构、线上企业平台发布的年报等统计分析报告等，但第二手资料的时间性、精确度与可能匹配度会有一定的偏差。

其次，运用旅游需求分析结构与预测模型对收集资料的基础数据资料进行分析，即可得出旅游需求分析的结论。当然，目前以人工智能、物联网、云计算和虚拟现实等为代表的新科技革命正快速发展并广泛应用，旅游行业也不例外，正在经历向数字化、网络化和智能化转型的发展趋势。这为旅游需求分析乃至预测提出新的要求和挑战。如在新一轮科技革命下，游客的决策行为不仅受价格和收入的影响，而且基于互联网和信息技术的网络搜索、游客评分、游客评论和游记、游客照片、网络社区的游客互动等也都直接影响了游客的旅游决策和行为。

（二）旅游者的旅游动机

动机是激励人去行动以达到一定目的的内在原因，动机产生于人的需求，人为了满足或实现某种需要就产生了行为动机。旅游动机是直接推动一个人进行旅游活动的内部动因或动力，旅游动机的激发包括内动力、外动力和中间动力三部分。内动力即人的旅游动机，是人的基本需求之一；中间条件是收入、闲暇时间和交通条件；而外动力则是旅游地与客源地的空间相互作用。目前关于旅游动机归类的研究尚在探索中，还没有达成相对统一的共识。一般而言，旅游者的旅游动机大致可归纳为身体健康的动机、文化动机、交际动机以及地位与声望的动机四类。

一是身体健康的动机，包括休息、运动、保养、治疗等动机，这一类动机的特点是以身体的活动来消除紧张不安与疲劳。

二是文化动机，即了解和欣赏异地文化、艺术、风俗、语言和宗教等动机，这些动机表现出了一种求知的欲望。

三是交际动机，包括在异地结识新的朋友，探亲访友，摆脱日常工作、家庭事务等动机，这种动机常常表现出对熟悉东西的厌倦与反感，逃避现实和免除压力的欲望。

四是地位与声望的动机，这类动机包括考察、交流、会议以及从事根据个人的兴趣所进行的研究等。其特点是在进行旅游活动的交往中搞好人际关系，满足旅游者自尊，被承认、被关注、能施展其才能，取得成就和为人类做贡献的需要。

在实际工作中，可以通过游客普查或抽样调查来确定特定时间段、特定区域的游客动机。如 2019 年，中国入境外国游客 3188 万人次（含相邻国家边民旅华人员），按其旅游动机分，会议商务占 13.0%，观光休闲占 35.0%，探亲访友占 3.0%，服务员工占 14.7%，其他占 34.3%。

【知识拓展 3-1】

马斯洛的需求层次理论

马斯洛将人的需求分为5个层次：基本的生理需求、安全的需求、社交的需求、尊重感的需求、自我实现的需求。马斯洛的需求层次论是研究分析旅游动机的基础。

资料来源：编者根据相关资料整理。

二、旅游者的空间行为

旅游者空间行为是指人们在地域上进行旅游和游玩的过程。旅游者的旅游活动行为可以分为基本层次的游览观光，提高层次的娱乐、购物，以及专门层次的休养、疗养、出席会议、宗教朝拜等。根据旅游者的旅游活动涉及的空间区域大小，可把旅游空间行为划分为大、中、小三个尺度，当然，空间行为尺度划分是相对而言的。全球视野下，一般而言，大尺度是指涉及国际、全国、省级的空间范围，中尺度是指涉及省内、地区（市）内的空间范围，小尺度是指涉及县（市）内、风景区内的空间范围。

（一）旅游者的空间行为特征

1. 大尺度的旅游空间行为

旅游者空间行为是以旅游决策行为基础，旅游者空间行为中的许多特征是由决策行为的原则所决定的。旅游者在大尺度的空间行为表现为以下特征：

一是力图到级别较高的旅游点旅游、尽可能游览更多的高级别旅游点。旅游者倾向于选择有高级别旅游点的地方作为旅游目的地，到达目的地后，往往只游玩目的地附近级别较高的旅游点。如首次选择北京及其附近的城市作为旅游目的地时，一般选择北京，而不选择天津、石家庄等城市；外地人到北京，首次一般只游览故宫、颐和园、天坛等几个国家级乃至世界级的旅游景点，除非时间和资金尚有空间，一般对其他级别较低、虽有相当游览价值的景点兴趣较低。

二是力图采用环状线路旅游。当旅游目的地不止一个时，旅游者总试图用环状线路把它们连接起来，避免走回头路。

2. 中、小尺度的旅游空间行为

除同大尺度旅游空间行为一致外，中、小尺度空间行为特征还表现为：

一是采用节点状路线旅游。无论在居住地还是在暂住地附近旅游，只要旅游行为所涉及的是中、小尺度空间，旅游者就有采用节点状旅游线路的倾向，即在居住地或暂住地附近旅游。在附近旅游的旅游者尽可能在一天之内完成旅程，旅游者数次向不同方向做一日游，就表现为空间上的节点状旅游路线。旅游者的这种行为特征，使某些位置相距不远的大居民点以及旅游点之间的较小居民点得不到或只得到很少的旅游经济效益。

二是旅行线路影响旅行效果。在中、小尺度空间旅游时，旅游者常常有一定兴趣观看旅行线路附近的景色，因此，游客旅游体验效果受旅游线路状况的影响。

（二）了解旅游者行为的实践意义

1. 正确评价旅游资源的价值

旅游资源价值的正确评价是旅游合理开发的前提，旅游资源评价是为大众旅游服务的，评价的结果应与旅游者对旅游资源的选择相吻合。因此，从旅游市场消费、游客体验的角度，对旅游资源价值进行评价，旅游资源价值的大众化评价比专家评价更具有实践意义。如神话传说、宗教建筑等的价值评价需评估大众的认知程度；对游客而言，旅游资源级别取决于资源知名度和可提供的游玩时间，而专家的评价则更强调旅游资源的独特性等。

2. 正确评价旅游资源的空间分布

受旅游决策追求最大效益原则的影响，旅游者希望游览独特性大的景区，即旅游者在参观完某些个资源类型的景点后、对其余属于同类型资源的个体不再表现出强烈的兴趣。因此，一般旅游资源的开发，在一个景点附近开发新的景点，当其独特性大时会增加邻近景点的吸引力，延长旅游者在这些景点的游览时间；但当共性大时，邻近景区的开发会造成与附近景点的恶性竞争，或者本身被邻近的景点所抑制，或造成游客分流、效率下降。

3. 正确进行旅游线路设计和旅游宾馆等的布局

设计旅游线路和进行旅游宾馆等设施选址时，必须考虑旅游者的空间行为特征，使设计出的旅游线路与宾馆等旅游设施选址符合旅游者的行为规律，从而取得良好的经济效益。

【任务引入】

关注旅游需求、旅游者空间行为特征对旅游景区、旅游目的地甚至旅游业的发展具有重要的实践意义。同时，本任务学习与实训实施为课程中的区域旅游地理部分旅游线路设计中景区节点设置奠定知识与技能基础。

【任务分析】

疫情期间，近距离的出行、高频次的休闲、多场景的消费，成为我国节假日旅游市场的显著特征。旅游者的消费行为表现为：一是近程旅游和本地休闲的兴起，人们越来越在意身边的美丽风景和日常的美好生活；二是家庭自驾游和自助旅行的兴起，旅游者正以其消费选择权获得对旅游景区、旅游目的地甚至旅游业的定义权。

【任务实施】

任务要求：分组查找资料，完成对特定游客类型的旅游需求与旅游动机、空间行为特征及的分析与梳理。

任务目标：

1. 学会通过查找资料，对特定类型游客消费行为“画像”特征有一定梳理总结能力。

2. 关注旅游需求、旅游者空间行为特征对旅游景区、旅游目的地甚至旅游业的影响。

3. 具备在实践应用中对游客需求、旅游者空间行为特征的客观分析和判别能力。

实训步骤：参见表 3–1 提示。

表 3–1　实训操作指导步骤

步骤	标准	提示
1.针对某类游客的消费行为进行梳理认知	总结出该类游客的消费行为“画像”特征	如家庭亲子游、研学旅游、团队旅游等游客特征
2.针对其行为特征的影响因素进行梳理认知	反推影响旅游者消费行为的旅游需求与动机	如对旅游景区、旅游目的地、旅游餐饮经营者等的影响
3.对本任务所学知识、实训内容的总结升华	关于旅游需求、旅游者空间行为特征的实践应用场景	对旅游者体验的关注、对区域旅游地理部分进行旅游线路中景区节点设置的启示

任务 2　旅游决策与旅游客流

【任务概述】

旅游者的旅游决策是指人们在外出旅游前，根据所收集的有关信息，结合自己的旅游偏好，依据最大效益原则，选择和明确旅游目的地、旅游线路及旅游方式的过程。旅游者群体从旅游客源地向旅游目的地的连续空间位移称之为旅游流。客源市场决定旅游地与旅游资源产品的开发方向与规模。通过学习，认识影响旅游客流形成的主要因素，熟悉旅游决策的影响因素与旅游客流空间分布特征，掌握旅游决策原则与中国的旅游客流特征，具备将所学相关知识运用到实践中的认知与应用能力。

【学习目标】

1. 了解旅游者旅游决策的步骤、影响旅游客流形成的主要因素。

2. 熟悉旅游决策的影响因素与旅游客流空间分布特征，掌握旅游决策原则与中国的旅游客流特征。

3. 具备将旅游决策、旅游客流特征相关知识运用到实践中的认知与应用能力。

【知识准备】

一、旅游者的旅游决策

决策是为达到某一特定目的，从两个或两个以上的可替代方案中选择一个最满意方案的过程。决策是一切实际行为发起和行动的先导，从旅游决策的角度，旅游活动分为两类：一是旅游者实际不参与决策或对旅游目的地选择余地很小的旅游，如会议旅游、商务旅游、团队福利旅游等；二是其决策由旅游者本人完成，或在家庭成员、旅伴之间协商做出，如各种形式的自费旅游。在此，仅就后者的决策行为进行讨论。当人们外出旅游时，旅游者要做出许多有关旅游的选择，如到哪儿去、去干什么、选择什么样的线路、乘坐何种交通工具、经过什么地方、待多久、就餐地点等。概言之，旅游决策是指人们在外出旅游前，根据所收集的有关信息，结合自己的旅游偏好，选择和明确旅游目的地、旅游线路及旅游方式的过程。

（一）旅游决策的原则

旅游者做出外出旅游的决策，最根本期望就是在资金和闲暇时间确定的情况下追求获得最大的旅游效益，即最大效益原则。最大效益原则主要体现在以下两个方面。

1. 最小的旅游时间比

旅游时间比是指在一个完整的旅游过程中，用于往返客源地与目的地的时间与在目的地游玩所消耗的时间的比值。就旅游者消费行为而言，“旅”是手段，“游”才是目的，在有限的休闲时间、费用花费的情境下，追求“旅”与“游”时间比的尽可能小就成了旅游的基本要求。因此人们倾向于选择距离居住地最近的旅游地；旅游目的地确定以后，人们又倾向于选择最快捷、最廉价的交通方式。

2. 最大的旅游收益

最大旅游收益是指人们力图通过旅游获得最大的信息量或最高的满意度，以便在感知上扩大和增强对旅游目的地的了解与体验。旅游的目的一般是求新、求异、求知与求乐等，因此，人们在选择旅游目的地时倾向于选择名气大的、与居住地环境差异大的旅游地，人们希望在旅游目的地获得最大信息量或者最满意的旅游体验，以充分享受自然、获得体验、恢复精力、增进健康等。

（二）旅游决策的影响因素

一般来说，旅游者的旅游决策主要受到感知环境、旅游偏好及最大效益原则的影响。

1. 感知环境

感知环境是指人们通过各种信息渠道所获得的对外界环境的整体印象。感知环境是影响人们进行旅游决策的重要因素，对某个旅游目的地有良好的环境感知是去该目的地旅游的前提。感知环境主要包括旅游地的旅游环境和客源地到旅游地的感知距离两个方面。旅游环境主要包括旅游地的性质、旅游地的资源组合状况、旅游地旅游活动的内容组合、旅游环境质量、旅游地的接待条件等。感知距离是一种心理感应距离，是用克服客观距离所消耗的时间、资金和精力来衡量的，实质上指人们对事物认识和了解的深度，在旅游决策过程中对旅游者的吸引力起着增强或削弱的作用。在竞争日益激烈的旅游市场中，只有让旅游者对自己的旅游产品获得深刻的认识并形成良好的印象，帮助旅游者做出最佳的旅游决策，以获得最大的旅游效益，才能拓宽与占领客源市场。

2. 旅游偏好

旅游偏好是指人们在旅游决策过程中，受个人兴趣、能力、爱好及性格等个性特征差异影响而对旅游地和旅游方式的不同选择。个人旅游偏好与其居住环境、年龄、职业、性别、受教育程度等息息相关。居住环境包括自然环境和社会环境，它对旅游偏好的影响主要表现在：对优美奇特、阳光充足的环境的追求，对自己熟悉的环境的偏爱，对城市环境的厌倦，有追求自然、亲近自然、回归自然的偏好等。随着年龄的增长，人们的旅游偏好不断发生变化，如中老年人厌倦喧闹、喜欢僻静、偏爱历史文化，往往对环境优美、安静优雅的海滨、森林、田园等度假地感兴趣；而青年人精力充沛、兴趣广泛、敢于冒险，往往倾向于有冒险性、刺激性、猎奇性旅游项目的旅游地。总体而言，一个地区的旅游者往往会有一些共性的心理特征和需求，但具体的个体旅游者则会受到年龄、职业、性别、文化程度等因素的影响，从而导致旅游偏好的不同。

3. 最大效益

在旅游过程中，旅游者都有希望以最少的时间获取最多的信息，也就是在一定的资金和闲暇时间的条件下实现最大的旅游效益。一般来说，当人们花在旅行上的时间和在目的地游玩时间比小于某一个临界值时，才会做出出行的旅游决策；旅游动机往往是有自然和人文地理环境的差异引发出来的，因此人们在旅游过程中会追求对异地环境的最大了解，这也就是对异地环境最大信息量的追求。

（三）旅游决策的步骤

旅游决策过程通常包括确认需求、收集信息、评价对比、最终决策四个步骤。

1. 确认需求

这是旅游决策的第一步。旅游者一般要确认五个问题：一是确定旅游的主要目的，是游览观光、探亲访友还是娱乐购物等；二是确定旅游消费的经济限额；三是确定旅游的消耗时间；四是确定出游的交通方式；五是确定旅游的形式等。

2. 收集信息

旅游信息收集渠道主要包括相关新闻媒体的报道、互联网旅游攻略的介绍、旅游业机构的推销、亲朋好友的介绍、旅行社等相关机构咨询等。信息收集的主要内容集中在游与行等方面，具体包括旅游地的地理位置、旅游地的旅游资源状况、旅游地的接待服务设施与水平、旅游交通条件、交通方式及旅游价格等。

3. 评价对比

旅游者将收集到的有关信息按类归纳、权衡比较，挑出比较感兴趣的两个或多个同类旅游地。在评价过程中，个人的经济状况、文化素养、家庭背景、价值观念等因素会对做出的评价产生重要影响。

4. 最终决策

在数个旅游目的地中，旅游者最终将按照最大效益原则做出对旅游目的地、旅游方式最满意的选择。

【课堂思考 3–1】

旅游景区、旅游目的地应如何有效地"种草"

选择某一地域的特定年龄的旅游团体，根据其所处地理环境、区域旅游环境、旅游资源等方面的不同，分析其旅游偏好、旅游决策，思考旅游主管部门和经营者可以通过哪些途径"种草"来影响旅游者的旅游决策？

二、认知旅游客流

旅游客流是指在一个或大或小的区域内，由于旅游需求的近似性而引起的旅游者集体性的空间移位现象。旅游客流包括三个要素：时间、流向和流量。其中，"时间"既包括旅游客流在旅游目的地持续的时间，也包括旅游客流发生的时间。

（一）影响旅游客流形成的主要因素

一是旅游者因素，主要包括旅游者的经济收入水平、闲暇时间、职业爱好、旅游动机、体质状况等。

二是旅游资源因素，主要包括自然和人文旅游资源的数量、等级、空间组合度及开发利用状况等。

三是旅游交通因素，包括旅游线路的便捷程度，旅游交通工具的快捷、舒适及安全程度，各种交通工具的配置组合状况，旅游交通方式的可选择度等。

四是旅游地接待因素，包括旅游服务体系的建设状况、旅游地的地理区位、旅游地的旅游价格、接待地客源市场结构等。

五是社会经济因素，包括旅游地的经济发达程度、开发与开放程度，国家经济和旅游政策，人口数量及人口文化素质的高低，旅游服务队伍的素质及社会安定状况等。

（二）旅游客流的空间分布特征

旅游客流在时间分布上具有明显的季节性，这主要是因为不同的旅游目的地在不同的季节会呈现出不同的特点，从而造成不同旅游目的地在不同的时间适游状况不同。在此从全球的角度，仅就旅游客流分布的空间特征进行探讨。

1. 旅游客流多流向经济发达的国家和地区

发达国家和地区的旅游接待能力强，人们的旅游需求旺盛，因此这里既是主要的旅游客源地，又是主要的旅游目的地。就世界范围而言，国际旅游客流主要集中在欧美地区，尤其是集中于当今世界上经济最为发达的欧洲和北美洲。我国的入境旅游者主要流向北京、上海、广州、杭州、南京、西安等经济较发达、综合基础设施较完备的城市和地区。

2. 旅游客流多流向邻近的国家和地区

短距离旅游省时、省钱、省力，方便又快捷，因此根据客源市场的距离衰减规律，游客出游安排一般会由近及远、先近后远，短距离旅游的客流历来多于长距离客流。即旅游客流表现为国内游多于出国游，近距游多于远距游。在中国国际旅游市场上，我国的港澳台游客、日韩等近邻游客所占的比重曾在 80% 以上。其主要原因有：距离近、经济实惠，入境手续简便，交通较便利，相邻地区的生活习惯、文化传统接近，旅游障碍少等。

3. 旅游客流多流向风景名胜地区

旅游者的普遍心理是通过旅游活动来满足对美感的追求与体验。风景名胜区具有立体的形象感染力，雄浑、险峻、幽深、壮阔等特征能给人以美感的享受。人们游历其中，极易把情与景、意与境融为一体，形成一种自然景观、人文景观和思想感情相互交融的艺术境界。如北京的历史古迹、上海的都市风光、西安的古墓、杭州的风光、桂林的山水，以及长江三峡、黄山、武陵源、九寨沟等我国重点风景名胜所在地，都是国内外知名的旅游热点地区。

4. 旅游客流多流向政治、经济、文化中心

一般而言，世界上政治、经济、文化中心都是较大的发达城市，这些中心城市以其强大的经济活力、优越的物质生活、齐全的旅游娱乐设施等，对旅游者产生了巨大的吸引力，且为旅游者服务的旅游代理、旅游饭店、娱乐、医疗保健、金融汇兑等机构齐全、设备完善、服务质量优良，能使旅游者获得美好的体验，因而成为旅游者的主要旅游目的地。

（三）中国的旅游客流

中国旅游客流大体上可分为国内旅游客流、入境旅游客流和出境旅游客流。基于本课程涉及的主要内容范围，在此仅就国内旅游客流与入境旅游客流进行探讨。

1. 国内旅游客流

2005年，国家旅游局宣布中国已经形成了世界上规模最大的国内旅游市场。国内旅游人数远远超过入境旅游人数和出境旅游人数，国内旅游收入也占全国旅游总收入的绝大部分。

国内旅游的主要客源地，集中在沿海经济发达地区及内地人口稠密省份的大中城市，如珠江三角洲地区、长江三角洲地区和京津冀地区是目前我国主要的国内旅游客源地。国内旅游的主要目的地，主要是东部沿海经济发达地区的中心城市和旅游城市、中西部交通便利的风景名胜地和文物古迹所在地。如中心城市和口岸城市北京、上海、广州、深圳等，著名旅游城市桂林、杭州、苏州、青岛等，风景优美的游览胜地长江三峡、黄山、张家界、九寨沟等，历史古迹突出的地方西安、洛阳、敦煌、承德等，以及大中城市周边的一些旅游度假区。

国内旅游客流目前仍以中短程客流为主，远程客流相对较少。如杭州、苏州的游客多来自长江三角洲，北戴河的游客则多来自京津冀和辽宁。因此，国内旅游客流主要有三种流向：由大中城市向周边城市流动的休闲度假客流，由中小城市及农村向大城市流动的观光购物客流，由东向西、由南向北和由北向南的长距离观光度假客流。

2. 入境旅游客流

改革开放以前，我国入境旅游发展缓慢。1978年改革开放以后，我国入境旅游人数增长很快，到2019年，我国接待入境游客14531万人次，其中，外国人3188万人次，港澳台同胞11342万人次，国际旅游收入达到1313亿美元。2020年之后三年，我国入境旅游受到疫情影响出现大幅下滑的情况。数据显示，我国入境旅游客源结构以港澳台同胞和华侨为主，外国旅游者（包括已加入外国国籍的海外华人）为辅。就我国入境外国游客而言，以与我国邻近、与我国经济文化交流相对密切、华人较多的亚洲和东太平洋区域国家为主，如缅甸、越南、日本、韩国、马来西亚、新加坡、澳大利亚等；其次是经济发达的欧洲和北美地区，如德国、英国、美国、加拿大等。

我国入境客流中远程游客的主要从北京、上海、广州三大航空港入境，深圳则是我国陆上入境的最大口岸。从地域上看，我国接待入境游客较多的地区包括经济发达地区、沿海地区、旅游资源特别丰富的地区和边疆地区。东部沿海地区历来是我国接待入境游客最多的地区，尤其是这些地区的中小城市、旅游城市和侨乡；中西部的中心城市、旅游城市、口岸城市、著名风景区的入境客流也较大。具体来说，我国入境客流主要流向四类地区：

一是全国政治、经济、文化中心和沿海地区著名城市，如北京、上海、广州等。

二是沿海开放城市或侨乡，如深圳、厦门、珠海等。

三是全国著名的旅游城市和旅游胜地，如杭州、西安、南京等旅游城市，长江三峡等旅游胜地。

四是全国各大区域的中心城市，如成都、重庆、武汉等。

【任务引入】

由于客源市场决定旅游地与旅游资源产品的开发方向与规模，所以研究旅游决策、旅游客流的特征与规律，对于旅游景区与旅游产品的开发建设、宣传营销具有重要的意义。

【任务分析】

文化和旅游部公开信息显示，我国入境游客以中国港澳游客为主，外国游客次之，访华目的以休闲观光为主。入境游客最关注的热门景点有北京故宫博物院、上海外滩、北京天安门广场、北京颐和园、西安秦始皇兵马俑博物馆等，在热门景点中，历史古迹类景点居多，其次为自然风光类，中国宏伟的名胜古迹、优美的自然风光、博大精深的历史人文吸引了大量国外游客的目光。

【任务实施】

任务要求：分组查找资料，通过中国国内及入境旅游客流特征分析，梳理总结出旅游业经营者引导旅游需求进行客源市场开发乃至对旅游产品开发的启示或建议。

任务目标：

1. 完成对旅游决策原则及影响因素、旅游客流特征的认知学习。

2. 提升对客源市场决定旅游地与旅游资源产品的开发方向与规模的认识。

3. 对旅游决策、旅游客流特征相关知识的实践应用有一定的梳理认知能力。

实训步骤：参见表 3–2 提示。

表 3–2　实训操作指导步骤

步骤	标准	提示
1.对旅游决策及实践应用价值进行梳理认知	对旅游决策的理解及其实践应用价值体现	如旅游决策原则、影响因素，旅游经营者应如何“种草”
2.对旅游客流及实践应用价值进行梳理认知	对旅游客流特征的理解及其实践应用价值体现	如旅游客流空间分布特征、中国入境旅游客流特征及实践应用
3.对本任务所学知识、实训内容的总结升华	关于旅游决策、旅游客流空间分布特征的理解	对旅游业经营者引导旅游需求、开发旅游产品的启示

任务 3　旅游者交通选择

【任务概述】

旅游交通是旅游者旅游行为得以实现的必要前提，更是旅游目的地旅游业产生和发展先决条件，旅游交通运输业的状况决定着旅游业发展的规模与速度。通过学习，认识旅游交通的概念、特点和作用，熟悉中国公路及铁路等五种旅游交通空间格局，掌握旅游交通基本类型的特点，具备对旅游线路中合理交通方式选择的实际应用能力。

【学习目标】

1. 了解旅游交通的概念、特点和作用，熟悉中国公路及铁路等五种旅游交通空间格局，掌握旅游交通主要方式及其特点。

2. 具备针对具体旅游线路中合理交通方式选择的判别能力，对市场上热点旅游线路交通组合进行评析的认知能力。

3. 提升对中国的高铁、中国的路、中国的桥、中国的港口、中国的机场等新中国亮丽名片的认识，增强民族自豪感。

【知识准备】

一、旅游交通概述

（一）旅游交通的基本认识

1. 旅游交通的概念

旅游交通是指为旅游者提供由客源地到目的地的往返，以及在旅游目的地各景点之间实现空间位移而提供的各种交通设施及服务。旅游交通服务的对象是旅游者，旅游交通是旅游者进行旅行活动的必要前提，其便利程度对旅游主体和旅游目的地都很重要，是构成现代旅游业的基本要素之一。就旅游主体而言，可以影响旅游者的选择与决策，影响他们旅游行为的发生。旅游交通也是开发旅游资源和建设旅游地的必要条件，是衡量当地旅游业发达程度的重要标志之一。

旅游交通作为国民经济中交通运输系统的重要组成部分，在结构构成上同通用交通一样，主要由旅游交通线路及道路、交通工具、旅游交通站点及辅助设施三部分构成，包括航空、铁路、公路、河运和海运等多种形式。实际上，旅游交通中使用最广泛、最频繁的是通用交通中的客运设施，如民航班机、普通客车（火车或汽车）、客轮、市内公共交通以及有关线路和港站设施等。而特种旅游交通是景区内专门为游客而建的交通设施，如通向景区的旅游专线、专用游轮及游船码头、登山索道等，被视为整个交通运输系统专门对旅游服务的延伸。

2. 旅游交通的特点

旅游交通直接为旅游者服务，是旅游产品的重要组成部分。由于旅游行为的特殊性，旅游交通除具有通用交通的准时、安全、快捷及“商品”的无形性和不可储存性特点以外，还具有自身的特点与要求。

（1）更高的快捷性与准时性要求。

现代旅游行为的基本特征是行为尺度的大型化和行为成员的大众化，而追求效益的最大化是游客的普遍要求。游客在有限的假期内离开客源地到旅游目的地进行游览，在旅游交通方式的选择上对交通的便捷性、准时性更加关注，而且希望在有限时间内“旅”和“游”连贯紧凑，不希望无谓地消耗时间。因为任何一站的延误都会影响后续的行程活动，会由此引发一系列的如餐费、交通费和住宿费等的经济责任事件，甚至还有可能引发一定的涉外事件。如去程航班的延误会因为回程航班的提前预订而压缩游客在目的地的行程，影响游客旅游体验，会影响游客正常工作、计划事宜的进行，从而造成一定的经济损失；有些入境旅行者因不能按时出境返回本地而被业主解雇等。因此，游客会要求旅游交通计划安排必须周密，除非人力不可抗拒的原因引起的交通阻塞，否则不允许出现延误和变更。旅游交通计划安排与执行的准时性也是旅游服务质量提高和旅游业发达程度的重要标志。

（2）追求“旅”过程中的游览性与娱乐性。

旅游是一种高层次消费，旅游者大多追求的是享受，特别是“旅”的各个环节，除了探险类的特种旅游交通外，旅游者大都会有较日常生活更高的游览、娱乐与享受等要求，旅游交通设施能够满足旅游者游览性、娱乐性等功能需求，才能使“旅”的过程也成为一种享受。因此，旅游交通工具在硬件的配备上，比客用的通用交通工具有更高的要求，除了装饰豪华、车窗宽大明亮，便于人们领略沿途风光外，尤其要体现出其娱乐的功能。如汽车车厢里能唱歌、看电视，豪华邮轮上能跳舞、运动、游戏等，都是基本的配备要求。有些特殊旅游交通本身既是游览工具，也是旅游吸引物，如羊皮筏子、玻璃栈道、山中电梯、轿子、滑竿、骆驼等，这些特种旅游交通既为游客提供了便捷交通服务，又满足了游客求新、求异、求乐、求奇的心理，成为旅游点极具吸引力的旅游项目活动。

（3）具有明显的时间分配、空间分布不均衡性。

旅游交通的不均衡性主要体现在时间分配如季节的不均衡、不同区域的不均衡以及方向上的不均衡。由于旅游现象本身的季节性，导致旅游交通的季节性及所产生的不均衡性比通用交通更加显著。首先，由于受到天气、气候、假期等因素的影响，使得游客在出游决策和游客流动上产生了明显的淡旺季。这就形成了旅游旺季旅游交通运力紧张，旅游淡季则运力过剩、设备闲置的现象。另外，旅游业是敏感性很强的行业，易受突发事件的影响而剧烈起伏，因而旅游交通需求会在不同时间出现极大差异。其次，旅游交通线路根据旅游客流的因素，集中分布在旅游客源地与目的地以及旅游目的地内各旅游集散地之间，具有明显的区域不均衡特征。如北京、上海、广州、丽江、西安、杭州这类旅游热点目的地，通向全国其他各大城市的航班和火车车次明显比其他非旅游城市要多。同时，由于旅游者追求旅游效益最大化，一般不愿走回头路，往往构成旅游客流的单向流动，存在方向上的不均衡性。

3. 旅游交通在现代旅游业中的地位和作用

（1）旅游交通是旅游业产生和发展的先决条件。

旅游交通与旅行社、旅游饭店并成为旅游业的三大支柱。通达的交通是沟通客源地与旅游目的地之间的桥梁，即游客能够“进得去、散得开、出得来”，是旅游行为得以实现的基本条件，更是旅游目的地旅游业产生和发展先决条件。不管是游客从客源地到目的地的长途交通，还是目的地景点之间内部的短途交通，都必须借助畅通的交通体系，实现游客的空间位移。因此旅游交通成为旅游六要素“食、住、行、游、购、娱”的重要环节，其地位随着我国大众旅游时代到来越来越重要。

（2）旅游交通费用是旅游业经济收入的重要组成部分。

在旅游活动中，食、住、行三项费用是旅游者最基本的旅游消费，旅游交通服务是旅游过程中旅游者使用最频繁的服务。随着豪华邮轮、豪华专列、卧铺汽车、房车等的相继发展，旅游交通服务甚至具有包容其他两项服务的能力。因此，旅游交通费用是旅游业总收入的重要来源，而且旅游目的地距离客源地越远，旅游者旅游活动的空间范围越大，旅游交通收入在旅游业总收入的优势就表现得越明显。我国国际旅游外汇收入中旅游交通收入一直占总收入的30%左右。同时，对于旅游目的地景区尤其是山地景区而言，旅游交通也会成为门票的重要组成部分。

（3）旅游交通运输业的状况决定着旅游业发展的规模与速度。

旅游交通的建设布局和运力投入，决定和影响着旅游业的发展规模和速度。在世界和我国经济发达地区，由于旅游交通建设速度快，运力设备投入量大，使得旅游交通立体网络完备，游客的集散条件发达，旅游业相应的发展速度也会加快。反之，在一些经济欠发达国家和地区，由于经济基础相对落后，政府在交通建设、运力设备投入方面不够，使得交通线路稀少、等级不高、运力不足，游客集散性较弱，往往制约着旅游业的发展速度和规模。如我国西北地区在西部大开发以后，由于交通等基础设施的极大改善，其旅游业得到了迅速的发展与提升。

（4）旅游交通本身也成为重要的旅游吸引物。

一些现代旅游交通尤其是部分特种旅游交通方式的舒适、快捷、新奇、娱乐、惊险、趣味等特点使得其本身也成为旅游吸引物。如当磁悬浮列车、动车组列车刚出现的时候，有人会把享受磁悬浮列车、动车组的舒适、快捷当作旅游目的之一；而骑马、乘快艇、坐缆车、坐热气球等特种旅游交通方式，既是旅游交通方式，也是重要的旅游吸引物。又如以“最高户外电梯”荣誉而被载入吉尼斯世界纪录的张家界景区百龙天梯，游客既可以感受电梯66秒运行垂直335米高差的奇迹般体验、恢宏气势，又可欣赏电梯外如仙境的石英砂岩风光。

【知识拓展3-2】

《交通强国建设纲要》

2019年9月，中共中央、国务院印发《交通强国建设纲要》，明确到21世纪中叶通过打造“三张交通网”（发达的快速网、完善的干线网、广泛的基础网）和“两个交通圈”（全国123出行交通圈、全球123快货物流圈），全面建成人民满意、保障有力、世界前列的交通强国。

资料来源：编者根据相关资料整理。

（二）旅游交通运输的主要方式及特点

根据交通线路和交通工具的不同，现代旅游交通主要包括公路、铁路、航空、水运和特种交通等方式。各种运输方式有机结合、优势互补，共同构成了旅游交通网络。

1. 公路旅游交通

公路旅游交通是以汽车为主要运输工具、以公路为交通路线、以汽车站为始终停靠站的一种运输方式。公路旅游交通是最普遍、最重要的中、短途客运方式。其特点是灵活、方便，对自然条件的适应性强，能深入到旅游景点内部，实现门对门的直接服务，且建设投资少、工期短、见效快等；但不足是运载量小、速度慢、能耗大、安全系数相对较低，受气候变化影响较大，排出的尾气对大气的污染较为严重。但随着高速公路的发展、私人小汽车的普及以及旅居合一的房车的出现，公路交通在旅游活动中的优越性越加明显，汽车旅行的比重和距离都在不断增长。由于自驾车外出度假灵活方便、行止自由、可以观赏沿途风光，容易携带行李和娱乐器具，并且可使家庭外出旅游的交通费用相对下降，特别是人们往往只注意私人小汽车旅行的直接费用，而不顾及磨损、折旧之类的间接费用，因此人们普遍喜欢自己驱车在省内、国内旅游。

2. 铁路旅游交通

铁路旅游交通是以铁道为交通线、旅客列车为交通工具、以铁路客运站为始终停靠站的现代化交通运输方式。铁路交通长期以来在运输业中一直占据重要地位，特别是在国内中、长途旅游客运中所占比重很大。铁路交通具有运载能力大、速度快、费用低、安全系数高、对环境污染小以及受气象气候影响小、基本能保证全天候运行等优点。且旅行途中可沿途观赏风景、乘客能够在车厢内自由走动和放松，目前世界上不少地区的铁路客运与其说是交通客运服务，不如说是观光游览项目，如台湾地区境内的阿里山森林铁路是世界上著名的登山铁路之一。铁路交通也存在建设投资较大、周期长、占用土地较多、灵活性较差等缺点。目前，中国高速化铁路交通飞速发展，高速铁路以速度快、舒适、安全著称，“高铁时代”的到来对旅游业的发展产生深远影响。

3. 航空旅游交通

航空旅游交通是以民用客机为主要运输工具，以航空交通线为线路、以机场为始终停靠站的一种运输方式。它在长距离洲际、国际旅游中处于绝对垄断地位。航空旅游交通的优势是快捷、安全、舒适，能跨越地面各种天然障碍。航空运输不受地形地貌、山川河流的阻碍，只要有机场并有航路设施保证，即可开辟航线。如果用直升机运输，则机动性更大，可以到达其他运输方式不易到达的地方，是长途、远距离旅行的理想运输方式。航空旅游交通的不足之处是载运量小、能耗大、运输成本高、受天气条件影响较大。同时因为空港占地大、飞机起落时噪声污染较大，机场一般选择建设在远离市中心郊区，必须与其他交通工具相互配合，才能完成旅游交通服务。目前，航空旅游交通主要承担国与国之间、国内各大城市之间的旅客运送。随着商务旅游、度假旅游的兴起，旅游包机也应运而生，航空旅游交通正以其广范围、长距离、高时效的通达服务这个独特优势越来越受到游客的青睐。

4. 水运旅游交通

水运旅游交通是利用自然和人工水域作为航线，以各类船舶作为主要交通工具、以港口码头为始终停靠港的一种运输方式。根据航线的不同，水运旅游交通分为远洋、沿海和内河航运。水路旅游交通具有运载量大、运价低、耗能少、舒适性强等优点。从旅游角度看，水运是融旅与游于一体的运输方式，旅游者可在航行途中欣赏沿途风光，舒适安逸，是其他交通方式无法比拟的。因此，目前水运旅游交通主要在风景优美的、旅游资源丰富的河段，风景湖泊、沿海岛屿旅游地，以及水路较陆路相对较短的沿海旅游地之间应用。但水路旅游交通也存着速度慢、受自然条件影响大、准时性较差、灵活性较差等的局限性。由于其他旅游交通运输方式的快速发展，水运交通受到很大的挑战，目前以旅游船舶向大型豪华邮轮方向发展、提高轮船速度和提高服务质量等举措，奠定了水运交通在旅游交通市场的一席之地。

5. 特种旅游交通

特种旅游交通是指除人们常用的航空、铁路、公路及水路四种现代旅游交通方式外，为满足旅游者娱乐、游览的需要而产生的对旅游交通方式起补充作用的交通运输方式。一般而言，特种旅游交通除具有一般的交通功能以外，还具有娱乐、新奇、惊险、趣味等特色。按其功能可分为三个类型：一是用于景点、景区或旅游区内为规范景区车辆管理、满足景区环保要求而安排的专门交通工具，如观光游览车、电瓶车、渡船等；二是在景区或景点内的某些特殊地段，为了旅游者的安全或辅助病、老、残、幼旅游者节省体力而设置的交通工具，如缆车、索道、滑竿等；三是带有游览、娱乐、体育、特色体验和特种欣赏意义的旅游交通工具，如轿子、羊皮筏子、帆船、热气球、马匹、骆驼等。特种旅游交通一般只出现在旅游景区的小范围内，虽有运载量小、安全隐患大等不足，但其形式丰富多样，具有民族和地方特色，深受游客喜爱。

二、中国旅游交通概况

中华人民共和国成立以来，经过70多年的建设和发展，尤其是改革开放以来的40多年里，我国交通运输业经历了从“瓶颈制约”到“初步缓解”，再到“基本适应”的发展历程，并取得了举世瞩目的成就。铁路、公路、航空和水运等交通运输方式的运输线路长度和客运量不断增长，这些交通体系彼此之间相互竞争、相互补充，全方位、立体化的交通体系已粗具规模。中国的高铁、中国的路、中国的桥、中国的港口、中国的机场，都成了新中国的亮丽名片。我国旅游业依托高铁、城铁、民航、高等级公路等方式实现了从线路到网络、从网络到区域格局的跨越式发展，已经成为推动全域旅游、实现旅游跨越式发展的重要的一环。当然，与旺盛的旅游出行需求相比，交通运输仍存在着旅游交通网络体系待完善、旅游交通基础设施建设待加强、旅游交通出行服务品质待提升等问题。

（一）公路旅游交通的发展与空间格局

1. 公路旅游交通的发展

我国的现代公路建设始于1906年，但发展建设速度一直十分缓慢，直到中华人民共和国成立之初，全国公路通车里程仅有8.08万公里、且级别低。中华人民共和国成立后，我国公路里程持续增长，50年代克服重重困难，修筑了青藏、川藏公路，创造了世界公路史上的奇迹。改革开放以来，国家将交通运输事业尤其是公路的发展作为国民经济发展的全局性、战略性和紧迫性任务，我国公路建设得以迅速发展，且高速公路发展极为迅速。自 1988 年 10 月，全长为 18.5 公里沪嘉高速公路建成通车，我国大陆高速公路实现“零”的突破以后，我国高速公路的建设发展迅猛。1999 年年末，我国高速公路通车里程突破 1 万公里；2014 年年底超过 11 万公里，跃居世界第一；截至 2022 年年底，中国高速公路总里程达 17.7 万公里，稳居世界第一。

截至 2022 年年底，我国公路总里程已达 535 万公里，形成了以高速公路为骨架、普通干线为脉络、农村公路为基础覆盖全国的公路网。即使偏远的西部地区也实现了县县通公路、乡乡通公路，大大缩短了我国各地乃至与邻国的时间距离，促进了各地的经济联系，方便了人们外出旅行。此外，公路旅游交通的发展还表现为旅游客车种类与数量不断增加，档次的不断提高，私人自驾车辆的普及。截至 2022 年年底，全国机动车保有量达4.17亿辆，其中汽车3.19亿辆；机动车驾驶人5.02亿人，其中汽车驾驶人4.64亿人。

2. 公路旅游交通的空间格局

目前，公路交通是我国覆盖范围最广、服务人口最多、使用最广泛的交通运输方式。我国已形成以北京为中心，由国道、省道和一般公路组成，联系各省、自治区、直辖市的全国公路网。其中，国道是指具有全国性政治、经济意义的主要干线公路，包括重要的国际公路、国防公路，连接首都与各省、自治区、直辖市首府的公路，连接各大经济中心、港站枢纽、商品生产基地和战略要地的公路，是全国公路网的主骨架。从北京出发的呈扇面辐射的国道共 12 条，约 1.4 万公里，编号为 101~112 线；南北纵向的国道共 28 条，约 3.9 万公里，编号 201~228 线；东西横向的国道共 30 条，约 5.3 万公里，编号 301~330 线。国道主干线系统由“五纵七横”12 条路线组成，总里程约 3.5 万公里，2007 年完成，也是我国规划建设的以高速公路为主的公路网主骨架。“五纵”指同江—三亚、北京—珠海、重庆—北海、北京—福州、二连浩特—河口。“七横”指连云港—霍尔果斯、上海—成都、上海—瑞丽、衡阳—昆明、青岛—银川、丹东—拉萨、绥芬河—满洲里。“五纵七横”国道主干线，将全国所有人口在 100 万人以上的特大城市和 93% 的人口在 50 万人以上的大城市连接在一起，约覆盖全国城市总人口的 70%，并与其他国道、省道、县乡公路共同组成了我国目前的公路基础设施网络，为国民经济社会及旅游业发展提供了坚实的基础和保障。此外，近年由于全域旅游的发展，各地建设了一批具有旅游观光廊道功能的旅游公路干线连接旅游景区，形成旅游快速通道。

（二）铁路旅游交通的发展与空间格局

1. 铁路旅游交通的发展

中国铁路建设始于清朝末年，1881 年，李鸿章主办的“唐胥铁路”被认为是中国铁路建筑的正式开端。但到 1949 年中华人民共和国成立时，全国铁路通车营运历程仅有 1 万公路，而且均分布在东部地区，特别是沿海一带。中华人民共和国成立后由于种种原因，中国铁路发展长期滞后，运输能力最为紧张。但是中国铁路运输效率为世界第一，中国铁路以占世界铁路 6% 的营业里程完成了世界铁路 25% 的工作量。改革开放后，我国的铁路建设发展迅猛，尤其是高铁的发展举世瞩目。铁路交通进行了一系列卓有成效的改革：中国铁路 1997 年至 2007 年进行了六次大提速，快速运行的列车覆盖了全国所有的铁路线，自 2008 年第一条设计时速 350 公里的京津城际铁路建成运营以来，我国高铁建设突飞猛进；采用新型列车，开行旅游专列、城际列车等提高乘车的舒适度；列车的班次更为合理，开行了“夕发朝至”的夜行列车等。2009 年中国建成“八纵八横”铁路网主骨架。截至 2022 年年底，全国铁路营业里程达到 15.5 万公里以上，其中高铁 4.2 万公里，居世界第一，占全球高铁运营里程的 65% 以上。

目前，中国已成为世界上高铁系统技术最全、集成能力最强、运营里程最长、运行速度最高、在建规模最大的国家，高铁发展总体水平处于世界领先地位。同时，中国铁路“走出去”的步伐不断加快，足迹遍及亚洲、欧洲、北美洲和非洲，坦赞铁路、蒙内铁路、中老铁路，再到匈塞铁路、雅万高铁等，成为“一带一路”建设和国际产能合作的一张张亮丽名片。

2. 铁路旅游交通的空间格局

我国铁路经过多年的高速发展，一个以北京为中心，横跨东西、纵贯南北、干支结合的“八纵八横”铁路运输网已经形成。2021 年 8 月，国家铁路局宣布“四纵四横”高铁网已全面建成，“八纵八横”高铁网正在加速形成，高铁已覆盖全国 92% 的 50 万人口以上城市。

其中“四纵四横”高速客运专线，客车速度目标值达到每小时 200 公里以上，四纵为京沪高速铁路、京港高速铁路、京哈高速铁路、杭福深客运专线（东南沿海客运专线），四横为沪汉蓉高速铁路、徐兰客运专线（含徐连客运专线）、沪昆高速铁路、青太客运专线。“八纵八横”高速铁路网是中国高速铁路网络的中长期规划，八纵是指沿海通道、京沪通道、京港（台）通道、京哈—京港澳通道、呼南通道、京昆通道、包（银）海通道、兰（西）广通道，八横是指绥满通道、京兰通道、青银通道、陆桥通道、沿江通道、沪昆通道、厦渝通道、广昆通道。

（三）航空旅游交通的发展与空间格局

1. 航空旅游交通的发展

我国自1920年开始航空客运业务，至1950年新中国民航初创时，仅有30多架小型飞机，仅开辟了2条国内航线、3条国际航线，年旅客运输量仅有约1万人次。中华人民共和国成立，尤其是改革开放之后航空交通才得以迅速发展，根据国际民航组织的统计，自2005年起，我国的航空运输总周转量在世界上的排名已超过德国，是仅次于美国的第二航空运输大国。到2018年，中国十大航空枢纽中，有8家机场进入全球客运的50强，其中包括了北京、上海浦东和虹桥、广州、成都、深圳、昆明、西安机场。特别是首都机场，成为继美国亚特兰大机场之后全球第二个年旅客吞吐量过亿人次的机场。我国民航系统已成为全球第二大航空运输系统，2020年至2022年，受疫情影响，航空旅游交通尤其是国际定期航班通航受到极大冲击，截至2022年年底，根据中国民用航空局的官方统计数据，我国境内运输机场（不含香港、澳门和台湾地区）254个，定期航班国内通航城市（或地区）249个，2022年我国民用运输机场完成旅客吞吐量5.2亿人次，比上年下滑42.9%，恢复到2019年的38.5%。

2. 航空旅游交通的空间格局

经过多年的建设与发展，目前我国航空交通已经形成了以北京、上海、广州三大综合航空枢纽为中心，连接各省份的省会城市、首府和重要城市的国内航空运输网；以国家73个一类航空口岸为基础，国际航线已遍及世界各大洲。目前正积极推进京津冀、长三角、粤港澳大湾区三大世界级机场群的建设，围绕“一带一路”建设，加快乌鲁木齐、昆明、哈尔滨、成都、重庆五个区域国际航空枢纽，以及郑州国际航空货运枢纽的建设步伐。虽然，我国已是世界第二航空运输大国，但我国航空运输在国家综合运输体系中的比重偏小，未能实现与其他运输方式协调发展。如航空运输的节点、机场大多建设在城市郊区，正在努力实现与其他运输方式协调发展，进而形成高效的综合运输体系。

（四）水运旅游交通的发展与空间格局

1. 水运旅游交通的发展

我国河湖众多，海岸线漫长，在公路、铁路交通发展起来以前，水路交通曾是我国最主要的运输方式。我国是世界上河流最多的国家之一，其中流域面积超过1000平方公里的河流就有1500多条，长江、珠江是最重要的黄金水道；我国大陆海岸线长达18000多公里，有许多优良港口，便于与沿海航线连接开展河海联运。水路旅客运输一直是我国水路运输的重要组成部分，随着我国经济的不断发展，人们对于出行、旅游等需求逐渐增大，使得我国水路旅客运输不断发展。2020年之前，我国水路旅客运输量基本保持稳定；2020年之后三年因疫情影响，加上近年来高铁、飞机等交通方式的冲击，我国水路旅客运输量出现显著下降趋势。同时，随着我国经济的发展，邮轮游艇行业的兴起，我国已成为仅次于美国的第二大游轮客源市场。上海吴淞口国际邮轮港是亚洲第一、全球第四的国际邮轮母港。2022年8月国家发布《关于加快邮轮游艇装备及产业发展的实施意见》提出要大力发展邮轮旅游、推动游艇产业创新发展。

截至2022年年底，全国内河航道通航里程达12.8万公里，其中国家高等级航道超过1.6万公里，主要包括长江航道、京杭运河航道、珠江航道、松花江航道等。其中长江航道通航里程达7万公里，是中国通航里程最长的河流，成为中国内河运输的大动脉，这些航线沿途风光秀丽、景色迷人。已开辟90多条通往亚、非、欧、美、大洋洲150多个国家和地区的600多个港口的远洋航线。这些航线大都以上海、大连、天津、秦皇岛、广州、湛江等港口为起点，包括东行、西行、南行、北行4组重要远洋航线；我国沿海航线分为以大连、上海为中心的北方航区和以广州为中心的南方航区，沿海航线是中国海运的主要部分，承担了全部客货运任务的60%以上，基本形成了长三角、津冀、粤港澳等世界级港口群，我国大陆港口货物吞吐量和集装箱吞吐量均多年稳居世界第一。

2. 水运旅游交通的空间格局

经过多年建设，以南北海运、长江干线、西江航运干线、京杭运河—淮河等水运主要通道为骨架，以主要港口为枢纽，以国家高等级航道为主体，衔接铁路、公路、管道等方式，连通世界、干支衔接的水路交通运输总体框架已经形成。中国开辟的旅游航线以内河航线与沿海航线为主。长江三峡、漓江水运线是世界著名的自然风景区，如豪华游轮游三峡；京杭大运河在扬州、无锡、苏州、杭州段开发了水上旅游线，乘游船可观赏两岸水乡风光，领略古运河风采。在我国沿海旅游资源集中分布的地区，也开辟了水上旅游专线，琼州海峡、舟山群岛、长江三峡、渤海湾都是重点旅游客运区域，如大连、天津、青岛、上海、厦门、深圳、湛江等地纷纷推出沿海水上旅游专线，并广泛应用水上游艇、气垫船、水翼船等交通工具吸引游客。

【课堂思考 3-2】

高铁对其他旅游交通方式的影响

目前我国已进入高铁时代，高铁以其快捷、便利的优势吸引力众多乘客。专家研究显示，高铁的出现对民航有较大的冲击，但冲击的程度与距离有很大的关系：在 500 公里以内，高铁对民航的冲击达到 50% 以上；在 500~800 公里，冲击达到 30% 以上；在 800~1000 公里，冲击大约是 20%；在 1000~1500 公里，冲击大约是 10%；在 1500 公里以上，高铁对民航没有影响。

请就参考上述知识进行小组讨论，发表观点。

（五）特种旅游交通的发展与空间格局

特种旅游交通种类繁多，并随着游客对体验性的要求越来越高而不断地被复原或者被创新，成为旅游服务或游乐项目、成为一种独特的旅游吸引物，为旅游业发展增添了活力。特种旅游交通按照时间节点可以分为当代特种旅游交通和古代特种旅游交通。当代特种旅游交通工具是在旅游者、旅游社会环境等多种因素的综合影响下开发出来的。如潜艇、直升机、飞艇、热气球、磁悬浮列车、邮轮、房车、索道、缆车、旅游电瓶车、气垫船、皮划艇等，这类特种旅游交通工具没有明显的地域分布限制，只要景区发展需要，就可以开发满足游客需求。

古代特种旅游交通则是在历史上曾经起到重要出行作用的一些工具，包括传统的畜力及畜力车，如马、骆驼、牛、爬犁、雪橇，也包括带有民俗特点的滑竿、轿子、溜索、羊皮筏子、牛皮船、桦皮船、乌篷船等。这类传统交通工具因各地自然环境条件及可以借助的自然动力类型各不相同，产生了丰富多彩的特种旅游交通类型，表现出明显的地域性。地处偏远的少数民族地区特种旅游交通特别丰富。如我国北方少数民族地区以各类畜类特种旅游交通为特色；西南地区少数民族地区由于气候地形条件以种类繁多的桥为特色，溜索和索桥、藤网桥、风雨桥等成为主要的交通工具；而江南地区由于河网密布，其特种旅游交通以各种渡船为特色，如乌篷船等。

【任务引入】

旅游交通主要包括公路、铁路、航空、水运和特种交通等方式。各种运输方式有机结合、优势互补，共同构成了旅游交通网络。无论是游客从客源地到目的地的长途交通，还是目的地景点之间内部的短途交通，都必须借助畅通的交通体系，实现游客的空间位移，其地位随着我国大众旅游时代到来越来越重要。

【任务分析】

旅游者对旅游交通方式的选择受到个人收入、旅行距离、运输价格和费用、旅行目的、旅行偏好和经验等因素的影响。同时，旅游者对旅游交通方式的选择还与旅游交通涉及的空间尺度及在旅游活动中承担的角色有关，如客源地到旅游目的地之间往返所依托的中心城市间的大交通、中心城市到风景区间的小交通以及在风景区内游览的内部交通三个空间层次对旅游交通方式的选择有着极大差别。

【任务实施】

任务要求：结合所学内容，分组查找资料拓展，针对当地最热门的国内长途旅游线路的交通安排组合进行分析与不同方案的设置。

任务目标：

1. 完成旅游交通基本类型及特点、中国公路、铁路等交通空间分布格局的认知梳理。

2. 具备针对具体旅游线路中合理交通方式选择的实践应用能力。

3. 提升对中国模式、中国名片（大国崛起、大国速度）的体验感知，并能阐述宣讲。

实训步骤：参见表3–3提示。

表3–3 实训操作指导步骤

步骤	标准	提示
1.对旅游交通方式与特点、旅游交通空间格局等知识进行梳理总结	旅游交通特点与中国旅游交通的空间格局的认知	如五种旅游交通运输方式的特点，公路与铁路等旅游交通的空间格局等
2.针对具体长途旅游线路案例的交通安排组合进行讨论	具备针对具体旅游线路中合理交通方式选择的实践应用能力	如具体旅游线路案例中大交通、小交通及内部交通选择与组合
3.对本任务所学知识、实训内容的总结升华	旅游交通特点及中国旅游交通格局等知识的掌握，旅游行程中的实践应用	旅游交通方式及特点、中国旅游交通格局等知识的掌握与应用

【项目考核】

一、单项选择题

1. 以下关于国内旅游客流主要流向错误的是（　）。

A. 大中城市向周边城市流动的休闲度假客流

B. 旅游客流多流向邻近的国家和地区

C. 中小城市及农村向大城市流动的观光购物客流

D. 尽可能游览更多的高级别旅游点

2. 以下关于铁路旅游交通特点叙述错误的（　）。

A. 运量大　B. 安全系数高　C. 适应能力强　D. 建设周期长

3. 长距离洲际、国际旅游中主要的旅游交通方式是（　）。

A. 公路交通　B. 铁路交通　C. 航空交通　D. 水运交通

二、多项选择题

1. 旅游决策的最大效益原则主要体现在（　）。

A. 旅行偏好　B. 最小的旅游时间比

C. 最大的旅游收益　D. 力图到级别较高的旅游点旅游

2. 我国接待入境游客较多的地区多分布在（　）。

A. 经济发达地区　B. 旅游资源特别丰富地区

C. 西部地区　D. 沿海地区

3. 以下关于旅游客流的叙述正确的是（　）。

A. 力图采用环状线路旅游　B. 多流向经济发达的国家和地区

C. 多流向邻近的国家和地区　D. 采用节点状线路旅游

【项目实训】

实训要求：以小组为单位查找资料，针对不同类型的旅游客流，从旅游者的旅游决策、旅游客流特征的角度思考分析国内游客、入境外国人游客、港澳台侨胞对哪些旅游项目、旅游元素更感兴趣？

项目 4

旅游影响与可持续发展

项目导学

- 旅游影响与可持续发展
  - 旅游地生命周期判别
    - 旅游地生命周期模型
    - 旅游地生命周期特征
  - 旅游环境容量控制
    - 旅游地
    - 旅游环境容量概念与内涵
    - 旅游环境容量的主要影响因素
    - 旅游环境容量控制策略
  - 旅游可持续发展实践
    - 可持续发展内涵
    - 可持续发展与旅游可持续发展的关系
    - 旅游可持续发展概述

学习目标

知识目标：

1. 了解旅游地分类、可持续发展思想。

2. 熟悉旅游环境容量影响因素、控制策略。

3. 掌握旅游地生命周期的六个阶段及特点、旅游可持续发展的途径。

能力目标：

1. 具备旅游地生命周期的判定分析能力。

2. 具备可持续发展与旅游可持续发展关系的思辨能力。

素质目标：

1. 牢固树立“绿水青山就是金山银山”的发展理念。

2. 充分认知旅游可持续发展对旅游业的重要性。

3. 为我国在全球旅游可持续发展中承担的大国责任感到自豪。

任务 1　旅游地生命周期判别

【任务概述】

不管是自然还是人文类旅游目的地，在从有到无、从弱到强的旅游开发中，都呈现出一定的周期性规律性。加拿大旅游地理学家巴特勒将这种周期性规律总结为探查、参与、发展、巩固、停滞、衰落或复兴六个阶段。通过学习，掌握旅游地生命周期的每个阶段特点，并能对不同旅游目的地的发展现状进行生命周期判别，为下一步旅游业发展提供依据和方向。

【学习目标】

1. 掌握旅游地生命周期的六个不同阶段的表现特征。

2. 具备对具体旅游目的地生命周期的判别能力。

【知识准备】

一、旅游地生命周期模型

旅游地由盛转衰的生命周期，是一种客观存在的现象。在旅游地生命周期理论的众多描述中，最具代表性和权威性的是由加拿大学者巴特勒（Butler）于 1980 年提出的旅游地生命周期理论。他将旅游地的演化过程按照时间顺序分成6个阶段：探查阶段、参与阶段、发展阶段、巩固阶段、停滞阶段、衰落或复兴阶段，而经过复兴后又开始重复之前几个演变阶段。巴特勒在描述该理论的6个阶段时引入一条“S”形曲线（见图4-1）。需要说明的是，各旅游地由于资源状况、发展策略等方面存在的差异性，最终呈现的曲线形状不尽相同。常见的有“扇贝”型、“主循环—再循环”型、“成长—衰落—成熟型”等（见图4-2）。

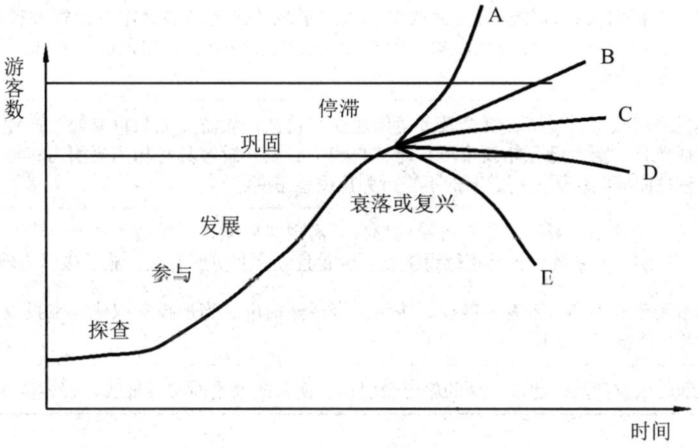

图4-1　旅游地生命周期模型（巴特勒）

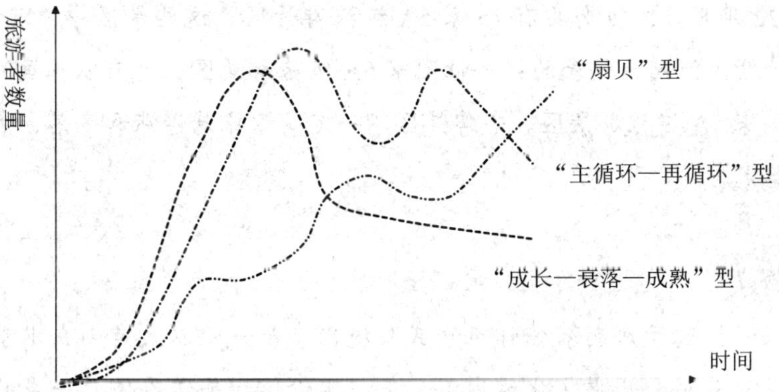

图4-2　旅游地常见发展巴特勒曲线

二、旅游地生命周期特征

旅游地生命周期理论中所描述的六个阶段会呈现不同的特征，这些特征也正是判断旅游地生命周期处于某个阶段的标志。具体判别标准如表 4-1 所示。

表 4-1　旅游地生命周期模型判别标准

阶段	特征表现
探索	少数“多中心型”或“探险型”游客；少量或欠缺旅游基础设施，只有自然或文化吸引物；当地居民未向游客提供食宿，也未从中获利
起步	游客量上升；政府或企业投资，并着手建设基础设施和旅游设施；旅游地开展广告宣传活动；旅游地名知度开始提升；当地居民为旅游者提供简单的膳宿并从中获利，热情好客
发展	旅游量大幅增长；自然环境显著改变，人造景观及设施增多；旅游投资额提升；游客量趋于超载，环境质量下滑；旅游地形象广为人知，客源市场明确；居民滋生对旅游开发活动的不满情绪，好客度下降
巩固	游客量增速减缓；经济、社会及环境问题交织错杂；旅游业成为重要经济产业或支柱；市场营销日益成熟且广泛，已开拓新市场；对“自我中心型”游客具有相当吸引力；居民对旅游业的认知日益理性而成熟；居民对游客的不当行为持反感态度
停滞	游客量趋于顶点，鲜有增长；旅游地形象脱离现实环境；旅游地不再受到青睐；过度依赖游客重游或节日游、周末游，各种接待设施过剩闲置且经常变更所有权；旅游吸引力转移
衰落	客源市场范围缩小、游客量减少；旅游投资逐渐撤出，当地投资取代外来投资；基础设施逐渐破败，并可能被代作他用
复兴	开发新的旅游产品，建设全新的旅游吸引物，使目的地重回游客视线，游客量开始增长

【任务引入】

截至 2022 年 8 月，河南共有 15 家 5A 级旅游景区。这些景区中，既有以云台山、龙门石窟、清明上河园为代表的第一批国家 5A 级旅游景区，也有以八里沟、鸡公山为代表的新晋国家 5A 级旅游景区。老牌景区不一定就意味着停滞和衰落，新晋景区也不代表发展和稳定。

【任务分析】

云台山风景区位于河南省焦作市修武县境内，是一处以太行山岳水景为特色，以峡谷类地质地貌景观和历史文化为内涵，集科学价值和美学价值于一身的科普生态旅游景区。自 1999 年对外开放以来，先后荣获球首批世界地质公园、国家首批 5A 级旅游景区、全国文明风景旅游区等多项荣誉称号。近年来，云台山先后打造多项旅游节事活动，并积极参与河南省文旅厅举行的促销活动，如在 2022 年“豫见春天 · 惠游老家”活动，对游客实行首道门票免费。截至 2022 年年底，云台山景区全价票 120 元/人，观光车票 60 元 / 人。

【任务实施】

任务要求：请根据以上资料为基础，补充查找有关云台山景区近年发展的更多内容，客观判别云台山所处的旅游地生命周期具体阶段。

任务目标：

1. 对家乡知名旅游景点加深认知，培养热爱家乡的家国情怀。

2. 学会全面查找学习资料及梳理、总结问题能力。

3. 具备对旅游目的地所处旅游地生命具体周期的客观分析和判别能力。

实训步骤：参见表 4–2 提示。

表 4–2 实训操作指导步骤

步骤	标准	提示
1.全面查找云台山旅游发展相关资料	参考官网或权威资料	尤其是近几年有关云台山旅游产品、节事活动等内容，包括游客的正面或负面评价等
2.对材料进行梳理分类	梳理总结的内容要和旅游地生命周期判别内容相近	如基础设施、游客量、旅游产品、客源市场、当地居民对旅游态度等关键内容
3.对标判别要素，精准定位周期	关注细节，深入思考	如产品的更新、节事活动丰富的现象背后凸显的内容
4.对下一步发展提出简单建议	分类提出解决措施	朝景区最佳的日标提出中肯建议

任务 2 旅游环境容量控制

【任务概述】

旅游地不仅包括依发展旅游业、衡量旅游环境容量的空间载体，还包括一定地域内的旅游资源、旅游设施等要素。旅游地的空间大小并不是影响旅游环境容量大小的唯一标准，除此之外，旅游环境容量还与旅游地的地理区位、旅游产品类型等因素有关。通过学习，认识旅游地相关内涵，熟悉影响旅游环境容量的各种要素，掌握旅游环境容量控制的措施，具备对旅游地环境容量一定的调节与控制能力。

【学习目标】

1. 了解旅游目的地系统的组成要素、性质和功能。

2. 熟悉旅游环境容量的概念、主要影响因素，掌握旅游环境容量的控制策略。

3. 具备应对某旅游目的地游客量高峰到来时的处理能力。

【知识准备】

一、旅游地

（一）概念与内涵

旅游地是指一定地域空间上的旅游资源、旅游专用设施、旅游基础设施以及相关其他条件有机组合而成的旅游者停留和活动的目的地。旅游地在不同情况下，有时又被称为旅游胜地或旅游目的地。

旅游地是一种具有综合功能的区域。它以旅游业为重要产业，其在空间上一般可以分为两个部分：旅游资源所在的旅游活动区和服务设施所在的服务区。前者强调“游”，后者主要提供“食、住、行、购、娱”等综合性服务。总之，旅游地通过依托优美的旅游环境，优质的旅游资源，完善的旅游设施，人性化的旅游服务，引导游客参与体验并享受快乐，获得亲切感、新鲜感和自豪感，以求得身心上的补偿与解脱之满足。

（二）旅游地分类

旅游地按照不同的分类标准有多种分类形式。如按照旅游地的主要旅游资源和旅游产品的定位，可将旅游地划分为七大类，即自然风景旅游地、文化旅游地、历史古迹旅游地、娱乐旅游地、运动性旅游地、产业旅游地、综合性旅游地。其中具有保护价值的旅游胜地需要划出特定的核心保护区加以保护，如自然保护区、森林公园及历史古迹与文物等。若按旅游地的产业构成，可以分为以旅游业为主要产业的旅游区和仅将旅游业作为重要产业之一的旅游区。

【知识拓展 4–1】

"旅游地"概念的不同观点

国内外学者通常以风景区（resorts）或旅游目的地（tourist destinatinos）作为旅游发展的空间载体进行研究，但由于切入点的不同，学者们在旅游目的地的概念上难以达成共识，提出了各种定义。如郭来喜（1984）认为"旅游地是具有一定经济结构和形态的旅游对象的地域组合"，保继刚等（1993）对郭氏定义做出发展认为"旅游地是指一定地理空间上的旅游资源同旅游设施以及相关的其他条件有机结合的，为旅游者停留或活动的目的地"。

资料来源：编者根据相关学术观点整理。

二. 旅游环境容量概念与内涵

（一）概念

旅游环境容量有时称"旅游承载力"或"旅游饱和度"，它是旅游学的基本概念之一。早在1963年莱佩奇（Lapage）就首先提出了旅游容量的概念，而1979年世界旅游组织（WTO）又在年度报告中正式提出了旅游承载容量的概念。

所谓旅游环境容量，是指一定时期内一定条件下某一地域的旅游地或单元（如旅游区、游览区、旅游点等）不会对旅游日的地的环境、社会、文化、经济以及旅游者旅游感受质量等方面带来无法接受的不利影响的旅游业规模最高限度，一般量化为旅游地可接待的旅游人数的最大值。

（二）内涵

旅游环境容量是一个复杂的概念体系，包括五个基本容量（资源容量、生态容量、经济发展容量、地域社会容量和感知容量）和二组非基本容量（合理容量与极限容量、既有容量与期望容量、空间有关容量）。旅游环境容量要求旅游地的生态系统在保持其生产能力、适应性和再生能力等功能的同时，还能支持一个健康的旅游系统发展机制的能力。旅游环境容量大小与旅游地规模、旅游资源质量和数量、自然条件、基础服务设施、人口构成、传统观念、活动类型等因素有密切关系。

三、旅游环境容量的主要影响因素

由于旅游环境是由诸多因素组成的复杂的环境系统，因而导致影响旅游容量的因素也很多，其中主要的因素如下。

（一）地理区位因素

地理位置是影响旅游容量的一个重要的因素。由于生物景观严格受制于自然带与位置影响，生物物种的复杂度、生长环境与生活习性不同，承受干扰的能力各异，自然恢复与再生能力差别很大，因而不同地理位置的旅游区，其旅游容量是不一样的。在水热条件较好的低纬度地区，生物的多样性好，生态恢复能力强，其旅游容量相对较大；而高山地区的植被一旦遭到破坏，往往很难恢复，因而其旅游容量较小。

【职业素养 4-1】

保护青藏高原生态　贡献中华民族发展

青藏高原大部分地区海拔超过4000米，被誉为“世界屋脊”“地球第三极”“亚洲水塔”，是亚洲多条主要大江大河的源头区，是中国乃至亚洲重要的生态安全屏障。这里是全球生物多样性最丰富的地区之一，雪豹、藏羚羊、岩羊等多种特色的野生动物在这里繁衍生息。但青藏高原的生态非常脆弱敏感，一旦破坏，修复的难度非常大。正是深刻认识到青藏高原生态的重要性和特殊性，习近平总书记反复强调青藏高原生态保护工作。在2015年中央第六次、2020年第七次西藏工作座谈会上，总书记反复强调，要守护好高原的生灵草木、万水千山，把青藏高原打造成为全国乃至国际生态文明高地。因此旅游从业人员更应该身体力行，积极向游客倡导生态文明观念，共同保护青藏高原生态系统。

资料来源：编者根据相关资料整理。

（二）资源产品类型因素

不同旅游景区由于需要保护的程度各异，因而其旅游容量不同。一般而言，以保护生物多样性为目的的森林公园、自然保护区要比同等面积的游览公园容量小。重点保护的街区、村落要比同等面积的主题公园等游乐场所容量小，根本原因在于资源产品的承载力稳定度。而且，不同的旅游景区类型、资源产品不一样，因而对环境表现出不同的承载力和抵抗干扰与破坏的能力以及恢复能力。例如，高原地带和岩溶地貌景域，一旦遭到破坏将难以恢复，而风景河段和海滨旅游区遭到破坏后能够较快恢复。

【案例精选 4–1】

旅游容量超载　华山游客滞留

2012 年 10 月 2 日，华山景区游客激增，由于没有及时预警限客，致使当晚万名旅客滞留山上。许多已购票游客情绪激动，要求退票并封堵华山景区的入口。其间，来自内蒙古包头市的游客董某某夫妇在售票窗口退票时，被人捅伤。西岳华山自古以险峻闻名，山上道路狭窄平地少，游客容量有限。据了解，2012 年 10 月 1 日至 4 日登山游客数量刷新历史纪录，远远超出了华山的最大容量，最终导致滞留与捅人事件发生。

资料来源：编者根据相关资料整理。

（三）时令季节因素

这里的季节性包括两个方面的含义。其一，旅游资源的季节性决定了旅游区的容量，引起季节性的超饱和。自然景观方面，有些景色只有在特定的时间才会出现，秋天的枫叶、冬天的雪景能够吸引大量的游客，此时可能会突破景区的容量，而同一景区在其他时候可能由于特色资源的观赏性下降或消失就不会存在容量上的压力。人文景观方面，各种民俗节庆和宗教节庆期间往往景区出现短期性的超饱和状态，而在其他时候就可能不会存在容量压力问题。其二，旅游活动的季节性变化对旅游容量有着重要影响。在我国，随着“小长假”和“黄金周”免收高速过路费的实行，全国各著名旅游区在此期间经常出现人满为患的情况。

（四）规划管理因素

如果把旅游区的整条线路当作一条线，那么每一个观赏景点就是一个节点。不同的节点处的游客观赏时间和道路通行能力不同，通行能力最差的节点往往会成为扩大该旅游区容量的瓶颈。因此通过提高管理技术、优化线路、合理分流，能够直接提高整个旅游区的周转率和容量。在旅游区的脆弱地带，旅游区的管理水平对于保护环境、容量控制有着极为重要的意义。我国严格实行“核心保护区—缓冲游览区—综合功能区”的相应规划管理对策，不同区域对游客的活动范围、活动内容都有严格的区分。

（五）社会文化环境因素

旅游业的发展在给当地带来经济收入、就业机会和相关产业的乘数效应的同时，也给当地带来了诸多消极影响或负面效应。在世界很多地方，由于旅游业的开展，大量外地游客的涌入，当地风俗民情和社会文化的完整性受到破坏，人们的价值观受到了巨大的冲击，这成为一个不可忽视的社会问题。如夏威夷在发展旅游业初期曾引起当地居民的严重不满；非洲西海岸和一些非洲北部国家曾发生过当地居民攻击游客的情况。一般而言，游客和旅游目的地居民之间的文化差异越大，地域社会容量越小；反之亦然。

（六）地域经济环境因素

发展旅游业，旅游资源基础固然重要，水、电、气、交通、通信等基础设施，以及投资资金、人力资源、相关产业的物质供给（如农产品、建材等）也是必不可少的。旅游业的发展，迫切需要旅游地政府加快在旅游基础设施方面的建设。随着全域旅游、“+旅游”、文旅融合时代的到来，游客对旅游基础的建设水平提出了更高的要求，这些高水平的基础设施能否建设取决于旅游地地域经济环境质量。

四、旅游环境容量控制策略

旅游容量管理就是通过合理的调控措施，使游客在时间和空间上的分布更趋于合理，给游客提供一个良好的旅游环境、减小景区资源的损耗程度和损耗速度，同时也使景区的资源得到更充分的利用，最大限度地保证景区经济效益、社会效益和生态效益。

尽管旅游环境容量包括的内容资源容量、生态容量、经济发展容量、地域社会容量和感知容量五个部分，但现阶段我国旅游业开发中，对于旅游容量的控制，主要是控制游客数量为主要手段。从旅游环境容量控制的范围来看，主要以景区及小规模旅游目的地控制为主，从需求和供给两个角度实行管理，更容易见成效。

（一）从旅游需求方面着眼，控制旅游旺季的高峰流量

一是高峰时段控制客流量。通过每日控制门票限额、提前网络预约入园等手段，降低游客数量。二是旅游旺季通过适当提高旅游目的地交通、住宿、餐饮、购物、娱乐等价格，调控需求高峰，刺激游客错峰或淡季出游。三是通过网络发布旅游环境容量过饱和引发的旅游体验舒适感降低、生态环境被破坏等信息，引导游客改变旅游决策，减少旅游流的涌入。

（二）从旅游供给能力着手，合理调控旅游环境容量

一是旅游目的地精准测算合理旅游容量，以不破坏游客的旅游体验、不对生态环境造成破坏、不对当地居民生活构成困扰为最低标准。二是对景区、景点分布进行合理规划，对具备扩容的区域增加旅游产品，避免游客过于集中核心景点。三是减少目的地保护区内基础设施，严密对生态环境质量进行监控。四是旅游旺季及高峰时段，景区内采取合理的分流措施，加快游客进出的通达性。五是联合周边旅游目的地或景区，联合促销，引导游客选择其他旅游景区或目的地。

【案例精选 4–2】

西安旅游春节爆火　多项措施应对客流高峰

2023年春节，西安拿出了最火爆的IP“西安年”6大主题44大类系列活动迎接游客，成为春节假期期间国内异常火爆的旅游热门目的地之一。为了确保游客安全出行和旅游体验，应对迎接客流高峰，西安相关部门采取了多项预案调控旅游容量。西安大唐不夜城景区对表演时间做出临时调整，大唐芙蓉园、西安城墙景区采取了临时限流措施；西安市交警部门呼吁本地市民错峰出行，并对景区集中的曲江新区道路实施应急交通管制措施，更协调了上万个内部停车场供游客使用。面对网友爆料的“袖珍大碗面”等不良现象，西安相关部门选择正面回应并积极整改，致歉游客，欢迎游客投诉。

资料来源：编者根据相关资料整理。

【任务引入】

近年来新晋网红的新疆独库公路全长561公里，北起克拉玛依市独山子区，跨越天山山脉中段，纵贯天山南北，南端连接阿克苏地区库车市，是国道217国道的一部分，也是一条著名的旅游公路。沿途分布着乔尔玛风景区、那拉提草原、巴音布鲁克草原等景区，以及红褐色的天山神秘大峡谷、铁力买提达坂等独特的自然景观，让出行者感受到“十里不同天、一天有四季”的奇幻变化。独特的自然景观和深厚的人文底蕴，吸引了大量自驾游爱好者、徒步爱好者。

【任务分析】

2022 年 7 月 9 日，独库公路又发生了严重拥堵，在网上一度“刷屏”，有媒体称独库公路变成“堵哭公路”。近几年，独库公路在夏季堵车已经屡见不鲜。仅 7 月 9 日当日，独库公路通车量达到了 2.8 万辆，超过设计流量 5400 辆的 5 倍以上，由于车流量的骤增，致使车辆拥堵缓行问题突出，对游客出行和旅游体验带来了明显的负面影响。

【任务实施】

任务要求：以小组为单位，查找独库公路夏季堵车的原因，并给出合理的旅游容量控制策略。

任务目标：

1. 对旅游热门目的地有一定的关注度和行业敏感度。

2. 具备透过现象看本质的问题梳理和总结能力。

3. 具备对具体某一旅游地控制旅游环境容量、实际解决问题的能力。

实训步骤：参见表 4–3 提示。

表 4–3　实训操作指导步骤

步骤	标准	提示
1.查找独库公路交通路线及地形图	三维立体视频最佳	认识独库公路修建的地形地貌、独特性与重要性
2.查找历次堵车的共同原因	从客观与主观两大原因分类查找	包括气候、地形、风景点位置、游客素质、规划管理水平等
3.提出解决堵车的措施	具备一定高度，综合给出对策	如交通部门、旅游部门、游客等多方共同努力
4.给出控制旅游环境容量措施	从需求与供给两方解决	结合影响旅游环境容量的要素和独库公路独有的特点综合解决

任务3　旅游可持续发展实践

【任务概述】

可持续发展思想是旅游可持续发展的基础，旅游可持续发展是可持续发展的践行领域。中国作为世界大国，经过40多年不断探索，在旅游可持续发展上走出了多元化路径，为全世界可持续发展贡献重要力量。通过学习，认识可持续发展与旅游可持续发展的依存关系，熟悉我国在旅游可持续发展方面做出的主要措施，引导广大游客树立并践行可持续发展理念。

【学习目标】

1. 熟悉青藏文化旅游区地理环境概况，掌握本区自然与地理环境特征。
2. 具备对青藏文化旅游区旅游资源特殊性的原因分析能力。
3. 树立旅游可持续发展理念，践行“绿水青山就是金山银山”的绿色发展观。

【知识准备】

一、可持续发展内涵

（一）可持续发展思想的提出

20世纪六七十年代以后，随着全球人口逐渐增长，环境污染与恶化、资源过度消耗、疾病肆虐等引起的公害问题加剧和能源危机的出现，人们逐渐认识到把经济、社会和环境割裂开来谋求发展，只能给地球和人类社会带来毁灭性的灾难。源于这种危机感，可持续发展的思想经过多个国际机构组织、多次、多年的呼吁努力逐步形成，并从90年代开始在我国落地生根，得到大力贯彻执行（见表4-4）。

表 4-4　世界及中国可持续发展进程

时间	代表性的机构、组织和个人	可持续发展有关观点、措施
1962年	美国人莱切尔·长逊	出版《寂静的春天》，描写因过度使用化学药品和肥料而导致环境污染、生态破坏，最终给人类带来不堪重负的灾难，给予人类强有力的警示
1980年	世界自然保护联盟、联合国环境规划署、野生动物基金会	发表《世界自然保护大纲》，使广大公众认识到人类在谋求经济发展和享受自然财富的过程中，自然资源和生态系统的支持能力是有限的，必须考虑到子孙后代的需要
1980年	国际自然保护同盟	发布《世界自然资源保护大纲》，提出研究自然、社会、生态、经济以及利用自然资源过程中的基本关系，确保全球可持续发展
1981年	美国布朗	出版《建设一个可持续发展的社会》，提出控制人口增长、保护资源基础和开发再生能源实现可持续发展
1987年	以布伦兰特夫人为首的世界环境与发展委员会	发表报告《我们共同的未来》，提出可持续发展概念
1992年	联合国环境与发展大会	通过了以可持续发展为核心的《里约环境与发展宣言》《21世纪议程》文件
1992年	国家计划委员会和国家科学技术委员会牵头	编写了《21世纪人口、资源、环境与发展白皮书》
1997年	中国共产党第十五次全国代表大会	把可持续发展战略确定为我国“现代化建设中必须实施”的战略
2005年	时任浙江省委书记习近平	首次提出“绿水青山就是金山银山”科学论断
2015年	党的十八届五中全会	《中共中央关于制定国民经济和社会发展第十三个五年规划的建议》中首次提出“创新、协调、绿色、开放、共享”五大发展理念，其中绿色发展在生态环境上提出系统发展要求

（二）可持续发展定义

有关可持续发展的定义有许多种，但被广泛接受、影响最大的仍然是世界环境与发展委员会在《我们共同的未来》中的定义。该报告中，可持续发展被定义为“能满足当代人的需要，又不对后代人满足其需要的能力构成危害的发展”。可持续发展鼓励经济增长，谋求社会全面进步。发展是基础，生态保护是条件，持续性是关键，社会全面进步是目标。

这个得到国际社会普遍认可的可持续发展概念，就其社会发展观而言，主张公平分配，以满足当代和后代全体人民的基本需求；就其经济观而言，主张建立在保护地球自然系统基础上的持续经济增长；就其生态环境观而言，主张人类应与大自然和谐相处，切实保护好人类赖以生存的自然环境。这些观念是对传统发展模式的挑战，是为谋求新的发展模式而建立的新的发展观，也是研究旅游可持续发展和推进旅游业可持续发展的思想与理论基础。

二、可持续发展与旅游可持续发展的关系

可持续发展思想是旅游可持续发展的基础。可持续发展所包容的内涵十分丰富，内容广泛，与旅游可持续发展的本质是关系主要表现在以下几个方面：

（一）系统观与旅游可持续发展

人类生存的整个地球及其各个局部是由自然、社会、经济、文化等多因素组成的复合系统。它们之间既相互联系，又相互制约。其中任何一个方面功能的削弱或增强都会影响其他部分，影响可持续发展进程。旅游业是社会系统的组成部分，与系统的其他部分既相互独立，自成体系（子系统），又相互依存。推进旅游实现可持续发展，必须考虑旅游在区域发展中的功能作用以及与相关子系统在功能上的匹配与否，任何超越客观条件的超前发展和人为限制旅游业发展的滞后性做法，都会阻碍旅游可持续发展的实现。

（二）资源观与旅游可持续发展

旅游业的发展对人类和自然遗产等旅游资源有着很强的依赖性，旅游资源的开发潜力和可利用程度是旅游业发展的基本前提。因此在旅游业发展中，应针对旅游资源的不同类别与属性差别，协调资源开发、保护与人类旅游需求的关系，科学、合理地规划、开发与保护好珍贵的旅游资源，使之能最大限度地发挥其应有的价值并尽可能地延长其使用寿命，促进旅游资源的持续利用。

【行业前沿 4-1】

“绿水青山就是金山银山”旅游实践创新基地

为深入践行习近平生态文明思想，落实全国生态环境保护大会精神，践行“绿水青山就是金山银山”理念，自 2017 年以来生态环境部共命名了 136 个“绿水青山就是金山银山”实践创新基地。这其中不乏旅游可持续发展的典型案例，如湖南常德市桃花源旅游管理区、山东威海市环翠区威海华夏城、云南红河州元阳哈尼梯田遗产区等。通过发展旅游进行生态环境治理，撬动乡村振兴，绘就全域旅游美丽画卷，以文旅产业引领全域旅游高质量发展，实现经济效益、环境效益、社会效益的协调发展。

资料来源：编者根据相关资料整理。

（三）平等观与旅游可持续发展

可持续发展的平等观包括三层意思：一是本代人的公平分配和公平发展；二是代际间的公平，反对为满足自己需求而损害自然资源与环境的行为，让后代享有公平利用自然资源的权利；三是公平分配有限资源。旅游业的发展应在满足当代人需要的同时，杜绝掠夺式开发旅游资源，保证后代人能公平享有利用旅游资源的权利，满足后代人为发展旅游业和满足旅游的需求。

（四）协调观与旅游可持续发展

可持续发展的协调观认为生态、经济与社会的协调发展是可持续发展的前提，没有协调发展就无法实现可持续发展。旅游业要实现可持续发展，不仅应考虑旅游业与经济社会发展水平，也要兼顾生态环境对旅游业发展规模、档次的承载能力，同时对旅游业自身的各要素如旅游资源的结构、等级、客源市场以及旅游相关产业等基本情况进行分析综合，保持适度发展规模，促进旅游协调、稳定、健康、持续的发展。

（五）全球观与旅游可持续发展

许多资源与环境问题已超越国界和地区界限，具有全球的规模，人类所面临的共同问题，不是仅靠某些国家就能解决，要实现全球的可持续发展，就必须建立起巩固的国际秩序和合作关系，人类必须建立起巩固的国际秩序和合作关系，人类必须携手并肩，互相帮助和支持，共创辉煌的未来。旅游资源是全人类共同拥有的财富，是人类文明进步的见证。实现旅游可持续发展，就必须摒弃狭隘的区域观念，加强国际交流与合作，充分利用人类所创造的一切文明成果，特别是那些适用于旅游发展的技术、信息与现代管理手段，实现全球旅游业的繁荣与发展。

【行业前沿 4–2】

世界旅游联盟助力全球旅游可持续发展

2020 年 11 月，2020 世界旅游联盟·湘湖对话在杭州举办，现场及线上共 24 个国家和地区的代表参会。文化和旅游部副部长张旭指出，世界旅游联盟在这个特殊时期以线下和线上结合方式，集聚国际旅游业界精英，探讨世界旅游发展大计，对加强业界沟通交流、集中各方智慧力量、促进旅游恢复振兴，具有重要的现实意义。推动世界旅游业恢复振兴，需要全球旅游行业团结起来，共同促进全球旅游业的可持续健康发展。

资料来源：中国日报网官方账号，2020–11–14。

三、旅游可持续发展概述

（一）定义

旅游可持续发展是指既满足当代人的旅游需求，又不损害子孙后代满足其旅游需求能力，在环境，社会，经济三效合一的基础上持续发展的旅游经济开发行为。

由于旅游的发展对人类和自然遗产的依赖，对生态系统和稳定性和持续性的影响，旅游需求对现代人尤其是对未来人类基本需求的重要性，旅游开发和旅游活动过程本身所涉及的界面之广泛和复杂，以及当前旅游业迅速膨胀的事实以至业已形成的旅游环境危机，表明旅游业必须倡导可持续发展，而且旅游业也是最需要贯彻也是最能体现可持续发展思想的领域之一。

（二）内涵

1. 公平性

强调本代人的公平、代际间的公平以及公平分配有限的旅游资源，特别是公平分配不可更新旅游资源，在未找到替代性资源以前尽可能地延长旅游资源的生命周期，避免不可更新资源过早枯竭。

2. 持续性

强调旅游资源的开发与旅游业的发展应在生态系统的承载能力之内，保持生态生命支持系统和生物多样性，保证可更新资源的持续利用，同时使不可更新资源的消耗最小化。因为旅游业发展对不可更新旅游资源的消耗是绝对的，且随着旅游开发利用的程度增强而生命周期呈缩短趋势。为了后代人公平享用这些资源，必须对旅游的发展提出速度和规模的界限，这正是可持续发展与以往任何发展思想最明显的区别所在，反对为满足本代人需求和为谋取短期利益而掠夺式开发旅游资源。

3. 共同性

由于各国文化、历史和社会经济发展水平存在较大差别，旅游可持续发展的具体目标，政策措施和实施步骤不可能是唯一的。但是，可持续发展作为全球发展的总目标，它所体现的公平性和持续性精神则是共同的，并且实现这一总目标必须采取全球共同的联合行动，既尊重所有各方的特色与利益，又要在保护全球环境与发展体系方面采取国际统一行动，进一步发展共同的认识和共同的责任感。反对狭隘的政治观、区域发展观和缺乏共同性的民族观，它更接近于把地球作为一个整体来对待，体现的是全人类的共同利益和发展需求。

（三）旅游可持续发展路径

1. 积极加入世界相关组织，共同保护旅游资源

自20世纪80年代以来，中国积极加入世界旅游相关组织机构，致力于全球旅游可持续发展与环境保护，积极贡献中国力量。1983年10月，中国正式加入旅游领域的领导性国际组织——世界旅游组织（UNWTO），同其他国家一起致力于促进和发展旅游事业，使之有利于经济发展、国际间相互了解、和平与繁荣。

早在1946年我国就加入了联合国教育、科学及文化组织（简称“联合国教科文组织”，UNESCO），多年来积极参与该组织内部的各类活动。如1972年加入联合国教科文组织开展的国际性的、政府间合作研究和培训的计划——人与生物圈计划，为合理利用和保护生物圈的资源，保存遗传基因的多样性，改善人类同环境的关系，提供科学依据和理论基础，以寻找有效地解决人口、资源、环境等问题的途径。截至2022年12月，中国已有34个自然保护区被列入世界人与生物圈保护网。如1985年12月正式加入联合国教科文组织通过的《保护世界文化和自然遗产公约》，对国际社会做出了为全人类妥善保护中国境内世界遗产的庄严承诺；截至2022年12月，我国已成功申请56处世界遗产，人类非物质文化遗产43项；同时我国还积极申报联合国教科文组织评选的世界地质公园，在地质遗迹与生态环境保护、国际交流和提高全民科普素质等方面显现出综合效益；截至2022年12月，我国共有41处世界地质公园。

【知识拓展4–2】

中国的世界遗产与非物质文化遗产

1986年，中国开始向联合国教科文组织申报世界遗产项目。截至2022年年底，中国世界遗产总数达到56处，其中世界文化遗产38项、世界文化与自然双重遗产4项、世界自然遗产14项。截至2022年年底，中国已有43个项目被联合国教科文组织列入非物质文化遗产名录（名册），两项名录数量均居世界第一。

资料来源：中国非物质文化遗产网。

2. 政府积极制定相关法律法规，保护旅游生态环境

截至2022年年底，我国已经颁布了数十部环境保护、资源保护等方面的法律法规等。如1984年9月颁布的《中华人民共和国森林法》、1988年1月颁布的《中华人民共和国水法》、1994年12月颁布的《中华人民共和国自然保护区条例》、2000年11月实施的《全国生态环境保护纲要》、2015年1月颁布的《中华人民共和国环境保护法》等。同时各省份基于当地情况也制定了地方性的生态保护条例，如2019年3月实施的《天津市生态环境保护条例》，2022年5月开始实施的《福建省生态环境保护条例》《青海省生态保护条例》，2022年6月实施的《广州市生态保护条例》，2022年8月实施的《浙江省生态环境保护条例》等。以上法律法规和条例都为扎实推进我国生态保护和高质量发展、促进经济社会可持续发展具有重大意义，同时也为旅游可持续发展提供了生态保障。

3. 评选多类目国家级保护类目，实现生态环境管理

我国旅游景区在多年发展中，由国家林业和草原局、自然资源部、住房和城乡建设部、文旅部等多部委评选了多个类目国家级景区机构，如国家森林公园、国家水利公园、国家自然保护区、国家地质公园、国家风景名胜区、国家A级旅游景区、全国文明风景旅游区示范点、国家全域旅游示范区、国家公园等（见表4–5）。每个管理机构从自身业务管辖范围出发，对景区内的各类资源实行动态管理、实施监管。

表4–5 国家级保护类目管辖单位列表

序号	类目	管辖单位
1	国家公园	国家公园管理局
2	国家森林公园	林业和草原局
3	国家沙漠公园	
4	国家地质公园	自然资源部
5	国家水利公园	水利部
6	国家自然保护区	生态环境部
7	国家风景名胜区	住房和城乡建设部
8	国家A级旅游景区	文化和旅游部
9	国家全域旅游示范区	
10	全国文明风景旅游区示范点	
11	国家海洋公园	国家海洋局

4. 创新保护机制，以科技助力旅游可持续发展

科技成为旅游业高质量发展的重要动能，以智慧旅游为核心的现代旅游体系建设进程正在加速，各旅游目的地与景区也在用科技助力可持续发展。RS 遥感技术实现对生态环境质量的监控、监控系统实现对环境容量的监测、微生物净化技术实现对景区生活污水的处理净化、污染源监管系统应用实现优良空气质量、信息化系统实现保护区无缝覆盖信息可视化……利用生态环境科技不仅是我国生态环境保护事业的科技创新体系的重要组成部分，也是旅游业可持续发展的重要发展保障。

【案例精选 4–3】

华为“云”科技助力江豚保护

长江江豚是中国的特有品种，也是江豚属中唯一的淡水亚种。2021 年，江豚已进入濒危物种名录，成了国家一级保护野生动物。为了保护长江珍稀水生野生动物资源，保护部门通过科技手段，提高禁捕的管理效率，则成了解题的关键。华为“云”助力武汉建设武汉市长江禁捕鱼政监管信息化系统，运用先进信息采集与传输、大数据、人工智能等技术，实现全流域无缝覆盖、全天候视频监控、违法行为 AI 识别与预警、信息精准推送、统一调度，实现了动态信息可视化、目标监控多元化、水域监管智能化，进一步确保了非法捕捞活动“一目了然、一清二楚、一键报警、一网打尽”。

资料来源：新民晚报官方账号，2022–06–27。

【任务引入】

2021 年 10 月 12 日，我国第一批国家公园名单公布，共有 5 家公园入选，分别是三江源国家公园、大熊猫国家公园、东北虎豹国家公园、海南热带雨林国家公园和武夷山国家公园。国家公园是指由国家批准设立并主导管理，边界清晰，以保护具有国家代表性的大面积自然生态系统为主要目的，实现自然资源科学保护和合理利用的特定陆地或海洋区域。建立国家公园体制是党的十八届三中全会提出的重点改革任务，是我国生态文明制度建设的重要内容，对于推进自然资源科学保护和合理利用，促进人与自然和谐共生，推进美丽中国建设，具有极其重要的意义。

【任务分析】

国家林草局有关负责人表示，国家公园是人民的公园，坚持全民公益性是国家公园的重要理念之一。国家公园内青山常在、清水长流、空气常新，是最好的自然课堂，也是最有吸引力的生态体验胜地。国家公园分为核心保护区和一般控制区两个管控区。核心保护区只对科研开放，一般控制区可以开放旅游，满足公众进入自然、亲近自然的需求，适当区域建设自然教育基地、科普馆、野外观察点、露营区、登山步道等，开展自然教育、自然游憩和生态体验等功能。

【任务实施】

任务要求：分组查找资料并讨论国家公园在旅游开发中如何践行旅游可持续发展观。

任务目标：

1. 认识到国家公园是旅游可持续发展的重要途径和载体。

2. 提升对国家公园的功能和重要性认识的高度。

3. 具备解决国家公园旅游可持续发展实践途径的能力。

实训步骤：参见表 4–6 提示。

表 4–6　实训操作指导步骤

步骤	标准	提示
1.全面认识国家公园的建设目的	从整体观、大局观高度认识	如资源保护、科普教育、可持续发展等
2.国家公园的独特性	从管理部门、资金来源等多方面综合认识	如顶层设计、跨省管辖、地域面积大、生态系统完善、建设资金量需求大、亟须法律保护等
3.剖析国家公园能够开发的旅游功能	站在严格保护生态环境的前提下分析	如只开发观光休闲、科普研学等基础功能
4.国家公园旅游开发中可持续发展实践途径	遵循绝不碰触生态红线、保护生态系统完整性的原则	如游客数量控制、必要基础设施建设范围、旅游产业布局大小等

【项目考核】

一、单项选择题

1. 某山岳型景区春节期间游客量火爆，景区大量垃圾未及时清理，且出现多名游客天黑后滞留山上，迅速登上媒体热点，负面评价较大。你认为该景区处于旅游地生命周期中的（　）阶段。

A. 发展　B. 巩固　C. 停滞　D. 衰落

2. 上海迪士尼景区自开业起就受到游客追捧，游客量非常大。你认为该景区在旅游地生命周期中未经历（　）阶段。

A. 探查　B. 发展　C. 巩固　D. 衰落

3. 海南热带雨林生态环境修复能力比青藏高原强，故环境容量相对较大。这说明旅游环容量受到（　）因素影响。

A. 资源产品类型因素　B. 时令季节因素

C. 地理区位因素　D. 地域经济环境因素

4. 以下（　）不属于游客践行旅游可持续发展观的行为。

A. 在景区不乱扔垃圾　B. 旅游错峰出行

C. 积极学习文旅知识　D. 不使用一次性洗漱用品

二、多项选择题

1. 以下属于旅游地的组成要素的有（　）。

A. 某 5A 级旅游景区　B. 某条网红餐厅

C. 某高端民宿　D. 某租车公司

2. 下列（　）属于旅游环境容量的影响因素。

A. 以“奇险”闻名的西岳华山，登山步道异常狭窄，山顶大片平地非常稀少

B. 每年十月，到北京香山看红叶的游客人山人海，旅游与体验受到显著影响

C. 某景区在国庆黄金周未做好预案，导致大量游客滞留山顶，收到众多负面评价

D. 某旅游热点城市房价短时间内大幅上涨，引发当地居民十分不满，对游客极不友善

3. 某人文型景区单日旅游环境容量已经超过最大承载量，严重影响游客旅游体验，

这时旅游管理部门可以通过（　）等措施进行旅游容量调控。

A. 立即停止门票销售　　B. 及时公布游客人数

C. 引导游客多区分流　　D. 延长营业时间

4. 以下属于旅游可持续发展内容的有（　）。

A. 某景区积极申报世界遗产　　B. 某市政府评选市级非物质文化遗产

C. 某寺院禁止游客携带大量香烛到景区　　D. 北斗为游客出行提供精准路线导航

【项目实训】

为贯彻落实河南省文旅文创融合战略，围绕“创意引领、数字先行”，加快文旅行业推进数字化转型，数字文创成为老君山近年来的新探索。2022年5月1日上午8点，洛阳老君山首款数字文创纪念票《老子骑牛·天界五宫》正式发布。纪念票以老君山风景区庙宇建筑群为主体，涵盖伏牛山主峰、云海、金顶、青牛、老子、白鸟朱丹等经典元素，以老子骑青牛的神话故事为设计灵感，将背景色调突出紫气东来、寓意着吉祥美好，更具艺术性、独特性地呈现“云顶天宫、人间仙境”景象。据了解，洛阳老君山首款数字文创纪念票是以蚂蚁链区块链技术，增强创意产品的文化承载力、展现力和传播力，每个藏品都有专属的序列号，每一个都是独一无二的数字纪念品，游客可以游览景区的同时，收藏一份“数字化＋艺术性”的创新创意，将美好永留存。

根据以上材料，请思考：

1. 数字文创纪念票与传统纸质门票相比，有哪些优势？

2. 查找资料，总结老君山为控制旅游环境容量采取的措施。

项目5

林海雪原——关东文化旅游区认知实践

项目导学

- 林海雪原——关东文化旅游区认知实践
  - 关东文化旅游区旅游地理环境特征分析
    - 自然旅游地理环境特征分析
    - 人文旅游地理环境特征分析
  - 黑龙江旅游亚区旅游资源概况
    - 区域旅游资源概况
    - 主要旅游资源及景区
  - 吉林旅游亚区旅游资源概况
    - 区域旅游资源概况
    - 主要旅游资源及景区
  - 辽宁旅游亚区旅游资源概况
    - 区域旅游资源概况
    - 主要旅游资源及景区

学习目标

知识目标：

1. 了解关东文化旅游区经典旅游线路及特色。

2. 熟悉黑龙江省、吉林省、辽宁省主要旅游资源概况。

3. 掌握关东文化旅游区旅游地理环境特征。

能力目标：

1. 具备对本区热门线路火爆的原因进行系统分析的能力。

2. 能够对闯关东文化背后所蕴含的自力更生、艰苦创业的精神有系统性认知。

素质目标：

1. 充分认识我国2022年北京冬奥会为旅游业带来的重要机遇。

2. 通过闯关东文化，增强民族自豪感，提升家国情怀。

任务1　关东文化旅游区旅游地理环境特征分析

【任务概述】

关东文化旅游区有着独特的气象气候及地质地貌景观，东西方文化交融的城市建筑景观，汉民族和少数民族融合的风土民俗景观，因此可以开发出极具地域特色的众多旅游产品，尤其是其中的冰雪旅游项目在全国范围内都有着极强的号召力。通过学习，了解本区主要的地形地貌，熟悉本区概况、主要山脉与地理单元，掌握山环水绕、林海雪原与火山地貌共存，平原与湿地景观共生的独特自然景观特征和多民族分布，民俗风情缤纷多彩，以及多文化交融、建筑艺术形式丰富的人文景观特征。

【学习目标】

1. 了解关东文化旅游区地形、地貌与主要山脉、河流概况，熟悉关东文化旅游区自然与人文旅游地理环境特征。

2. 提升对冰雪旅游的认知，激发家国情怀，提升民族自豪感。

【知识准备】

关东文化旅游区包括黑龙江省、吉林省、辽宁省三个省份，位于我国东北部，北自中俄界河黑龙江，南至辽东半岛，西起大兴安岭，东达中朝边境长白山。该区面积78.73万平方公里，人口总量达到9729.8万（截至2021年年底）。该区少数民族分布较多，主要有满族、朝鲜族、蒙古族、鄂伦春族、赫哲族、达斡尔族、回族、锡伯族等。磅礴的林海雪原、肥沃的黑土地、灿烂的民族风情，使本区旅游资源丰富且特色鲜明，旅游业发展潜力很大。

一、自然旅游地理环境特征分析

（一）山环水绕，平原居中，自然景观类型丰富

本区的地形以平原、丘陵和山地为主，东、北、西三面环山，分布有连绵起伏的长白山、完达山、老爷岭、小兴安岭和大兴安岭等森林资源，生长着繁茂的落叶松、红松、白桦等针阔叶林等原始森林景观。南临渤海和黄海，形成大连、旅顺等城市独特的滨海旅游景观，中部是我国最广阔的平原——东北平原，由三江平原、辽河平原和松嫩平原共同组成。这里也是中华人民共和国成立后众多大型国有农场的分布点，如三江平原素以“北大荒”著称，东北平原是国家重要的商品粮基地，也是开展现代观光农业旅游的良好区域。整体来看本区地表结构呈半环状分布外围有黑龙江、乌苏里江、图们江、鸭绿江等河流，形成了山环水绕、沃野千里的自然景观，复杂多样的地形造就了本区类型丰富的自然景观。

（二）林海雪原与火山地貌共存，湿地景观独特

三面环山的地形使本区形成了我国最大的林区，在冬季寒冷且漫长的气候下，稳定的降雪及积雪形成了典型的林海雪原景观。茂密的植被下，本区野生动物资源十分丰富，珍禽异兽极多，因此本区已经建立了多处自然保护区，尤其是其中的长白山自然保护区和伊春丰林自然保护区已被联合国教科文组织列为世界生物保护圈网络成员。本区还拥有我国的三大湿地中面积最大的三江平原湿地，堪称北方沼泽湿地的典型代表，也是全球少见的淡沼泽湿地之一，其中最具生态观赏价值、最具名望的是乌裕尔河流域的扎龙自然保护区，有各种鸟类300余种，被誉为“鸟的天堂”“丹顶鹤之乡”。

本区还是我国火山集中的区域，我国新生代火山大部分分布在这个区域，火山熔岩

地貌类型丰富，数量多，分布广。本区有火山600多座，组成了34个火山群，集中分布于吉林和黑龙江两省，其中火山堰塞湖五大连池被誉为“火山地貌博物馆”，也是我国第一个火山自然保护区；镜泊湖是我国最大的火山熔岩堰塞湖；长白山天池是我国面积最大、水最深的火口湖。

（三）冬长严寒，夏短温湿，冰雪旅游资源与避暑旅游资源优势突出

本区为温带季风气候，除辽东半岛附近为暖温带外，大部分地区属中温带，大兴安岭北端更属寒温带气候区。因此本区的冬季寒冷而且漫长，各地冬季多在半年以上，形成“千里冰封、万里雪飘”的壮观景象，降雪量大，积雪期长，形成众多的冰雪娱乐场所，尤其是结合本区山地高度适中、坡度平缓的特点所产生的滑雪项目是本区极具特色的冰雪旅游项目。在本区的吉林市还存在独特的雾凇景观，这种白色而松软的水滴凝结物会形成玉树琼花般的美景，被称为中国的四大自然奇观之一。以冷湿为特征的温带季风气候也决定了本区夏季温度人多居于全国平均气温之下，总体比较凉爽宜人，海滨度假、森林畅游、极限漂流等一系列的消暑项目也使本区成为理想的避暑胜地，漠河“北极”特色游、温带海滨风光游、森林湿地生态游等旅游活动受到游客的欢迎。因此，本区夏季避暑旅游资源的优势突出。

【知识拓展5-1】

东北的火山是怎样形成的，为什么东北的火山数量如此多

火山的形成实质是一系列物理和化学过程，主要是由于地球内部有大量的放射性物质，放射性物质的衰变在长期情况下会产生大量的热能，当这些热能无法散发到地面上时，随着温度的不断升高，地下的岩石就会被融化，形成岩浆，一旦岩浆喷出地面，就会形成火山。东北的火山成因，是受到古板块俯冲作用形成的。在地质早期东北所在地刚好是太平洋板块俯冲进亚欧板块的上部，这个古板块向亚欧板块俯冲，俯冲的边界就是如今的日本海沿岸一带，如今这个板块已经完全消失在亚欧板块之下的地幔中，只有少量的残余物质在地幔受热熔融上升，形成东北地区的火山。

资料来源：编者根据相关资料整理。

二、人文旅游地理环境特征分析

（一）土著民族分布集中，民俗风情缤纷多彩

本区是少数民族分布较多的一个区域，除主体民族汉族外，还分布有满族、蒙古族、朝鲜族、回族、锡伯族、达斡尔族、鄂温克族、赫哲族等多个少数民族。历史上本区的土著民族是长期以游猎为生的少数民族，明清以前本区始终以少数民族土著文化占主导地位，随着土著文化入主中原和中原人口大量流入东北，中原文化才融入东北当地民族文化，形成具有东北特色的传统关东农业文化，并成为本区文化的主体。

在生产方式上，本区既有汉族、朝鲜族等传统的农耕民族，也有生活在大兴安岭森林中，以游牧狩猎为主的鄂伦春、鄂温克民族，他们吃兽肉、穿兽皮、乘驯鹿拉的雪橇，还有主要聚居在黑龙江、松花江、乌苏里江流域以渔猎为主的赫哲族，他们世代依江而居，是我国北方唯一依靠渔猎为生的民族，冬季赫哲族人在乌苏里江凿冰洞、下铃铛网捕鱼的技巧吸引无数游客拍手称奇，成为本区独居特色的人文旅游资源。正是由于不同的民族，不同的生产、生活方式造就了本区丰富多彩的民俗风情。如本区哈尔滨特别突出的冰雕、冰灯及冰塑艺术，营造出了晶莹剔透、独具北国特色的冰雪园林、童话世界，是本区冬季最吸引人的旅游项目；本区土生土长、最受当地群众欢迎、现在影响了全国人民的东北民间自娱性的歌舞艺术形式“二人转”，展现了本区人民直率、豪爽的性格特点。

（二）多文化交融，建筑艺术形式丰富

东北少数民族文化与中原文化的融合对本区各地的特色建筑产生了影响。明清以前的建筑文化遗址主要体现了游牧民族风格，但也可发现其中与中原文化的联系，如吉林省集安市的世界文化遗产汉魏时期高句丽古建筑、古墓群和壁画，黑龙江宁安市上京龙泉府遗址的八宝琉璃井和南大庙等古迹等。

从明代起，河北、山东农民开始“闯关东”，随着中原人口的大量迁入，使得中原文化与当地文化进一步融合。满族人所建的沈阳故宫，被列入《世界遗产名录》，是清朝入关前的清室皇宫，独具满族生活色彩与艺术风格，是融合满、汉两族建筑风格的经典之作。近代由于沙俄、日本入侵及欧美移民的涌入，给关东文化留下了殖民色彩的痕迹，留下了大量欧式及日式或多种文化融合式的建筑。其中最典型的是哈尔滨，全市现今保存下来多达 500 多座的代表性建筑中，绝大部分为欧式建筑，构成了哈尔滨“东方莫斯科”的风格基调，而日式近代建筑的出现，为哈尔滨近代建筑风貌注入了微弱的现

代气息。如今哈尔滨的城市建筑风格多元独特，西洋式、东洋式、中国古典式及现代大厦交织，形成别具特色的人文旅游资源。

【知识拓展 5-2】

闯关东文化

19 世纪中叶以后，清王朝颓势凸显，中原灾害频发，东北边疆危机日深，促使了“闯关东”移民潮的出现。移民们或经山海关、喜峰口、古北口等地出关以陆路方式迁入东北，或从山东半岛的烟台等地乘船以海路方式直抵辽东。他们的身影北至黑龙江，东至长白山，遍及白山黑水。至清末的 1911 年，东北总人口已由原先的 300 万 ~400 万增至 1841 万。“闯关东”的历史，是一段以山东贫苦民众为主体的波澜壮阔的移民奋斗史。他们坚毅果敢，拓荒垦种，振兴城镇，充实了边地人口，与当地满族、蒙古族、锡伯族等民众一道守疆护土，使列强难以进犯，维护了祖国统一。他们在宗教信仰、衣食住行、语言风俗、文娱活动诸方面影响并重塑了东北文化，让东北与中原共享文化生活的每一个细节，使东北文化更加有机地融入多元一体的中华文化之中。这一融入过程加强了黑土地上各民族的凝聚力，铸牢了东北在中华民族多元一体格局中的重要地位。

资料来源：编者根据相关资料整理。

（三）多层次布局，交通网络便捷

本区中部平原面积广阔，地形和缓，便于修筑铁路，特别是在中华人民共和国成立以后，需要将东北的大量物资运往各地支援建设，所以目前本区有较为发达的铁路运输网，形成以滨洲、滨绥、哈大线为主干，以沈阳、长春、哈尔滨为枢纽的铁路运输系统。截至 2021 年，大部分中心城市开通了高铁线路，给观光旅游带来极大方便。特别是满洲里、绥芬河两端还与俄罗斯铁路接轨，沈阳、丹东线又是中朝两国的国际线，为开辟本区对俄罗斯、朝鲜的国际旅游线路提供了良好条件。

此外，近年来为满足本地区的交通需要，又修建了很多高等级公路，在弥补铁路网不足之处的同时，又为人们设计旅游线路提供了更多的选择。在航空交通方面目前本区有大连、沈阳、哈尔滨三个国际机场，另有长春、佳木斯、齐齐哈尔、牡丹江四个特定机场。在水运方面，主要有黑龙江、松花江的内河航运。海上运输有全国著名的大连良港，本区已形成了多层次的交通网络，为旅游业的发展提供了良好的前提条件。

【任务引入】

本区的黑龙江、吉林、辽宁三个省由于所处纬度较高，冬季寒冷且漫长，为三省发展冰雪旅游创造了得天独厚的条件，2022 年北京冬奥会的成功举办，引发了国内冰雪旅游的热度高涨，为东三省发展冰雪旅游带来了良好契机。

【任务分析】

在黑龙江、吉林、辽宁三个省份目前发布的“十四五”文化和旅游发展规划文件中都提到了发展冰雪旅游。黑龙江省提出要构建大冰雪产业体系，培育冰雪全产业链，建设国际冰雪产业合作样板区，打造国际化冰雪产业精品。吉林省提出要构建以冰雪旅游、冰雪运动、冰雪文化、冰雪装备为核心的全产业链，打造“三亿人参与冰雪运动”的主要承载区，建成世界级冰雪旅游目的地。辽宁省提出要发展壮大冰雪经济，促进冰雪旅游、冰雪运动、冰雪文化、冰雪装备融合发展，打好“冰雪游”文化旅游牌。

【任务实施】

任务要求：分组查找资料，完成对东三省发展冰雪旅游的地形地貌、冰雪旅游资源特色的梳理。

任务目标：

1. 学会查看三维地图下东三省的地形地貌。

2. 对东三省内的重要冰雪旅游资源、景点有梳理认知能力。

3. 提升对东三省发展冰雪旅游重要性的认识。

实训步骤：参见表 5–1 提示。

表 5–1　实训操作指导步骤

步骤	标准	提示
1.查找中国三维地图（电子）	找出黑龙江、吉林、辽宁三个省份所处的地理位置	确定三省在三维地图上的位置
2.查找东三省3D地形图	分别找到三省冰雪旅游资源分布的地形地貌	如大兴安岭、小兴安岭、张广才岭、老爷岭、完达山、长白山等
4.查找网络、相关书籍	东三省重要冰雪旅游资源、景点	按照5A级旅游景区、旅游热点的顺序进行查找和归纳

任务2 黑龙江旅游亚区旅游资源概况

【任务概述】

黑龙江省位于我国最东北部，高纬度的地理位置和寒温带气候造就了黑龙江冰雪旅游得天独厚的优势，省内历史悠久，文化遗存丰富，且具有多民族的民俗风情，旅游资源极具价值。通过学习，了解黑龙江省旅游资源概况，掌握黑龙江省主要旅游景区景点概况，熟悉黑龙江省冰雪旅游特色。

【学习目标】

1. 熟悉黑龙江省区域旅游资源概况，掌握黑龙江省国家历史文化名城、国家5A级旅游景区的概况。

2. 具备对黑龙江省热门主题线路的行业敏感度，能按照确定的资源对旅游线路中的景点进行串联。

3. 认识到黑龙江省发展冰雪旅游的战略意义，构建旅游大格局。

【知识准备】

一、区域旅游资源概况

黑龙江省，简称“黑”，省会哈尔滨，位于中国最东北部，中国国土的北端与东端均位于省境，因省境东北有黑龙江而得名，总面积47.3万平方公里，人口3125万人（截至2021年）。黑龙江西接内蒙古自治区，南连吉林省，东部和北部以乌苏里江、黑龙江为界河与俄罗斯为邻，与俄罗斯的水陆边界长约3045公里，其中界江2300公里，有25个开放口岸，因此有着良好发展出入境旅游的条件。

黑龙江省地势大致是西北部、北部和东南部高，主要由山地、台地、平原和水面构成。西北部为东北—西南走向的大兴安岭山地，北部为西北—东南走向的小兴安岭山地，东南部为东北—西南走向的张广才岭、老爷岭、完达山；黑龙江东北部的三江平原、西部的松嫩平原，是东北平原的一部分。同时本省气候为寒温带大陆性季风气候，全年平均气温偏低于其余地区，尤其是冬季降雪积雪稳定，因此省内山岳连绵，林海苍翠，白雪皑皑，充满着大自然的神奇风光，有肥沃的松嫩平原，集中的湿地，磅礴的大江，如茵的牧场，优质的滑雪场。黑龙江还是中国火山遗迹较多的省份之一，火山活动为其创造了著名的旅游资源，如五大连池市的五大连池、温泉及熔岩地貌，镜泊湖的吊水楼瀑布及火山口森林、熔岩隧道等。

黑龙江历史悠久，早在公元前4—前3世纪，就有扶余政权建立。唐代设都督府，辽金时期均是管辖重地，加之近现代有着殖民史和抗战史，因此省内历史文化遗存丰富，并且具有塞外特色。这里拥有2座国家级的历史文化名城，还有唐代渤海国上京龙泉府遗址、金代上京会宁府遗址等历史古迹；域内民族较多，以农耕为主的满族、朝鲜族，以捕鱼为生的赫哲族，以狩猎为生的鄂伦春族和以牧业为主的蒙古族、达斡尔族，至今还保留着北方少数民族所特有的民俗风情，成为本省重要的民俗旅游资源。

【行业前沿 5-1】

敞开中国冰雪大门广迎五湖四海宾客

2022年11月22日，以“筑梦冰雪·同创未来”为主题的2023中国北方冰雪旅游海外推广季、国际冰雪经济合作论坛在哈尔滨启动。论坛期间，世界旅游经济研究中心、意大利、瑞士、日本、北京交通大学、中雪众源投资公司等的中外专家、学者和企业家作为嘉宾分享了全球冰雪经济发展趋势及冰雪目的地建设经验。在论坛上，黑龙江首次提出以冰城哈尔滨为代表的“中国冰之门”，以及以亚布力、雪乡、镜泊湖为代表的“中国雪之门”概念，希望通过此次敞开“中国冰雪大门”之举，加强国内冰雪经济大省间的产业交流、技术转化、国际合作、招商引资以及品牌推广工作。

资料来源：黑龙江省文化和旅游厅官网。

二、主要旅游资源及景区

（一）国家历史文化名城

截至2022年3月，黑龙江省共有国家历史文化名城2座，如表5-2所示。

表 5-2　黑龙江省国家历史文化名城及资源概况

城市名称	评选时间	资源概况
哈尔滨市	1994年	哈尔滨是著名的历史文化名城和国际冰雪文化名城，有“文化之都”“音乐之都”的美誉，还有“冰城”“天鹅项下的珍珠”，以及“东方莫斯科”“东方小巴黎”之美称。哈尔滨中西合璧的城市风貌，民族风情粗犷豪，一年一度的哈尔滨之夏音乐会、冰灯游园会、冰雪大世界等大型活动显示了哈尔滨深厚的文化底蕴
齐齐哈尔市	2014年	齐齐哈尔，别称鹤城、卜奎，位于黑龙江省西部。“齐齐哈尔”源自达斡尔语，是“边疆”或“天然牧场”之意。齐齐哈尔旅游资源丰富、人文历史悠久，有绚丽的自然风光，有典雅的古老建筑及独特的历史遗迹，特别是闻名中外的世界珍禽丹顶鹤之乡——扎龙自然保护区，鹤文化已成为齐齐哈尔重要的特色文化

（二）国家 5A 级旅游景区

截至 2022 年 8 月，黑龙江省拥有 6 家国家 5A 级旅游景区，如表 5-3 所示。

表 5-3　黑龙江省国家 5A 级旅游景区一览

序号	景区名称	评选时间
1	哈尔滨市松北区太阳岛景区	2007年
2	黑河市五大连池市五大连池景区	2011年
3	牡丹江市宁安市镜泊湖景区	2011年
4	伊春市汤旺河区林海奇石景区	2013年
5	大兴安岭地区漠河县北极村旅游景区	2015年
6	虎林市虎头林景区	2010年

【任务引入】

黑龙江作为中国最早开发冰雪资源、运营冰雪旅游产品的省份之一，是冰雪文化旅游高地，并收获了“冰雪之冠”美誉。北京冬奥会以来，公众参与冰雪运动的热情得到了极大激发，也为我国冰雪文化旅游行业的发展注入了强大动力。

【任务分析】

哈尔滨冰雪大世界是黑龙江旅游的一大特色，用冰雪展现哈尔滨沉淀 60 年的冰雪文化与魅力，融合观赏性与实用性，审美属性和娱乐功能兼备。黑龙江旅游业发展不仅拥有哈尔滨冰雪大世界、亚布力滑雪旅游度假区、中国雪乡国家森林公园、太阳岛雪博会、牡丹江镜泊湖等优势冰雪资源与品牌，并且还拥有各类人文旅游资源，哈尔滨的历史源远流长，中西合璧的城市风貌，显示了哈尔滨的人文底蕴。齐齐哈尔市的昂昂溪文化遗址印证了一万年前先民的繁衍生息，北极村的民俗民风使得游客流连忘返。黑龙江省依托得天独厚的地理位置和气候条件，不断推陈出新，打造出了众多以冰雪资源为核心的自然和人文景观，满足广大游客多样化、多层次的旅游需求。

【任务实施】

任务要求：依托黑龙江省知名旅游资源景点，选择一条热门冬季旅游线路，根据各景区在地图中的空间位置利用电子地图对旅游景点进行串联。

任务目标：

1. 具备对行业热门线路的关注度和敏感度。

2. 学会分析热门线路旅游资源特色及旅游产品。

3. 具备在电子地图上按照确定的资源进行旅游景点串联的能力。

实训步骤：参见表 5–4 提示。

表 5–4　实训操作指导步骤

步骤	标准	提示
1.找到一条黑龙江省的热门冬季旅游线路	可借助黑龙江文旅局官网、各大旅游电商平台查找热门冬季旅游线路	如“慢享龙江，全景漠河”“穿越林海雪原”等旅游线路
2.查找该线路中黑龙江省的热门旅游景点	包括国家5A级旅游景区、自然景点和人文景观	如北极村、太阳岛、五大连池、亚布力滑雪旅游度假区等
3.将所有资源及景点标注在地图上	严格界定以上资源及景点在黑龙江省范围内	如太阳岛、五大连池、亚布力滑雪旅游度假区位置在兰图绘等电子地图上标识
4.将地图上资源与景点进行连接，生成线路图	对有疑问和不解的线路安排进行求证	如从哈尔滨出发，又回到哈尔滨，串连成环线

任务3　吉林旅游亚区旅游资源概况

【任务概述】

吉林省位于我国东北中部，因其所处的地理位置和温带季风气候，形成了独特的气象景观和冰雪旅游资源，也是我国多民族聚居的地方，民俗活动丰富，民俗风情旅游资源的特色比较突出。通过学习熟悉吉林省区域旅游资源概况，掌握吉林省高价值的旅游景区概况，了解吉林多民族交融下的民俗文化。

【学习目标】

1. 熟悉吉林省区域旅游资源概况，掌握吉林省国家历史文化名城、世界遗产、国家5A级旅游景区的概况。

2. 具备对自然类景区、景点的概况进行介绍的能力。

【知识准备】

一、区域旅游资源概况

吉林省，简称“吉”，省会长春市，位于中国东北中部，北接黑龙江省，南接辽宁省，西邻内蒙古自治区，东与俄罗斯接壤，东南部以图们江、鸭绿江为界，与朝鲜隔江相望。土地面积18.74万平方公里，人口2375.4万人（截至2021年）。

吉林省省地貌形态差异明显，地势由东南向西北倾斜，呈现明显的东南高、西北低的特征。以中部大黑山为界，可分为东部山地和中西部平原两大地貌区，主要通航河流有松花江、嫩江、图们江和鸭绿江。本省气候属温带季风气候，有比较明显的大陆性，夏季高温多雨，冬季寒冷干燥，因此在吉林有 项独特的气象景观 吉林雾凇，是中国的四大自然奇观之一。

吉林省有着古老而清晰的历史发展脉络，远在舜、禹时代，吉林省境内的古代民族就开始与中原王朝建立了具有隶属性质的贡纳关系，并逐渐成为中华民族的重要组成部分。近现代史上，日本曾在长春扶持溥仪建立伪满洲国傀儡政权，留下了兼具中日风格的伪满皇宫；区内的长春电影城是有名的影视拍摄基地，是每年长春电影节的主要活动场所，以独特的影视文化吸引了众多的旅游者，这些也是本区极有特色人文景观的组成部分。吉林省内共有 44 个民族，除汉族外，人口比较多的还有满族、蒙古族、回族、锡伯族和朝鲜族等，有 4 个民族自治地方，因此民俗风情旅游资源比较丰富。大秧歌、踩高跷等民俗活动热烈鲜明，尤其以朝鲜族民俗风情为特色。同时吉林山水资源品质较高，皆是构成区内美丽图卷的重要部分，如长白山、松花湖、净月潭等自然风景都是誉满全国的名胜。

二、主要旅游资源及景区

（一）国家历史文化名城

截至 2022 年 3 月，吉林省共有国家历史文化名城 3 座，分别是吉林市、集安市和长春市（见表 5-5）。

表 5-5　吉林省国家历史文化名城及资源概况

城市名称	评选时间	资源概况
吉林市	1994年	吉林市是吉林省下辖的地级市，是中国唯一省市同名的城市，有雾凇之都、中国北方特色的旅游城市、国家历史文化名城、中国书法城等荣誉。环绕的群山和回转的松花江水，使吉林形成“四面青山三面水，一城山色半城江”的天然美景。吉林市是史前文化发源地和中国满族发祥地之一
集安市	1994年	集安市隶属于吉林省通化市，位于吉林省东南部，东南与朝鲜隔鸭绿江相望，素有“东北小江南”之称。集安市是世遗古都，历史悠久，文化底蕴厚重这里是华夏文明的发祥地，是汉魏高句丽王朝的故都，迄今为止，集安境内共发现古遗址、古墓葬1万多处，高句丽王城、王陵及贵族墓葬被列为世界文化遗产
长春市	2016年	长春市居于中国东北地理中心，分别与吉林省松原市、四平市、吉林市和黑龙江省哈尔滨市接壤，是近代东北亚政治军事冲突完整历程的集中见证地，具有众多历史古迹、工业遗产和文化遗存

（二）世界遗产

截至 2022 年 8 月，吉林拥有 1 处世界文化遗产——中国高句丽王城、王陵及贵族墓葬（吉林）。

【知识拓展 5-3】

世界遗产

为了保护世界文化和自然遗产，联合国教科文组织在1972年11月16日的第十七次大会上正式通过了《保护世界文化和自然遗产公约》（简称《公约》）。1976年世界遗产委员会（隶属于联合国教科文组织）成立，并建立《世界遗产名录》（*The World Heritage List*）。世界遗产是指被联合国教科文组织和世界遗产委员会确认的人类罕见的、目前无法替代的财富，是全人类公认的具有突出意义和普遍价值的文物古迹及自然景观。狭义的世界遗产包括“世界文化遗产”“世界自然遗产”“世界文化与自然遗产”和“文化景观”四类。广义概念，根据形态和性质，世界遗产分为文化遗产、自然遗产、文化和自然双重遗产、记忆遗产、人类口述和非物质遗产（简称非物质文化遗产）、文化景观遗产。中国自1985年加入《公约》，截至2021年7月25日，我国共有世界遗产56处，遗产总数位列世界第一，其中世界自然遗产14处，世界文化遗产34处，世界文化和自然遗产4处，世界文化景观遗产4处。

资料来源：编者根据相关资料整理。

高句丽王城、王陵及贵族墓葬位于集安市太王乡，距今已有2000多年的历史，主要分布在吉林省集安市境内以及辽宁省桓仁县境内。目前列入《世界遗产名录》的项目包括五女山城、国内城、丸都山城、12座王陵、26座贵族墓葬、好太王碑和将军坟1号陪冢。

吉林省境内的王城主要是国内城、丸都山城（始名尉那岩城），是高句丽早中期（1—5世纪）的都城，其特点是平原城与山城相互依附共为都城。国内城是为数不多的地表保存有石筑城墙的平原城类型都城遗址，保存下来的城墙依然坚实牢固而又不失美观庄严，都城风范犹存。除了国内城与丸都山城城外，在群山环抱的洞沟平原上，现存近7000座高句丽时代墓葬——洞沟古墓群，堪称东北亚地区古墓群之冠。古墓群中以将军坟、太王陵为代表的十几座大型高句丽王陵以及大量的王室贵族壁画墓最为典型，是高句丽建筑技艺、艺术成就所达高度的一个缩影，是高句丽文化昭示后人的经典之作。

（三）国家5A级旅游景区

截至2022年8月，吉林拥有7家国家5A级旅游景区，如表5-6所示。

表 5-6　吉林省国家 5A 级旅游景区一览

序号	景区名称	评选时间
1	延边朝鲜族自治州安图县长白山景区	2007年
2	长春市宽城区伪满皇宫博物馆	2007年
3	长春南关区净月潭景区	2011年
4	长春市南关区长影世纪城景区	2015年
5	延边朝鲜族自治州敦化市六鼎山文化旅游区	2015年
6	长春市南关区世界雕塑公园景区	2017年
7	通化市集安市高句丽文物古迹旅游景区	2019年

【任务引入】

长白山景区位于吉林省东南部，东南与朝鲜毗邻，主峰长白山多白色浮石与积雪而得名，素有“千年积雪万年松，直上人间第一峰”的美誉。景区是拥有“神山、圣水、奇林、仙果”等盛誉的旅游胜地，也是满族的发祥地，在清代有“圣地”之誉。

【任务分析】

长白山是一座休眠的火山，因其独特的地质条件，造就了其绮丽迷人的景观。长白山景区的旅游景点不仅包含巨大的高山湖泊、一望无际的原始森林、奇异的火山地貌、气势磅礴的飞流瀑布，还包括珍贵的动植物、令人心旷神怡的温泉。长白山是欧亚大陆北半部最具有代表性的典型自然综合体，是世界少有的“物种基因库”和“天然博物馆”，具有较高的科研、保护和旅游价值。

【任务实施】

任务要求：根据长白山景区旅游景点及导览图，请撰写长白山景区内某一高价值旅游点的景点概况，字数 500 字以内。

任务目标：

1. 具备对国家 5A 级旅游景区内高价值点的鉴别能力。

2. 具备对景区内高价值旅游景点概况的介绍能力。

实训步骤：参见表 5-7 提示。

表 5-7 实训操作指导步骤

步骤	标准	提示
1.确定高价值旅游点	通过长白山景区官网、旅游攻略等确定高价值旅游点	如长白山天池、长白山瀑布群、峡谷浮石林、聚龙泉等
2.搜索高价值点相关资料	通过多途径，对确定的高价值旅游景点进行详细了解	如长白山天池景点概况及形成原因等相关数据、材料
3.书写景点概况	对资料进行取舍，语言简练、准确，能简要介绍景点概况	如避免过多书面语言，具备现场感、强调重点内容、高价值点，能够达到对游客科普的效果

任务4 辽宁旅游亚区旅游资源概况

【任务概述】

辽宁省因其在关东文化旅游亚区内既沿海又沿边的地理位置成为东北地区对外开放的门户，为旅游业的发展提供了开放的环境，加上滨海的优势，为旅游业提供了众多优势旅游资源。通过学习，熟悉辽宁省区域旅游资源概况，了解辽宁省沿边又沿海的独特旅游资源优势，掌握辽宁省高价值的旅游景区概况。

【学习目标】

1. 了解辽宁省旅游资源概况，掌握辽宁省高价值的国家历史文化名城、世界遗产、国家5A级旅游景区概况。

2. 具备对辽宁省热门主题线路的行业敏感度，对各主题线路涉及的资源及景点具有一定的鉴别能力。

【知识准备】

一、区域旅游资源概况

辽宁省，简称“辽”，省会沈阳，取辽河流域永远安宁之意而得其名，全省土地面积14.57万平方公里，人口4229.4万人（截至2021年）。位于东北地区南部，南临黄海、渤海，东与朝鲜一江之隔，与日本、韩国隔海相望，是东北地区唯一的既沿海又沿边的省份，也是东北及内蒙古自治区东部地区对外开放的门户。

辽宁省地势大致为自北向南，自东西两侧向中部倾斜，山地丘陵分列东西两侧，向中部平原下降，呈马蹄形向渤海倾斜。辽东、辽西两侧为平均海拔 800 米和 500 米的山地丘陵；中部为平均海拔 200 米的辽河平原；辽西渤海沿岸为狭长的海滨平原，称“辽西走廊”；辽东半岛的西侧为渤海，东侧临黄海，海域（大陆架）面积 15 万平方公里，其中近海水域面积 6.4 万平方公里，沿海滩涂面积 2070 平方公里。因此，本区有着丰富的山水风光旅游资源，如千山、凤凰山、本溪水洞风景名胜区等；还有独特的海滨旅游资源，如大连—旅顺口海滨、金石滩景区、丹东鸭绿江等。

辽宁也拥有古老的历史，行政建置最早起源于春秋战国时期。从燕国置辽东、辽西郡开始，辽宁的建置进入了有史可考的时代，隋唐时期都是重要管辖地，辽金时期是广泛开发的时期。本区还是满族的发祥地，也是清王朝开国发迹的地方，因此在区内留存有丰富的历史古迹和各具特色的民俗文化，如沈阳故宫、盛京三陵、抚顺满族风情节、二人转、海城高跷秧歌等。

二、主要旅游资源及景区

（一）国家历史文化名城

截至 2022 年 3 月，辽宁省拥有 2 座国家历史文化名城，分别是沈阳市和辽阳市（见表 5-8）。

表 5-8　辽宁省国家历史文化名城及资源概况

城市名称	评选时间	资源概况
沈阳市	1986年	沈阳是国家历史文化名城，素有“一朝发祥地，两代帝王都”之称。西汉时期，始称“侯城”，隶属汉辽东郡，是为沈阳正式建城之始。沈阳现有两项共三处世界文化遗产，沈阳故宫又称盛京皇宫，是中国现存最完整的两座皇宫建筑群之一，这里还有清代开国之君及其父祖们的陵墓清永陵、清福陵、清昭陵
辽阳市	2020年	辽阳市历史悠久，传统格局和历史风貌特色鲜明，文化遗存丰富多样，城市发展脉络清晰，具有重要的历史文化价值。辽阳是辽宁省最古老的城市之一，是拥有2300年历史的文化名城。辽阳文物古迹已发现130多处，有春秋战国时期的墓葬、东汉至魏晋时期的古墓壁画、辽代白塔、明代首山清风寺等

（二）世界遗产

截至 2022 年 8 月，辽宁拥有 4 处世界遗产，分别是长城（辽宁段）、明清皇宫（沈阳故宫)、明清皇家陵寝(盛京三陵),以及中国高句丽王城、王陵及贵族墓葬(辽宁)。

1. 长城(辽宁段)(2002.11,世界文化遗产)

九门口长城位于辽宁省葫芦岛市绥中县李家乡新台子村境内,距山海关15公里,全长1704米,是万里长城唯一的水上长城关隘,其南端起于危峰绝壁间,与自山海关方向而来的长城相接。因这段长城关口建筑于当地的九江河之上,由于该段河道为季节性河流,既有行洪的需求,又必须防止胡骑在枯水期从河道突入,故修筑成形如拱桥,拥有八个桥墩、九个行洪券门的关口,俗称九门口,形成了长城与流水相互交融、你中有我、我中有你的相得益彰气势,被人们广为称奇。“城在水上座、水在城下流”,便是对九门口长城的形象描述,九门口长城以雄奇、险峻著称,成为从古至今令人叹为观止的奇观。

2. 明清皇宫(沈阳故宫)(2004.7,世界文化遗产)

沈阳故宫是中国仅存的两大皇家宫殿建筑群之一,又称盛京皇宫,为清朝初期的皇宫,距今近400年历史。占地面积6万平方米,其建筑群按营造时间和基本格局分为东、中、西三路,历时近160年完成,显示出不同历史阶段明显的时代特征。沈阳故宫融合了宫殿建筑与地方民居的建筑特征,代表着清朝定都北京前宫殿建筑最高的技术、艺术成就。沈阳故宫不仅以其多民族风格的宫苑建筑成为著名的旅游胜地,更以其丰富的院藏文物珍宝而享誉中外。院藏文物珍宝展集故宫院藏服饰、珐琅器、书画、雕刻品、漆器、瓷器等门类藏品之精粹,反映了中国明清时期生产工艺的水平,具有重要的观赏价值和研究价值。

3. 明清皇家陵寝(盛京三陵)(2004.7,世界文化遗产)

明清皇家陵寝依照风水理论精心选址,将数量众多的建筑物巧妙地安置于地下,它是人类改变自然的产物,体现了传统的建筑和装饰思想,阐释了封建中国持续五百余年的世界观与权力观。清代帝土陵寝,从建陵年代和地理位置可分为清初关外三陵、清东陵和清西陵三个陵区。清初关外三陵即为盛京三陵,是指清太祖努尔哈赤的福陵、清太宗皇太极的昭陵,以及赫图阿拉(满语意为“横岗”)埋葬清朝远祖肇、兴、景、显四祖的永陵。在建筑风格上,关外三陵对入关后清朝各陵的修建有着深远的影响。

清福陵是清太祖努尔哈赤及其皇后叶赫那拉氏陵寝,因坐落在沈阳市东北11公里处,故又称东陵。清昭陵为清太宗皇太极及其皇后博尔济吉特氏陵寝。因坐落在沈阳市北端,故又称北陵,规模宏大,结构完整,远非其他二陵可比。清永陵位于抚顺市新宾县境内，被誉为关外第一陵，陵内葬着努尔哈赤的六世祖。康熙、乾隆、嘉庆、道光等皇帝曾先后九次来永陵谒陵祭祖，使永陵祭祖活动成为清代的国家大典。

4. 中国高句丽王城、王陵及贵族墓葬（辽宁）（2004.7，世界文化遗产）

高句丽王城、王陵及贵族墓葬由国内城、丸都山城、王陵（14 座）及贵族墓葬（261 座）组成，是 1—7 世纪奴隶制国家高句丽王朝的遗迹。辽宁境内高句丽王城、王陵及贵族墓葬文化遗产的重要部分是早期王城——五女山山城，位于恒仁县境内，是中国古代东北地区少数民族高句丽创建的第一个都城。作为鸭绿江两岸现存 100 余座高句丽山城中建造最早的一座，它的规模宏大、体系完备，保存也较为完整。城内分布多处高句丽早期的重要建筑遗址及生活、军事遗迹，文化内涵十分丰富。五女山山城承袭了中国北方民族构筑山城的传统，但在选址布局、城墙筑法、石料加工等方面具有很大的突破和创新。从而形成了一种不同凡响的山城形式，是中国东北和东北亚地区山城建筑进入划时代阶段的标志。从这里开始，高句丽民族逐步扩大活动领域，历经 700 余年，创造了极具特色的文化。

【行业前沿 5-2】

春节遇冬奥：嬉冰雪、泡温泉在辽最受欢迎

北京冬奥会引爆冬季玩雪热情。2022 年春节期间，辽宁省各地举办了丰富多彩的“喜迎冬奥，冰雪辽宁”系列冰雪主题活动，展示快乐春节和喜迎冬奥欢庆场景。以沈阳怪坡、本溪云山、丹东天桥沟、营口何家沟、辽阳弓长岭等为代表的各大滑雪场，滑雪爱好者云集，助力北京冬奥会，体验冰雪的速度与激情。冰雪嘉年华项目备受欢迎，沈阳棋盘山冰雪大世界、鞍山老院子冰雪大世界、抚顺热高风雪乐园、本溪东风湖冰雪大世界、铁岭莲花湖湿地公园冰雪乐园等近百个嬉冰雪项目游人如织，特色冰雪项目前排起了“长龙”。春节期间体验冰雪的游客大幅度增长，部分滑雪场游客数量和收入甚至出现了倍增的良好态势。

资料来源：辽宁省文化和旅游厅官网。

（三）国家 5A 级旅游景区

截至 2022 年 8 月，辽宁省拥有 6 家国家 5A 级旅游景区，如表 5-9 所示。

表 5-9　辽宁省国家 5A 级旅游景区一览

序号	景区名称	评选时间
1	沈阳市浑南区沈阳植物园	2007年
2	大连市中山区老虎滩海洋公园—老虎滩极地馆	2007年
3	大连市金州区金石滩景区（地质公园—发现王国—蜡像馆—文化博览广场）	2011年
4	本溪市本溪满族自治县本溪水洞景区	2015年
5	鞍山市千山区千山景区	2017年
6	盘锦市红海滩风景廊道景区	2019年

【任务引入】

2021 年 5 月，在第 11 个中国旅游日来临之际，大连市文化和旅游局、大连市旅游协会在前期对全市旅游资源整体梳理的基础上，重点推出春、夏季 60 条精品文化旅游线路，一共涵盖了 10 个旅游主题：“文艺打卡地”“诗画乡村游”“亲子研学游”“浪漫海岸线”“探海岛渔村”“览夏日风光”“乐享采摘游”“海上游大连”“寻大连红迹”“住山海民宿”。

【任务分析】

辽宁省是关东文化旅游区中唯一一个既沿边又沿海的省份，具有研发设计多样化、个性化的旅游产品的资源优势，大连是中国重要的港口、工业、贸易、金融和旅游城市，历史悠久且为沿海城市，拥有丰富而独特的旅游资源优势。主题丰富、特色鲜明的旅游线路产品为旅游者提供了更多样化和个性化的选择。如果你是游客，在了解了每条线路涉及的区域及特色后，会对哪条线路最感兴趣呢？

【任务实施】

任务要求：选择其中一条主题线路，查找所涉及的旅游景点、旅游资源。

任务目标：

1. 对大连市热门主题旅游线路有一定的敏感度和认知力。

2. 对大连市主题旅游线路所涵盖的资源与景点有基本的辨别能力。

实训步骤：参见表 5-10 提示。

表 5-10　实训操作指导步骤

步骤	标准	提示
1.确定选择线路	通过主题关键词查找相关景点	如“亲子研学游”搜到贝壳博物馆，“文艺打卡地”搜到旅顺火车站、太阳沟樱花大道
2.搜索相关旅游资源	查找主题线路涉及的旅游资源，从中抽取与线路主题符合的景区景点	如亲子研学游主题的遗址遗迹，也有黑石礁公园、老虎滩海洋公园、金石滩十里黄金海岸等浪漫海岸线主题线路，进行甄别
3.甄别资源的价值和类型	在同类中寻找级别高、价值高的景点	如亲子研学游主题涉及景点，首选国家5A级旅游景区，再去掉同类的，补充其他类高价值景点
4.画出线路	根据景点位置、方位进行判别	如浪漫海岸线主题线路由西向东沿着海岸线串联

【项目考核】

一、单项选择题

1. 长白山天池从成因来说，属于（　）。

A. 构造湖　　B. 火山堰塞湖　　C. 风成湖　　D. 火山口湖

2. 关东文化旅游区以捕鱼为生的民族是（　）。

A. 达斡尔族　　B. 鄂温克族　　C. 鄂伦春族　　D. 赫哲族

3. 被列为火山世界地质公园，并被称为“火山地貌博物馆”的景区是（　）。

A. 长白山镜泊湖　　B. 黑龙江五大连池

C. 云南腾冲　　D. 甘肃敦煌雅丹

二、多项选择题

1. 我国著名的四大自然奇观分别是（　）。

A. 峨眉佛光　　B. 桂林山水　　C. 云南石林　　D. 吉林雾凇

2 东北长白山中盛产“东北三宝”（　）。

A. 鹿茸　　B. 人参　　C. 貂皮　　D. 松茸

【项目实训】

2022 年冬奥会以来，冰雪旅游的关注度高、参与度高、消费度高、热情度高，已经成为旅游市场的新宠。作为冰雪强省的黑龙江，2022 年冬推出冰雪运动、冰雪体验、冰雪欣赏、冰雪艺术等十大冰雪旅游项目，涵盖滑雪滑冰、雪地越野、雪雕冰雕、雪地温泉等上百个备受游客青睐的冰雪旅游品种，让游客们在赏冰乐雪中绽放激情。黑龙江精心组织策划以“冰雪＋”为核心要素，依托和挖掘滑雪、温泉、民俗、非遗、夜游等冬季旅游资源，推出系列特色冰雪旅游主题产品，以此激发冰雪旅游消费热潮。

实训要求：请以小组为单位，查找资料，对黑龙江目前的冰雪旅游产品进行梳理，并对黑龙将冰雪旅游产品设计与开发提出合理建议。

项目 6

京畿要地——燕赵文化旅游区认知实践

项目导学

- 京畿要地——燕赵文化旅游区认知实践
  - 燕赵文化旅游区旅游地理环境特征分析
    - 自然旅游地理环境特征分析
    - 人文旅游地理环境特征分析
  - 北京旅游亚区旅游资源概况
    - 区域旅游资源概况
    - 主要旅游资源及景区
  - 天津旅游亚区旅游资源概况
    - 区域旅游资源概况
    - 主要旅游资源及景区
  - 河北旅游亚区旅游资源概况
    - 区域旅游资源概况
    - 主要旅游资源及景区

学习目标

知识目标：

1. 了解燕赵文化旅游区经典旅游线路及特色。

2. 熟悉北京市、天津市、河北省主要旅游资源概况。

3. 掌握燕赵文化旅游区旅游地理环境特征。

能力目标：

1. 具备对本区热门线路火爆的原因进行系统分析的能力。

2. 能够对本区涉及的燕赵文化及历史遗址遗迹有系统性认知。

素质目标：

1. 充分认识我国京津冀协调发展战略为本区旅游业带来的重要机遇。

2. 通过对京津冀协同发展战略的了解提升家国情怀，树立文化自信。

任务1　燕赵文化旅游区旅游地理环境特征分析

【任务概述】

燕赵文化旅游区处于我国东部环渤海地区，是古今京畿要地，是全国的政治、经济、文化和国际交流中心，是我国旅游活动兴起和发展最早的地区之一，也是我国长盛不衰的旅游热点地区。通过学习，我们可以了解本区主要地形地貌、气候特征、文化艺术等方面的旅游环境，熟悉本区类型丰富的自然旅游资源，文化底蕴深厚的人文旅游资源，了解京津冀旅游协同发展的地理背景。

【学习目标】

1. 了解燕赵文化旅游区地形、地貌与主要山脉、河流概况，熟悉燕赵文化旅游区自然与人文旅游地理环境特征。

2. 通过对京津冀协同发展战略的了解提升家国情怀。

【知识准备】

燕赵旅游区包括北京、天津、河北两市一省，位于华北平原北部，东临渤海，西依太行山，北连内蒙古高原。本区面积21.6万平方公里，人口总量1.1亿（截至2021年年底），包括我国首都所在地北京。自然旅游资源丰富，历史文化悠久，交通便捷，是我国乃至世界著名的旅游热点地区之一。

一、自然旅游地理环境特征分析

（一）地貌类型多样，自然旅游资源丰富

本区地势总体西北高东南低，东部临海，由东南部广阔的平原逐渐向西北部的山地、丘陵和高原过渡，形成了兼具平原、丘陵、山地、高原等多样化的地貌类型，为本区发展旅游业提供了种类丰富的自然旅游资源。

西部的太行山，在河北省境内绵延400多公里，形成了深切的河谷、高耸的山地和平顶的台地。北部冀北山地的北侧为坝上高原，坝上高原与内蒙古高原连成一片，顶部平缓开阔，降水丰沛，植被茂密，生机盎然，是避暑、休闲、疗养的好去处，清代的皇家狩猎地"木兰围场"就位于这里。冀北山地的南缘为燕山山脉，燕山作为高原与平原的分界线，成为守护华北的天然"阻遏"，燕山山脉山间多盆地和谷地，成为人口密集的区域，分布有承德、兴隆、滦平、遵化等名城，同时也成就了举世闻名的承德避暑山庄和外八庙。燕山以南、太行山以东为河北平原，由古黄河、海河、滦河等水系冲积而成，总体地势低平，大部分地域洼地与缓岗交错分布，河网洼淀星罗棋布，著名的白洋淀湖泊群就位于其中。此外，还有贯通海河、黄河等五大水系的中国大运河，它被称为世界上最长、开凿时间最早的运河。渤海沿岸的滨海平原区域气候温和，沙滩平缓，在滦河以北形成南戴河、北戴河、昌黎黄金海岸等我国著名的避暑胜地。

（二）温带大陆性季风气候显著，四季旅游特色鲜明

本区位于中纬度地带，地处东亚大陆的东岸，具有明显的温带大陆性季风气候的特征。表现为春旱多风，夏热多雨，秋高气爽，冬寒少雪，总体上四季分明，冬冷夏热，春秋短而冬夏长，降水主要集中于夏季，降水量偏少。4—5月为本区春季，总体气候温暖宜人，花木喷芳吐绿，景色秀丽，吸引大批游客前往踏青赏春；6—8月为本区夏季，高温多雨，山岳景区植被茂密，水域景观流泉飞瀑，尤其是避暑度假景区备受旅游

者青睐；9—10月为本区的秋季，天高云淡，风和日丽，冷暖适中，且经常出现连续的晴朗天气，是一年中旅游的黄金季节；11月到翌年的3月为本区的冬季，时间较长，天气晴朗但寒冷，草木大多凋零，水域结冰封冻，景观单调，但是却成就了张家口市冰雪运动旅游。

二、人文旅游地理环境特征分析

（一）名胜古迹荟萃，文化遗产众多

本区是华夏祖先最早繁衍生存的地区之一，早在约70万年前北京周口店附近就有了北京猿人生活的足迹，北京周口店古人类遗址是世界上迄今为止人类化石材料最丰富、最生动、动物化石门类最齐全、研究最深入的古人类遗址。春秋战国时期，本区成为燕、赵等国的统治中心，太行山和燕山山脉为燕赵区域的西界和北界，因靠近胡人，经常受到侵扰，此地的人们性情慷慨、耿烈，形成了燕赵文化慷慨悲歌的文化特征，并留下了丰富的历史文化遗迹。雄踞在燕山上的万里长城连绵不断，横穿本区全境，巍峨险峻，是古代劳动人们借助燕山天险筑起的伟大工程。

北京从辽代作为陪都开始，金、元、明、清四朝皆为国都，作为全国的政治、经济、文化中心长达800多年，因此孕育了无数的历史文化名城和文物古迹。尤其在明、清两代，拥有辉煌的都城史，明清故宫、颐和园、承德避暑山庄、天坛、明十三陵、清东陵、清西陵等历史遗迹使得本区成为我国拥有帝王宫殿、皇家园林、皇家坛庙和帝王陵寝数量最多、内容最丰富的地区。在古建筑方面，除了四大古桥中的卢沟桥和赵州桥等体现了古代劳动人民勤劳智慧的结晶外，本区宗教建筑也是类型多样，佛寺、道观、清真寺、教堂一应俱全，其中以佛寺居多。此外，本区还是近代革命的发源地和名人聚居地，因此革命遗址、遗迹、纪念地等文化遗产丰富。

（二）传统技艺齐汇，文化艺术繁荣

独特的环境和悠久的历史孕育出了人杰地灵的燕赵故土。从杂技武术到地方戏曲，从民间艺术到民俗风情，都体现了粗犷、豪放、激昂、慷慨的雄风侠骨。武术方面，本区是中华武术的发祥地。河北沧州是著名的“武术之乡”，自古民风淳朴，尚义任侠。春秋战国以来就名将辈出，历代武风沿袭不衰。戏剧方面，本区曾是金元杂剧盛行的地区，传统曲艺流派纷呈，名家辈出；京剧艺术驰名中外，天津相声、乐亭大鼓、评剧、河北梆子等深受海内外观众喜欢。民间艺术方面，杂技、马戏、吹歌、舞蹈、美术、皮

影、剪纸、石雕、泥人、草编、陶瓷等丰富多彩。

（三）物华天宝，旅游商品丰富

本区生产的民间工艺品和许多土特产品都是很有特色的旅游商品和纪念品，由于历史悠久、风格独特、做工精细而享誉海内外。北京的玉雕、牙雕、景泰蓝、料器，河北磁州窑、邢窑的瓷器，曲阳石雕，秦皇岛贝雕画，武强年画，蔚县剪纸，衡水内画壶，天津的地毯、杨柳青的年画、泥人张彩塑等都是本区民间工艺品的杰出代表。河北的京东板栗、赵州雪梨、沧州金丝小枣、宣化龙眼葡萄、深州蜜桃、张家口口蘑、涉县三珍、祁州药材、承德蕨菜等土特产品誉满全国；北京的烤鸭、涮羊肉、果脯、“稻香村”糕点、“六必居”酱菜、茯苓夹饼，天津的狗不理包子、桂发祥麻花、耳朵眼炸糕等都是风味独特、中外游客赞不绝口的风味小吃。

【行业前沿 6-1】

共同打造京津冀文化和旅游发展协同体

2022 年河北省将积极对接京津地区文化和旅游资源、产品、产业和品牌，共同打造京津冀文化和旅游发展协同体，努力推动形成京津冀文化旅游资源共享、公共服务协同、平台渠道共用、规范标准共管、精品线路共推的发展机制。强力推进长城、大运河国家文化公园建设。与京津深化合作，深入推进长城、大运河国家文化公园重点项目建设，加快建设山海关中国长城文化博物馆、长城风景道、中国大运河非物质文化遗产展示中心等重大标志性项目，统筹推进长城文化带、运河文化带发展，共同打造全国长城、大运河文化和旅游融合发展示范段。

资料来源：《河北日报》，2022-11-25。

【任务引入】

京津冀协同发展成为国家发展战略后，旅游协同发展研究成为各界关注的热点，目前京津冀五大旅游示范区，为促进京津冀旅游协同发展发挥了重要作用。京津冀五大旅游示范区包含：京东休闲旅游示范区、京北生态（冰雪）旅游圈、京西南生态旅游带、京南休闲购物旅游区、滨海休闲旅游带。京津冀三地力争在京津冀旅游协同发展五大旅游示范区培育一批特色旅游产品和休闲度假业态，建成一批旅游示范带动项目和基地，打造一批区域性龙头景区，形成京津冀旅游协同发展五大示范区知名品牌。

【任务分析】

京津冀三地自古以来地缘相接、人缘相亲，地域一体、文化一脉，历史渊源深厚、交往半径相宜，因此，在旅游业上完全能够相互融合、协同发展，达到优势互补，互利共赢。凭借着众多世界级的优质旅游资源，在京津冀协同发展国家发展战略背景下，京津冀三地把握旅游业发展的重要机遇，开展京津冀旅游协同发展将是本区旅游业发展的趋势。从旅游地理环境方面分析建设京津冀五大旅游示范区的地理因素有哪些？

【任务实施】

任务要求：分小组查找京津冀五大旅游示范区的相关资料，在地图中找出京津冀五大旅游示范区的区域范围，梳理京津冀五大旅游示范区旅游地理环境、旅游资源特色。

任务目标：

1. 学会用地形图查看分析京津冀旅游示范区的地形地貌。

2. 对京津冀旅游示范区的重要旅游资源、景点有梳理认知能力。

3. 提升京津冀旅游示范区重要性的认识，突出其对今天旅游业发展中的贡献。

实训步骤：参见表6–1提示。

表6–1　实训操作指导步骤

步骤	标准	提示
1.在网上查找京津冀五大旅游示范区相关资料	分别找出各旅游示范区的区域范围。	借助北京市、天津市、河北省的文旅官方网站
2.在中国地形图中画出京津冀五大旅游示范区范围	在地形图中分别画出各旅游示范区的区域范围	借助中国政区图和中国地形图
3.分析各个旅游示范区的旅游地理环境	总结各个旅游示范区的旅游地理环境特征	分析地形、地貌、气候、历史、文化等旅游地理环境
4.梳理各个旅游示范区的旅游资源	总结各个旅游示范区旅游资源特色	梳理区域内世界遗产、5A级旅游景区、热点旅游城市

任务 2　北京旅游亚区旅游资源概况

【任务概述】

北京历史悠久，文化灿烂，是首批国家历史文化名城、中国四大古都之一和世界上拥有世界文化遗产数最多的城市。北京兼具自然山水景观和人文历史景观，旅游资源极具价值。通过学习，了解北京市旅游资源概况，掌握北京主要旅游景区景点概况，熟悉北京旅游特色，认识到北京在我国旅游业中的独特地位。

【学习目标】

1. 了解北京市旅游资源概况，掌握北京市主要世界遗产、国家 5A 级旅游景区等旅游资源的基本情况。

2. 具有围绕北京市热门旅游线路进行旅游资源查找的能力。

【知识准备】

一、区域旅游资源概况

北京市，简称“京”，是中华人民共和国首都，总面积 17 万平方公里，常住人口 2189 万人（截至 2021 年年底）。

北京位于华北平原北端，北依燕山山麓和军都山，西有西山；境内有密云、怀柔、十三陵三大水库，以及潮白河、永定河、北运河等河流。自然景观山水兼具，有“仙境”之誉的石花岩溶洞、辽阔丰茂的康西草原、山清水秀的十渡风景区和风清景明的十三陵水库等，兼具智与仁之美。

北京历史悠久，文化灿烂，有着 70 万年的人类生活史，3000 余年的建城史和 850 余年的建都史，是首批国家历史文化名城、中国八大古都之一。早在 70 万年前，北京周口店地区就出现了原始人群部落“北京猿人”。公元前 1045 年，北京成为蓟、燕等诸侯国的都城。古老的北京城在历朝历代的建设治理中，不断扩展、提升，越发显得规整、恢宏、厚重、壮丽，雄气十足。元大都以金代大宁宫（今北海）为中心建城，城市规模宏伟，宫殿建筑华丽，马可·波罗赞美之为“世界莫能与比”。明清两代，全城建筑布局以紫禁城为中心，从南到北贯穿一条全长 8 公里的中轴线：其前朝后市，左祖右社（太庙与社稷坛）；殿宇辉煌，坛庙神奇；街道纵横，胡同交叉；河湖穿绕，风景如画。全城既有平面布局，又有立体造型，完美地体现了东方格调与中华民族的传统风格。

北京不仅是中国古都的典范，在世界城建史上也有极其重要的地位，而且给人类留下了故宫、天坛、颐和园等众多世界文化遗产。北京市是世界上拥有世界文化遗产数最多的城市，现有文物古迹 7000 余处，其中有 7 处列入了《世界遗产名录》。北京的民俗文化也非常繁荣，中国三大国粹之一的京剧、充满人情味的胡同四合院、北京烤鸭、地坛庙会、传统相声等古老的项目经久不衰，而今又加入了 798 艺术中心、新派话剧、三里屯、后海等新潮时尚的节奏，使得北京以一个古老而又时尚的面貌吸引着海内外的旅游者。

二、主要旅游资源及景区

（一）世界遗产

截至 2022 年 8 月，北京拥有 7 处世界遗产，分别是明清皇宫（北京故宫）、周口店北京猿人遗址、长城（北京段）、颐和园、天坛、明清皇家陵寝（北京十三陵）、中国大运河（北京段），全部为文化遗产，是中国也是世界上拥有世界遗产最多的城市。

1. 明清皇宫（北京故宫）（1987.12，世界文化遗产）

北京故宫，旧称为紫禁城，位于北京中轴线的中心，是中国明、清两代 24 位皇帝的皇家宫殿，是中国古代汉族宫廷建筑之精华、无与伦比的建筑杰作，也是世界上现存规模最大、保存最为完整的木质结构的古建筑之一。北京故宫由明成祖朱棣于永乐四年（1406 年）开始建设，到明代永乐十八年（1420 年）建成，占地面积约为 72 万平方米，建筑面积约为 15 万平方米，被称为“殿宇之海”，气魄宏伟，极为壮观。故宫包含近 1 万间房间，众多殿宇及花园景观，故宫收藏有大量古代艺术珍品，文物数量多达 100 多万件，占中国文物总数的 1/6，是中国收藏文物最丰富的博物馆，也是世界著名的古代文化艺术博物馆，是明清两朝中华文明的无价见证。

【知识拓展 6-1】

《全景故宫》数字影像作品，把故宫"搬到云端"

"全景故宫"把故宫"搬到云端"，运用全景摄影技术，将紫禁城的古建筑外景与原状陈列内景制作成 720 度 4K 高清全景照片，组成一个个故宫全景场景，融入故宫文化知识，支持多终端、全平台的游览体验，形成了"全景故宫"的应用终端矩阵。项目打造了基于"全景故宫"的线上线下故宫文化旅游体验闭环。上线以来，累计观众访问量超过 1400 万人次，尤其在 2020 年疫情期间，日均访问量超 10 万人次。"全景故宫"架构被文化和旅游部恭王府博物馆、中国美术馆、安徽博物院、山东博物馆、布达拉宫等国内多家博物院和旅游景区参考，以搭建各自的全景虚拟游览服务平台。

资料来源：搜狐网。

2. 周口店北京猿人遗址（1987.12，世界文化遗产）

周口店"北京人"遗址位于北京西南 48 公里处，周口店遗址区是华北地区重要的旧石器时代遗址，其中最为著名的是周口店第一地点——"北京人"遗址。1929 年中国考古学者裴文中在发掘中发现原始人类牙齿、骨骼和一块完整的头盖骨，并找到了"北京人"生活、狩猎及使用火的遗迹。"北京人"的发现，为人类起源提供了大量的、富有说服力的证据。大量事实表明，"北京人"生活在距今 50 万年前到 20 万年前之间，是属于从古猿进化到智人的中间环节的原始人类，这一发现在生物学、历史学和人类发展史的研究上有着极其重要的价值。周口店遗址不仅是有关远古时期亚洲大陆人类社会的一个罕见的历史证据，而且也阐明了人类进化的进程。

3. 长城（北京段）（1987.12，世界文化遗产）

长城是中国古代的军事防御工程，是人类文明史上最伟大的建筑工程。长城大都建在山岭最高处，沿着山脊把蜿蜒无尽的山势勾画出清晰的轮廓，在万里城墙上分布着百座雄关、隘口，成千上万座敌台、烽火台打破了城墙的单调感，使高低起伏的地形更显得雄奇险峻，充满巨大的艺术魅力。长城反映了我国古代农耕文明和游牧文明的相互碰撞与交流，是古代高超的军事建筑建造技术和建筑艺术水平的杰出范例，在历史上有着保护国家和民族安全的无与伦比的象征意义。明朝是最后一个大修长城的朝代，今天人们所看到的长城多是明长城，东起山海关，西到嘉峪关。

北京段长城是中国有长城分布的15个省、自治区和直辖市中保存最完好、工程最复杂的段落。长城在北京自东向西蜿蜒经6个区，墙体全长520.77公里。各地的长城景观中，北京八达岭长城建筑得特别坚固，是明长城向游人开放最早的地段，保存也最完好，是观赏长城的好地方。箭扣长城海拔1141米，因形如满弓扣箭而得名，是明长城最著名的险段之一。箭扣长城是近年来各种长城画册中上镜率最高的一段，向来是长城摄影的热点。此外还有慕田峪长城、司马台长城、古北口长城等。

4. 颐和园（1998.11，世界文化遗产）

颐和园是世界著名的皇家园林，地处北京西北郊外，距北京城约15公里，旧称"清漪园"，建成于乾隆时期，光绪年间重修。颐和园占地面积达293公顷，主要由万寿山和昆明湖两部分组成，是以杭州西湖为蓝本，汲取江南园林的设计手法，遵循"虽由人作，宛自天开"的造园准则而建成的一座大型山水园林。颐和园各种形式的宫殿园林建筑3000余间，大致可分为行政、生活、游览三个部分。以仁寿殿为中心的行政区，是当年慈禧太后和光绪皇帝坐朝听政、会见外宾的地方。佛香阁、长廊、石舫、苏州街、十七孔桥、谐趣园等都已成为家喻户晓的代表性建筑。颐和园整个园林艺术构思巧妙，在中外园林艺术史上地位显著，是举世罕见的园林艺术杰作。

5. 天坛（1998.11，世界文化遗产）

天坛位于北京天安门的东南，始建于明成祖永乐十八年（1420年），原名"天地坛"，是明清两代皇帝每年祭天和祈祷五谷丰收的地方。天坛以严谨的建筑布局、奇特的建筑构造和瑰丽的建筑装饰著称于世。天坛共占地270万平方米，规模宏伟，富丽堂皇，是中国现存最大的古代祭祀性建筑群。天坛是祈谷、圜丘两坛的总称，圜丘坛在南部，是祭祀天神的地方；祈谷坛在北部，是祈求丰收的地方。外坛古柏苍郁，环绕着内坛，使主要建筑群显得更加庄严宏伟。坛内还有巧妙运用声学原理建造的回音壁、三音石、对话石等，充分显示出古代中国建筑工艺的发达水平。

6. 明清皇家陵寝（北京十三陵）（2003.7，世界文化遗产）

明清皇家陵寝的陵墓建筑与自然环境完美结合，形成了独特的文化景观。它们是中国古代帝王陵墓的特例。明清时代（公元1368—1911年）是陵寝建设史上的一个辉煌时期。明十三陵位于北京以北30公里的昌平区境内，陵区面积120余平方公里，明成祖朱棣及其以后共计十三位皇帝的陵墓建在这里，构成庄严有序的整体布局，形成了体系完整、规模宏大、气势磅礴的陵寝建筑群。长陵是成祖朱棣的陵寝，始建于1409年，是明朝帝陵中建筑保存最完好的一座。尤其是举行祭祀仪式的祾恩殿，木构件全系名贵的金丝楠木加工而成，堪称古建瑰宝。定陵是明十三陵朱翊钧和两皇后的合葬墓，是我国按计划进行考古发掘的第一座帝陵。定陵地宫建筑，深邃神秘，共出土帝后衣冠和金银器皿等珍贵文物多达3000件左右，是不可多得的明史研究实物资料。

7. 中国大运河（北京段）（2014.6，世界文化遗产）

中国大运河遗产，始建于公元前486年，由隋唐大运河（卫河、通济河段）、京杭大运河（通惠河、北运河、南运河、会通河、中河、淮扬运河、江南运河段）、浙东运河共三大部分、十段河道组成。涉及沿线8个省市27座城市的27段河道和58个遗产点，全长2700公里（含遗产河道1011公里），自北向南通达海河、黄河、淮河、长江、钱塘江五大水系，是中国古代南北交通的大动脉，也是世界上开凿时间较早、规模最大、线路最长、延续时间最久的运河。中国大运河代表了工业革命前水利水运工程的杰出成就，对中国乃至世界历史都产生了巨大和深远的影响。自清末改漕运为海运后，大运河地位衰落。

北京市作为大运河的北端城市和漕运终点，共有两处河道、两处遗产点入选申遗名单：通惠河北京旧城段（包括什刹海和玉河故道）、通惠河通州段和西城区澄清上闸（万宁桥）、东城区澄清中闸（东不压桥）。通惠河通州段始建于公元13世纪末（元代初期），河段西起永通桥，向东至通州北关闸汇入北运河，长约5公里，在元至明约2个世纪的时期内，是漕船经由通州向北京漕运的主要通道。万宁桥是由通惠河进入什刹海的门户，所有进入海子的漕运船只，都要从万宁桥下通过。它在保证元大都粮食供应上发挥过巨大作用，也是北京漕运历史的实物见证。澄清中闸是漕船行至运河终点码头什刹海的必经之路，为通惠河北段河道上的重要水工设施。随着明皇城墙外扩，玉河故道失去行船功能，澄清中闸被废弃不用，现仅存闸口遗迹。

（二）国家5A级旅游景区

截至2022年8月，北京拥有8家5A级旅游景区，如表6-2所示。

表6-2　北京市国家5A级旅游景区一览

序号	景区名称	评选时间
1	东城区故宫博物院	2007年
2	东城区天坛公园	2007年
3	海淀区颐和园	2007年
4	八达岭—慕田峪长城旅游区	2007年

续表

序号	景区名称	评选时间
5	昌平区明十三陵景区（神路—定陵—长陵—昭陵）	2011年
6	西城区恭王府景区	2012年
7	朝阳区北京奥林匹克公园（鸟巢—水立方—中国科技馆—国家奥林匹克森林公园）	2012年
8	海淀区圆明园景区	2019年

【任务引入】

大运河在北京的历史发展进程中扮演了重要角色，见证了北京城的沧桑巨变，留下了丰富的历史遗存，承载了宝贵的文化记忆。为了让更多的市民和来京游客深入了解北京深厚的文脉底蕴，感受运河文化的人文关怀、人文风采和文化魅力，2021 年 1 月，北京市文化和旅游局精心策划了包括“运河慢游，回望历史话千年”“古韵新风，运河之滨品文化”“望古溯源，触摸运河古遗迹”“灵感邂逅，创意小镇浸文艺”“假日之约，中西文化畅体验”“故道慢行，书香北京品‘运’味”“银锭观山，闲庭意趣知漕运”“‘皇家’之行，游船赏景览风光”“华灯映水，落影凌波夜未央”“水运泊岸，昔今漕运尽繁华”“慢享生活，繁华都市亲自然”“彼岸果香，金秋寻遗度佳节”在内的 12 条北京大运河休闲旅游精品线路。

【任务分析】

以上 12 条线路按照不同的资源特色，串联起不同的旅游景点，形成了深受游客喜爱的热门旅游线路。这些线路既有明显的主题特色，又有文化同质性。如果你是游客，在了解了每条线路涉及的景点及特色后，会对哪条线路最感兴趣呢？

【任务实施】

任务要求：选择其中一条主题线路，查找所涉及的城市及旅游景点、旅游资源。

任务目标：

1. 对北京市热门主题旅游线路有一定的敏感度和认知力。

2. 对北京市主题旅游线路所涵盖的资源与景点有基本的辨别能力。

实训步骤：参见表 6–3 提示。

表 6–3　实训操作指导步骤

步骤	标准	提示
1.确定选择线路	通过主题关键词查找相关景点	如“运河古迹”搜到万宁桥、东不压桥遗址，“皇家”搜到颐和园、故宫等
2.搜索相关旅游资源	查找主题线路涉及的旅游资源，从中抽取与线路主题符合的景区景点	如北京市既有大运河遗址主题的遗址遗迹，也有慢游运河、都市自然主题线路，进行甄别
3.甄别资源的价值和类型	在同类中寻找级别高、价值高的景点	如大运河主题涉及景点，首选世界遗产、国家5A级旅游景区，再去掉同类的，补充其他类高价值景点
4.画出线路	根据景点位置、方位进行判别	如运河慢游主题线路按照运河的自然走向进行串联

任务 3　天津旅游亚区旅游资源概况

【任务概述】

天津是华北最大的水陆交通枢纽和经济中心，在对内对外的合作交流中有着重要的枢纽作用。悠久的历史、便利的交通为天津发展旅游业提供了良好的条件，也使天津成为众多游客向往的旅游城市。通过学习，了解天津市的旅游资源概况，掌握天津市主要旅游景区概况，熟悉天津市的旅游特色。

【学习目标】

1. 了解天津市旅游资源概况，掌握天津市世界遗产、国家5A级旅游景区等主要旅游资源。
2. 具有分析天津市旅游资源与旅游产品的对应关系梳理、归纳能力。
3. 了解天津包容的多元文化，激发爱国情怀，树立文化自信。

【知识准备】

一、区域旅游资源概况

天津市，简称“津”，别称津沽、津门等，中央直辖市，是我国著名历史文化名城。

天津市北依燕山，地势西北高东南低，腹地辽阔，海河的五条支流在此汇合，河网密布，航运发达。天津市地处华北平原东北部，东临渤海，海岸线长153公里，具有独特的滨海旅游资源；天津市位于环渤海经济圈的中心，居于京沈、津沪两大铁路干线交会点，是华北最大的水陆交通枢纽和经济中心，也是中国北方最大的沿海开放城市、近代工业的发源地、我国北方的海运与工业中心，在对内对外的合作交流中有着重要的枢纽作用。

历史上的天津地区形成始于隋朝大运河的开通。唐中叶以后，天津成为南方粮、绸北运的水陆码头。一直到元朝，都是军事重镇和漕粮转运中心。朱棣成为皇帝后，为纪念由此起兵“靖难之役”，在永乐二年（1404年）将此地改名为天津，即天子经过的渡口之意，是中国古代唯一有确切建城时间记录的城市。历经600多年，造就了天津中西合璧、古今兼容的独特城市风貌。17世纪以来，天津地区城市规模不断扩大。1860年被辟为通商口岸，成为当时中国仅次于上海的第二大工商业城市和北方最大的金融商贸中心。

天津旅游资源丰富，自然旅游资源以山、海、港为主，如“京都第一山”盘山、“森林野生动物园”八仙山、海河外滩公园以及天津滨海旅游度假区等，人文旅游资源以展现城市古今变化的古迹、名胜和现代城市风光为主，如和平路金街、古文化街、五大道、天后宫、文庙、大沽口炮台、天津乐园、天津奥林匹克中心及天津科技馆等。1989年评选出的“津门十景”分别是“天塔旋云”“蓟北雄关”“三盘暮雨”“古刹晨钟”“海门古塞”“沽水流霞”“故里寻踪”“双城醉月”“龙潭浮翠”“中环彩练”，这些景观既有名胜古迹又有旧景新颜，是新时代天津旅游景观的代表。天津还是诸多曲艺形式发源、兴盛和发展的地方。其中，天津时调、天津快板、京东大鼓、京韵大鼓、铁片大鼓、快板书等曲艺形式是在天津形成的，相声更是天津传统曲艺的重要代表，话剧则是中西文化在天津碰撞交融最为突出的代表。

二、主要旅游资源及景区

（一）世界遗产

截至2022年8月，天津拥有2处世界遗产，分别是长城（天津段）、中国大运河（天津段），全部为文化遗产。

1. 长城（天津段）（1987.12，世界文化遗产）

天津境内的长城世界遗产主要是位于蓟州区北的黄崖关长城，它不仅是明代蓟镇长城的重要关隘，境内唯一的一座关城，也是京东军事险要之地。它因关城东侧山崖的岩石多为黄褐色，每当夕阳映照，金碧辉煌，素有“晚照黄崖”之称，并因此得名。这一段长城建筑特点是，台墙有砖有石，敌楼有方有圆，砌垒砖有空心有实心。关城塞堡、敌台水关，应有尽有，接山跨河，布局巧妙，集雄险奇秀于一身。关城东西两侧崖壁如削，山势陡峭雄伟，有“一夫当关，万夫莫开”之势，历来为兵家必争之地。

2. 中国大运河（天津段）（2014.6，世界文化遗产）

天津境内大运河全长约190公里，列入遗产区的为南、北运河天津三岔口段，全长71公里。大运河天津段遗产构成包括27处不可移动实物遗产，馆藏文物、非物质文化遗产等其他文化遗产以及大量古树名木、历史植被等背景环境。天津段大运河开凿于元代，包括天津至北京通州的北运河和天津至山东临清的南运河的一部分。南、北运河与海河在天津三岔口相汇。元代庞大的漕运（南粮北运）促进了直沽（天津）的繁荣发展，直沽因而被马可·波罗誉为“天城”。三岔口作为运河漕运中转站，当年船舶云集，元朝廷于三岔口两岸敕建有天后宫，成为船工酬神、聚会场所。

（二）国家5A级旅游景区

截至2022年8月，天津拥有2家国家5A级旅游景区，分别是天津古文化街旅游区（津门故里）和天津盘山风景名胜区（见表6-4）。

表6-4　天津市国家5A级旅游景区一览

序号	景区名称	评选时间
1	天津古文化街旅游区（津门故里）	2007年
2	天津盘山风景名胜区	2007年

【知识拓展6-1】

杨柳青年画

杨柳青年画，全称“杨柳青木版年画”，属于木版印绘制品，是著名的汉族民间木版年画之一，与苏州桃花坞年画并称“南桃北柳”。杨柳青年画产生于中国明代崇祯年间，继承了宋、元绘画的传统，吸收了明代木刻版画、工艺美术、戏剧舞台的形式，采用木版套印和手工彩绘相结合的方法，创立了鲜明活泼、喜气吉祥、富有感人题材的独特风格。2006年5月20日，该遗产经国务院批准列入第一批国家级非物质文化遗产名录。杨柳青年画产品行销北方及东北、内蒙古、新疆各地。对河北武强年画、东丰台年画及山东潍县、高密及陕西凤翔等地年画都有一定影响。

资料来源：天津市人民政府网站。

【任务引入】

天津市是我国著名历史文化名城，距今有600多年的历史，拥有深厚的历史文化底蕴，诸多曲艺形式在这里兴盛，非遗传承氛围浓厚，诸多非物质文化遗产在此得以传承。由于得天独厚的地理位置，天津市汇集了八方来客，也云集了八方美食，构成了天津特色的津门美食。

【任务分析】

天津市凝聚了600多年的城市记忆，为天津时调、天津快板、京东大鼓、京韵大鼓、铁片大鼓、快板书等曲艺形式的发源、兴盛和发展提供了良好条件，尤其是天津的地域文化、天津方言的滋润以及天津人率真豪爽和幽默诙谐的乐观性格使天津相声誉满海内外，天津市的手艺人、匠人也让这座城市充满文化味儿，流传了形神兼具的“泥人张”彩塑，首批获得国家级非物质文化遗产项目的“杨柳青木版年画”，造型多变、彩绘逼真、飞行平稳的“风筝魏”等诸多非物质文化遗产。各种风味的天津美食遍布街区闹市，有家喻户晓的“津门三绝”：“狗不理包子”“十八街麻花”“耳朵眼炸糕”，也有美味适口、营养丰富的天津菜。

【任务实施】

任务要求：根据天津市的文化历史和曲艺、非物质文化遗产、传统美食等旅游特色，简单设计可开发的文化旅游产品并进行归类。

任务目标：

1. 熟悉天津市文化旅游资源概况。

2. 能够将天津市文化旅游资源与旅游产品的对应关系梳理明晰。

3. 对已开发的天津市文化旅游产品有基本认知。

实训步骤：参见表 6–5 提示。

表 6–5　实训操作指导步骤

步骤	标准	提示
1.详细查找天津市的文化旅游资源	如民族工艺品、传统美食、特色演艺等方面	如杨柳青年画、十八街麻花、相声表演等
2.将天津市文化旅游资源与旅游产品对标	要充分考虑到产品开发的具体功能	如手工艺品可以转化成体验制作等体验产品、非遗传承产品等文化旅游产品
3.将梳理出的产品按照某种标准分类，如功能等	梳理分类中要有平行的对应关系，坚持同一标准分类	如按照功能梳理餐饮、休闲、体验产品等
4.回归天津市文化旅游产品，对标已开发的文化旅游产品，验证开发状况	依托节事活动、热门旅游线路进行分析	如天津相声节、天后宫皇会，最天津 · 古风津韵游等

任务 4　河北旅游亚区旅游资源概况

【任务概述】

河北省地形地貌复杂多样，高原、山地、丘陵、盆地、平原类型齐全，有坝上高原、燕山和太行山山地、河北平原三大地貌单元。河北历史文化悠久，自古有“燕赵多慷慨悲歌之士”之称。得天独厚的自然和人文环境为河北省发展旅游业提供了先决条件。通过学习，熟悉河北省区域旅游资源概况，掌握河北省高价值的旅游景区概况，认识到它作为京畿要地在旅游发展上的优势和劣势。

【学习目标】

1. 熟悉河北省区域旅游资源概况，掌握河北省国家历史文化名城、世界遗产、国家 5A 级旅游景区的基本概况。

2. 具备撰写人文类景区高价值旅游景点概况的基本能力。

【知识准备】

一、区域旅游资源概况

河北省，简称“冀”，因位于黄河以北而得名。河北省总面积 18. 88 万平方公里，人口 7448 万人（截至 2021 年年底）。

地处华北平原，东临渤海、内环京津，西依太行山，北靠为燕山，燕山以北为张北高原。地势西北高、东南低，由西北向东南倾斜。地貌复杂多样，是中国唯一兼有高原、山地、丘陵、盆地、平原、湖泊和海滨的省份，属温带季风气候，四季分明。

河北文化博大精深，自古有“燕赵多慷慨悲歌之士”之称，是英雄辈出的地方。河北省是中华民族的发祥地之一，早在五千多年前，中华民族的三大始祖黄帝、炎帝和蚩尤就在河北由征战到融合，开创了中华文明史；春秋战国时期河北地属燕国和赵国，故有“燕赵大地”之称；解放战争时期，河北西柏坡为中共中央临时所在地。悠久的历史造就了河北省文化底蕴深厚，名胜古迹众多，旅游资源丰富。拥有世界文化遗产长城、承德避暑山庄、清东陵和清西陵；河北还是长城途经距离最长、保存最完好的省份，境内长城遗存达 2000 多公里，老龙头、山海关、金山岭长城等长城精华均在河北境内。承德避暑山庄是世界现存最大的皇家园林，其周围的外八庙是中国最大的皇家寺庙群。清东陵和清西陵是中国现存规模最大、保存最完整的皇家陵墓群。赵州桥被誉为“世界拱桥之祖”，是世界最古老的敞肩石拱桥，迄今已有 1400 余年的历史。

除此以外，河北省也不乏秀丽多姿的自然景观，如北戴河、南戴河等天然海滨风光，辽阔壮美的坝上草原，充满野趣的野三坡以及险峻秀美集于一身的嶂石岩等。

【行业前沿 6-2】

河北推进文化和旅游深度融合发展

党的二十大报告提出，“繁荣发展文化事业和文化产业”“加大文物和文化遗产保护力度”“坚持以文塑旅、以旅彰文，推进文化和旅游深度融合发展”。河北省文化和旅游系统将深入贯彻党的二十大精神，全面落实省委十届三次全会部署，认真谋划未来五年推进中国式现代化河北文旅场景，实施文艺创作繁荣发展行动。推进文艺精品创作，打造一批展现燕赵形象、体现时代精神、增强人民精神力量的精品力作。打造艺术名家工作室，推动艺术名家领衔创排精品剧目、培养艺术人才，培育造就一批德艺双馨的艺术家和梯次辈出的文化文艺人才队伍。塑造河北文艺特色品牌，高质量举办“一带一路”·长城国际民间文化艺术节、中国吴桥国际杂技艺术节等重点品牌文艺活动，讲好河北故事、传播好河北声音。

资料来源：中国经济新闻网。

二、主要旅游资源及景区

（一）国家历史文化名城

截至 2022 年 3 月，河北省共有国家历史文化名城 6 座，如表 6-6 所示。

表 6-6　河北省国家历史文化名城及资源概况

城市名称	评选时间	资源概况
承德市	1982年	承德是首批国家历史文化名城，是避暑山庄及周围寺庙、长城等世界文化遗产所在地，承德现存各级文物保护单位4000余处，历史文化价值极高。承德市是中国历史文化名城中极少数“无城垣的古代治所城市”之一，其独特的山庄城市一体的发展模式及空间特征，是中国山水城市之独一类型
保定市	1986年	保定以“保卫大都，安定天下”得名，素有“北控三关，南达九省，畿辅重地，都南屏翰”之称。保定是传说中尧帝的故乡，有着3000多年的历史，是历史上燕国、中山国、后燕立都之地，境内文物古迹众多，如大慈阁、直隶总督署、清西陵等
正定县	1994年	正定县位于河北省西南部，华北平原中部的冀中平原，古称常山、真定，历史上曾与北京、保定并称“北方三雄镇”，是国家历史文化名城、中国民间艺术之乡
邯郸市	1994年	邯郸8000年前孕育了新石器早期的磁山文化；战国邯郸为赵国都城，魏县为魏国都城；汉代与洛阳、临淄、南阳、成都共享“五大都会”盛名；汉末曹魏在临漳建都，先后为曹魏、冉魏、前燕、东魏、北齐都城
山海关区	2001年	山海关区位于河北省东北部，为秦皇岛市辖区之一，是连接东北与华北的咽喉要道，素有“两京锁钥无双地，万里长城第一关”之称。境内历史文化遗存众多，山、海、关、城、楼、湖、海、洞、庙种类齐全
蔚县	2018年	蔚县位于河北省西北部，东临北京，南接保定，西倚山西大同，北枕张家口，是中国文化先进县、民间艺术之乡、剪纸艺术之乡、剪纸艺术研究中心、最佳民俗文化旅游城市

（二）世界遗产

截至 2022 年 8 月，河北拥有 4 处世界遗产，分别是长城（河北段）、承德避暑山庄及周围寺庙、明清皇家陵寝（清东陵、清西陵）、中国大运河（河北段）。

1. 长城（河北段）（1987. 12，世界文化遗产）

长城在河北境内长达2000多公里，精华地段20余处，大小关隘200多处，是长城保存最为完整最具代表性的区段。如今看到的明长城多为夯土建筑，真正最具典型意义砖石结构的长城只有1000多公里，其中有200多公里在北京，其余绝大部分分布在河北省的秦皇岛市、唐山市、张家口市、承德市，著名的有金山岭长城、山海关、老龙头、遵化鹫峰山长城、迁西潘家口水下长城、迁安大理石长城、青山关、喜峰口、冷口关、监狱楼、七十二券楼、水门、长城砖窑、养马圈等。金山岭长城是进出塞内外的咽喉要道，也是历史上兵家必争之地。金山岭长城最突出的特点是：登高远眺、视野开阔、气势雄伟、敌楼密集、建造艺术精美，堪称我国万里长城的精粹。山海关古称榆关，在秦皇岛市以东10多公里处，山海关的城池，周长约4公里，是一座小城，整个城池与长城相连，以城为关，是一座防御体系比较完整的城关。

2. 承德避暑山庄及周围寺庙（1994. 12，世界文化遗产）

承德避暑山庄，又称“热河行宫”，坐落于河北省承德市中心以北的狭长谷地上。避暑山庄是中国现存最大的皇家园林和寺庙群，占地总面积611.2公顷。始建于清康熙四十二年（1703年），历时近90年，期间清王朝国力兴盛，能工巧匠云集于此。它是清代皇帝夏天避暑和处理政务的场所，由众多的宫殿以及其他处理政务、举行仪式的建筑群构成，主要分为宫殿区和苑景区两部分。承德避暑山庄周围12座建筑风格各异的寺庙，是当时清政府为了团结新疆、西藏等地区的少数民族，利用宗教作为笼络手段而修建的。庙宇按照建筑风格分为藏式寺庙、汉式寺庙和汉藏结合式寺庙三种。承德避暑山庄周围的寺庙现存的有普陀宗乘之庙、须弥福寿之庙、普乐寺、普宁寺、安远庙、溥仁寺、殊像寺。这些寺庙融和了汉、藏等民族建筑艺术的精华，气势宏伟，极具皇家风范。

承德避暑山庄及其周围寺庙是一个典型的中国宫殿建筑、园林艺术和宗教建筑结合的杰作，它继承和发展了中国古典园林“虽由人作，宛自天开”的造园思想，按照地形地貌特征进行选址和总体设计，完全借助于自然地势，因山就水，顺其自然，同时融南北造园艺术的精华于一身。它是中国园林史上一个辉煌的里程碑，曾经影响了欧洲，并在18世纪世界园林史上承担重要角色。

3. 明清皇家陵寝（清东陵、清西陵）（2000.11，世界文化遗产）

清东陵和清西陵的陵墓从规划建制到建筑造型均仿照明朝，采用集中陵区的手法，安排总入口，从正红门开端，经统一的神道石像生、碑亭及华表，然后分达各陵区。清东陵位于遵化市境内，是中国现存规模最为宏大、体系最为完整、布局最为得体的帝王陵墓建筑群。入关第一帝清世祖顺治皇帝的孝陵位于南起金星山、北达昌瑞山主峰的中轴线上，康熙、乾隆、咸丰、同治四位皇帝及其后、妃及皇子公主们的陵寝则以孝陵为中轴线按照“居中为尊”“长幼有序”“尊卑有别”的传统观念依山势在孝陵的两侧呈扇形东西排列开来。

清西陵是清朝最后一处帝王陵墓群，清西陵的选址、设计和营建，严格在中国古代的风水理论指导下进行，选址在保定市易县城西 15 公里处的永宁山下，易水河畔的宽阔谷地，这里万山拱卫、众水朝宗，金碧辉煌的古建筑群在苍松翠柏的掩映下，既雄奇壮丽，又清幽典雅。清西陵具有极高的史艺价值，雍正皇帝的泰陵建有世界上单体规模最大的品字形石牌坊，道光皇帝的墓陵建有世界最大的楠木雕龙隆恩殿，清西陵永福寺、行宫为清代陵寝附属建筑仅存孤例。

4. 中国大运河（河北段）（2014.6，世界文化遗产）

河北段大运河“两点一段”，即衡水景县华家口夯土险工坝、沧州东光县连镇谢家坝、沧州至德州段运河河道。河北大运河的历史可追溯至东汉末年，从 204 年起曹操为了军事需要，开凿、疏通了境内一些运河，迄今已经有 1800 多年的历史。河北段大运河北起廊坊香河县与北京交会处——杨洼闸，南至邢台市临西县尖冢，沟通海河和黄河两大水系，流经廊坊、沧州、衡水、邢台、邯郸 5 个市，总长近 600 公里。河北段大运河遗址线路清晰、体系完整，拥有较为完整的人工河道和堤防体系，代表了我国北方大运河遗产的特色，是我国大运河体系中不可或缺的重要文化遗产。

（三）国家 5A 级旅游景区

截至 2022 年 8 月，河北省国家 5A 级旅游景区共 11 家，如表 6-7 所示。

表 6-7　河北省国家 5A 级旅游景区一览

序号	景区名称	评选时间
1	承德市双桥区承德避暑山庄及周围寺庙景区（普陀宗乘—须弥福寺—普宁寺—普佑寺）	2007年
2	保定市安新县白洋淀景区（文化苑—大观园—鸳鸯岛—元妃荷园—嘎子印象—渔人乐园）	2007年
3	秦皇岛市山海关景区（2015年摘牌，2018年11月复牌）	2007年
4	保定市涞水县野三坡景区（百里峡—白草畔—鱼骨洞—龙门天关）	2011年
5	石家庄平山县西柏坡景区	2011年

续表

序号	景区名称	评选时间
6	唐山市遵化市清东陵景区	2015年
7	邯郸市涉县娲皇宫景区	2015年
8	邯郸市永年区广府古城景区	2017年
9	保定市涞源县白石山景区	2017年
10	保定市清西陵景区	2019年
11	承德市金山岭长城景区	2020年

【任务引入】

承德避暑山庄，又名“承德离宫”或“热河行宫”，是世界文化遗产、国家5A级旅游景区、全国重点文物保护单位、中国四大名园之一，也是我国现存最大的皇家园林。山庄位于河北省承德市中心北部，武烈河西岸一带狭长的谷地上，是清代皇帝夏天避暑和处理政务的场所。

【任务分析】

承德避暑山庄享有“中国地理形貌之缩影”的盛誉，主要分为宫殿区和苑景区（湖泊区、平原区和山岳区）两部分。宫殿区位于山庄南部，宫室建筑林立，布局严整，是紫禁城的缩影。包括正宫、松鹤斋、万壑松风和东宫四组建筑。苑景区又分湖泊区、平原区和山岳区。苑景区的精华基本上在湖泊区，康熙曾夸耀说“天然风景胜西湖”。湖泊区集南方园林之秀和北方园林之雄，将江南园林的景观移植到塞外。

【任务实施】

任务要求：根据承德避暑山庄开放区域的景点及导览图，请撰写承德避暑山庄景区内某一高价值旅游点的景点概况，字数500字以内。

任务目标：

1. 具备对国家5A级旅游景区内高价值点的鉴别能力。

2. 具备对景区内高价值旅游景点概况的撰写能力。

实训步骤：参见表6–8提示。

表 6–8　实训操作指导步骤

步骤	标准	提示
1.确定高价值旅游点	通过承德避暑山庄官网、旅游攻略等确定高价值旅游点	如避暑山庄博物馆、烟雨楼等
2.搜索高价值点相关资料	通过多途径，对确定的高价值旅游景点进行详细了解	如博物馆概况及馆内重要文物代表、烟雨楼匾额、楼前假山相关数据、材料
3.景点概况的撰写	对资料进行取舍，且要符合景点介绍的特色，语言精练、准确	如避免过多书面语言，具备现场感，强调重点内容、高价值点，能够达到对游客科普的效果

【项目考核】

一、单项选择题

1. 我国现存规模最大、保存最完整的皇家园林是（　）。

A. 颐和园　　B. 圆明园　　C. 承德避暑山庄　　D. 恭王府

2. 我国拥有世界遗产数量最多的城市是（　）。

A. 北京　　B. 天津　　C. 西安　　D. 南京

二、多项选择题

1. 以下属于京津冀旅游区皇家建筑群的有（　）。

A. 天坛　　B. 故宫　　C. 长城　　D. 避暑山庄

2. 我国四大水利工程中被评为世界遗产的景区有（　）。

A. 坎儿井　　B. 都江堰　　C. 京杭大运河　　D. 灵渠

3. 故宫前朝的三大殿指的是（　）。

A. 太和殿　　B. 武英殿　　C. 中和殿　　D. 保和殿

【项目实训】

保护是建设的基石。2021 年 6 月 1 日，《河北省长城保护条例》施行。“条例明确当地县级以上政府承担主体责任，文物部门承担监管责任，毗邻政府部门应做好管理衔接，确保了长城点段巡查、看护、管理全覆盖。”河北省文物局局长张立方说。郭中兴是河北省承德市滦平县金山岭长城文物管理处主任，也是中国首批长城保护员之一。郭中兴守护了长城 24 年，一年平均在长城巡查 500 趟，拍照记录长城的图片有 30 多万张。

“长城国家文化公园金山岭一期展示工程于2021年6月开工，10月底完工，工程涉及475米延长墙体、敌楼5座，重点进行马道整修、敌楼抢险加固等，为长城国家文化公园核心展示区建设提供了可借鉴的示范。”郭中兴说。随着科技的进步，长城保护装备逐步升级。如今，一些长城保护员已使用无人机巡查长城，为偏远地段的长城点段巡查提供了有力支撑。金山岭长城段已采用阴雨天气自动升降式的避雷设施，有效避免雷击对长城造成的破坏，又不影响文物景观。河北还编制完成了《长城国家文化公园（河北段）建设保护规划》，出台了《长城国家文化公园（河北段）文化和旅游融合发展专项规划》《长城河北段周边风貌控制导则》加强对长城的保护。

实训要求：请以小组为单位，查找资料，对长城世界遗产近年在资源保护上做出的系列举措进行梳理。

资料来源：2022年10月21日《中国文化报》第2版刊发特别报道《长城国家文化公园：构筑民族性世界性兼容的文化地标》。

项目 7

民族摇篮——中原文化旅游区认知实践

项目导学

- 民族摇篮——中原文化旅游区认知实践
  - 中原文化旅游区旅游地理环境特征分析
    - 自然旅游地理环境特征分析
    - 人文旅游地理环境特征分析
  - 陕西旅游亚区旅游资源概况
    - 区域旅游资源概况
    - 主要旅游资源及景区
  - 山西旅游亚区旅游资源概况
    - 区域旅游资源概况
    - 主要旅游资源及景区
  - 河南旅游亚区旅游资源概况
    - 区域旅游资源概况
    - 主要旅游资源及景区
  - 山东旅游亚区旅游资源概况
    - 区域旅游资源概况
    - 主要旅游资源及景区

学习目标

知识目标：

1. 了解中原文化旅游区经典旅游线路及特色。

2. 熟悉陕西省、山西省、河南省、山东省主要旅游资源概况。

3. 掌握中原文化旅游区旅游地理环境特征。

能力目标：

1. 具备对本区热门线路火爆的原因进行系统分析的能力。

2. 能够对本区涉及的丝路文化及历史遗址遗迹有系统性认知。

素质目标：

1. 充分认识我国建设黄河文化旅游带发展战略为旅游业带来的重要机遇。

2. 通过构建黄河文化旅游带，提升家国情怀、增强文化自信。

任务1　中原文化旅游区旅游地理环境特征分析

【任务概述】

中原文化旅游区以黄河为纽带，西起黄土高原、东到海滨，连接起了陕西省、山西省、河南省和山东省四个省份。作为我国华夏文明的重要发祥地，数千年的历史为本区留下了大量珍贵的人文旅游资源。同时中原文化旅游区名山大川知名度高，海滨旅游资源发展势头良好，成为我国近年来旅游业发展较快的区域。通过学习，了解本区主要的地形地貌，熟悉本区概况、主要山脉与地理单元，掌握景区自然景观特征和人文景观特征。

【学习目标】

1. 了解中原文化旅游区地形、地貌与主要山脉、河流概况，熟悉中原文化旅游区自然与人文旅游地理环境特征。

2. 通过对本区深厚文化底蕴的掌握，树立家国情怀、增强文化自信。

3. 具备追踪本区旅游热门目的地、旅游产品的行业敏感度。

【知识准备】

陕晋豫鲁旅游区包括陕西、山西、河南和山东四个省份，位于黄河中下游，地域范围上西起黄土高原边缘，东临渤海和黄海，北到内蒙古高原南侧，南达秦岭淮河一线。该区面积68.58万平方公里，人口总量2.73亿（截至2021年年底），是我国人口异常密集的地区，以汉族为主。

该区是中华民族和华夏文化的发祥地，历史上长期以来都是我国重要的政治、经济和文化中心，人文资源优势异常突出，旅游资源价值非常高，是我国主要的文化旅游区。

一、自然旅游地理环境特征分析

（一）地形复杂多样，高原、山地景观独具特色

中原文化旅游区处于我国第二阶梯向第三阶梯的过渡地带上，地势由西向东逐渐降低，拥有高原、山地、平原、盆地、丘陵各种地形，地貌类型齐全，景观多样，各具特色。陕西省秦岭以北、山西省太行山以西及河南省三门峡陕州区一带以北地区是主要的黄土高原景观分布区，由于黄土颗粒疏松多孔，呈垂直节理发育，透水性极强，经雨水长期的冲刷和流水切割，形成了黄土高原上特有的峁、梁、塬、沟、谷、穴等的景观形态，给人以粗犷和原始美感。生活在该区域的人们充分利用该地形创造了窑洞这一独特的民居形式，是黄土高原上最具自然地理特色的人文景观。黄河携带黄土高原大量的泥沙经由河南孟津最后一段地势落差后，开始在下游沉积，最终形成了地域范围涵盖河南中东部与山东西侧面积最大的黄河及淮河冲积平原，为我国粮食的主产区，形成了丰富的乡村休闲旅游景观。

由于本区处于我国第二阶梯向第三阶梯的过渡地带，且经历了地球的地质运动，形成了太行山山脉、秦岭山脉、大别山脉等众多的山脉，产生了许多著名的山地景观，如五岳之中的陕西华山、山东泰山、山西恒山、河南嵩山，其中山东泰山还是世界双重遗产，嵩山为世界地质公园，山西五台山是四大佛教名山之首。此外，河南云台山为世界地质公园，山东崂山为道教名山，这些山岳景观都吸引了无数游人前来参观游览。

（二）河、海、库、湖广布，水体旅游景观类型齐全

本区水体旅游资源丰富，形成了河流、海洋、湖泊、瀑布、泉等类型齐全的水体旅

游景观。本区有海河、黄河、淮河三大水系横亘其中，京杭大运河纵贯南北，为本区开展水体旅游活动提供了良好的自然基础。近年来，国家给予黄河流域生态保护和高质量发展充足的重视，构建黄河文化旅游带也为本区的陕西省、山西省、河南省和山东省的黄河文化旅游带来了良好契机，促进了区域之间的联动发展。壶口黄河的瀑布奔腾、三门峡黄河的船行柳梢、洛阳黄河的绿色长城、郑州段黄河的一望无垠、开封黄河的悬河奇观、东营黄河的湿地萦绕都是吸引无数游客游览体验的独特自然景观。山东省北靠渤海、东临黄海，港口与海滨浴场众多，为开展海滨旅游景观的观光旅游提供了良好的条件。

此外，本区湖泊与水库众多，有南水北调中线工程的水源地——丹江口水库、中国北方最大的淡水湖——微山湖、“中国死海”——运城盐湖、中国最大的沙漠淡水湖——红碱淖等，都成为深受游客喜爱的自然景观。济南的趵突泉、太原的难老泉、西安的华清池等都是享有较高的知名度的泉水旅游景观。

（三）暖温带大陆季风气候显著，四季景观差异明显

本旅游区除了陕西汉中、安康、商洛南部、河南的信阳、南阳南部地区属亚热带季风气候，胶东半岛沿线属暖温带湿润性气候，陕西北部为温带干旱性气候外，绝大部分属于暖温带大陆性季风气候。这使本旅游区的自然旅游资源呈现出淡旺季差异明显的特征，四季旅游景观明显。春季短促，气温逐渐升温不稳定，山地植被自然绿化较晚，游客尚未出游已经过渡到夏初；夏天气候相对适宜，森林植被率高，自然景观丰富，本区太行山、华山、恒山、泰山等山地景观吸引许多游客前往，进行山地避暑休闲游；胶东半岛的沿海城市如烟台、威海和青岛，由于海岸线漫长，气候凉爽，是游客避暑的理想胜地；秋季秋高气爽、风和日丽、瓜果飘香，成为本区的黄金旅游季节；冬季漫长较冷，降雪量较少，树木凋敝，自然景色暗淡，同春季一道成为旅游淡季。

二、人文旅游地理环境特征分析

（一）历史悠久文明璀璨，文物古迹遗存丰富

本区大部分地区位于黄河中下游地区，由于气候温暖、土地肥沃、灌溉便利的自然条件十分适于人类的生存和发展。自古以来这里是古人类集中聚居的地区，是华夏民族的发祥地，也是孕育中华文明的摇篮。在本区分布有目前我国境内已知的最古老的一处旧石器时代遗址——180 万年前的山西芮城西侯度村遗址、70 万至 115 万年前的陕西省

蓝田县公王岭遗址等旧石器时代的遗址，也有以裴李岗文化遗址、仰韶文化遗址、大汶口文化遗址、龙山文化遗址等为代表的新石器时代遗址。华夏民族的始祖黄帝长期活动在黄河中下游地区，定居中原，其出生地河南省新郑市黄帝故里和陵墓地陕西省黄陵县黄帝陵成为华夏子孙祭奠祖先的重要场所，寻根问祖旅游成为本区旅游的一大特色。从秦始皇建立历史上第一个中央封建君主集权国家开始，后续的汉、唐、宋等鼎盛王朝都曾在此建都，留下了灿烂的文化和无数的文物古迹。

第一，古都旅游优势突出，我国八大古都中本区占五个：西安市、洛阳市、开封市、安阳市和郑州市，形成了本区独一无二的古都旅游资源。第二，名陵名墓多。有以秦始皇陵、茂陵、乾陵的皇帝陵墓，也有以关林、孔林、司马迁墓、杜甫墓为代表的名人墓冢。第三，宗教遗存多。佛教祖庭白马寺、禅宗祖庭少林寺、佛祖舍利圣地法门寺、三大石窟中的云冈石窟和龙门石窟，宗教名山五台山、道教名山崂山都是精华代表。第四，古道、古战场遗迹多。白登山、汉霸二王城、官渡、潼关、子午道、马陵道等都见证着当年的铁马风云。第五，姓氏根源多。本区是中华民族姓氏重要的发源地，河南是姓氏资源第一大省，全国排名前 100 个大姓中，有 70 多个发源或部分发源于河南，海内外华人的祖根大半在河南。第六，文化古迹及文物遗存多。从元代的观星台到郑国渠、西安碑林、山东孔庙，到陕西历史博物馆、河南博物院呈现的文物精华，无不昭示着本区的文化古迹及文物遗产的数量与质量的上乘。

（二）文化艺术特色鲜明，民俗民风古朴淳厚

本区悠久的历史、灿烂的文化衍生了多姿多彩，且独居地方特色的文化艺术及地方戏曲。山西锣鼓以粗犷、剽悍、雄奇、自然的地域特色，表现了黄河儿女纯朴、率直、激昂、豪迈的情怀，因而被誉为“中国第一鼓”。“信天游”是陕北民歌中最富有特色的民歌，它构筑了陕北民歌的主体。曲调悠长高亢，粗犷奔放，韵律和美。山东快书是山东地方传统曲艺形式，具有 100 多年的历史，以快节奏击板叙唱为主，语言节奏性强，故又名竹板快书。河南的少林拳、太极拳两大拳种，一刚一柔，成为中国武术中的瑰宝精华；尤其是陈氏太极拳作为太极拳的鼻祖拳种，在全世界影响极广，成为许多人的健身首选。

山西省的地方戏曲艺术历史悠久、种类繁多，在中国戏曲舞台上占有重要地位，蒲剧、晋剧、北路梆子和上党梆子是山西地方戏曲的四大支柱，称为四大梆子。陕西省形成了以秦腔为代表的近 60 个地方戏曲剧种，剧种数量居我国首位。河南省的豫剧是中国五大戏曲剧种之一、中国第一大地方剧种，也是全国拥有专业戏曲团体和从业人员数量最多的剧种山东地方戏曲有30多种，山东梆子、五音戏、柳子戏、茂腔等，可谓百花齐放。种类繁多的地方戏剧，增添了旅游活动的趣味性，也成为旅游者了解当地特色文化的独特方式。

中原文化旅游区依托历史沉淀和文化积淀，形成了在这片地域上独一无二的民风民俗。每年三月初三的黄帝故里拜祖大典、清明节黄帝陵的公祭、孔子诞辰的祭孔大典，都是中原儿女和全世界华人对中原故土热爱的表达。河南宝丰县的马街书会是中国民间曲艺的盛会，是全国各地说唱艺人的“朝拜圣地”。陕西户县农民画以朴实的绘画语言，详尽而生动地记录了农村生产劳动的壮观场面、热烈活泼的节庆场景和绚丽多彩的汉族民风民俗。扑灰年画、剪纸和聂家庄泥塑，被称为“高密三绝”，其中扑灰年画是世界上独特的画种，被誉为“中国一绝”。浚县庙会是河南省浚县古老的传统民俗及民间宗教文化活动，庙会贯穿于每年的整个农历正月，一直到二月都熙熙不散，有“华北第一大古庙会”之称。这些古朴淳厚的民风民俗折射出本区深厚的文化底蕴，增添了旅游活动的文化内涵，凸显了地方旅游特色。

【知识拓展7-1】

黄帝故里拜祖大典

黄帝故里拜祖大典，是华夏炎黄子孙于农历“三月三”在河南省新郑市祭拜先祖黄帝的仪式。自2006年（农历丙戌年）开始，升格为“黄帝故里拜祖大典”。2008年国务院确定新郑黄帝拜祖祭典为第一批国家级非物质文化遗产扩展项目。大典对弘扬中华民族优秀传统文化、缅怀始祖功德具有重要的意义，同时也突出了中华民族寻根拜祖的主题，象征炎黄子孙血脉相连、薪火相传。

资料来源：编者根据相关资料整理。

（三）物产丰富，民间工艺品种繁多

中原文化旅游区分布在我国重要的农业产区，物产丰富，陕西省的黄柱柿了饼、秦川牛肉、秦椒，河南省的铁棍山药、河阴石榴、新郑大枣，山西的闻喜煮饼、山西老陈醋、阳高杏脯，山东的东阿阿胶、平阴玫瑰等为发展旅游业提供了种类繁多的地方特产，增添了地方旅游特色。本区民间工艺品种类繁多，历史悠久，深受游客喜爱。陕西省的皮影、马勺脸谱、吴起剪纸、蓝田玉雕等，河南省的开封汴绣、洛阳唐三彩、淮阳泥泥狗、朱仙镇木版年画，山西省平遥的推光漆器、砖雕、运城关公铜像，山东省的潍坊风筝、鲁绣、淄博美术琉璃都是独具特色的工艺品，为旅游者带来丰富的旅游产品，增强了旅游的体验感。

【行业前沿 7–1】

黄河文化旅游带

2022 年 10 月 30 日，十三届全国人大常委会第三十七次会议表决通过《中华人民共和国黄河保护法》（以下简称《黄河保护法》），于 2023 年 4 月 1 日起施行。《黄河保护法》提出，加强黄河文化保护传承弘扬，建设黄河文化旅游带。黄河文化旅游带是以黄河文化为发展内核，以保护、传承和弘扬黄河文化为发展主线，以分布在黄河流域的城市所组成的带状地理空间为载体的旅游区域。在黄河流域高质量发展的国家战略背景下，构建借助区域内各类交通方式进行互联互通，以黄河流域沿线城市为发展主体，形成的集黄河文化遗产的保护与传承、黄河文化价值的挖掘与弘扬、黄河流域生态保护与发展、创新黄河文化旅游、促进区域经济与社会融合发展等多种功能于一体的综合性带状发展区，有利于黄河流域城市发挥黄河文化旅游的优势，提升区域城市的整体竞争力，促进区域的协同发展。

资料来源：编者根据相关资料整理。

【任务引入】

黄河流域作为中华文化的源头与根基，沿黄九省份留存了许多传统村落。这些村落在历史发中有其地域与文化的特殊性，与人类最初的生命之河黄河有着密不可分的依存关系，其建筑形式、理念与情感都有与其他传统村落不同的特征。作为黄河流域历史变迁的见证者，这些留存下来的历史遗存，展现了中华民族千百年来治理黄河的文化脉络。

【任务分析】

自 20 世纪 80 年代以来，随着全国城镇化、工业化进程的快速推进，传统村落的数量急剧下降，传统村落损坏日益严重，依附在传统村落的大量非物质文化遗产濒临灭绝，传统村落生态环境破坏严重。同时传统村落在保护中也面临一系列困境，包括现有法律、法规对传统村落保护力度不够，过度商业化开发导致村落传统文化衰退，城镇化进程导致村落“空心化”日益严重，新农村建设的误解导致传统村落消亡，村民追求舒适居住条件与传统村落保护的矛盾日益突出，村民保护意识淡薄，村落缺乏规划管理等现实问题，黄河流域的传统古村落同样受到以上问题困扰，因此加强传统村落保护与发展迫在眉睫。

【任务实施】

任务要求：查找资料，分组协作，讨论黄河流域传统村落的保护具体策略。

任务目标：

1. 认识黄河流域古村落在传承黄河文化中的重要意义。

2. 具备对黄河流域古村落保护措施的思辨能力。

3. 通过黄河文化保护，提升文化自信。

实训步骤：参见表 7–1 提示。

表 7–1　实训操作指导步骤

步骤	标准	提示
1.查找黄河流域古村落存在问题	按照具体要素归纳	如村落风貌、完整度、文化遗留等
2.剖析问题背后的原因	从社会、居民、古村落舒适性等多角度分析	如城镇化进程快、古民居采光差等
3.给出保护的具体措施	可根据问题有针对性地给出措施	如改善居住条件、建设美丽乡村等

任务 2　陕西旅游业区旅游资源概况

【任务概述】

陕西省地处我国内陆腹地，境内有秦岭山脉穿过，形成了高原、平原、山地三大地貌区，陕西省是中华民族的发源地之一，造就了陕西丰富且高品质的旅游资源。通过学习，了解陕西省旅游资源概况，掌握陕西省主要旅游景区景点概况，熟悉陕西省旅游特色。

【学习目标】

1. 熟悉陕西省区域旅游资源概况，掌握陕西省国家历史文化名城、国家5A级旅游景区的概况。

2. 具备对陕西省热门主题线路的行业敏感度，以及按照确定的主题和旅游资源进行基础线路设计的能力。

【知识准备】

一、区域旅游资源概况

陕西省，简称“陕”或“秦”，位于我国西北地区东部的黄河中游，土地总面积20.58万平方公里，人口3954万人（截至2021年年底）。陕西境内山塬起伏，河川纵横，地形复杂，南北高、中间低；全省以北山和秦岭为界，从北到南可分为陕北高原、关中平原和秦巴山地三大地貌区，由此形成了温带、暖温带和北亚热带三个不同的气候带。

陕西是中华民族灿烂的古代文化发源地之一，考古发掘证明，蓝田猿人生活在距今70万—115万年，奴隶社会的西周、封建社会的秦、西汉、东汉（末年）、新莽、西晋（末年）、前赵、前秦、后秦、西魏、北周、隋、唐13个王朝，曾在陕西建都。从西汉时起，长安便与许多国家有频繁的交往，“丝绸之路”就以长安为起点，它促进了我国和南亚、西亚及欧洲各国的经济、文化交流。到唐代，长安同亚洲、欧洲各国交往更加密切，长安成为当时有名的国际大都市。

陕西是中国旅游资源最富集的省份之一，资源品位高、存量大、种类多、文化积淀深厚，地上地下文物遗存极为丰富，被誉为“天然的历史博物馆”。在这座“天然历史博物馆”，随处可看到古代城阙遗址、宫殿遗址、古寺庙、古陵墓、古建筑等，著名的有“世界第八大奇迹”秦始皇兵马俑，中国历史上第一个女皇帝武则天及其丈夫唐高宗李治的合葬墓乾陵，佛教名刹法门寺，中国现存规模最大、保存最完整的古代城垣西安城墙，中国最大的石质书库西安碑林等。全省各地的博物馆内陈列的西周青铜器、秦代铜车马、汉代石雕、唐代金银器、宋代瓷器及历代碑刻等稀世珍宝，闪烁着耀眼的历史光环，昔日的周秦风采、汉唐雄风从中可窥一斑。陕西省不仅文物古迹荟萃，而且山川秀丽，景色壮观。境内有以险峻著称的西岳华山、气势恢宏的黄河壶口瀑布、古朴浑厚的黄土高原、一望无际的八百里秦川、婀娜清秀的陕南秦巴山地、充满传奇色彩的骊山风景区、六月积雪的秦岭主峰太白山、世界地质公园终南山等。

【行业前沿 7–2】

陕西省打造万亿级文化旅游产业

2022 年 9 月 7 日，为认真贯彻落实陕西省第十四次党代会精神，打造万亿级文化旅游产业集群，陕西省文化和旅游厅制定了《陕西省打造万亿级文化旅游产业实施意见（2021—2025 年）》。实施意见中提到“力争到 2025 年，文化强省建设取得显著成效，现代文化旅游产业体系更加健全，产业总收入突破 1 万亿元，增加值占全省地区生产总值比重突破 10%，年接待国内外游客突破 9 亿人次，建成传承中华优秀文化的世界级旅游目的地、国际文化旅游中心，更好满足人民群众美好生活的需要。”未来将通过构建产业发展新格局、推动市场主体提质增效、促进融合发展、丰富文化旅游产品供给、发展数字文化旅游产业、激发文化和旅游消费潜力、扩大开放水平、优化设施和服务这八项主要任务实现陕西省万亿级文化旅游产业的建设目标。

资料来源：编者根据陕西省文化和旅游厅官网资讯整理。

二、主要旅游资源及景区

（一）国家历史文化名城

截至 2022 年 3 月，陕西共有国家历史文化名城 6 座：西安市、咸阳市、延安市、韩城市、榆林市、汉中市（见表 7–2）。

表 7–2 陕西省国家历史文化名城及资源概况

城市名称	评选时间	资源概况
西安市	1982年	西安古称长安、镐京，是中国四大古都之一，“长安自古帝王都”，先后有13个王朝在此建都。西安有秦始皇陵及兵马俑、大雁塔、小雁塔、唐长安城大明宫遗址、汉长安城未央宫遗址、兴教寺塔等景点
咸阳市	1994年	咸阳地处“八百里秦川”的腹地，被称为中国第一帝都。它位于关中平原中部，渭河北岸，九嵕山之南，因山南水北俱为阳，故名咸阳。咸阳是秦汉文化的重要发祥地，也是古丝绸之路的第一站，中原地区通往大西北的要冲
延安市	1982年	延安市古称肤施、延州，原陕甘宁边区政府首府。城区处于宝塔山、清凉山、凤凰山三山鼎峙，延河、汾川河二水交汇之处的位置，自古为兵家必争之地，有“塞上咽喉”“军事重镇”之称，被誉为“三秦锁钥，五路襟喉”

续表

城市名称	评选时间	资源概况
韩城市	1986年	韩城古称“龙门”，始建于西周，称“韩侯国”，是中华文明重要发祥地之一，也是史圣太史公司马迁的故乡。它地处秦晋咽喉，承东启西，面向中原，连陕晋豫，是关中盆地的“东大门”
榆林市	1986年	榆林古称“上郡”，始于春秋战国，兴于明清，明朝九边重镇“延绥镇”（又称榆林镇）驻地，有“小北京”之美称，康熙皇帝赐“两守孤城，千秋忠勇”刻碑，有南塔北台中古城，如此奇特城建，在神州大地实属罕见
汉中市	1994年	汉中是镶嵌在秦巴之间、汉水之源的一颗璀璨明珠，自古就有“汉家发祥地、中华聚宝盆”之美称，也是两汉三国文化的主要发祥地。这里是丝绸之路开拓者张骞的故里

（二）世界遗产

截至2022年8月，陕西有2处景观列入《世界遗产名录》，分别是秦始皇陵及兵马俑坑、丝绸之路：长安—天山廊道的路网（陕西段）。

1. 秦始皇陵及兵马俑坑（1987.12，世界文化遗产）

秦始皇陵是中国历史上第一位皇帝嬴政（公元前259—前210年）的陵寝，中国第一批世界文化遗产、第一批全国重点文物保护单位景区，位于西安市临潼区城东5公里处的骊山北麓。秦始皇陵其规模之大、陪葬坑之多、内涵之丰富，为历代帝王陵墓之冠，充分表现了2000多年前中国古代汉族劳动人民的艺术才能，是中华民族的骄傲和宝贵财富。秦兵马俑坑位于秦始皇陵封土以东约1.5公里处，它是秦始皇陵的一个组成部分，坑内埋藏有陶质兵马俑7000余件，木质战车100余辆。秦兵马俑皆仿真人、真马制成。秦始皇兵马俑博物馆是中国最大的古代军事博物馆，经发掘对外开放后便轰动世界。秦俑风格浑厚、洗练，富有感人的艺术魅力，是中国古代塑造艺术臻于成熟的标志之作，被誉为“世界第八大奇迹”“人类古代精神文明的瑰宝”。

2. 丝绸之路：长安—天山廊道的路网（陕西段）（2014.6，世界文化遗产）

“丝绸之路：长安天山廊道的路网”由公元前2世纪至公元16世纪整个丝绸之路的起始路段与分布于天山山脉地区的交通路网组成，是“丝绸之路”中地位特别突出、交通距离特长、交流内容极为丰富、影响力非常深远、旅途景观尤为壮美多彩的组成部分。它从中国古代的长安和洛阳往西、经河西走廊进入天山山脉地区，路网跨距近5000公里、总长达8700多公里，由分布于中国、哈萨克斯坦和吉尔吉斯斯坦3国境内的代表性遗迹以及它们之间在18个世纪的历史过程中所形成的交通交流关系构成。中国境内段包括河南省、陕西省、甘肃省、新疆维吾尔自治区四个省区共22处遗产点。

陕西省段包括汉长安城未央宫遗址、张骞墓、唐长安城大明宫遗址、大雁塔、小雁塔、兴教寺塔、彬县大佛寺石窟 7 处景观。汉长安城遗址位于西安市西北部，是中国历史上建都朝代最多、历时最长的都城遗址，也是中国迄今规模最大、保存最为完整、遗迹最为丰富、文化含量极高的都城遗址，曾是古丝绸之路的起点。唐长安城大明宫遗址是 7—10 世纪丝绸之路东方起点都城的宫城遗址，见证了东方农耕文明发展鼎盛时期帝国的文明水平及礼制文化特征，见证了唐帝国对丝绸之路鼎盛的重要推动。位于西安大慈恩寺内的大雁塔是玄奘法师为保存由天竺带回的经卷佛像而修建，是现存最早、规模最大的唐代四方楼阁式砖塔。小雁塔是唐代佛教建筑艺术遗产，是佛教传入中原地区并融入汉族文化的标志性建筑。兴教寺塔位于西安市兴教寺内，是中国唐代高僧玄奘的墓塔。张骞墓位于汉中城固县城西 3.5 公里的饶家营，是西汉著名的外交家、探险家、丝绸之路开辟者张骞的陵墓。彬县是当年丝绸之路繁盛时东段北道第一站，丝绸之路的重要节点之一。

（三）国家 5A 级旅游景区

截至 2022 年 8 月，陕西省共有 12 家国家 5A 级旅游景区（见表 7-3）。

表 7-3　陕西省国家 5A 级旅游景区一览

序号	景区名称	评选时间
1	西安市临潼区秦始皇兵马俑博物馆	2007年
2	西安市临潼区华清池景区	2007年
3	延安市黄陵县黄帝陵景区	2007年
4	西安市雁塔区大雁塔—大唐芙蓉园景区	2011年
5	渭南市华阴市华山风景区	2011年
6	宝鸡市扶风县法门寺佛文化景区	2014年
7	商洛市商南县金丝峡景区	2015年
8	宝鸡市眉县太白山旅游景区	2016年
9	西安市城墙·碑林历史文化景区	2018年
10	延安市延安革命纪念地景区	2019年
11	西安市大明宫旅游区	2020年
12	黄河壶口瀑布旅游区（陕西省延安市·山西省临汾市）	2022年

【任务引入】

陕西省山川秀丽，景色壮观，文化积淀深厚，旅游资源存量大，价值高，为陕西省推出多种类型的旅游线路产品提供了良好的基础。2021 年“五一”来临之前，陕西省文化和旅游厅根据陕西文旅资源的主要特点，为广大游客重磅推出“秦岭生态之旅”“黄河沿线之旅”“丝路风采之旅”“红色文化之旅”和“人文休闲之旅”五大主题游。每一个主题游以亲民性、参与性、体验性为基准，可分为旅行社团队游、自驾游两种类别的 4 条线路，共推出全新的 20 条旅游线路。

【任务分析】

在陕西省文旅厅推出的主题游线路中涵盖秦岭主峰、众多峪口、古代栈道等多个类别，让游客在绿水青山间放松身心，感悟加强生态文明建设的重大意义。同时围绕着母亲河黄河，推出了黄河景观大道、黄河流域沃野乡村游等游客参与性、体验性强的旅游线路产品供游客选择。主题丰富、特色鲜明的旅游线路产品为旅游者提供了更多样化和个性化的选择。如果你是游客，在了解了每条线路涉及的区域及特色后，会对哪条线路最感兴趣呢?

【任务实施】

任务要求：选择其中一条主题线路，查找所涉及的旅游景点、旅游资源。

任务目标：

1. 对陕西省热门主题旅游线路有一定的敏感度和认知力。

2. 对陕西省主题旅游线路所涵盖的资源与景点有基本的辨别能力。

实训步骤：参见表 7–4 提示。

表 7–4　实训操作指导步骤

步骤	标准	提示
1.确定选择线路	通过主题关键词查找相关景点	如“秦岭生态之旅”搜到华山自驾露营地，“黄河沿线之旅”搜到三河口黄河湿地公园、沿黄观光第一索
2.搜索相关旅游资源	查找主题线路涉及的旅游资源，从中抽取与线路主题符合的景区景点	如人文休闲之旅主题的景点，或者大雁塔、大唐不夜城、大明宫国家遗址公园等丝路风采之旅主题的景点，进行甄别

续表

步骤	标准	提示
3.甄别资源的价值和类型	在同类中寻找级别高、价值高的景点	如丝路风采之旅主题涉及景点，首选世界遗产、国家5A级旅游景区，再去掉同类的，补充其他类高价值景点
4.画出线路	根据景点位置、方位进行判别	如环越秦岭古道行自驾主题线路按照由西安出发顺时针方向，沿着秦岭古道上的景点进行串联，最后回到西安，形成环线

任务3　山西旅游亚区旅游资源概况

【任务概述】

山西省位于我国黄土高原东部，因复杂多变的地质、地貌、水文、气象条件，造就了类型丰富自然景观。作为中华文明的发祥地之一，山西也拥有悠久的历史和灿烂的文化，丰富的人文旅游资源。通过学习熟悉山西省区域旅游资源概况，了解我国古建筑旅游资源的基本情况，掌握山西省高价值的旅游景区概况。

【学习目标】

1. 熟悉山西省区域旅游资源概况，掌握山西省国家历史文化名城、世界遗产、国家5A级旅游景区的概况。

2. 能够对古建筑类景区高价值旅游景点概况进行简要介绍。

3. 通过古建筑提升民族自豪感，提升对古建筑旅游资源的保护意识。

【知识准备】

一、区域旅游资源概况

山西省，简称“晋”，位于黄河中游，黄土高原的东部，因地处太行山之西而得名。春秋战国时期属晋国地，全省面积15.67万平方公里，总人口3480万人（截至2021年年底）。山西西靠吕梁山，东临太行山，南北两端有中条山、恒山，黄河的第二大支流汾河从中流过，形成了太原盆地、临汾盆地、运城盆地等几大盆地，因此山西被称为“表里河山”。

山西是中华民族的发祥地之一，被誉为华夏文明的摇篮。早在250万年前，山西已经有了最早的原始人类；传说中华民族的始祖之一炎帝就曾把山西作为其部族的活动范围，中国历史上第一个奴隶制国家夏朝也建立在山西。春秋时期，山西境内主要的诸侯封国是晋，后被赵、魏、韩三家分晋，故山西又称“三晋”。隋末李渊父子从晋阳城（今太原）起兵反隋，建立唐朝，将太原作为北都。元末明初，中原地区战乱天灾频繁，人烟稀少，而太行山西侧的山西南部一带经济繁荣、人口稠密，成为政府组织向外移民的主要地区，由此产生的“根”文化影响至今。山西悠久的历史、灿烂的文化，给我们留下众多的宫观寺院、历代古塔、石窟造像、彩塑壁画、古城关隘、文化遗址、出土文物、传世珍宝，以及风情民俗、风味名食、烹饪技艺等文化遗产。山西有“中国古代艺术博物馆”之称，已被国内外各界人士所认同。

山西复杂多变的地质、地貌、水文、气象条件，造就了许多雄伟壮观、引人入胜的名山大川等自然景观。最著名的有五岳之一的北岳恒山、四大佛教名山之首五台山、道教名山北武当山、寒食文化发源地绵山、华北面积最大的原始森林历山，奇绝险峻的太行大峡谷、王莽岭等；同时奇峰险壁间形成了娘子关、雁门关、偏关、宁武关、平型关等多处雄关险隘。晋陕交界的黄河峡谷两岸秀峰林立，形态万千，风陵渡一带的黄河宽达数十里，为黄河最宽处。这些名山大川犹如一幅幅美不胜收的画卷，形成多处风光宝地，成为山西发展旅游业的优良资源。

【行业前沿 7-3】

露营渐成旅游方式新选择

远离城市的喧嚣，择一处青山绿水之地扎营，或与孩子嬉戏玩耍，或和亲友野餐小酌……随着出游方式的多样化，露营日益成为人们亲近自然、享受惬意生活的新选择，很多人用帐篷搭建起自己的“诗和远方”。露营作为一种渐受热捧的新型旅游方式，为疫情之下的文旅业注入了新的活力，成为行业的新风口。随着全域旅游的持续推进，山西省各地更是把握露营新风潮，推动露营与乡村旅游深度融合，使露营休闲成为新的旅游消费增长点。作为全国首批5C级自驾旅居车营地的山西云中河自驾车房车露营地，秉承“亲近自然、尽享舒适”的原则，结合忻州当地温泉资源，对营地房车进行了独家定制，增加了按摩冲浪温泉泡池，为游客带来了全新的休闲体验。

资料来源：《山西经济日报》，2022-12-09。

二、主要旅游资源及景区

（一）国家历史文化名城

截至2022年3月，山西共有国家历史文化名城6座：平遥县、大同市、新绛县、代县、祁县、太原市（见表7-5）。

表7-5　山西省国家历史文化名城及资源概况

城市名称	评选时间	资源概况
平遥县	1986年	平遥县是中国境内保存完整的明清时期古代县城的原型。平遥古城拥有2700多年的历史，是山西省的文物大县，有300多处古迹。“汇通天下”的日昇昌票号被誉为“中国现代银行的鼻祖”，双林寺被专家誉为“东方彩塑艺术宝库”，镇国寺万佛大殿是中国现存最早最珍贵的木构建筑之一
大同市	1982年	大同市是中国首批24个国家历史文化名城之一，古称云中、平城，曾是北魏首都，辽、金陪都。境内古迹众多，著名的文物古迹有云冈石窟、华严寺、善化寺、恒山悬空寺、九龙壁等
新绛县	1994年	新绛县古称绛州，位于山西省西南部，春秋时曾为晋都，战国时属魏，距今已有1400多年的历史。新绛小手工业发达，交通便利，民间有“七十二行样样有”“水旱码头，交通枢纽”和“南绛北代”的赞誉
代县	1994年	代县历史悠久，文化灿烂。古称雁门郡、代州，有“赵国门户，汉室要塞，大宋边防，朱明重镇”之称，是中国历史上著名的北陲政治要地、军事强藩、商埠重镇
祁县	1994年	祁县位于山西省腹地，因“昭馀祁泽薮”而得名，距今已有2500多年的历史，是国家历史文化名城、晋商故里。祁县是中国晋商社火之乡、中国民间剪纸艺术之乡和“山西省民族传统节日（春节·元宵节）保护示范地”
太原市	2011年	太原别称为并州，古称晋阳，同时也称“龙城”，是一座具有2500多年建城历史的古都，“控带山河，踞天下之肩背”“襟四塞之要冲，控五原之都邑”的历史古城，也是中国北方著名的军事、文化重镇，世界闻名的晋商都会

（二）世界遗产

截至2022年8月，山西省有3处景观列入《世界遗产名录》，分别是平遥古城、云冈石窟、五台山。

1. 平遥古城（1997.12，世界文化遗产）

平遥古城是中国“保存最为完好的四大古城”之一，始建于西周宣王时期（公元前827—前782年），至今已有2800多年的历史。它的布局完美体现了五千年来汉族城市城市规划与建筑风格的发展，目前完好地保留了着明、清时期（14—20世纪）中国中部汉族县级市的历史形态。从19世纪到20世纪初，平遥古城是整个中国的金融中心之一，是当时最有影响的票号总部所在地和金融业总部所在地以及金融业总部机构最集中的地方。双林寺一直被誉为是“彩塑的东方艺术画廊”，保存有2000多件明清时期彩塑。镇国寺的正殿——万佛宫，可以追溯到五代时期，是现存中国最早、最珍贵的木结构建筑之一。平遥古城众多的文化遗存，不仅代表了中国古代城市在不同历史时期的建筑形式、施工方法和用材标准，也反映了中国古代不同民族、不同地域的艺术进步和美学成就。

2. 云冈石窟（2001.12，世界文化遗产）

云冈石窟位于大同市以西16公里处的武周山南麓。石窟始凿于北魏兴安二年（453年），大部分完成于北魏迁都洛阳之前（494年），造像工程则一直延续到正光年间（520—525年）。石窟依山而凿，东西绵亘约1公里，气势恢宏，内容丰富。现存主要洞窟45个，大小窟龛252个，石雕造像51000余躯，最大者达17米，最小者仅几厘米。云冈石窟的造像气势宏伟，内容丰富多彩，堪称公元5世纪中国石刻艺术之冠，被誉为中国古代雕刻艺术的宝库。云冈石窟形象地记录了印度及中亚佛教艺术向中国佛教艺术发展的历史轨迹，反映出佛教造像在中国逐渐世俗化、民族化的过程。云冈石窟是石窟艺术“中国化”的开始，敦煌莫高窟、龙门石窟中的北魏时期造像均不同程度地受到云冈石窟的影响。

3. 五台山（2009.6，世界文化景观遗产）

五台山位于忻州市五台县境内，与浙江普陀山、安徽九华山、四川峨眉山共称“中国佛教四大名山”，位居中国佛教四大名山之首。五台山与尼泊尔蓝毗尼园、印度鹿野苑、菩提伽耶、拘尸那迦并称为世界五大佛教圣地。五台山属太行山系的北端，最高海拔为3061米，素有“华北屋脊”之称。自东汉永平十一年（68年）开山建寺以来，历经发展、传播、兴衰，记录了我国佛教的发展演变过程，融会了印度佛教、藏传佛教、汉地佛教的精华，形成了法相宗、律宗、天台宗、华严宗、净土宗、密宗、禅宗等众多佛教派别，享有“中国佛教缩影”美誉，这对于研究我国佛教历史和佛学具有重要的学术价值。

（三）国家5A级旅游景区

截至2022年8月，山西省共有9家国家5A级旅游景区（见表7-6）。

表 7-6　山西省国家 5A 级旅游景区一览

序号	景区名称	评选时间
1	大同市南郊区云冈石窟景区	2007年
2	忻州市五台县五台山风景名胜区	2007年
3	晋城市阳城县皇城相府生态文化旅游区	2011年
4	晋中市介休市绵山风景名胜区	2013年
5	晋中市平遥县平遥古城景区	2015年
6	忻州市代县雁门关景区	2017年
7	临汾市洪洞大槐树寻根祭祖园景区	2018年
8	长治市壶关太行山大峡谷八泉峡景区	2019年
9	临汾市云丘山景区	2020年

【任务引入】

平遥古城，位于山西省晋中市平遥县，是世界文化遗产、国家 5A 级旅游景区，较为完好地保留着明清时期县城的基本风貌，是中国汉民族地区现存最为完整的古城。平遥古城遗产区包括三个部分：平遥古城，双林寺西南县城 6 公里，镇国寺的墙壁东北县城 12 公里范围内的整个区域。

【任务分析】

平遥古城，形态完整，包括古城墙、街巷、店铺、民居和寺庙等。全城四大街、八小街、七十二条小巷道，经纬交织、主次分明，市井商铺林立、店面相连。古民居鳞次栉比、院落重重，宅院（包括商铺）建筑中轴强烈、对称严谨，从房舍的配置上体现出长幼有序、尊卑有别的封建伦理观念。平遥古城体现着中国古、近代北方民居建筑的风格和特点，素有“中国古建筑的荟萃和宝库”之称，文物古迹保存之多、品位之高实为国内所罕见。

【任务实施】

任务要求：根据平遥古城景区旅游景点及导览图，请撰写平遥古城景区内某一高价值旅游点概况的介绍，字数 500 字以内。

任务目标：

1. 具备对古建筑类景区内高价值点的鉴别能力。

2. 具备对景区内高价值旅游景点概况的撰写能力。

实训步骤：参见表 7–7 提示。

表 7–7　实训操作指导步骤

步骤	标准	提示
1.确定高价值旅游点	通过平遥古城景区官网、旅游攻略等确定高价值旅游点	如平遥县衙、日昇昌票号、平遥城墙、镇国寺等
2.搜索高价值点相关资料	通过多途径，对确定的高价值旅游景点进行详细了解	如平遥县衙的概况、布局及形成与发展、重要价值等相关数据、材料
3.景点概况的撰写	对资料进行取舍，梳理思路，注意语言要符合逻辑，简洁明了	如避免过多书面语言，具备现场感，强调重点内容、高价值点，能够达到对游客科普的效果

任务 4　河南旅游亚区旅游资源概况

【任务概述】

河南省地处我国中部地区，是中华民族的发祥地之一，历史悠久、文化底蕴深厚，孕育了众多高价值的自然和文化旅游资源。通过学习了解河南省旅游资源概况，了解中原文化旅游的内涵和特色，掌握河南省主要旅游景区景点概况。

【学习目标】

1. 熟悉河南省区域旅游资源概况，掌握河南省国家历史文化名城、国家 5A 级旅游景区的概况。

2. 具备对河南省热门主题线路的行业敏感度，以及按照确定的资源进行基础线路设计的能力。

【知识准备】

一、区域旅游资源概况

河南省，简称“豫”，位于中国中东部、黄河中下游。《尚书·禹贡》将天下分为“九州”，豫州位居天下九州之中，现今河南大部分地区属九州中的豫州，故有“中原”“中州”之称。河南是中华民族的发祥地之一，从夏代到北宋，先后有20个朝代建都或迁都于此，河南长期是全国政治、经济、文化中心。中国八大古都河南就有四个，即九朝古都洛阳、七朝古都开封、殷商古都安阳、商都郑州。

河南省文物古迹众多，地下文物和馆藏文物丰富，这里有记载着人类祖先在中原大地繁衍生息的裴李岗文化遗址、仰韶文化遗址、龙山文化遗址，有“人祖”伏羲太昊陵、黄帝故里和轩辕丘，有最古老的天文台周公测景台，有历史上最早的关隘函谷关，最早的禅宗寺院白马寺，有“中国第一名刹”嵩山少林寺和闻名中外的相国寺等。河南还是中国姓氏的重要发源地，当今的300个大姓中根在河南的有171个，依人口数量多少而排列的100个大姓中有78个姓氏的源头或部分源头在河南，有“陈林半天下，黄郑排满街”之称的海内外四大姓氏均起源于河南。近年来，到河南寻根谒祖的海内外游客络绎不绝。河南还是武术的故乡，以少林拳和太极拳为代表的两大拳种，在世界上享有很高的知名度。

河南既是历史文化资源大省，也是自然景观荟萃之地。豫西北太行山、豫西伏牛山、豫南桐柏—大别山三大山系所呈现的自然资源景色也不尽相同，景色各异、魅力无穷。位于安阳、焦作、新乡境内的南太行，尽显雄浑壮丽，巍峨大气；位于洛阳、三门峡、南阳境内的伏牛山作为黄河流域与长江流域的分水岭，融南秀北雄于一体，生物过渡性极具特色；位于南阳、信阳境内的桐柏—大别山系已属亚热带季风气候下，水资源丰富，风光秀丽，植被覆盖率高，生态环境良好。目前依托三大山系，已经开发出以老君山、云台山、太行大峡谷、鸡公山等为代表的山地景观，成为游客夏季避暑的好去处。黄河从河南三门峡入省，沿途流经三门峡、洛阳、郑州、开封等地，形成了景色各异、特色明显的各段黄河景观。南水北调中线源头丹江口水库是亚洲最大的人工水库，景色秀丽。

二、主要旅游资源及景区

（一）国家历史文化名城

截至2022年3月，河南省共有国家历史文化名城8座：洛阳市、开封市、商丘市、安阳市、南阳市、郑州市、浚县、濮阳市（见表7–8）。

表7–8 河南省国家历史文化名城及资源概况

城市名称	评选时间	资源概况
洛阳市	1982年	洛阳素有“十三朝古都”之称，是华夏文明的重要发祥地，有着5000多年的文明史、4000多年的建城史和1500多年的建都史。它是丝绸之路的东方起点之一、隋唐大运河的中心。洛阳因牡丹而闻名于世，被誉为“千年帝都，牡丹花城”
开封市	1982年	开封素有“八朝古都”之称，迄今已有4100余年的建城史和建都史。北宋时期开封是当时世界第一大都会，孕育了上承汉唐、下启明清、影响深远的“宋文化”
商丘市	1986年	商丘是华夏文明和中华民族的重要发祥地。因上古时期商部族的起源地和聚居地在商丘，商人、商品、商业发源于商丘，商丘被誉为“三商之源”。中华始祖、三皇之首燧人氏在这里发明了钻木取火，开创了人类文明历史新纪元
安阳市	1986年	安阳是中国历史记载最早都城、中国八大古都之一、甲骨文的故乡、周易的发源地、红旗渠精神的发祥地、岳飞的家乡。安阳殷墟是中国目前为止第一个有文献可考并为考古学和甲骨文所证实的都城遗址
南阳市	1986年	南阳有3000年的建城史，为楚汉文化的发源地。曾孕育出科圣张衡、医圣张仲景、“商圣”范蠡、智圣诸葛亮、谋圣姜子牙、名相百里溪等历史名人。三国时期，南阳郡是诸葛亮躬耕之地、刘备“三顾茅庐”发源地
郑州市	1994年	郑州是华夏文明重要发祥地之一，为中华人文始祖轩辕黄帝的故里，历史上曾五次为都、八代为州，是“中国八大古都”之一和世界历史都市联盟成员
浚县	1994年	浚县古称黎阳，境内名胜古迹众多，浚县古城内的大运河浚县段、黎阳仓遗址被列为世界文化遗产。浚县大佛是“全国最早、北方最大”的大型摩崖造像。浚县泥咕咕被列入第一批非物质文化遗产名录
濮阳市	2004年	濮阳市是中华民族重要发祥地之一，还是中国姓氏的重要起源地，卢、张、范、姚、秦、顾、孟、骆等姓氏均发源于此。作为“中国杂技之乡”，拥有广泛的群众基础

（二）世界遗产

截至2016年7月，河南有5处景观列入《世界遗产名录》，分别是龙门石窟、安阳殷墟、登封“天地之中”历史建筑群、中国大运河（河南段）、丝绸之路：长安—天山廊道的路网（河南段）。

1. 龙门石窟（2000.11，世界文化遗产）

龙门石窟位于洛阳市城南的伊阙峡谷间，古代帝王以自己为“真龙天子”，故又称“龙门”。龙门石窟规模宏大、气势磅礴，窟内造像雕刻精湛，内容题材丰富，被誉为世界最伟大的古典艺术宝库之一。龙门石窟开凿于北魏孝文帝迁都洛阳之际（493年），远承印度石窟艺术，近继云冈石窟风范，与魏晋洛阳和南朝先进深厚的汉族历史文化相融合开凿而成，历经东魏、西魏、北齐、隋、唐、五代的营造，形成了南北长达1公里，具有2300余座窟龛、10万余尊造像、2800余块碑刻题记的石窟遗存。龙门石窟的造像艺术一开始就融入了对本民族审美意识和形式的悟性与强烈追求，使石窟艺术呈现出了中国化、世俗化的趋势，堪称展现中国石窟艺术变革的“里程碑”。

2. 安阳殷墟（2006.7，世界文化景观）

殷墟位于安阳市的西北郊，横跨洹河南北两岸。古称“北蒙”，甲骨文卜辞中又称为“大邑商”“邑商”，是中国商代晚期的都城，也是中国历史上第一个有文献可考、并为甲骨文和考古发掘所证实的古代都城遗址，距今已有3300年的历史。殷墟由殷墟王陵遗址、殷墟宫殿宗庙遗址、洹北商城遗址等构成，这里出土了大量都城建筑遗址和以甲骨文、青铜器为代表的丰富的文化遗存，系统展现了中国商代晚期辉煌灿烂的青铜文明，确立了殷商社会作为信史的科学地位，以其重要的历史、文化、科学和艺术价值，成为人类文明进程中一个重要的里程碑，被评为20世纪中国“100项重大考古发现”之首。

3. 登封“天地之中”历史建筑群（2010.8，世界文化遗产）

登封“天地之中”历史建筑群分布于河南省登封市区周围，包括周公测景台和观星台、嵩岳寺塔、中岳庙和太室阙、少室阙、启母阙、嵩阳书院、会善寺、少林寺建筑群（包括常住院、塔林和初祖庵）8处11项优秀历史建筑，历经汉、魏、唐、宋、元、明、清，绵延不绝，构成了一部中国中原地区上下2000年形象直观的建筑史，是中国时代跨度最长、建筑种类最多、文化内涵最丰富的古代建筑群之一。创建于东汉时期的少室阙、启母阙，是中国最古老的国家级祭祀礼制建筑典范；中岳庙和太室阙，是中国古代礼制建筑格局最全面的代表；周公测景台和观星台，是中国现存最古老的天文台；嵩阳书院作为中国最早的传播儒家理学、祭祀儒家圣贤和举行考试的书院，是已经消失了的书院文化的载体；嵩岳寺塔、少林寺建筑群和会善寺，是不同时期佛教在中国发展的纪念碑，千余年来，它们影响了广大范围内的宗教建筑形制。

4. 中国大运河（河南段）（2014.6，世界文化遗产）

大运河河南段流经洛阳市、商丘市、开封市、郑州市、新乡市、焦作市、鹤壁市、安阳市 8 座地级市，主要归属通济渠和永济渠。大运河河南段入选世界文化遗产立即列入项目的 7 项遗产点，涵盖了河道、码头、河堤、桥梁、仓窖、水工设施等完整的遗产类型，包括洛阳市回洛仓遗址和含嘉仓遗址，通济渠（汴河）郑州段，通济渠（汴河）商丘南关段，通济渠（汴河）商丘夏邑段，永济渠（卫河）滑县—鹤壁浚县段，浚县黎阳仓遗址共 7 项遗产。

5. 丝绸之路：长安—天山廊道的路网（河南段）（2014.6，世界文化遗产）

2014 年 6 月 22 日，中、哈、吉三国联合申报的陆上丝绸之路的东段“丝绸之路河南段”包括 4 处景点：汉魏洛阳城遗址、唐洛阳城定鼎门遗址、新安汉函谷关遗址、崤函古道石壕段遗址。汉魏洛阳城历经西周、东周、东汉、曹魏、西晋、北魏等朝代，都城史长达 540 年以上。定鼎门遗址是隋唐和武周时期都城洛阳城外郭城正门，位于隋唐洛阳城中轴线上。汉函谷关是西汉时期屏障关中地区最重要的一道门户，是洛阳盆地周边防御体系的重要组成部分。崤函古道石壕段遗址是汉唐时期沟通长安、洛阳两大都城交通要道的组成部分，是丝绸之路长期、长距离交通保障系统的珍贵物证。

【知识拓展 7-2】

文旅融合让文化资源“活起来”

随着人们对高品质精神文化生活需求的提升，具有文化内涵、文化特色的旅游项目、旅游景点和旅游线路受到人们的欢迎，文化与旅游相互融合、相互促进、共同发展的趋势越来越明显。通过文旅融合，有助于充分发挥公共文化设施功能，不断优化公共文化服务供给，让中华优秀文化种子“活起来”，满足人民群众日益多元化、个性化的文化服务需求，让公众不断感受到文化带来的无穷魅力，刺激新的消费和需求，使中华文化不断获得新的生长点。

资料来源：《中国文化报》，2022-11-11。

（三）国家 5A 级旅游景区

截至 2022 年 11 月，河南省共有 15 家国家 5A 级旅游景区（见表 7-9）。

表7-9 河南省国家5A级旅游景区一览

序号	景区名称	评选时间
1	郑州市登封市嵩山少林寺景区	2007年
2	洛阳市洛龙区龙门石窟景区	2007年
3	焦作市云台山—神农山—青天河风景区	2007年
4	安阳市殷都区殷墟景区	2011年
5	洛阳市嵩县白云山景区	2011年
6	开封市龙亭区清明上河园景区	2011年
7	平顶山市鲁山县尧山—中原大佛景区	2011年
8	洛阳市栾川县老君山—鸡冠洞旅游区	2012年
9	洛阳市新安县龙潭大峡谷景区	2013年
10	南阳市西峡县伏牛山—老界岭—中国恐龙遗址园旅游区	2014年
11	驻马店市遂平县嵖岈山旅游景区	2015年
12	安阳市林州市红旗渠—太行大峡谷旅游景区	2016年
13	商丘市永城市芒砀山汉文化旅游景区	2017年
14	新乡市八里沟景区	2019年
15	信阳市鸡公山景区	2022年

【任务引入】

2021年年初，河南省凭借《唐宫夜宴》《元宵奇妙夜》等系列文化资源节目赢得了人们的一致好评，唤醒了中原文化的魅力，引发了旅游界的“博物馆热”“文创热”“汉服热”并为河南旅游带来了良好的发展机遇。

【任务分析】

洛阳古墓博物馆、二里头夏都遗址博物馆、洛阳博物馆和洛阳隋唐大运河文化博物馆四大博物馆，在2023年中国牡丹文化节期间推出夜宿博物馆玩剧本杀，受到一大波年轻受众的关注，话题迅速出圈冲上自媒体话题热榜。作为全国首个历史人类博物馆夜宿项目，单场人数为50人，包括早晚餐、剧本杀、搭帐篷夜宿等环节，并附带次日游览博物馆的金牌讲解，每人费用为1688元。该项目上线不久，300个席位已经预订出了一半，其中最受欢迎的是古墓博物馆，预订的大多是年轻人。

【任务实施】

任务要求：小组协作，分析“夜宿＋剧本杀”的项目受到年轻人的追捧的原因。

任务目标：

1. 具备对行业热门旅游资源及产品的关注度和敏感度。

2. 学会分析资源及产品特色，探寻现象背后的成因。

3. 通过小组协作，具备一定的思辨能力。

实训步骤：参见表 7–10 提示。

表 7–10　实训操作指导步骤

步骤	标准	提示
1.查找该项目具体的游玩过程及内容	找到最受大家喜爱的核心内容	如剧本主题、夜宿环境等
2.梳理这些项目具有的特点	梳理不同主题的四家博物馆的共同点	如体验感、穿越感、沉浸式、神秘感、冒险性
3.查找游客评价	通过预订平台	如体验感受、个人收获等
4.总结年轻游客群体特点	如年龄、消费能力、旅游喜好等	如喜欢冒险、好奇心强等

任务 5　山东旅游亚区旅游资源概况

【任务概述】

山东省位于我国东部沿海地区，地形中部高，四周低，受海洋气流的影响，形成温带半湿润气候，孕育了山东独特的山水景观和滨海风景，作为中华民族的重要发祥地，拥有众多历史文化遗产。通过学习熟悉山东省区域旅游资源概况，了解山东黄河非遗文化旅游基本情况，掌握山东省滨海和山水自然风光旅游特色以及高价值的旅游景区概况。

【学习目标】

1. 熟悉山东省区域旅游资源概况，掌握山东省国家历史文化名城、世界遗产、国家 5A 级旅游景区的概况。

2. 具备对黄河非物质文化遗产项目保护与传承的认知和分析的能力。

【知识准备】

一、区域旅游资源概况

山东省，简称“鲁”，位于我国东部沿海、黄河下游、京杭大运河的中北段，因居太行山以东而得名。山东历史上曾是齐、鲁两国的发源地，因此山东大地也被称为“齐鲁大地”。截至2021年年底，山东省人口1.02亿人。

全省地形中部高突，泰山是全境最高点；由鲁中南丘陵和胶东丘陵组成的山地，分布于山地丘陵之间及外围为平原，以鲁西北平原和胶东平原面积最大。在鲁西平原与鲁中丘陵间低洼地带上湖泊成群分布，微山湖是省内最大的淡水湖。山东省的气候属于温带季风气候，四季分明；东部沿海地区受海洋影响较大，比较湿润。山东省的自然旅游资源主要包括鲁西的山水景观和胶东半岛的海滨风情及鲁西南的沂蒙山水景观。泰山因其独特的自然景观和地质奇观被评为世界地质公园、“五岳”之首。济南是著名的“泉城”，以趵突泉、珍珠泉、黑虎泉最胜，还有大明湖、千佛山、五峰山、灵岩寺、李清照纪念堂等风景名胜。沂蒙山自然风光秀丽、奇特，素有“七十二奇峰，三十六洞天”之说，境内有孙膑和庞涓之战的马陵山、景色奇异的文峰山，以及抱犊崮、孟良崮等七十二崮。胶东黄金海岸旅游区以青岛、烟台、威海、日照等旅游城市为主体，滨海风光绚丽，是发展观光、度假的理想之地，有“黄金海岸”之美誉。

山东省历史悠久，人文旅游资源丰富，是中国文化的源头和中华民族的重要发祥地之一。沂源猿人化石证明早在四五十万年前，这里就是古人类生存和繁衍的摇篮。山东境内考古发现的北辛文化、大汶口文化、龙山文化证明，距今7000—4000年，生活在这里的东夷族就实现了从母系氏族社会到父系氏族社会乃至阶级社会的转变，有了比较发达的农牧业和手工业。在山东还发现了中国最早的文字“大汶口陶文”和“龙山陶书”，最早的城邦“城子崖龙山古城”，最早的古代军事防御工程古“齐长城”以及被列为中国“2000年考古十大发现”的洛庄汉墓等。山东还是中国陶瓷和丝绸的发源地之一。山东素称“孔孟之乡、礼仪之邦”，历史上出现过一大批至今仍然对中华文化产生着重要影响的历史名人。伟大的思想家、教育家孔子创立的儒家学说，成为中国传统文化的支柱，在世界上发挥着重大影响；古代著名军事家孙武的《孙子兵法》，至今仍然是中外军界和商界推崇的经典；思想家孟子和墨子、书法家王羲之、发明和手工艺家鲁班、神医扁鹊、政治家诸葛亮、词人李清照和辛弃疾及小说家蒲松龄等，都以其对中华文化发展的卓越贡献而载入史册。

二、主要旅游资源及景区

（一）国家历史文化名城

截至2022年3月，山东省共有国家历史文化名城10座：济南市、曲阜市、青岛市、聊城市、邹城市、临淄区、泰安市、蓬莱市、烟台市、青州市（见表7-11）。

表7-11　山东省国家历史文化名城及资源概况

城市名称	评选时间	资源概况
济南市	1986年	济南历史悠久，是史前文化“龙山文化”的发祥地。区域内有新石器时代的遗址城子崖，有先于秦长城的齐长城，有被誉为“海内第一名塑”的灵岩寺宋代彩塑罗汉、隋代大佛
曲阜市	1982年	曲阜古为鲁国国都、孔子故里，被誉为“东方圣城”“东方耶路撒冷”。曲阜坐落着世界儒学研究与交流中心孔子研究院。1994年，孔庙、孔府、孔林列入联合国《世界遗产名录》
青岛市	1994年	青岛6000年以前已有人类在此生存和繁衍。秦始皇统一中国后，曾三次登临现位于青岛黄岛区的琅琊台。1891年清政府在胶澳设防，青岛开始建置，之后先后被德国、日本占领。1922年青岛辟为商埠，成为对外开放港口。梁实秋、老舍、闻一多、沈从文等民国大师们都曾在青岛工作生活
聊城市	1994年	聊城是黄河文明和运河文明共同孕育的一座古城，有5000多年的文明史、2500多年的建城史，这里是人文始祖蚩尤葬身处、商朝名相伊尹躬耕处、陈思王曹植梵呗音乐发明地，史前文化、运河文化、红色文化突出
邹城市	1994年	邹城是战国时期伟大的思想家、教育家、儒家学派代表人物孟子的故里，素有“孔孟桑梓之邦、文化发祥之地”“东方君子之国、邹鲁圣贤之乡”的称誉，春秋战国时期为邹国国都，同鲁国并称为“邹鲁圣地”
临淄区	1994年	古临淄曾作为“春秋五霸之首、战国七雄之一”的齐国都城长达800余年。悠久的历史不仅创造了以变革、开放、务实、包容为特点的齐文化，而且为临淄留下了大量文物古迹，被誉为规模宏大的“地下博物馆”
泰安市	1982年	泰安因泰山而得名，“泰山安则四海皆安”，寓国泰民安之意。城市位于泰山脚下，依山而建，山城一体。泰安市境内的泰山是国家重点风景名胜区，有“五岳之首”“天下第一山”的美誉，是世界自然与文化双重遗产
蓬莱市	2011年	蓬莱是古登州治所所在地，自公元前104年汉武帝在此望海中蓬莱山而得名，距今已有2000多年历史，从唐代至清代，一直是胶东半岛的政治、经济、文化和军事中心。这里孕育了八仙文化、港口文化、精武文化等独有的地域文化
烟台市	2013年	烟台市历史悠久，遗存丰富，文化底蕴深厚，名胜古迹众多，近代建筑集中成片，街区特色鲜明，城区传统格局和风貌保存完好，具有重要的历史文化价值

续表

城市名称	评选时间	资源概况
青州市	2013年	青州素有“东方古州，三齐重镇、海岱都会”之称，是传说中大禹划定九州其中之一。这里历史文脉清晰，古城特色鲜明，具有“东方海岱古州、青齐文化名城、山东宗教圣地”的历史文化价值特征。青州有国家级重点风景名胜区云门山风景区、国家森林公园仰天山森林公园和全国重点文物保护单位驼山。包括返修重建的宋城、维修保护的青州古街，已逐步成为古城独有的民俗文化旅游的中心

（二）世界遗产

截至2022年8月，山东省有3处景观列入《世界遗产名录》，分别是泰山，曲阜孔府、孔庙、孔林，中国大运河（山东段）。

1. 泰山（1987.12，世界文化与自然双重遗产）

泰山又名岱山、岱宗、泰岳，位于山东省中部，隶属于泰安市，主峰玉皇顶海拔1545米，气势雄伟磅礴，有“五岳之首”“天下第一山”之称。泰山被古人视为“直通帝座”的天堂，成为百姓崇拜、帝王告祭的神山，历代帝王的尊崇，使泰山形成了泰山在世界上独一无二延续数千年的封禅祭祀文化。古代文人雅士更对泰山仰慕备至，纷纷前来游历，作诗记文，留下了众多不朽的名篇佳作和书法墨宝，也形成了独特的石刻艺术宝库。道教、佛教视泰山为“仙山佛国”，神化泰山，在泰山建造了大量宫观庙。泰山成山于太古代，距今有24亿多年，是世界地质公园，又是天然的历史、艺术博物馆。泰山还是黄河流域古代文化的发祥地之一，是中华民族的象征，是灿烂东方文化的缩影，是“天人合一”思想的寄托之地，是自然景观与人文历史结合的珍贵遗产。

2. 曲阜孔府、孔庙、孔林（1994.12，世界文化遗产）

山东曲阜的孔府、孔庙、孔林，统称曲阜“三孔”，是中国历代纪念孔子，推崇儒学的表征，以丰厚的文化积淀、悠久历史、宏大规模、丰富文物珍藏，以及科学艺术价值而著称。

孔庙始建于公元前478年，是我国历代封建王朝祭祀春秋时期思想家、政治家、教育家孔子的庙宇，是一组具有东方建筑特色、规模宏大、气势雄伟的古代建筑群，堪称宫殿之城。孔府位于曲阜城内，孔庙东侧，孔府是孔子嫡长孙世袭的府第，始建于宋代，经历代不断扩建，是官衙和住宅建在一起的典型封建贵族庄园。孔林，又称至圣林，位于山东曲阜城北，是孔子及其家族的墓地，是世界上延时最久的家族墓地，整个孔林沿用2500年，内有坟冢十余万座，墓葬数量之多，规模之大，保存之完好，在世界上绝无仅有，举世罕见。

3. 中国大运河（山东段）（2014.6，世界文化遗产）

中国大运河跨越地球十多个纬度，纵贯在中国最富饶的华北大平原与江南水乡上，自北向南通达海河、黄河、淮河、长江、钱塘江五大水系，是中国古代南北交通的大动脉，代表了工业革命前水利水运工程的杰出成就，对中国乃至世界历史都产生了巨大和深远的影响。自清末改漕运为海运后，大运河地位衰落。大运河在山东境内分为三部分河段，一是南运河段，包括南运河德州段；二是会通河段，包括会通河临清段（元运河、小运河）、会通河阳谷段、会通河南旺枢纽段、小汶河、会通河微山段；三是中河段，包括中河台儿庄段。作为山东连接苏、浙、沪等发达省市的重要通道，大运河山东段被山东人民亲切地誉为“山东的莱茵河”。

（三）国家 5A 级旅游景区

截至 2022 年 8 月，山东省共有 14 家国家 5A 级旅游景区（见表 7-12）。

表 7-12　山东省国家 5A 级旅游景区一览

序号	景区名称	评选时间
1	泰安市泰山区泰山景区	2007年
2	烟台市蓬莱市蓬莱阁—三仙山—八仙过海旅游区	2007年
3	济宁市曲阜市明故城三孔旅游区	2007年
4	青岛市崂山区崂山景区	2011年
5	威海市环翠区刘公岛景区	2011年
6	烟台市龙口市南山景区	2011年
7	枣庄市台儿庄区台儿庄古城景区	2013年
8	济南市历下区天下第一泉景区（趵突泉—大明湖—五龙潭—环城公园—黑虎泉）	2013年
9	山东沂蒙山旅游区（沂山景区—龟蒙景区—云蒙景区）	2013年
10	潍坊市青州古城景区	2017年
11	威海市环翠区威海华夏城景区	2017年
12	东营市黄河口生态旅游区	2019年
13	临沂市萤火虫水洞·地下大峡谷旅游区	2020年
14	济宁市微山湖旅游区	2022年

【行业前沿 7-4】

水泊梁山景区推出数字文旅产品

2022年4月初，济宁孔子文旅集团水泊梁山景区创新线上营销，推出首批两款数字艺术藏品（水浒人物“青面兽杨志”和水浒场景“黑风口”）。产品上线不到两分钟即销售一空，此举不但为景区带来了5.9万元的收入，也让疫情困扰下的景区看到另一种发展可能。据悉，首批数字艺术藏品的推出，是水泊梁山景区推动文旅产业与数字经济融合发展的有效探索。下一步，孔子文旅集团将进一步创新营销思路和办法，在数字虚拟旅游建设上着重发力，逐步将NFT、数字文创空间、MR虚拟旅游等新理念落实到景区，让数字科技为传统景区的提升插上腾飞的翅膀。

资料来源：中国旅游新闻网。

【任务引入】

习近平总书记在黄河流域生态保护和高质量发展座谈会上的重要讲话中讲道，黄河文化是中华文明的重要组成部分，是中华民族的根和魂。要推进黄河文化遗产的系统保护，守好老祖宗留给我们的宝贵遗产。要深入挖掘黄河文化蕴含的时代价值，讲好“黄河故事”，延续历史文脉，坚定文化自信，为实现中华民族伟大复兴的中国梦凝聚精神力量。

【任务分析】

非物质文化遗产作为黄河文化的重要组成部分，黄河流经的青海、四川、甘肃、宁夏、内蒙古、陕西、山西、河南及山东9个省和自治区非遗总数达到4581项（截至2020年），平均每省509项。将各省非遗种类统一按照国家级名录整理为十大门类：传统音乐，传统戏剧，传统舞蹈，传统技艺，传统医药，传统体育、游艺与杂技，传统美术，民间文学，曲艺，民俗。

【任务实施】

任务要求：查找山东省黄河非物质文化遗产项目，并从十大非遗门类中选取一项进行介绍，并谈一谈如何更好地对其进行保护和传承。

任务目标：

1. 具备对山东省黄河非物质文化遗产的梳理、认知能力。

2. 提升对黄河非遗项目重要性的认知，树立家国情怀，增强文化自信。

实训步骤：参见表 7–13 提示。

表 7–13　实训操作指导步骤

步骤	标准	提示
1.查找山东省黄河非物质文化遗产项目及其门类	通过黄河非遗数据库、山东省文化和旅游厅官网等平台确定山东省黄河非遗项目	将非遗种类统一按照国家级名录整理为十大门类：传统音乐，传统戏剧，传统舞蹈，传统技艺，传统医药，传统体育、游艺与杂技，传统美术，民间文学，曲艺，民俗
2.确定一项黄河非遗项目进行了解	根据查找到的黄河非遗项目及其分类，选取一项进行详细了解，并进行简短介绍	如泰山传说、孟母教子传说、渔灯节、德州黑陶烧制技艺、潍坊风筝制作技艺、鲁派内画、泰山许氏面塑、古琴艺术、山东古筝乐、山东大鼓等
3.根据所选择的黄河非遗项目，对其保护和发展提出建议	利用互联网广泛查阅资料对所选黄河非遗项目的保护和传承进行深入了解	如开展黄河非遗展、打造黄河非遗品牌、设计推出“黄河入海非遗之旅”非遗主题旅游线路等

【项目考核】

一、单项选择题

1. 秦川八大怪中“房子半边盖”与（　）有关。

A. 地势　　B. 风向　　C. 降水　　D. 气温

2. 佛教传入中国最早的寺院是（　）。

A. 白马寺　　B. 普陀寺　　C. 灵隐寺　　D. 少林寺

3. 世界上延续时间最长的家庭墓地是（　）。

A. 明十三陵　　B. 孔庙　　C. 孔林　　D. 西汉陵

二、多项选择题

1. 山西被称为三晋大地，是由于在战国末期被（　）三家诸侯瓜分。

A. 韩　　B. 赵　　C. 秦　　D. 魏

2. 以下属于我国被评为世界自然和文化双重遗产的是（　）。

A. 河南云台山　　B. 山西五台山　　C. 安徽黄山　　D. 山东泰山

【项目实训】

2022 年 5 月洛阳市出台了《河洛文化生态保护区总体规划（2021—2035）》，明确了河洛文化生态保护区是指以河南省洛阳市行政区域为社会环境依托，以黄河、洛河、伊河、瀍河、涧河等河流及洛阳盆地一带平原、丘陵、山地复合地貌为自然环境依托，通过对以河图洛书传说为代表的诸多非物质文化遗产及其所依存的物质文化遗产、文化空间采取科学保护，以对河洛文化生态进行整体性维护和培育的区域。河洛文化生态保护区的建设，对于传承中华文化基因，坚定文化自信，维护中华民族身份认同和国家文化安全，推动黄河流域生态保护和高质量发展具有重要意义。

实训要求：请以小组为单位，查找资料，梳理洛阳市近年来对河洛文化生态保护区的建设上做出的系列举措。

项目 8

水乡园林——吴越文化旅游区认知实践

项目导学

- 水乡园林——吴越文化旅游区认知实践
  - 吴越文化旅游区旅游地理环境特征分析
    - 自然旅游地理环境特征分析
    - 人文旅游地理环境特征分析
  - 上海旅游亚区旅游资源概况
    - 区域旅游资源概况
    - 主要旅游资源及景区
  - 江苏旅游亚区旅游资源概况
    - 区域旅游资源概况
    - 主要旅游资源及景区
  - 浙江旅游亚区旅游资源概况
    - 区域旅游资源概况
    - 主要旅游资源及景区
  - 安徽旅游亚区旅游资源概况
    - 区域旅游资源概况
    - 主要旅游资源及景区
  - 江西旅游亚区旅游资源概况
    - 区域旅游资源概况
    - 主要旅游资源及景区

学习目标

知识目标：

1. 了解吴越文化旅游区经典旅游线路及特色。

2. 熟悉上海市、江苏省、浙江省、安徽省、江西省主要旅游资源概况。

3. 掌握吴越文化旅游区旅游地理环境特征。

能力目标：

1. 具备对本区热门线路火爆的原因进行系统分析的能力。

2. 能够对本区涉及的大运河文化旅游及历史遗址遗迹有系统性认知。

素质目标：

1. 充分认识我国建设大运河文化旅游带的发展战略为旅游业带来的重要机遇。

2. 通过对大运河文化旅游带的建设与发展的了解提升家国情怀，提升文化自信。

任务1　吴越文化旅游区旅游地理环境特征分析

【任务概述】

本区人文旅游资源独具特色，是我国园林最集中的地区；旅游城市之多居全国之冠；宗教旅游胜地众多，如普陀山、天台山、九华山、齐云山等都享有盛名。本区不仅旅游资源数量众多、种类丰富、地区分布密度大、知名度高，而且经济发达、交通便捷、旅游接待能力强、旅游管理水平高，是我国旅游业最发达的地区和全国的旅游热点地区，是我国最重要的旅游目的地和客源地之一。

【学习目标】

1. 了解吴越文化旅游区地形、地貌与主要山脉、河流概况，熟悉吴越文化旅游区自然与人文旅游地理环境特征。

2. 提升大运河文化旅游带建设与发展的认知，提升家国情怀，提升文化自信。

【知识准备】

吴越文化旅游区包括上海市、江苏省、浙江省、安徽省、江西省。本区位于我国的第三阶梯，东临黄海和东海，长江横贯东西，开发历史悠久，经济发展水平高，人口城镇密集，交通网络发达。区域内自然和人文旅游资源都很丰富，是旅游资源开发较为成熟的区域。上海人文旅游资源占有绝对优势，独具特色的“海派文化”体现了“海纳百川，兼容并蓄”的文化特征。江苏历史悠久，人文荟萃。自然景观以山水为主，以水见长，人文景观以名城名园、吴韵汉风为主脉。浙江是一个海岸曲折、港湾众多、岛屿棋布的海洋大省，历史悠久，人文荟萃。安徽的名山、洞府、江湖、陵墓、遗址、庙宇、民居、牌坊、温泉、森林公园、自然保护区等应有尽有，旅游资源丰富。江西是中国革命的摇篮，有着光荣的革命历史。

一、自然旅游地理环境特征分析

（一）河流、湖泊密布，水体景观丰富

本旅游区位于长江中下游地区，河网密布，湖泊众多，水资源极为丰富，呈现出江南水乡泽国的秀丽景观。流经本旅游区的主要河流有长江、淮河、钱塘江及其众多支流，这些河流在流经地区的沿江河岸塑造出丰富多彩的水体景观，并在此基础上孕育了各具特色的人文旅游景观，如上海黄浦江畔的外滩、南京夫子庙秦淮河风光带、杭州钱塘江大潮、南昌赣江东岸的滕王阁等著名景观。全国五大淡水湖泊中，本区独占其四，即鄱阳湖、太湖、洪泽湖和巢湖。此外，旅游价值较大的湖泊还有杭州西湖、嘉兴南湖、扬州瘦西湖、宁波东钱湖、淳安千岛湖等，尤其是杭州西湖作为中国唯一一个湖泊类世界文化景观遗产被列入《世界遗产名录》，每年都吸引大批国内外游客前来观光游览，成了本区极具代表性的旅游景观。

（二）平原与低山丘陵相间分布，名山众多

吴越文化旅游区地处我国地势三大阶梯的最低一级，呈现平原与低山丘陵相间分布的地形特征：自北向南依次为黄淮平原、皖中丘陵、长江中下游平原及长江三角洲、江南丘陵及闽浙丘陵。黄淮平原位于江苏、安徽两省淮河以北，是华北大平原的一部分。由于历史上黄河夺淮，大量泥沙淤塞淮河河道，使淮河在运河以西形成湖泊群。皖中丘陵成山历史悠久，经长期剥蚀，花岗岩裸露地表，花岗岩名山众多，如琅琊山、天柱

山等。长江中下游平原包括苏皖沿江平原和长江三角洲，长江曲折而平缓，两岸山丘夹峙，平原上河道纵横，湖泊众多，风景十分优美，加上肥沃的土地、温和的气候、稠密的人口及发达的经济等因素，使得该区成为人文旅游资源集中分布区。南部江南丘陵及闽浙丘陵是旅游名山集中地区，如钟山、雁荡山、普陀山、黄山、九华山、天柱山、庐山和井冈山等。这些名山不仅以自然景色吸引游人，而且很多还是我国著名的佛教、道教圣地，集丰富的自然景观和人文景观于一体。

（三）亚热带季风气候显著，季节分配均匀，旅游旺季时间长

本区大部分地区属于亚热带季风气候，具有冬温夏热、四季分明、降水充沛、季节分配均匀等气候特征。年平均气温在16℃~20℃。气候适宜，四季均适宜旅游。春季降水虽多，但正值春暖花开，草木复苏，景色万千，又无北方风沙之患，故春季不失为人们野外踏青及欣赏江南水乡秀丽风光的好季节。5月，梅雨过后进入盛夏，夏季河谷平原普遍高温，是我国夏季高温区的组成部分，其中南昌、九江、南京由于位置和地形的影响，被称为江南“三大火炉”，但境内的风景名山、湖岸、海滨区均是理想的避暑胜地。9—11月，本区秋高气爽，是旅游的最佳季节。冬季，虽然气温较低，但由于许多盛大传统节日正值冬季，使该区成为冬季城市旅游的旺盛地区。

二、人文旅游地理环境特征分析

（一）吴越文化特色鲜明，文化艺术繁荣发展

吴越文化是指春秋时代吴国、越国兴起后所形成的区域文化，以太湖为中心，其涵盖的地域范围大致包括今日的上海、苏南、皖南和浙江省。这一带自然环境十分优越，开发历史悠久，是中华文明的发祥地之一，从河姆渡文化、良渚文化一路发展而来，历经千年历史洗礼，风采依旧。吴文化和越文化“同俗并土、同气共俗”，逐渐在相互交融与集成中形成统一的吴越文化。吴越文化有其鲜明的标志形式，如舟楫、农耕、印纹硬陶、土墩墓等。本区自古就是繁华之地，我国著名的“八大古都”中的南京和杭州就在本区。经济的繁荣和城市的繁华推动了文化艺术的发展，逐渐形成了以灵毓秀雅、尚文重教的吴越文化特色。吴越文化的特色主要表现在：崇尚文化的民风，历史上名人辈出，人才荟萃；经世致用、务实求真，商业较发达，游娱之风较胜。从各种建筑到文学艺术、戏曲等都以纤巧、秀雅、婉转、细腻为特色，代表性昆曲、评弹、越剧等艺术成为本区旅游的一大特色，丰富了旅游者的精神世界，为旅游者带来独特的文化体验。

（二）名城古镇密集，古典园林荟萃，建筑风格极具特色

人类的活动主要集中在城镇，本区的文化古迹也多集中在城镇及周围地区，从而形成了众多的历史文化名城，其中，江苏省拥有 13 座国家历史文化名城，是目前我国拥有国家历史文化名城最多的省份。本区由于经济繁荣，在山水交汇的河边、湖畔等交通便捷之处形成了众多区域经济文化中心——城镇。既有国际大都会上海、七朝古都南京、人间天堂杭州、东方威尼斯苏州等知名度很高的大中城市，还有规模不大但历史悠久的中等城市，如无锡、扬州、镇江、绍兴、宁波、南昌、九江等，更有水乡特色鲜明的江南六大古镇——周庄、乌镇、同里、南浔、甪直、西塘等古镇，形成了本区丰富的古镇旅游资源。吴越文化区区气候温和，雨量充沛，自古就是钟灵毓秀之地，人才辈出，许多富商大贾、文人骚客云集于此，修建了许多私家园林。这些园林属江南园林，一般规模不大，以精取胜。江南园林之中的建筑小巧玲珑，素雅精致，配以花木，更显清新洒脱，"虽由人作，宛自天开"，自然之趣盎然。江南园林主要分布在南京、镇江、扬州、无锡、苏州、杭州、绍兴、嘉兴等地，已经形成一个江南园林城市景观群。其中最具有代表性的是苏州古典园林，如沧浪亭、网师园、狮子林、拙政园、留园、耦园，以及东园、虎丘山等，苏州古典园林因其在世界造园史上独特的历史价值和地位，成为世界文化遗产，是本区的优势旅游资源，吸引着无数游客前来游览独树一帜的古典园林景观。

（三）物产丰富，非遗技艺精湛，数量繁多

长江下游地区自然条件优越，开发历史悠久，长江三角洲平原、太湖平原等都是我国重要的商品粮基地和农产品基地。本区最负盛名的土特名产是丝绸和茶叶。著名的丝绸产品有杭州的都锦、生织锦、丝绸被面、双绉，苏州的塔夫绸、宋锦，南京的云锦等。主要名茶有西湖龙井、太湖碧螺春、黄山毛峰、太平猴魁、六安瓜片和祁门红茶等。此外，本区还有上海梨膏糖、阳澄湖大闸蟹、绍兴女儿红、金华火腿、黄山猕猴桃、砀山酥梨、井冈山笋干、赣南脐橙等丰富的地方特产。本区的民间工艺品开发历史悠久，种类繁多，有很高的艺术价值。比如嘉定竹刻、苏州的刺绣、宜兴紫砂陶器、常熟的花边、惠山泥人、扬州漆器和玉雕、杭州的绸伞和工艺扇、景德镇的陶瓷以及东阳的木雕、湖笔、徽墨、宣纸、歙砚等享誉国内外。其中有众多特产和工艺品的制作技艺被列入世界非物质文化遗产名录和国家级非物质文化遗产名录，成为本区旅游的一大亮点，吸引着众多游客前来欣赏体验。

【知识拓展 8-1】

大运河文化旅游带

大运河文化旅游带是我国区域合作的一项重要空间布局战略，大运河呈南北走向，北起北京，南至杭州，沿途由众多城市多点联动，形成了北连“环渤海经济带”，南接“长江经济发展带”，纵贯“一带一路”，包含我国东部六省以及中部两省的区域合作空间，对我国区域合作和协调发展具有重要战略意义。大运河作为世界文化遗产包含了河、岸、城，综合物质、精神、制度三种遗产类型，通过大运河将不同文化空间交汇形成的连续性统一体，为沿线城市发展文化旅游带来了新的契机。

资料来源：编者根据相关资料整理。

【任务引入】

中国大运河跨越了中国最富饶的华北大平原与江南水乡，自北向南通达海河、黄河、淮河、长江、钱塘江五大水系，是中国古代南北交通的大动脉，代表了工业革命前水利水运工程的杰出成就，对中国乃至世界历史都产生了巨大和深远的影响。

【任务分析】

大运河江苏段流经 8 座地级市，被列入《世界遗产名录》的遗产点为全线最多，大运河苏州段拥有丰富的旅游资源。大运河江苏段拥有瘦西湖、江南古镇、洪泽湖大堤等遗产点，这些地方在历史有着重要意义，现在大运河文化旅游带的建设中，沿途的旅游景点对带动沿线旅游业和社会经济发展依然发挥着重要作用。

【任务实施】

任务要求：分组查找资料，完成对大运河江苏段旅游资源特色认知梳理。

任务目标：

1. 学会查看地图中大运河江苏段沿途的城市分布。
2. 对大运河江苏段沿途的重要旅游资源、景点有梳理认知能力。
3. 提高对大运河古今重要性的认识，突出其在今天旅游业发展中的贡献。

实训步骤：参见表 8–1 提示。

表 8–1　实训操作指导步骤

步骤	标准	提示
1.查找中国地图（电子）	找出大运河江苏段沿途的城市	徐州、宿迁、淮安、扬州、镇江等城市
2.查找大运河范围	找出大运河江苏段的重要旅游资源	世界遗产、国家5A级旅游景区、旅游热点
3.查找网络、相关资料	对大运河江苏段的重要旅游资源进行梳理、分类	根据旅游资源二分法，对沿途旅游资源进行分类

任务 2　上海旅游亚区旅游资源概况

【任务概述】

上海市位于我国长江三角洲，地势平坦，受海洋气流影响，气候温暖湿润，上海具有丰富的旅游遗迹和现代都市旅游资源。通过学习熟悉上海市旅游资源概况，掌握上海市高价值的旅游景区概况。

【学习目标】

1. 熟悉上海市区域旅游资源概况，掌握上海市国家 5A 级旅游景区的概况。
2. 具备都市街区类景区导游词创作的基础能力。

【知识准备】

一、区域旅游资源概况

上海市，简称“沪”，别名“申”，全市面积 6340 平方公里，人口 2489 万人（截至 2021 年年底）。地处长江三角洲前缘，东濒东海，南临杭州湾，拥有最大的工业基地、外贸港口，是中国第一大城市，中央四大直辖市之一。上海是中国最重要的经济贸易中心、交通枢纽和对外贸易口岸之一，也是中国科学技术、文化教育事业的重要基地。除西南部有少数丘陵山脉外，上海境内全为坦荡低平的平原，是长江三角洲冲积平原的一部分。上海属亚热带海洋性季风气候，四季分明，日照充足，雨量充沛，气候温和湿润，春秋较短，冬夏较长。上海的对外交通十分便捷，航空、铁路、公路、水运可到达国内各个省份及世界各国。

上海市的旅游资源以人文旅游资源为主，是一个具有丰富历史遗迹和现代都市风貌的独特城市，市区有许多现代建筑是全国之最。如上海的地标——浦西的外滩和新天地，而在一江之隔的浦东，却呈现出另一番繁华景象：东方明珠电视塔、金贸大厦、上海环球金融中心等建筑，共同组成了全球第五大天际线——上海天际线。全国最高建筑——上海中心大厦使上海陆家嘴金融区的建筑呈现“品”字形的三足鼎立之势。上海的主要名胜有豫园、玉佛寺、龙华寺、动物园、中共“一大”会址、孙中山及鲁迅故居、嘉定孔庙、松江方塔、醉白池、吴淞口炮台等。20世纪90年代以来，上海以惊人的速度迅速向国际大都市靠拢。都市旅游是上海旅游的鲜明特色，其都市风光、都市文化、都市商业都十分典型。发达的经济、便利的交通和厚重的文化使上海成为我国最重要的国内外游客的集散地和国内旅游客源地之一。

【行业前沿8-1】

累计点赞破200万，“海派城市考古”主题线路持续上新

在传统与摩登融合无间的国际大都市，上海致力于将“海派城市考古”这一文旅IP转化为市民游客可看、可听、可尝的实际体验，从不同角度去挖掘、发现值得纪念和传播的海派城市风貌。2022年8月1日春秋旅游“海考”工作小组成立后，便始终紧紧围绕“体验、发现、分享”这一要求，通过组织实地考察、走访非遗传承人等方式，为市民游客定制主题线路。截至2022年12月初，已累计打造近200个短视频与直播主题，春秋旅游官方微信视频号上关于“海派城市考古”的主题视频和直播间的点赞数正式突破200万大关。

资料来源：上观新闻。

二、主要旅游资源及景区

截至2022年8月，上海拥有4家国家5A级旅游景区（见表8-2）。

表 8–2 上海市国家 5A 级旅游景区一览

序号	景区名称	评选时间
1	浦东新区东方明珠广播电视塔	2007年
2	浦东新区上海野生动物园	2007年
3	浦东新区上海科技馆	2010年
4	黄浦区中国共产党一大·二大·四大纪念馆景区	2021年

【任务引入】

上海外滩位于上海市中心的黄浦江畔，是上海的旅游风景线，也是外地游客来上海必游之地。外滩全长 1.5 公里，南起延安东路，北至苏州河上的外白渡桥，东面即黄浦江，西面是旧上海金融、外贸机构的集中地。

【任务分析】

外滩为中国历史文化街区，国家重点文物保护单位。1844 年外滩这一带被划为英国租界，是旧上海租界区以及整个上海近代城市开始的起点。外滩矗立着哥特式、罗马式、巴洛克式等 52 幢风格迥异的古典复兴大楼，素有“万国建筑博览群”之称，是中国近现代重要史迹及代表性建筑，是上海的地标之一。近年来上海在外滩新建的现代风格的高楼大厦增添了上海的现代都市风格，吸引无数游客前来观光打卡。

【任务实施】

任务要求：根据上海外滩风景区旅游景点及分布，请撰写上海外滩风景区某一高价值旅游点的导游词，字数 500 字以内。

任务目标：

1. 具备对都市街区类旅游热点高价值点的鉴别能力。

2. 具备对都市街区类旅游热点高价值导游词的撰写能力。

实训步骤：参见表 8–3 提示。

表 8–3 实训操作指导步骤

步骤	标准	提示
1.确定高价值旅游点	通过上海文旅局官网、旅游攻略等确定上海外滩高价值旅游点	如外白渡桥、黄浦公园、沙逊大厦、百老汇大厦、外滩源等
2.搜索高价值点相关资料	通过多途径，对确定的高价值旅游景点进行详细了解	如外滩建筑群概况及形成、发展等相关数据、材料
3.导游词创作	对资料进行取舍，且要符合导游词语言规范	如避免过多书面语言，具备现场感，强调重点内容、高价值点，能够达到对游客科普的效果
4.现场演示	课堂上结合PPT图片或视频，现场模拟导游	注意普通话标准、语音语调抑扬顿挫、语速适中

任务3 江苏旅游亚区旅游资源概况

【任务概述】

江苏省地跨我国南方与北方的分界线淮河，在气候和植被等方面同时具有南方和北方的特征，江苏省历史悠久，是我国吴文化的主要发祥地，形成了数量庞大、类型丰富的自然和人文旅游资源。通过学习，熟悉江苏省区域旅游资源概况，掌握江苏省高价值的旅游景区概况。

【学习目标】

1. 熟悉江苏省区域旅游资源概况，掌握江苏省国家历史文化名城、世界遗产、国家5A级旅游景区的概况。

2. 具备对江苏省热门主题线路的行业敏感度，对各主题线路涉及的资源及景点具有一定的鉴别能力。

3. 认识到江苏省精品旅游线路发布的重要作用，树立文化自信。

【知识准备】

一、区域旅游资源概况

江苏省，简称“苏”，得名于清朝江宁府和苏州府二府之首字，省会为南京。江苏省总面积10.72万平方公里，8505万人（截至2021年年底）。江苏省地处中国大陆沿海中部和长江、淮河下游，东濒黄海，北接山东、西连安徽，东南与上海、浙江接壤，是长江三角洲地区的重要组成部分，江苏海岸线长954公里，傍江临海，处于亚热带向暖温带的过渡区，气候温和，雨量适中，年降水量在1000毫米左右，四季分明，地理上跨越南北，气候、植被也同时具有南方和北方的特征。江苏境内平原辽阔，土地肥沃，物产丰富，江河湖泊密布，五大淡水湖中的太湖、洪泽湖在此横卧，历史上素有“鱼米之乡”的美誉。江苏辖江临海，扼淮控湖，经济繁荣，教育发达，文化昌盛。地跨长江、淮河南北，京杭大运河从中穿过，拥有吴、金陵、淮扬、中原四大多元文化，是中国古代文明的发祥地之一。

江苏历史悠久，是中国吴文化的发祥地，早在数十万年前南京一带就已经是人类聚居之地。3—6世纪，南京成为中国南方的经济文化中心。7—10世纪以后，全国经济重心南移，有所谓“天下大计，仰于东南”的说法，扬州成为全国最繁华的城市。14—17世纪中叶以后，苏州、松江和南京等地成为我国资本主义萌芽的地区。19世纪末，缫丝、纺织、面粉、采煤等近代工业在无锡、南通、苏州、常州、徐州等地陆续兴起。此后，江苏的经济、社会发展在中国一直名列前茅。江苏人文荟萃，以著名诗人李白、白居易、刘禹锡、王安石为代表的历代诗人，在江苏留下了许多不朽的诗篇。江苏风光秀丽，名胜古迹众多，是我国重点旅游地之一。

【行业前沿8-2】

大运河文化旅游博览会

自2019年起，江苏立足大运河全域，以“融合·创新·共享”为主题，已经连续四年先后在扬州、无锡、苏州成功举办四届运博会，受到社会各界广泛关注和好评。围绕弘扬传播大运河文化，推动文旅行业恢复发展、创新发展、高质量发展，助力社会主义文化强国先行区和世界重要旅游目的地建设，运博会不仅为运河沿线城市成功搭建了文旅融合发展平台、文旅精品推广平台、美好生活共享平台，而且逐步成为大运河国家文化公园建设的标志性项目、国际国内有重要影响的大运河文旅融合品牌。

资料来源：江苏省文化和旅游厅。

二、主要旅游资源及景区

（一）国家历史文化名城

截至2022年3月，江苏省共拥有13座国家历史文化名城，分别是南京市、苏州市、扬州市、徐州市、镇江市、淮安市、无锡市、南通市、泰州市、常州市、常熟市、宜兴市、高邮市（见表8-4）。

表8-4　江苏省国家历史文化名城及资源概况

城市名称	评选时间	资源概况
南京市	1982年	南京是中国四大古都之一，历史上曾数次庇佑华夏之正朔，长期是中国南方的政治、经济、文化中心。229年，吴大帝孙权在此建都，此后东晋、南朝的刘宋、萧齐、萧梁、陈均相继在此建都，故南京有“六朝古都”之称
苏州市	1982年	苏州有近2500年历史，是吴文化的发祥地。苏州人多属江浙民系，使用吴语。苏州园林是中国私家园林的代表，被联合国教科文组织列为世界文化遗产。中国大运河苏州段入选《世界遗产名录》
扬州市	1982年	扬州因其优越的地理位置，自汉至清几乎经历了通史式的繁荣，历史上有曾有过三次鼎盛：第一次是在西汉中叶；第二次是在隋唐到赵宋时期；第三次是在明清时期
徐州市	1986年	徐州是著名的帝王之乡，有“九朝帝王徐州籍”之说。徐州是两汉文化的发源地，有“彭祖故国、刘邦故里、项羽故都”之称，因其拥有大量文化遗产、名胜古迹和深厚的历史底蕴，也被称作“东方雅典”
镇江市	1986年	镇江是全国闻名的江南鱼米之乡，市内有金山寺、西津渡等众多名胜古迹。长江和京杭大运河在此交汇，素有“天下第一江山”之美誉。中国大运河镇江段入选《世界遗产名录》
淮安市	1986年	淮安至今已有2200多年的历史，人文荟萃。历史上诞生过大军事家韩信、汉赋大家枚乘、巾帼英雄梁红玉、《西游记》作者吴承恩、民族英雄关天培、《老残游记》作者刘鹗等
无锡市	2007年	无锡自古就是鱼米之乡，素有布码头、钱码头、窑码头、丝都、米市之称。无锡是中华民族工业和乡镇工业的摇篮，是苏南模式的发祥地
南通市	2009年	在中国近代文化科教史上，南通创办第一所师范学校、第一座民间博物苑、第一所纺织学校、第一所刺绣学校、第一所戏剧学校、第一所中国人办的盲哑学校和第一所气象站“七个第一”，被称为“中国近代第一城”
泰州市	2013年	泰州有2100多年的建城史，秦称海阳，汉称海陵，州建南唐，文昌北宋，兼融吴楚越之韵，汇聚江淮海之风。千百年来，风调雨顺，安定祥和，被誉为祥瑞福地、祥泰之州

续表

城市名称	评选时间	资源概况
常州市	2015年	常州是一座有3200多年历史的历史文化名城，曾有过延陵、毗陵、晋陵、南兰陵、武进等名称，隋文帝开皇九年（589年）始改常州，于1949年设市。中国大运河常州段入选《世界遗产名录》
常熟市	1986年	常熟，简称虞，因“土壤膏沃，岁无水旱之灾”得名“常熟”，是一座千年古城。常熟地处江南水乡，素有“江南福地”的美誉，是吴文化发祥地之一。常熟文化属吴越文化，常熟人属江浙民系，使用吴语
宜兴市	2011年	宜兴素有“陶的古都，洞的世界，茶的绿洲，竹的海洋”之称。宜兴是“紫砂壶”原产地，拥有石灰岩溶洞80多个，茶园3500余公顷，竹海纵横几百里
高邮市	2016年	高邮有7000多年文明史和2200多年建城史。史称江左名区、广陵首邑，为帝尧故里、尧文化发祥地，是江淮文明、邮文化重要区域。现存全国重点文物保护单位6处

（二）世界遗产

截至2022年8月，江苏省共有文化遗产4处：苏州古典园林、明清皇家陵寝（明孝陵）、中国大运河（江苏段）、黄（渤）海候鸟栖息地（第一期）。

1. 苏州古典园林（1997.12，世界文化遗产）

苏州园林又称“苏州古典园林”，素有“园林之城”的美誉，体现中国古典园林“咫尺之内再造乾坤”的设计理想，是中华园林文化的翘楚和骄傲，是中国园林的杰出代表。苏州古典园林以其古、秀、精、雅、多而享有“江南园林甲天下，苏州园林甲江南”之誉。苏州的造园家运用独特的造园手法，在有限的空间里，通过叠山理水，栽植花木，配置园林建筑，并用大量的匾额、楹联、书画、雕刻、碑石、家具陈设和各式摆件等来反映古代哲理观念、文化意识和审美情趣，从而形成充满诗情画意的文人写意山水园林，使人“不出城廓而获山水之怡，身居闹市而得林泉之趣”，达到“虽由人作，宛自天开”的艺术境地。苏州园林始于春秋时期吴国建都姑苏时，形成于五代，成熟于宋代，兴旺鼎盛于明清。到清末苏州已有各色园林170多处，现保存完整的有60多处，对外开放的有19处，主要有沧浪亭、狮子林、拙政园、留园、网师园、怡园等园林。苏州园林在世界造园史上有其独特的历史地位和价值，以写意山水的高超艺术手法，蕴含浓厚的中国传统思想和文化内涵，是东方文明的造园艺术典范。

2. 明清皇家陵寝（明孝陵）（2003.7，世界文化遗产）

明清皇家陵寝分布于北京、湖北、辽宁、安徽、江苏等地，是中国明清两朝皇帝陵寝建筑群，按照严格的等级规制营建，具有完整的地上、地下建筑体系，布局严谨，规模宏大，建筑华美，工艺精细，体现了中国封建社会最高的丧葬制度。明孝陵，坐落于南京市玄武区紫金山南麓、钟山风景名胜区内，是明太祖朱元璋与其皇后的合葬陵墓。因皇后马氏谥号“孝慈高皇后”，又因奉行孝治天下，故名“孝陵”。其占地面积达170余万平方米，是中国规模最大的帝王陵寝之一。明孝陵始建于明洪武十四年（1381年），至明永乐三年（1405年）建成，先后调用军工10万，历时达25年。承唐宋帝陵“依山为陵”旧制，又创方坟为圜丘新制。将人文与自然和谐统一，达到天人合一的完美高度，成为中国传统建筑艺术文化与环境美学相结合的优秀典范。明孝陵作为中国明皇陵之首，代表了明初建筑和石刻艺术的最高成就，直接影响明清两代500余年20多座帝王陵寝的形制，依历史进程分布于北京、湖北、辽宁、河北等地的明清皇家陵寝，均按南京明孝陵的规制和模式营建，在中国帝陵发展史上有着特殊的地位，故而有“明清皇家第一陵”的美誉。

3. 中国大运河（江苏段）（2014.6，世界文化遗产）

中国大运河江苏段流经徐州、宿迁、淮安、扬州、镇江、常州、无锡、苏州8座地级市，列为世界文化遗产的遗产点为全线最多，历史久远，文化资源丰富。沿线拥有瘦西湖、江南古镇、里运河等著名景点，洪泽湖大堤、清口枢纽等遗产在中国大运河历史上也有着非常重要的意义。列入世界遗产的江苏段共有6个河段，分别是淮扬运河淮安段、淮扬运河扬州段、江南运河常州城区段、江南运河无锡城区段、江南运河苏州段和中河宿迁段；历史遗存22处：清口枢纽水工设施、双金闸水工设施、清江大闸水工设施、洪泽湖大堤水工设施、总督漕运公署遗址管理设施、刘堡减水闸水工设施、盂城驿配套设施、邵伯古堤水工设施、邵伯码头水工设施、瘦西湖湖泊、天宁寺行宫古建筑群、个园古建筑群、汪鲁门宅古建筑群、盐宗庙古建筑群、卢绍绪宅古建筑群、清名桥历史文化街区、盘门水工设施、宝带桥水工设施、山塘河历史文化街区、平江历史文化街区、吴江古纤道水工设施、龙王庙行宫管理设施。

4. 黄（渤）海候鸟栖息地（第一期）（2019.7，世界自然遗产）

中国黄（渤）海候鸟栖息地（第一期）位于江苏省盐城市，主要由潮间带滩涂和其他滨海湿地组成，拥有世界上规模最大的潮间带滩涂，是濒危物种最多、受威胁程度最高的东亚—澳大利西亚候鸟迁徙路线上的关键枢纽，也是全球数以百万迁徙候鸟的停歇地、换羽地和越冬地。该区域为23种具有国际重要性的鸟类提供栖息地，支撑了17种世界自然保护联盟濒危物种红色名录物种的生存，包括1种极危物种、5种濒危物种和 5 种易危物种。中国黄（渤）海候鸟栖息地（第一期）遗产地第一期包含五个保护区：江苏大丰国家级自然保护区、江苏盐城国家级自然保护区、江苏盐城条子泥市级自然保护区、江苏东台高泥湿地保护地块及江苏东台条子泥湿地保护地块。黄（渤）海候鸟栖息地（第一期）这片区域大部分遗产地为海域，是我国潮间带湿地世界遗产，填补了我国滨海湿地类型世界自然遗产的空白，作为中国第一个湿地类世界自然遗产，黄（渤）海候鸟栖息地（第一期）的申遗成功体现了中国坚持绿色发展，建设生态文明和保护全球生态与生物多样性的大国担当。

（三）国家 5A 级旅游景区

截至 2022 年 11 月，江苏省共有国家 5A 级旅游景区 25 家（见表 8-5）。

表 8-5　江苏省国家 5A 级旅游景区一览

序号	景区名称	评选时间
1	苏州市姑苏区苏州园林（拙政园—留园—虎丘）	2007年
2	苏州市昆山市周庄古镇景区	2007年
3	南京市玄武区钟山—中山陵风景名胜区（明孝陵—音乐台—灵谷寺—梅花山—紫金山天文台）	2007年
4	无锡市滨湖区中央电视台无锡影视基地三国水浒城景区	2007年
5	无锡市滨湖区灵山大佛景区	2009年
6	苏州市吴江区同里古镇景区	2010年
7	南京市秦淮区夫子庙—秦淮河风光带（江南贡院—白鹭洲—中华门—瞻园—王谢故居）	2010年
8	常州市新北区环球恐龙城景区（中华恐龙园—恐龙谷温泉—恐龙城大剧院）	2010年
9	扬州市邗江区瘦西湖风景区	2010年
10	南通市崇川区濠河风景区	2012年
11	泰州市姜堰区溱湖国家湿地公园	2012年
12	苏州市吴中区金鸡湖国家商务旅游示范区	2012年
13	镇江市三山风景名胜区（金山—北固山—焦山）	2012年
14	无锡市滨湖区鼋头渚旅游风景区	2012年
15	苏州市吴中区太湖旅游区（旺山—穹窿山—东山）	2013年
16	苏州市常熟市沙家浜—虞山尚湖旅游区	2013年
17	常州市溧阳市天目湖景区（天目湖—南山竹海—御水温泉）	2013年
18	镇江市句容市茅山景区	2014年
19	淮安市淮安区周恩来故里景区（周恩来纪念馆—周恩来故居—驸马巷历史街区—河下古镇）	2015年

续表

序号	景区名称	评选时间
20	盐城市大丰区中华麋鹿园景区	2015年
21	徐州市泉山区云龙湖景区	2016年
22	连云港市海州区花果山景区	2016年
23	常州市武进区春秋淹城旅游区	2017年
24	无锡市惠山古镇景区	2019年
25	宿迁市洪泽湖湿地景区	2020年

【任务引入】

2020 年 2 月，为顺应新冠肺炎疫情发生后人们的消费心理和市场需求，促进省内城际旅游市场迅速复苏，江苏省文化和旅游厅面向全省旅行社企业开展了江苏精品旅游线路征集活动。经历了文旅局审核、网络投票评选、专家评审、网上公示等环节，产生了 30 条“江苏旅游精品线路”。江苏省在 2020 年 4 月 26 日举行了“水韵江苏 · 又见美好”主题游活动启动仪式正式对外发布获奖的精品线路，为游客出行提供了最翔实的参考，有利于游客释放压力、放飞心情、康养健身。

【任务分析】

在征集活动中获一等奖的精品旅游线路有 5 条，分别是“文化名城之旅”南京扬州无锡苏州 3 日游、“水绿江淮待君至”扬州泰州盐城休闲 3 日游、“慢游世界自然遗产，探秘神奇湿地风光”盐城 3 日游、“太湖度假”无锡休闲 2 日游、“春绿江南岸”镇江 3 日游。这 5 条线路按照不同的资源特色，串联起不同的城市，形成了游客青睐的热门旅游线路。如果你是游客，在了解了每条线路涉及的区域及特色后，会对哪条线路最感兴趣呢？

【任务实施】

任务要求：选择其中一条主题线路，查找所涉及的城市及旅游景点、旅游资源。

任务目标：

1. 对江苏热门主题旅游线路有一定的敏感度和认知力。

2. 对江苏主题旅游线路所涵盖的资源与景点有基本的辨别能力。

实训步骤：参见表 8–6 提示。

表 8–6　实训操作指导步骤

步骤	标准	提示
1.确定选择线路	通过主题关键词查找相关城市	如“文化名城之旅”南京扬州无锡苏州3日游搜到南京、扬州、无锡、苏州四座历史文化名城
2.搜索城市旅游资源	查找主题线路涉及城市的旅游资源，从中抽取与线路主题符合的景区景点	如苏州市有苏州园林、周庄古镇、同里古镇、太湖旅游区、金鸡湖旅游区、寒山寺等著名景点
3.甄别资源的价值和类型	在同类中寻找级别高、价值高的景点	如“文化名城之旅”涉及景点，首选世界遗产、国家5A级旅游景区，再去掉同类的，补充其他类高价值景点
4.画出线路	根据景点位置、方位进行判别	如“文化名城之旅”主题线路从南京出发，到达扬州后按照自北向南的顺序进行串联

任务 4　浙江旅游亚区旅游资源概况

【任务概述】

浙江省“七山一水两分田”的复杂地形为旅游业发展提供了种类丰富的旅游资源，作为中国古代文明的发祥地，浙江拥有众多历史文化遗存。通过学习，熟悉浙江省旅游资源概况，掌握浙江省高价值的旅游景区概况，学会梳理浙江省旅游产品。

【学习目标】

1. 熟悉浙江区域旅游资源概况，掌握浙江省国家历史文化名城、世界遗产、国家 5A 级旅游景区概况。

2. 具备对旅游资源与旅游产品的对应关系梳理、归纳能力。

3. 通过对浙江省世界遗产以及世界非物质遗产的了解，树立文化自信，激发学生的民族自豪感。

【知识准备】

一、区域旅游资源概况

浙江省，简称“浙”，地处中国东南沿海长江三角洲南翼，东临东海，南接福建，西与江西、安徽相连，北与上海、江苏接壤。境内最大的河流钱塘江，因江流曲折，称之江，又称浙江，省以江名，省会为杭州，全省陆域面积 10.55 万平方公里，6540 万人（截至 2021 年年底）。

浙江地形复杂，山地和丘陵占 70.4%，平原和盆地占 23.2%，河流和湖泊占 6.4%，耕地面积仅 208.17 万公顷，故有“七山一水两分田”之说。地势由西南向东北倾斜，大致可分为浙北平原、浙西丘陵、浙东丘陵、中部金衢盆地、浙南山地、东南沿海平原及滨海岛屿几个地形区。省内有钱塘江、瓯江、灵江、苕溪、甬江、飞云江、鳌江、京杭运河（浙江段）八条水系；有杭州西湖、绍兴东湖、嘉兴南湖、宁波东钱湖四大名湖及人工湖泊千岛湖。浙江气候总的特点是季风显著，四季分明，年气温适中，光照较多，雨量丰沛，空气湿润，雨热季节变化同步，气候资源多样。

浙江历史悠久，文化灿烂，是中国古代文明的发祥地之一。早在 5 万年前的旧石器时代，浙江就有原始人类“建德人”活动；境内已发现新石器时代遗址 100 多处，有距今 7000 年的河姆渡文化、距今 6000 年的马家浜文化和距今 5000 年的良渚文化。春秋时浙江分属吴、越两国。秦朝在浙江设会稽郡。三国时归吴国，唐朝时浙江先后属江南东道、两浙道，渐成省级建制的雏形。五代十国时临安人钱镠建立吴越国。元代时浙江属江浙行中书省。明初改元制为浙江承宣布政使司，辖 11 府、1 州、75 县，省界区域基本定型。清康熙初年改为浙江省，建制至此确定。浙江旅游资源非常丰富，素有“鱼米之乡、丝茶之府、文物之邦、旅游胜地”之称。全省有重要地貌景观 800 多处、水域景观 200 多处、生物景观 100 多处，人文景观 100 多处，自然风光与人文景观交相辉映，特色明显，知名度高。

【行业前沿 8–3】

首款智能 AR 导览眼镜亮相杭州良渚博物院

2020 年国庆前夕，良渚博物院引进了全球首款智能 AR 导览眼镜，让游客在良渚古老文明与现代科技的交融中，体验全新的互动参观方式。戴上这副特殊的眼镜，游客只需看向馆内陈列的文物，眼前就会清晰地浮现出雕刻在文物上的符号、图腾等信息，耳边还会响起专属的音频解说。生动独特的体验方式让游客对5000年前的良渚有了更直观的认识。

资料来源：人民日报客户端。

二、主要旅游资源及景区

（一）国家历史文化名城

截至2022年3月，浙江省共有国家历史文化名城10座，分别是杭州市、绍兴市、宁波市、衢州市、临海市、金华市、嘉兴市、湖州市、温州市、龙泉市（见表8–7）。

表8–7 浙江省国家历史文化名城及资源概况

城市名称	评选时间	资源概况
杭州市	1982年	杭州曾是吴越国和南宋的都城，是中国八大古都之一。因风景秀丽，素有“人间天堂”的美誉。杭州人文古迹众多，西湖及其周边有大量的自然及人文景观遗迹
绍兴市	1982年	绍兴已有2500多年建城史，是著名的水乡、桥乡、酒乡、书法之乡、名士之乡，素称“文物之邦、鱼米之乡”。著名的文化古迹有兰亭、禹陵、鲁迅故里、沈园、柯岩、蔡元培故居、周恩来祖居、秋瑾故居、马寅初故居、王羲之故居、贺知章故居等
宁波市	1986年	宁波人文积淀丰厚，历史文化悠久，早在7000年前，先民们就在这里繁衍生息，创造了灿烂的河姆渡文化。宁波属于典型的江南水乡兼海港城市，是中国大运河南端出海口、“海上丝绸之路”东方始发港
衢州市	1994年	衢州地处闽、浙、赣、皖交界之处，从雕刻建筑、饮食习惯到地方曲艺、民情风俗均深受周边地域文化的影响。衢州历史悠久，人文丰富。古为百越之地，至今还有畲族留居于此
临海市	1994年	临海是国家历史文化名城，唐以后一直是台州府治，台州府在南宋时为畿辅，临海作为其治所，在各方面均有较大提升。拥有着众多的文物古迹，素有“小邹鲁”和“文化之邦”的美誉，形成了名城、名人、名迹、名特“四名”之城
金华市	2007年	金华，浙江省辖地级市；自秦王政二十五年（公元前222年）建县，已有2200多年的历史，因其“地处金星与婺女两星争华之处”得名金华，简称金，古称婺州
嘉兴市	2011年	嘉兴建制始于秦，有2000多年人文历史。嘉兴自古为繁华富庶之地，素有“鱼米之乡”“丝绸之府”美誉，是国家历史文化名城
湖州市	2014年	湖州是一座具有2300多年历史的江南古城，建制始于战国，有优美的自然景观和众多历史人文景观。自古以来素有丝绸之府、鱼米之乡、文化之邦的美誉，且有南太湖明珠之称

续表

城市名称	评选时间	资源概况
温州市	2016年	温州素有“东南山水甲天下”之美誉。温州古为瓯地，也称东瓯，唐朝时始称温州，至今已有2000余年的建城历史。温州文化属瓯越文化，温州人属江浙民系，使用吴语，温州话被评为中国最难懂方言之一
龙泉市	2017年	龙泉市历史悠久，自古人文昌盛，是著名的青瓷之都、宝剑之邦，古城传统格局和风貌保存较好，非物质文化遗产丰富，具有重要的历史文化价值

（二）世界遗产

截至2022年8月，浙江省共有世界遗产4处，其中世界文化遗产2处：中国大运河（浙江段）、良渚古城遗址；世界文化景观遗产1处：杭州西湖；世界自然遗产1处：中国丹霞（浙江江郎山）。

1. 中国大运河（浙江段）（2014.6，世界文化遗产）

浙江所在的中国大运河河段是江南运河的一部分。江南运河曾称江南河、浙西运河，为京杭运河的南段。北起江苏镇江、扬州，绕太湖东岸达江苏苏州，南至浙江杭州。早在春秋战国时代（公元前3世纪），因长江—钱塘江之间地势低平，河湖密集，已出现沟通河湖的运河。后经历代开凿、疏浚，江南运河粗具规模。隋炀帝大业六年（610年）重新疏凿和拓宽长江以南运河古道，形成今江南运河。浙江省内被评为世界遗产的遗址点有富义仓、凤山水城门遗址、桥西历史街区、西兴过塘行码头、拱宸桥、广济桥。河道：杭州塘段（起点在海宁，经余杭临平进入杭州）、江南运河杭州段（即拱宸桥到三堡的运河杭州段）、上塘河段、杭州中河—龙山河、浙东运河主线。

2. 杭州西湖（2011.6，世界文化景观遗产）

西湖位于浙江省杭州市西面，是中国大陆首批国家重点风景名胜区和中国十大风景名胜之一。它是中国大陆主要的观赏性淡水湖泊之一，也是现今《世界遗产名录》中少数几个和中国唯一一个湖泊类文化遗产。西湖三面环山，面积约6.39平方公里，东西宽约2.8公里，南北长约3.2公里，绕湖一周近15公里。湖中被孤山、白堤、苏堤、杨公堤分隔，按面积大小分别为外西湖、西里湖、北里湖、小南湖及岳湖五片水面，苏堤、白堤越过湖面，小瀛洲、湖心亭、阮公墩三个小岛鼎立于外西湖湖心，夕照山的雷峰塔与宝石山的宝塔隔湖相映，由此形成了“一山、二塔、三岛、三堤、五湖”的基本格局。

3. 中国丹霞（浙江江郎山）（2010.8，世界自然遗产）

江郎山位于浙江省江山市城南25公里的石门镇，山形主体为三个高耸入云的巨石，传说是古时候三个姓江的兄弟登上山顶变成为三大巨石而形成，所以叫江郎山。江郎山不仅聚岩、洞、云、瀑于一山，集奇、险、陡、峻于三石，雄伟奇特，蔚为壮观，而且群山苍莽，林木叠翠，窟隐龙潭，泉流虎跑，风光旖旎。每当云雾弥漫，烟岚迷乱，霞光陆离，常凝天、山于一色，融云峰于一体。无怪唐诗人白居易赞曰："安得此身生羽翼，与君来往醉烟霞"。大地理学家徐霞客三次游江山时都写到江郎山。他把江郎山与雁荡山、黄山和鼎湖峰进行比较，极力地赞叹江郎山"奇""险""神"。江郎山素有"雄奇冠天下，秀丽甲东南"之誉，拥有中国丹霞第一奇峰、全国一线天之最、天然造化的伟人峰，惊险陡峻的郎峰天游和千年古刹开明禅寺，千年学府江郎书院，全国最大的毛泽东手书体"江山如此多娇"摩崖题刻等自然景观与人文古迹相辉映的景观。

4. 良渚古城遗址（2019.7，世界文化遗产）

良渚古城遗址是环太湖流域一个早期区域性国家权力和信仰中心，位于中国东南沿海长江流域天目山以东河网纵横的平原上。该遗产共分四片区域：瑶山遗址区、谷口高坝区、平原低坝—山前长堤和城址区。良渚古城遗址展示了中国新石器时代晚期一个较早的以稻作农业为经济支撑、出现了明显社会分化、具有统一信仰体系的区域性国家，是新石器时代晚期中国长江流域下游一带出现的早期区域性国家的杰出见证。该遗产由一系列遗址构成，包括公元前3300—2300年建造的城市遗址、功能复杂的外围水利系统、反映社会等级的墓葬（包括一处祭坛）、以具有信仰和制度象征意义的玉石文物为代表的各类考古文物以及遗产所处的年代，反映出长江流域对中华文明起源做出的突出贡献。另外，首都城市的模式、功能区划、良渚文化定居点的独特特征，以及带有平台的外城，都充分支持了遗产的价值特征。

该遗产为中国和该地区新石器时代晚期和青铜器时代早期的文化认同、社会和政治组织以及社会文化发展状况提供了独一无二的证据。

（三）国家5A级旅游景区

截至2022年11月，浙江省共有20家国家5A级旅游景区（见表8-8）。

表 8-8 浙江省国家 5A 级旅游景区一览

序号	景区名称	评选时间
1	杭州市西湖区西湖风景区	2007年
2	温州市乐清市雁荡山风景区	2007年
3	舟山市普陀区普陀山风景区	2007年
4	杭州市淳安县千岛湖风景区	2010年
5	嘉兴市桐乡市乌镇古镇旅游区	2010年
6	宁波市奉化区溪口—滕头旅游景区	2010年
7	金华市东阳市横店影视城景区	2010年
8	嘉兴市南湖区南湖旅游区	2011年
9	杭州市西湖区西溪湿地旅游区	2012年
10	绍兴市越城区鲁迅故里—沈园景区	2012年
11	衢州市开化县根宫佛国文化旅游区	2013年
12	湖州市南浔区南浔古镇景区	2015年
13	台州市天台县天台山景区	2015年
14	台州市仙居县神仙居景区	2015年
15	嘉兴市嘉善县西塘古镇旅游景区	2017年
16	衢州市江山市江郎山·廿八都旅游区	2017年
17	宁波天一阁·月湖景区	2018年
18	丽水市缙云仙都景区	2019年
19	温州市刘伯温故里景区	2020年
20	泰州市台州府城文化旅游区	2022年

【任务引入】

2022 年 6 月，浙江省开展了“非遗购物节·浙江消费季”的主题的“非遗购物节”。通过活动来展示浙江非遗风采，推介家乡非遗好物，为浙江非遗发展营造浓厚氛围，从而让非遗的保护成果惠及更多的人民群众，让更多的人了解非遗、走进非遗，助力实现共同富裕。

【任务分析】

浙江省是“非遗”大省，在几千年的历史发展中，流传下无数宝贵的非物质文化遗产，浙江省自 2006 年国务院公布第一批国家级非遗项目开始，截至 2021 年 6 月，连续

5 次入选项目数量位居全国第一。目前，浙江省共有人类非遗项目 10 个，国家级非遗项目 241 个，省级非遗项目 886 个，市级非遗项目 3855 个，县市区非遗项目 9858 个。非遗世代传承，是渗透中华文化的基因，是串起国家精神的血脉。非遗保护工作也为旅游业文旅融合发展提供了新的契机。

【任务实施】

任务要求：根据浙江省非遗项目特色，简单设计可开发的非遗类旅游产品并进行归类。

任务目标：

1. 熟悉浙江省非遗项目旅游资源概况。

2. 能够将浙江省非遗项目旅游资源与旅游产品的对应关系梳理明晰。

3. 对有关地市已开发的浙江省非遗项目旅游产品有基本认知。

实训步骤：参见表 8–9 提示。

表 8–9　实训操作指导步骤

步骤	标准	提示
1.详细查找浙江省非遗项目	如衣、食、民俗、戏剧、祭祀等多方面	如中国传统桑蚕丝织技艺、龙泉青瓷烧制技艺、梁祝传说等
2.将非遗项目与可转化的旅游产品对标	要充分考虑到产品开发的具体功能	如扇制作技艺可以转化成体验扇制作技艺等体验产品、扇子工艺品等购物产品
3.将梳理出的产品按照某种标准分类，如功能等	梳理分类中要有平行的对应关系，坚持同一标准分类	如按照功能梳理为观光、休闲、体验、娱乐欣赏等
4.回归浙江省非遗项目集中的地区，对标已开发的民俗产品，验证开发状况	依托节事活动、热门旅游线路进行分析	如西湖龙井茶开茶节、“未来乡村非遗之旅”旅游线路

任务 5　安徽旅游亚区旅游资源概况

【任务概述】

安徽省地势由西南向东北倾斜，形成了南北迥异的复杂地形地貌，形成了众多高质量的旅游资源，在此地还孕育出了独具特色的徽州文化。通过学习，了解安徽省区域旅游资源概况，掌握安徽省主要旅游景区概况。

【学习目标】

1. 熟悉安徽省区域旅游资源概况，掌握安徽省国家历史文化名城、世界遗产、国家5A级旅游景区的基本概况。

2. 具备人文类景区导游词创作的基础能力。

【知识准备】

一、区域旅游资源概况

安徽省，简称“徽”，是我国东部襟江近海的内陆省份，跨长江、淮河中下游，东连江苏、浙江，西接湖北、河南，南邻江西，北靠山东。取当时安庆、徽州两府首字得名。总面积13.96万平方公里，人口6113万人（截至2021年年底）。

安徽省地势西南高、东北低，地形地貌南北迥异，复杂多样。长江、淮河横贯省境，分别流经本省长达416公里和430公里，将全省划分为淮北平原、江淮丘陵和皖南山区三大自然区域。境内主要山脉有大别山、黄山、九华山、天柱山，最高峰黄山莲花峰海拔1863米。全省共有河流2000多条，湖泊110多个，著名的有长江、淮河、新安江和全国五大淡水湖之一的巢湖。

安徽全省旅游资源丰富，有举世闻名的黄山、四大佛教名山之一的九华山和景色秀丽的齐云山、太平湖等。这里保留着特色鲜明的徽州文化，截至2022年8月，安徽拥有3处世界遗产［黄山、皖南古村落（西递、宏村）、中国大运河（安徽段）］，5座国家历史文化名城（歙县、寿县、亳州市、安庆市、绩溪县），6个国家级自然保护区，10处国家级重点风景名胜区，12家5A级旅游景区，超过100家4A级旅游景区，30个国家级森林公园，56处国家重点文物保护单位。

【行业前沿8-4】

云上游，乡村旅游发展新模式

2021年5月19日，滁州市文化和旅游局举办2021年“中国旅游日”主题活动。滁州市文化和旅游局特邀旅行博主和网络大咖化身“滁”彩推荐官，通过直播带广大网民云游滁州。活动直播中，“滁”彩推荐官通过短视频的形式，以立体化、可视化的宣传手段，分享自己一路所见的滁州乡村之美，解析自己在滁州山林溪园之间的一路驾享。他们生动形象地向150余万网友展示滁州市休闲旅游攻略和自驾宝典，给更多网友带去定制化自驾体验分享。通过一部手机使观众云赏滁州美景，同时展示乡村之美，推动乡村旅游的发展。

资料来源：滁州市文化和旅游局官网。

二、主要旅游资源及景区

（一）国家历史文化名城

截至2022年3月，安徽省共有国家历史文化名城5座，分别是亳州市、歙县、寿县、安庆市、绩溪县（见表8-10）。

表8-10　安徽省国家历史文化名城及资源概况

城市名称	评选时间	资源概况
亳州市	1986年	亳州是一座历史悠久的古城，新石器时代就有人类在此活动。自秦时置谯县以来，历经朝代更迭，大都系州、郡或县建制，其间魏皇初二年（221年）封谯郡为“陪都”
歙县	1986年	歙县是古徽州府治所在地，是徽州文化和国粹京剧的发源地，也是徽商、徽菜的主要发源地。文房四宝之徽墨、歙砚的主要产地为歙县，被授予“中国徽墨之都”“中国歙砚之乡”“徽剧（徽班）之乡”“中国徽文化之乡”“中国牌坊之乡”荣誉称号
寿县	1985年	寿县历史上4次为都，10次为郡。是楚文化的故乡，中国豆腐的发祥地，淝水之战的古战场，素有“地下博物馆”之称，寿春楚文化博物馆珍藏国家一级文物160多件，二、三级文物2000多件
安庆市	2005年	安庆素有“文化之邦”“戏剧之乡”“禅宗圣地”的美誉，孔雀东南飞、大乔小乔、不越雷池一步、六尺巷等著名故事都发生在这里。它还是统治中国文坛200余年的“桐城派”的故里、京剧鼻祖程长庚为代表的徽班成长的摇篮，以及黄梅戏形成和发展的地方
绩溪县	2007年	绩溪县位于安徽省南部，徽州六县之一，徽州文化的发源地之一，被称为“徽厨之乡”“无徽无成镇，无绩不成街”，现隶属于宣城市管辖

（二）世界遗产

截至2022年8月，安徽共有世界遗产3处，其中文化与自然双重遗产1处：黄山；世界文化遗产2处：皖南古村落（西递、宏村）和中国大运河（安徽段）。

1. 黄山（1990.12，世界文化与自然双重遗产）

黄山原名“黟山”，因峰岩青黑，遥望苍黛而名。后因传说轩辕黄帝曾在此炼丹，故改名为“黄山”。黄山位于安徽省南部黄山市境内，有72峰，主峰莲花峰海拔1864米，与光明顶、天都峰并称三大黄山主峰，为36大峰之一。黄山是安徽旅游的标志，是中国十大风景名胜中唯一的山岳风光。黄山代表景观有“四绝三瀑”，四绝：奇松、怪石、云海、温泉；三瀑：人字瀑、百丈泉、九龙瀑。黄山生态系统稳定平衡，植物群落完整而垂直分布，为全球濒危物种提供了栖息地，有黄山松、黄山杜鹃、天女花、木莲、红豆杉、南方铁杉等珍稀植物，还有红嘴相思鸟、棕噪鹛、白鹇、短尾猴、梅花鹿、野山羊、黑麂、苏门羚、云豹等珍禽异兽。自古以来，黄山激发了代代文人与艺术家创作，留下了丰厚的文化遗产，概括为遗存、书画、文学、传说、名人“五胜”。现有楼台、亭阁、桥梁等古代建筑100多处，多数呈徽派风格，翘角飞檐、古朴典雅。现存历代摩崖石刻近300处，篆、隶、行、楷、草诸体俱全，颜、柳、欧、赵各派尽有。黄山景色展现出人与自然的互动，激发了中国历代艺术家与作家。黄山还孕育了“黄山画派”，创立了以黄山为主要表现对象的山水画派，在中国画坛独树一帜、影响深远。

2. 皖南古村落（西递、宏村）（2000.11，世界文化遗产）

皖南古村落是指分布在中国安徽、江西境内，长江以南的一些传统村落。这些村落有着古徽州地域的特色文化，最具代表性的有入选世界遗产的西递和宏村。西递、宏村位于中国安徽省黄山市黟县，西递、宏村在村落的整体布局、景观、建筑形式、建筑材料、装饰、施工工艺等方面均完好地保持了14—20世纪时期徽州乡村的原有风貌。西递、宏村深受古徽州传统文化影响，由成功的官员或商人回乡建成，逐渐发展成中国传统乡村建设典范，集中体现了工艺精湛的徽派民居特色。西递、宏村村落布局依山傍水，空间变化富有韵律，街坊小巷幽深宁静，水口园林景色如画，体现了对人与自然共生、一体化、相和谐的追求；建筑色彩淡雅，山墙雕刻精雅，室内陈设雅致，体现了徽州建筑独特而精致的艺术风格；宗法制度管理森严，民俗民风敦厚淳朴，反映了封建社会士族阶层特别尊重儒学和程朱理学的文化思想。这些遗存村落有600多年历史，具有科学、文化、美学价值，是研究地域历史文化的丰富资料来源。

（1）西递。

西递是安徽省南部黟县东南西递镇的一个村庄。西递四面环山，沿三条东西向在村南会源桥交汇的溪流而建。西递始建于北宋庆历七年（1047年），由于河水向西流经这个村庄，故原称为“西川”。又因在村西古有驿站，称“铺递所”，故又得名“西递”，素有“桃花源里人家”之称。西递村中一条主道贯穿东西，与其两侧各一条与之平行的街道一起穿过很多窄巷，构成东西向为主、向南北延伸的村落街巷，村中街巷大多沿溪而设均用青石铺地。在敬爱堂、追慕堂、胡文光刺史牌坊等公共建筑之前有小广场。现今保留下的古民居从整体上保留下了明、清徽派民居村落的基本面貌和特征，主要包括古民居 124 幢，祠堂 3 幢等保护完好的明清古建筑群，大多数民居对公众开放。主要建筑有明万历六年（1578 年）建的青石牌坊、清康熙三十年（1691 年）建的大夫第、庭院园林代表桃李园、祠堂代表敬爱堂等。

（2）宏村。

宏村位于中国安徽省南部的黄山脚下，背山面水，是一座有着大量明清时期历史建筑的古村落。村中还构建了完善的水系和颇具特色的“牛”形布局，是徽州民居的典型代表。该村始建于北宋政和三年（1113 年），最初叫作弘村，是汪氏家族的聚居地。明永乐年间，汪氏族长请风水先生勘定环境，重新布局了建筑，并引水入村。清代中期，村中再次进行大规模的兴建，并为避乾隆帝“弘历”之讳，而更名为“宏村”。村内现在依然留存了大量明清时期的古建筑，其中明代建筑 1 幢，清代建筑 102 幢，民国时期建筑 34 幢，大都保存完好，是徽州民居的典型代表。

3. 中国大运河（安徽段）（2014.6，世界文化遗产）

中国大运河安徽段有两处遗产点，它们分别是通济渠泗县段与淮北柳孜运河遗址。这两个遗产点均属于隋唐运河通济渠。通济渠沟通黄河和淮河，流经淮北和宿州两市，全长 180 公里。其中，通济渠淮北段（柳孜运河遗址）主要在濉溪县境内，全长 41.5 公里，均为废弃河道，部分河床为地下遗址。1999 年，百善镇柳孜运河遗址在公路建设中被发现，当时出土了 8 艘唐代木船，一座北宋时期的石筑台体，以及大量唐宋时期的陶瓷器。这一考古发现不仅明确了运河流经柳孜的位置，也因此找到了从河南洛阳到江苏盱眙这一段通济渠的走向，被列为当年“中国十大考古发现”。通济渠泗县段共长 47 公里，其中有水故道 28 公里，此次申遗的重点展示有 6 公里。这里是隋唐运河现存最完整的一段，2016 年，联合国教科文组织现场考察时称赞它是“活态运河”，这也是隋唐大运河现存唯一一段“活运河”。

（三）国家 5A 级旅游景区

截至 2022 年 11 月，安徽省共有国家 5A 级旅游景区 12 家（见表 8-11）。

表 8-11　安徽省国家 5A 级旅游景区一览

序号	景区名称	评选时间
1	黄山市黄山区黄山风景区	2007年
2	池州市青阳县九华山风景区	2007年
3	安庆市潜山县天柱山风景区	2011年
4	黄山市黟县皖南古村落—西递—宏村	2011年
5	六安市金寨县天堂寨旅游景区	2012年
6	宣城市绩溪县龙川景区	2012年
7	阜阳市颍上县八里河风景区	2013年
8	黄山市古徽州文化旅游区（徽州古城—牌坊群·鲍家花园—唐模—潜口民宅—呈坎）	2014年
9	合肥市肥西县三河古镇景区	2015年
10	芜湖市鸠江区方特旅游区	2016年
11	六安市舒城县万佛湖风景区	2016年
12	马鞍山市长江采石矶文化生态旅游区	2020年

【任务引入】

古徽州文化旅游区位于安徽省黄山市，北依黄山，南接千岛湖，面积9.5平方公里，是一个聚集古城生活、宗祠文化、牌坊文化、徽商文化、村落文化、民居文化的古徽州文化旅游区。

【任务分析】

古徽州文化旅游区集聚了徽州古村落、古城、官署、民居、牌坊、徽派园林和风水文化等古徽州具有代表性的元素，呈现了中华三大地域文化之一的徽文化，有力促进徽文化的传承。古徽州文化旅游区目前有徽州古城、牌坊群·鲍家花园、唐模、潜口民宅、呈坎五大精品景区。

【任务实施】

任务要求：根据古徽州文化旅游区旅游开发产品及导览图，请撰写古徽州文化旅游区内某一高价值旅游点的导游词，字数500字以内。

任务目标：

1. 具备对国家5A级旅游景区内高价值点的鉴别能力。

2. 具备对景区内高价值导游词的撰写能力。

实训步骤：参见表8–12提示。

表8–12 实训操作指导步骤

步骤	标准	提示
1.确定高价值旅游点	通过古徽州文化旅游区官网、旅游攻略等确定高价值旅游点	如徽州古城、牌坊群·鲍家花园等
2.搜索高价值点相关资料	通过多途径，对确定的高价值旅游景点进行详细了解	如徽州古城概况及许国石坊、徽州府衙等景点相关数据、材料
3.导游词创作	对资料进行取舍，且要符合导游词语言规范	如避免过多书面语言，具备现场感，强调重点内容、高价值点，能够达到对游客科普的效果
4.现场演示	课堂上结合PPT图片或视频，现场模拟导游	注意普通话标准、语音语调抑扬顿挫、语速适中

任务6　江西旅游亚区旅游资源概况

【任务概述】

江西省三面环山，中部有丘陵起伏，境内有众多河流与湖泊的自然地理环境造就了丰富的山水景观，作为我国最著名的革命老区之一，江西省红色旅游资源数量多、分布广，为发展旅游业提供了绝佳条件。通过学习，熟悉江西省区域旅游资源概况，掌握江西省高价值的旅游景区概况。

【学习目标】

1. 熟悉江西省区域旅游资源概况，掌握江西省国家历史文化名城、世界遗产、国家5A级旅游景区的概况。

2. 具备对江西省热门主题线路的行业敏感度，对各主题线路涉及的资源及景点具有一定的鉴别能力。

3. 通过对江西省红色旅游资源的学习，激发学生的爱国热情。

【知识准备】

一、区域旅游资源概况

江西省，简称“赣”，别称赣鄱大地，是江南“鱼米之乡”，古有“吴头楚尾，粤户闽庭”之称。因733年唐玄宗设江南西道而得省名，又因省内最大河流为赣江而简称赣。东邻浙江省、福建省，南连广东省，西接湖南省，北毗湖北省、安徽省而共接长江，属于华东地区。江西省全省面积16.69万平方公里，人口4517万人（截至2021年年年底），省会为南昌市。

江西省内除北部较为平坦外，东西南部三面环山，中部丘陵起伏，成为一个整体向鄱阳湖倾斜而往北开口的巨大盆地。全境有大小河流2400余条，赣江、抚河、信江、修河和饶河为江西五大河流。鄱阳湖是中国第一大淡水湖。江西处北回归线附近，全省气候温暖，雨量充沛，年均降水量1341~1940毫米；无霜期长，为亚热带湿润气候。

江西拥有的旅游资源具有数量多、分布广、类型全、品位高等特点。其旅游资源的特色和优势表现在四个方面：一是红色摇篮。江西是最著名的革命老区之一，这里有“中国革命摇篮”——井冈山、“八一起义英雄城”——南昌、“共和国摇篮”红色故都——瑞金、“秋收起义策源地”——萍乡、“中国工人运动发源地”——安源，它们在中国乃至世界现代革命中都具有重要地位。在这片红土地上遗存的旧居、旧址、故居及纪念建筑物等革命胜迹数量多、分布广。这些红色资源与当地绿色、古色旅游资源交相辉映，完美地将自然与人文融为一体。二是绝特山水。江西群山环耸，江湖纵横，山水景观非常奇特，加上千百年来名士、高僧、道人纷至沓来，人文积淀深厚，形成了众多的山水绝境，尤以庐山、井冈山、龙虎山、三清山和鄱阳湖四山一湖最为突出。三是陶瓷艺术。江西景德镇瓷艺冠绝天下，是享誉中外的“瓷都”。这里古今烧制的青花、青花玲珑、彩粉、高温颜色釉四大传统名瓷，已达到“白如玉，明如镜，薄如纸，声如磬”的艺术境界。四是道教文化。江西是道教的源流之地，龙虎山是公认的道教祖庭。自第一代天师张道陵炼丹传道，创建天师道始，迄今绵延近2000年。此外，南昌西山、樟树阁皂山、上饶三清山、萍乡武功山、南城麻姑山等都是著名的道教圣地。

【行业前沿 8–5】

赣鄱匠心　茶香世界

北京时间2022年11月29日晚，我国申报的“中国传统制茶技艺及其相关习俗”在摩洛哥拉巴特召开的联合国教科文组织保护非物质文化遗产政府间委员会第17届常会上通过评审，列入联合国教科文组织人类非物质文化遗产代表作名录。“中国传统制茶技艺及其相关习俗”由全国44个国家级非物质文化遗产代表性项目整体打包，其中包括江西省赣南客家擂茶制作技艺、婺源绿茶制作技艺、宁红茶制作技艺三个项目。至此，中国列入联合国教科文组织非物质文化遗产名录、名册项目总共43项，继续稳居世界第一；江西省实现了在联合国教科文组织非物质文化遗产名录上零的突破。

资料来源：江西省文化和旅游厅官网。

二、主要旅游资源及景区

（一）国家历史文化名城

截至2022年3月，江西省有国家历史文化名城6座：景德镇市、南昌市、赣州市、瑞金市、九江市、抚州市（见表8–13）。

表8–13　江西省国家历史文化名城及资源概况

城市名称	评选时间	资源概况
南昌市	1985年	南昌之名源于“昌大南疆、南方昌盛”之意，始建于公元前202年。初唐四杰王勃在《滕王阁序》中称其为“物华天宝、人杰地灵”之地。1927年8月1日，震惊中外的“南昌起义”爆发，南昌成为“军旗升起的地方”，被誉为“英雄城”
赣州市	1994年	赣州是原中央苏区所在地、万里长征的起点城市。赣州有着2200多年的建城史，历来为江南政治、经济、军事、文化重镇，文天祥、周敦颐、海瑞、王守仁、辛弃疾等皆在赣南主政过
景德镇市	1982年	景德镇是中外著名的瓷都，制瓷历史悠久，文化底蕴深厚，早在汉代就开始生产陶瓷。自元明清历代皇帝都派员到景德镇监制宫廷用瓷，设瓷局、置御窑，创造出无数陶瓷精品，尤以青花、粉彩、玲珑、颜色釉四大名瓷著称于世。景德镇市的风景名胜和景观众多，有保留完好的明清古建筑村、徽派建筑群、古戏台等
瑞金市	2015年	瑞金市历史悠久，红色文化特色突出，革命历史遗存丰富，是人民共和国的摇篮和苏区精神的主要发源地，城市传统格局保存较好，具有重要的历史文化价值
九江市	2022年	九江市历史悠久，文化厚重，有世界自然与文化双遗产的庐山，也有浔阳江景区、九江阳街、九江租界旧址博物馆等具有重要历史文化价值的历史文化遗存

续表

城市名称	评选时间	资源概况
抚州市	2022年	抚州市历史悠久、文化厚重，地域文化特色鲜明，传统格局、历史风貌和文化遗存丰富，文物古迹众多，具有重要的历史文化价值

（二）世界遗产

截至2022年8月江西省共有世界遗产3处，其中世界自然遗产2处：三清山、中国丹霞（江西龙虎山）；世界文化景观遗产1处：庐山。

1. 三清山（2008.7，世界自然遗产）

三清山又名少华山、丫山，位于中国江西省上饶市玉山县与德兴市交界处。因玉京、玉虚、玉华三峰宛如道教玉清、上清、太清三位尊神列坐山巅而得名。其中玉京峰为最高，海拔1819.9米，是江西第五高峰和怀玉山脉的最高峰，也是信江的源头。三清山是道教名山，世界自然遗产地、世界地质公园、国家自然遗产、国家地质公园，位于欧亚板块东南部的扬子古板块与华夏古板块结合带的怀玉山构造块体单元内，属花岗岩构造侵蚀为主的中山地形。不同成因的花岗岩微地貌密集分布，展示了世界上已知花岗岩地貌中分布最密集、形态最多样的峰林；2373种高等植物、1728种野生动物，构成了东亚最具生物多样性的环境；1600余年的道教历史孕育了丰厚的道教文化内涵，按八卦布局的三清宫古建筑群，被国务院文物考证专家组评价为“中国古代道教建筑的露天博物馆”。三清山在一个相对较小的区域内展示了独特花岗岩石柱与山峰，丰富的花岗岩造型石与多种植被、远近变化的景观及震撼人心的气候奇观相结合，创造了世界上独一无二的景观美学效果，呈现了引人入胜的自然美。

2. 中国丹霞（江西龙虎山）（2010.8，世界自然遗产）

龙虎山位于江西省鹰潭贵溪市境内，是中国道教的发祥地，据道教典籍记载，张道陵第四代孙张盛在三国或西晋时已赴龙虎山定居，此后张天师后裔世居龙虎山，至今承袭六十三代，历经1900多年。源远流长的道教文化、独具特色的碧水丹山和千古未解的崖墓群构成了龙虎山风景旅游区自然景观和人文景观的“三绝”。龙虎山保留了中国亚热带湿润区丹霞地貌的各种基本类型。地貌单体形态类型包括丹霞崖壁、方山、石墙、丹霞洞穴和丹霞沟谷等，均有典型的标型实例。地貌群体形态类型以峰丛峰林与孤峰残丘并存为特色，是疏散型丹霞峰林地貌的模式地。据形成的主要地质作用方式，龙虎山的丹霞地貌可划分为流水侵蚀型、雨水侵蚀型、崩塌残余型、崩塌堆积型和溶蚀型

5 种成因类型。

3. 庐山（1996.12，世界文化景观遗产）

庐山，又名匡山、匡庐，地处江西省九江市庐山市境内，山体呈椭圆形，典型的地垒式块段山。庐山东偎婺源、鄱阳湖，南靠滕王阁，西邻京九铁路大通脉，北枕滔滔长江，犹如九叠屏风，屏蔽着江西的北大门，故古人云："峨峨匡庐山，渺渺江湖间"，形容恰到好处，描绘了一幅充满魅力的天然山水画卷。庐山自古命名的山峰便有 171 座。水流在河谷发育裂点，形成许多急流与瀑布，瀑布 22 处，溪涧 18 条，湖潭 14 处，最为著名的三叠泉瀑布，落差达 155 米。有"飞流直下三千尺，疑是银河落九天"之美句。庐山以雄、奇、险、秀闻名于世，具有极高的科学价值和旅游观赏价值，素有"匡庐奇秀甲天下"之美誉，与鸡公山、北戴河、莫干山并称四大避暑胜地。庐山不仅风景秀丽，而且文化内涵深厚，更集教育名山、文化名山、宗教名山、政治名山于一身。1180 年，大哲学家朱熹振兴了白鹿洞书院，并在此开创了中国讲学式教育的先河。庐山是中华文明的发祥地之一。这里的佛教和道教庙观，代表理学观念的白鹿洞书院，以其独特的方式融汇在具有突出价值的自然美之中，形成了具有极高美学价值的，与中华民族精神和文化生活紧密联系的文化景观。

（三）国家 5A 级旅游景区

截至 2022 年 11 月，江西省共有国家 5A 级旅游景区 14 家（见表 8–14）。

表 8–14　江西省国家 5A 级旅游景区一览

序号	景区名称	入选时间
1	九江市庐山市庐山风景名胜区	2007年
2	吉安市井冈山风景旅游区	2007年
3	上饶市玉山县三清山旅游景区	2011年
4	鹰潭市贵溪市龙虎山风景名胜区	2012年
5	上饶市婺源县江湾景区	2013年
6	景德镇市昌江区古窑民俗博览区	2013年
7	赣州市瑞金市共和国摇篮景区	2015年
8	宜春市袁州区明月山旅游区	2015年
9	抚州市资溪县大觉山景区	2017年
10	上饶市弋阳县龟峰景区	2017年
11	南昌市滕王阁旅游区	2018年

续表

序号	景区名称	入选时间
12	萍乡市武功山景区	2019年
13	九江市庐山西海景区	2020年
14	赣州市三百山景区	2022年

【任务引入】

2021年7月，江西省“井冈之路·星火燎原”“英雄城·红色城”“红色摇篮·革命赣南”“秋收起义·湘赣红旗”“古徽州·新农村”5条精品线路入选文化和旅游部、中央宣传部、中央党史和文献研究院、国家发展改革委联合推出的“建党百年红色旅游百条精品线路”。

【任务分析】

江西省的红色旅游精品线路中涉及的景点多是反映党的重大事件的红色旅游经典景点，通过外部交通串联线路各节点，为旅游者提供相应旅游服务。通过观光游览，让干部群众铭记党的历史，接受红色洗礼，传承红色基因，鼓起迈进新征程、奋进新时代的精气神。如果你是游客，在了解了每条线路涉及的区域及特色后，会对哪条线路最感兴趣呢？

【任务实施】

任务要求：选择其中一条主题线路，查找所涉及的城市及旅游景点、旅游资源。

任务目标：

1. 对江西省红色旅游线路有一定的敏感度和认知力。

2. 对江西省红色旅游线路所涵盖的资源与景点有基本的辨别能力。

实训步骤：参见表8–15提示。

表 8-15　实训操作指导步骤

步骤	标准	提示
1.确定选择线路	通过主题关键词查找相关城市	如“红色摇篮·革命赣南”搜到瑞金共和国摇篮景区、中央红军长征集结出发地纪念园、沙洲坝革命旧址群等景点
2.搜索城市旅游资源	查找主题线路涉及城市的旅游资源，从中抽取与线路主题符合的景区景点	如赣州市有沙洲坝革命旧址群、瑞金共和国摇篮景区、中华苏维埃共和国中央革命军事委员会旧址、沙洲坝、等著名景点
3.甄别资源的价值和类型	在同类中寻找级别高、价值高的取舍	如“红色摇篮·革命赣南”涉及景点，首选国家5A级旅游景区瑞金共和国摇篮景区，再补充其他与主题贴近的高价值景点
4.画出线路	根据景点位置、方位进行判别	如“红色摇篮·革命赣南”主题线路从瑞金出发，按照顺时针方向的顺序，环形串联成旅游环线

【项目考核】

一、单项选择题

1. 文房四宝中产自浙江省的是（　）。

A. 宣纸　B. 徽墨　C. 湖笔　D. 端砚

2. 黄山“四绝”是指（　）。

A. 奇松、怪石、云海、温泉　B. 奇松、怪石、云海、瀑布

C. 奇松、林海、温泉、云海　D. 奇石、怪潭、云海、温泉

二、多项选择题

1. 以下属于浙江省的世界遗产有（　）。

A. 杭州西湖　B. 中国丹霞（浙江江郎山）

C. 良渚古城遗址　D. 西溪湿地

2. 下列哪个帝王陵墓属于宝城宝顶形制（　）。

A. 唐乾陵　B. 明孝陵　C. 明十三陵　D. 清东陵

【项目实训】

2022 年 9 月 24 日，第四届大运河文化旅游博览会在苏州拉开帷幕，运河数字文旅产业展区以“数字赋能·融合创新”为主题，以“运河游园会”为主线，邀请运河沿线城市企业等省内外企业共计 40 家，共同打造具有沉浸感与体验感的观展空间，构建出

“游园奇遇记”“游园奇趣街”“游园奇妙市”三大展览板块和“共话数字文旅”一个舞台区域。通过场景化呈现数字文旅新体验、全方位体现数字文旅新业态、多角度促进企业展陈新融合、创新性设置展区互动新玩法四大亮点特色。数字化正在开启文化旅游发展新时代，在探索大运河文化的保护与传承过程中，一方面要防止重技术轻文化的现象出现，另一方面要正确使用数字化手段、不断凝练展现运河精髓，助推大运河文化旅游业态朝品质化、融合化方向发展。

实训要求：请以小组为单位，查找资料，对江苏省近年在大运河旅游数字化发展方面的措施行梳理。

项目 9

峡谷巨川——巴楚文化旅游区认知实践

项目导学

- 峡谷巨川——巴楚文化旅游区认知实践
  - 巴楚文化旅游区旅游地理环境特征分析
    - 自然旅游地理环境特征分析
    - 人文旅游地理环境特征分析
  - 湖北旅游亚区旅游资源概况
    - 区域旅游资源概况
    - 主要旅游资源及景区
  - 湖南旅游亚区旅游资源概况
    - 区域旅游资源概况
    - 主要旅游资源及景区
  - 四川旅游亚区旅游资源概况
    - 区域旅游资源概况
    - 主要旅游资源及景区
  - 重庆旅游亚区旅游资源概况
    - 区域旅游资源概况
    - 主要旅游资源及景区

学习目标

知识目标：

1. 认识鄂湘川渝旅游区的旅游地理环境特征。

2. 熟悉该旅游区旅游业发展现状。

3. 掌握各旅游亚区主要景区、景点状况。

能力目标：

1. 能独立思考、分析各旅游亚区旅游业发展水平差异的原因。

2. 结合知识拓展、实践活动等内容，具备对该旅游亚区旅游产品进行设计的能力。

素质目标：

1. 树立热爱旅游行业、服务至上的职业道德观念。

2. 提升我国作为旅游资源大国的自豪感，增强民族凝聚力。

任务1　巴楚文化旅游区旅游地理环境特征分析

【任务概述】

由湖北、湖南、四川和重庆组成的巴楚文化旅游区以峡谷风光、名山大湖、荆楚文化、三国遗迹以及多样的民俗风情等备受游客青睐。本区因处于我国东西部的过渡地带上，形成了多姿的自然景观与多彩的人文景观。通过学习，了解本区的地形地貌，熟悉本区概况、主要山脉与地理单元，掌握本旅游区以原始的生态环境和多样的民族风情为特色的旅游资源特征。

【学习目标】

1. 了解巴楚文化旅游区地形、地貌与主要山脉、河流概况，熟悉该旅游区自然与人文旅游地理环境特征。

2. 提升对巴楚文化、多元民族文化的重要性认知，培养中华民族文化认同感。

【知识准备】

峡谷巨川、巴楚文化旅游大区主要位于长江中游地区，包括湖北省、湖南省、四川省和重庆市四省市。全区总面积约97.23万平方公里，人口约2.40亿人（截至2021年年底）。本区地处我国东西部的过渡地带，位于我国热带、亚热带湿润区，自然景观以名山大湖、雄伟的峡谷风光、原始的生态环境为特色，人文景观以古老的荆楚文化、引人入胜的三国遗迹、极具教育价值的红色圣迹、多样的民俗风情为特色。本区依托丰富的旅游资源，便利的交通条件，正在发展成为一个中外闻名的旅游大区。

一、自然旅游地理环境特征分析

（一）地理位置优越，水陆交通便利

鄂湘川渝旅游区位于长江中上游地区，洞庭湖、洪湖等大小湖泊星罗棋布；荆江、汉水汇流于长江；湘江、资江、沅江、澧水四条主要的河流连接大小支流，汇集于洞庭湖后注入长江，水网密集，构成四通八达的交通网络。四通八达的水陆交通网络，成为区域旅游业发展的基础支撑和先决条件，也使得该区域具有打造国内水路旅游客运精品航线的天然优势。

（二）丘陵山地与平原相间分布，景观地貌发育良好

本旅游区处于由西向东降低的第二阶梯与第三阶梯的交界处，西部地表起伏大，湘鄂西部山地自北向南包括武当山、大巴山、荆山、巫山、武陵山、雪峰山等，海拔自西向东从2000米降至1000米，岩溶地貌发育良好，风景荟萃；四川盆地地形复杂多样，垂直变化明显，中部沉积为盆地，川西高原垂直差异显著。

（三）温暖湿润的气候，植被繁茂、山川秀美

本区为典型的亚热带湿润性季风气候，冬季温和少雨，夏季炎热多雨。其中湘鄂四季分明，一年之内气温变化较大，年平均气温在15℃~18℃；大部分地区雨量充足，年平均降水量为1200~1700毫米。四川盆地四季不分明，年平均气温在14℃~20℃。由于气候垂直差异大，峨眉山、衡山等名山成为夏季避暑胜地。在特殊的地形和气候条件下，形成了河网稠密、湖泊众多的水系特征。本区四季皆可游览，但以春秋两季为旅游旺季，而秋季则是本区旅游的黄金季节。由于自然地理位置优越，气候温和，降水充沛，动植物资源繁多，加上山地以中低山地及丘陵为主，因而以常绿阔叶林为主的植被

繁茂，山地以秀美为特色。

（四）水景资源丰富，峡谷地貌突出

本区由于降水较充沛、地势较低、平原广布等因素的共同作用，河网密布、湖泊众多，水景资源丰富，从而塑造了丰富的自然景观，并孕育了极具特色的人文旅游资源。本区的湖泊主要集中在两湖平原，其中又以有“千湖之省”美称的湖北最多，武汉东湖是本区著名的风景湖泊，洞庭湖则以浩瀚的湖水、巍峨的楼阁、秀丽的君山让人留恋不已。

该区河流随地势起伏侵蚀深切，创造出丰富的“喊一嗓子听得见，双脚却要走半天”的河流峡谷地貌，如长江三峡风景秀丽，为长江风景线上景色最为奇秀的山水画廊，沿线文化古迹众多，又构成了一幅历史文化画卷。此外，还有神农溪、清江等河流的峡谷景观。河流除了形成特有的峡谷风光外，在山区地势陡峭处形成了壮丽的瀑布景观，在平原地区，构成了美妙的田园风光，这些得天独厚的水景资源极富旅游吸引力。

【行业前沿 9–1】

湖北：长江国家文化公园建设

2022 年，湖北省启动长江国家文化公园建设工程，并开展多维立体宣传和旅游推介活动，先后启动“沿着长江读懂中国——湖北千里长江行”“5·18 国际博物馆日”“5·19 中国旅游日”、“漫步江城——开启长江文明之旅”长江灯光秀、“弘扬荆楚文化，讲好新时代长江故事”专题研讨会、2022 届原故里端午文化节、第七届长江读书节及第三届讲书人大赛总决赛等系列以长江为主题的活动。同时，通过举办长江三峡海外网红打卡、联合中国驻海外旅游办事处共同推出“天涯共此时——沿着长江游湖北”中秋主题线上推广等活动，不断扩大荆楚文化和湖北旅游在海外的影响力和美誉度，助力长江国家文化公园湖北段建设。

资料来源：文化和旅游部官网。

二、人文旅游地理环境特征分析

（一）历史悠久，文化遗产丰厚

湖南、湖北两省历史悠久，湘楚文化博大精深。两省地处内陆腹地、长江中游，历史上许多政治、军事事件在此发生。悠久的历史、灿烂的文化使湘楚大地保存了众多高品质的历史遗迹和文物，如长沙马王堆汉墓遗址、岳麓书院以及三国遗迹等。据统计，仅湖北省内保存的三国遗址遗迹就达 180 多处，其中著名的有古隆中、赤壁古战场、荆州古城、长坂坡等，众多的三国遗迹为本区开展三国文化专项旅游提供了极其优越的条件。

本区著名的历史文化名城有长沙、岳阳、凤凰、武汉、襄阳、随州、钟祥等。四川、重庆人文旅游资源得天独厚，文物古迹众多，历史悠久。四川有著名的王建墓、刘备墓、武侯祠、杜甫草堂、望江楼公园等，都与历史人物密切相关。重庆也是一座有着悠久历史的文化古城，早在公元前 11 世纪，巴国就在此建都。1189 年，宋光宗在此先封王后登帝位，自诩“双重喜庆”。抗战时期，又成为“国民政府”战时陪都，抗战文化蜚声中外。

（二）巴楚文化厚重，川渝文化地域特色鲜明

两湖平原孕育形成的荆楚文化作为中华民族文化的重要组成部分，源远流长，博大精深，具有鲜明的地域特色和巨大的经济文化开发价值。川渝大地历史悠久、山水名胜、文物古迹、民俗风情独具特色。荆楚文化在青铜冶铸、丝织刺绣、木竹漆器、美术、乐舞以及文学创作等方面成就突出，从目前的考古成果来看，历史最先进的青铜冶铸、最早的铁器、最富有创造力的丝绸刺绣皆出自楚国，先秦漆器的数量之大、工艺之精莫过于楚漆器，先秦金币、银币也是楚币最精。在出土的许多铜、陶、漆器和丝织品上都保存了音乐、绘画艺术的宝贵的实物资料，它们多角度地反映出当时楚音乐、舞蹈、绘画都达到了相当高的水平。楚国的编钟乐舞水平之高，举世公认。世界四大文化名人之一的屈原所创作的《离骚》是楚辞的典型代表。此外，在天文、历法、哲学等方面楚文明也达到了前所未有的高度，从而全方位地折射出楚文明繁荣鼎盛期非凡的发展成就。

川渝既是一个地理概念又是一个文化概念，在文化上相似度极高。川渝历史上称为巴蜀，两地相距较近，交流方便，两地出现的船棺葬、扁茎无格柳叶剑、铜器纹饰中出现的虎纹等都是巴蜀文化共同特征。川渝文化艺术风格独特，川剧、川菜、川酒等闻名海内外。川渝文化除接受中原和楚文化的影响外，还受到西南多种少数民族文化的影响。

【知识拓展9-1】

巴楚文化元素与旅游品牌形象

在我国中部渝湘鄂黔毗邻地区，存在一个与古老的巴、楚文化有着亲缘关系的区域文化圈，即“巴楚民族文化圈”。其独特的地域性，各民族文化的同源性及其演变的趋同性，为其成为一个具有独立发展逻辑的整体奠定了文化基础。

该文化圈以武陵山脉为中心，在地理上处于北纬30度、中国地形的第二级阶梯向第三级阶梯过渡地带。其地貌以丘陵、山地、溪谷为主，坡地面积较大，气候属亚热带向暖温带过渡类型，日照充足，气候温和，雨量适中。无论从地理位置还是区域文化的领域看都是我国东、西、南、北之间的一个过渡性区域。

独特的地理环境和积淀深厚的巴楚文化成为该区域旅游业发展的突出特色。近年来，各地陆续将巴楚文化元素融入该地旅游业，打造地域旅游品牌视觉形象。

资料来源：编者根据相关资料整理。

（三）农业发达，物产丰富

本地区气候条件优越，土地资源丰富，自古就是我国水稻和棉花、油菜籽等作物的重要产区，湘鄂则有“湖广熟、天下足”的美誉。洞庭湖、洪湖等湖区的水产及丘陵山区的柑橘等亚热带水果久负盛名。本区土特产众多，湖南的湘绣，湖北的绿松雕、绢花、剪纸。所有这些，均为旅游商品的开发提供了条件，为旅游业的发展奠定了良好的基础。四川农业发达，有“天府之国”的美誉。经济作物也很有知名度，有“柑橘之乡”“榨菜之乡”“烤烟之乡”的美誉。如湖南常德蔬菜种植与农业旅游同步发展，重庆涪陵榨菜与文化结合成为重庆乡村体验旅游的新亮点。

（四）近代革命胜迹遍布巴楚地区

该旅游区红色旅游资源丰富，湖南湘潭市的毛泽东、彭德怀故居和纪念馆、长沙市的刘少奇故居和纪念馆、秋收起义会师旧址纪念馆；湖北武汉市的辛亥革命武昌起义纪念馆、八七会议旧址纪念馆，黄冈市的大别山红色旅游区，荆州市的湘鄂西革命根据地旧址群等；四川广安市的邓小平同志旧居、朱德故居，泸定县的泸定桥、通江县的红四方面军总指挥部旧址纪念馆、宜宾市的赵一曼纪念馆等；重庆市的渣滓洞、白公馆等，都是典型的代表。

鄂湘川渝旅游区旅游资源数量多、类型全、品质高，旅游经济发展水平和旅游区域联合发展均呈现较好的发展势头。近年来旅游接待人数及旅游收入水平持续增长，经过20多年的努力，鄂湘川渝各旅游亚区旅游资源均得到较好的开发及利用，尤其是边远地区的著名旅游资源得到了很好的开发利用，已形成了一批优秀的旅游景区。区域联合在提升旅游服务质量，提升旅游产品档次，提升游客满意度，实现旅游创新发展，优化旅游发展环境等方面效果显著，有效地促进了该区域旅游业优化升级。

【任务引入】

建设人与自然和谐共生的中国式现代化，共建万物和谐的美丽家园，是我们面临的重大时代课题之一，其中，对长江“母亲河”的保护修复更是为当代计、为万世谋的重要内容。长江作为中华民族的母亲河，更是中华民族发展的重要支撑。“共抓大保护，不搞大开发”，党的十八大以来，党中央对长江经济带发展提出的总要求，为长江经济带发展立下了规矩、画定了红线，奠定了宏阔的总基调。只有站在中华民族长远利益的高度，把修复长江生态环境当作压倒性工作来抓，才能确保一江清水绵延后世。

【任务分析】

2021年1月，长江流域重点水域开始实行“十年禁渔”；同年9月，生态环境部、发展改革委等17部门联合印发《深入打好长江保护修复攻坚战行动方案》，提出以高水平保护推动高质量发展，努力建设人与自然和谐共生的绿色发展示范带。2022年长江江豚科考公布的初步结果显示，随着长江“水中大熊猫”江豚作为检验长江大保护成效和长江生态系统健康状况的重要指示物种的身影增多、数量增长，也充分证明了我国对整个长江生态系统的保护措施已取得成效。

【任务实施】

任务要求：分组查找资料，完成对长江生态保护对旅游业发展的重要意义认知。

任务目标：

1. 认识到长江生态保护的重大意义、长江旅游资源可持续发展的必要性。

2. 突出长江生态保护体系对其旅游业的贡献。

实训步骤：参见表9–1提示。

表 9-1　实训操作指导步骤

步骤	标准	提示
1.查找长江生态保护的相关文件、政策	文件、措施皆可	如《长江保护修复攻坚战行动计划》
2.长江生态保护取得的成效	从环境、物种等多角度	如江豚数量明显增加
3.查找长江生态保护体系中包含的旅游资源部分	关注知名度高的相关景区景点	如鄱阳湖大草原、长江三峡等
4.分析长江生态体系保护与旅游业发展的关系	从整体与局部、产业与要素等多角度	如长江生态保护体系促进旅游可持续发展

任务 2　湖北旅游亚区旅游资源概况

【任务概述】

湖北省因其地处长江中游，湖泊众多而有“千湖之省”的美誉，这里是我国著名的“鱼米之乡”。湖北省山水风光独特，文化底蕴深厚，自然和人文旅游资源丰富。通过学习，熟悉湖北省区域旅游资源概况，掌握湖北省高价值的旅游景区概况。

【学习目标】

1. 熟悉湖北省区域旅游资源概况，掌握湖北省国家历史文化名城、世界遗产、国家5A级旅游景区的概况。

2. 具备对湖北省热门主题线路的行业敏感度，对各主题线路涉及的资源及景点具有一定的鉴别能力。

【知识准备】

一、区域旅游资源概况

湖北省，简称“鄂”，地处长江中游、洞庭湖以北，故名湖北。境内湖泊众多，素有“千湖之省”的美誉，长江横贯境内达 1053 公里，并有汉水等大小河流 1195 条，是我国著名的“鱼米之乡”。湖北全省面积18.59万平方公里，总人口5775万人（截至2021年年底）。

湖北省山水风光独特，自然景观异彩纷呈。长江三峡以其独有的山岳、峡谷、江河自然风光被誉为“中国四大自然奇观”之一。号称“华中屋脊”的世界自然遗产地神农架，道教文化圣地武当山、奇幻壮丽的三峡人家景区、令人震撼的利川腾龙洞、美如画的清江画廊等，都是本区自然旅游资源极具魅力的代表。

湖北是荆楚文化的发祥地，楚文化和在此基础上形成的汉文化在湖北积淀深厚。以武当山为代表的宗教文化和以荆州古城、赤壁、当阳、隆中等为代表的三国文化也是湖北旅游文化的显著特色。湖北还是历史名人辈出的地方，如中华始祖炎帝，楚文化的杰出人物屈原，中国古代四大发明之一活字印刷术的发明者毕昇，老一辈革命家董必武、陈潭秋、李先念等均诞生于荆楚大地。全省有荆州、随州、襄阳、武汉、钟祥5座国家历史文化名城，有八七会议旧址、北伐汀泗桥战役遗址、楚纪南故城等国家级重点文物保护单位52处，省级文物保护单位413处。武当山古建筑群、神农架等被列为世界文化遗产、世界自然遗产。

【实践活动9–1】

在5G上“云游”山川名胜　数字技术助力湖北旅游恢复

新冠疫情为整个旅游业摁下了暂停键，旅游业因疫情而重新洗牌，新业态因“疫”而生，“云”模式既可为居家旅游提供平台，又为线下旅游提供了有效的推广。

查找资料，以小组为单位，举例说明疫情之下，人们改变旅游计划，尝试全新的旅游服务——“云旅游”，给湖北高质量的旅游资源带来什么样的发展契机?

二、主要旅游资源及景区

（一）国家历史文化名城

截至2022年3月，湖北省拥有国家历史文化名城5座，如表9–2所示。

表 9–2　湖北省国家历史文化名城及资源概况

城市名称	评选时间	资源概况
荆州市	1982年	春秋战国时曾为楚都城“郢都”，史书描述当时“朝衣鲜而暮衣敝”，是当时中国南方最繁华的都市。秦汉以后，荆州是历代封王置府的重镇，先后有西汉临江国，南朝晋安帝、齐和帝、梁元帝，后梁国，五代荆南国据此称帝建都。古有“七省通衢”的美誉，物产丰富、文化积淀深厚
武汉市	1986年	武汉地处江汉平原东部。世界第三大河长江及其最大支流汉水横贯市境中央，将武汉城区一分为三，形成了武昌、汉口、汉阳三镇隔江鼎立的格局。早在6000年前的新石器时代，已有先民在此繁衍生息。北郊的盘龙城遗址作为武汉建城开端，距今有3500年历史。唐朝诗人李白曾在此写下“黄鹤楼中吹玉笛，江城五月落梅花”，因此武汉自古又称江城
襄阳市	1986年	2012年襄樊市正式更名为襄阳市。襄阳位于汉水中部，地势非常险要，地处秦岭与淮河之间的缺口上，北接中原要地，南达江汉平原，史称“跨连荆豫，控扼南北”。襄阳文物资源丰富，园林较多，城西的隆中山为“三顾茅庐”“隆中对”的发生地
随州市	1994年	随州古称“汉东之国”，是“西通宛洛，南达吴越，地当荆豫要冲，扼阻襄汉咽喉”的鄂北重镇。中华民族的始祖炎帝神农就诞生在这里；城西擂鼓墩出土的曾侯乙编钟震惊世界，被誉为世界音乐史上的奇迹；随州曾是隋文帝杨坚封地，隋朝因随州而命名
钟祥市	1994年	钟祥市，有史实记载的历史超2700年，明正德十六年（1521年），世宗皇帝朱厚熜依祖制，以武宗堂弟的身份，从此地被逢迎进京继承皇位，年号嘉靖；1531年明世宗将县取“钟聚祥瑞”之意，赐名“钟祥”，钟祥之名自此始。目前有世界文化遗产明显陵

（二）世界遗产

截至 2022 年 8 月，湖北省共有 4 处景观被列入《世界遗产名录》，其中世界文化遗产 3 项：武当山古建筑群、明清皇家陵寝（明显陵）、中国土司遗址（唐崖土司城址）；世界自然遗产 1 项：神农架。

1. 武当山古建筑群（1994.12，世界文化遗产）

位于丹江口市的西南部。又名“太和山”。明代时，武当山被皇帝敕封为“大岳”“玄岳”，地位在“五岳”诸山之上。武当主峰天柱峰，海拔 1612 米，风光旖旎，气势宏伟，被世人赞为“万山来朝”。武当山古建筑群始建于唐代贞观年间，明代是其发展的鼎盛时期，形成了以八宫两观为主体的庞大规模。被列入的主要文化遗产包括：太和宫、紫霄宫、南岩宫、复真观、“治世玄岳”牌坊等。此外，武当山各宫观中还保存有各类造像 1486 尊，碑刻、摩崖题刻 409 通，法器、供器 682 件，还有大量图书经籍等，也是十分珍贵的文化遗存。武当山古建筑群集中体现了中国古代建筑装饰艺术的精华。

2. 明清皇家陵寝（明显陵）（2000.11，世界文化遗产）

明显陵位于湖北省钟祥市，是明世宗嘉靖皇帝的父亲恭睿皇帝和母亲章圣皇太后的合葬墓，始建于明正德十四年（1519年），是中国中南地区唯一的一座明代帝王陵墓，也是中国明代帝陵中最大的单体陵墓。其“一陵两冢”的陵寝结构，为历代帝王陵墓绝无仅有。

陵园由30余处规模宏大的建筑群组成，依山间台地渐次布列有纯德山碑、敕谕碑、外明塘、新旧红门、御碑楼、石像生、棂星门、九曲御河、方城、前后茔城等，众多的建筑掩映于山环水抱之中。2000年11月，明显陵被列为世界文化遗产。

3. 中国土司遗址（唐崖土司城址）（2015.7，世界文化遗产）

唐崖土司城址位于湖北咸丰县唐崖镇东3公里处，是14—18世纪唐崖覃氏土司的政治、经济、军事和文化中心，遗址占地74万平方米，建于元代至正六年（1346年），鼎盛时期的唐崖“帅府”，规模宏大，气势恢宏，至今街道墙垣仍清晰可辨，部分建筑尚保存完好，是湘、鄂、川、黔边少数民族地区最典型、规模最大、保存最完整的一处唐崖土司城址，堪称“土司制度的实物见证”，有“小故宫”之称。它作为“土司制度的事物见证、山地城市的佳作典范、多民族文化发展融合的结晶”，体现了中央政权与地方族群在民族文化传承和国家认同方面的人类价值观交流，见证了古代中国作为统一多民族国家，对西南山地多民族聚居地区“齐政修教，因俗而治”的独特管理智慧。

4. 神农架（2016.7，世界自然遗产）

湖北神农架世界自然遗产地面积73318公顷，分为西部的神农顶/巴东片区和东部的老君山片区，遗产地缓冲区面积为41536公顷。内有3767种维管束植物，已记录脊椎动物600多种（包括哺乳动物92种、鸟类399种、鱼类55种，爬行类53种、两栖类37种），已发现昆虫4365种。其中有205个本地特有种、2个特有属和1793个中国特有种，旗舰物种神农架金丝猴数量达1300多只。世界遗产委员会认为，湖北神农架在生物多样性、地带性植被类型、垂直自然带谱、生态和生物过程等方面在全球具有独特性，拥有世界上最完整的垂直自然带谱。独特的地理过渡带区位塑造了其丰富的生物多样性、特殊的生态系统和生物演化过程，其生物多样性弥补了《世界遗产名录》中的空白。神农架于2016年7月17日入选《世界遗产名录》。

（三）国家5A级旅游景区

截至2022年9月，湖北省拥有14家国家5A级旅游景区，如表9-3所示。

表 9-3　湖北省国家 5A 级旅游景区一览

序号	景区名称	入选时间
1	武汉市黄鹤楼公园	2007年
2	宜昌市三峡大坝—屈原故里旅游区	2007年
3	湖北省宜昌市三峡人家风景区	2011年
4	湖北省十堰市武当山风景区	2011年
5	湖北省恩施州神农溪纤夫文化旅游区	2011年
6	湖北省神农架旅游区	2012年
7	宜昌市长阳清江画廊景区	2013年
8	武汉市东湖景区	2013年
9	武汉市黄陂区木兰文化生态旅游区	2014年
10	恩施土家族苗族自治州恩施大峡谷景区	2015年
11	咸宁市三国赤壁古战场景区	2018年
12	襄阳市古隆中景区	2020年
13	恩施土家族苗族自治州腾龙洞风景区	2020年
14	宜昌市三峡大瀑布景区	2022年

【任务引入】

2022 年 2 月，湖北省人民政府发布《湖北省旅游业发展“十四五”规划》，规划中提到，未来湖北将建设成为世界知名旅游目的地。湖北将着力构建“一主引领、一江贯通、三区联动、六山支撑、九湖润泽”的旅游发展新格局，积极建设富有文化底蕴的世界级、国家级旅游景区和度假区，以及国家级旅游休闲城市和街区，把湖北省建设成为游客满意的世界知名旅游目的地。

通过努力，湖北将致力打造 9 条国家化精品旅游线路：武汉都市之旅、宜昌长江三峡之旅、十堰武当山问道之旅、神农架探秘之旅、襄阳三国文化之旅、恩施土家风情之旅、荆州楚文化之旅、随州炎帝寻根之旅、黄冈大别山之旅。借助精品线路，湖北省旅游业将加强与全国核心旅游景区、精品旅游线路的对接，打造跨省域精品旅游线路。

【任务分析】

以上 9 条线路按照不同的资源特色，串联起不同的城市，形成了游客青睐的热门旅游线路。这些线路具有明显的地理区域性，又有文化同质性。如果你是游客，在了解了每条线路涉及的区域及特色后，会对哪条线路最感兴趣呢？

【任务实施】

任务要求：选择其中一条主题线路，查找所依托的城市及旅游景点、旅游资源。

任务目标：

1. 对湖北省热门主题旅游线路有一定的敏感度和认知力。

2. 对湖北省主题旅游线路所涵盖的资源与景点的价值有基本的辨别能力。

实训步骤：参见表 9–4 提示。

表 9–4　实训操作指导步骤

步骤	标准	提示
1.确定选择线路	通过主题关键词查找相关城市	如“武当问道”搜到湖北十堰，“大别山”搜到黄冈等
2.搜索城市旅游资源	查找主题线路涉及城市的旅游资源，从中抽取与线路主题符合的景区景点	如十堰市既有武当山等以宗教文化主题的遗址遗迹，也有丹江口大坝等自然风景为主题线路，要进行甄别
3.甄别资源的价值和类型	在同类中寻找级别高、价值高的景点	如“一江两山”为主题涉及景点，首选世界遗产、国家5A级旅游景区，再去掉同类的，补充其他类高价值景点
4.画出线路	根据景点位置、方位进行判别	如“一江两山”主题线路按照一定的顺序进行串联

任务 3　湖南旅游亚区旅游资源概况

【任务概述】

湖南省因处洞庭湖以南而得名，又因省内最大河流——湘江贯通全省，故简称“湘”。湖南地处云贵高原向江南丘陵和南岭山脉向江汉平原过渡的地带，地势呈三面环山、朝北开口的马蹄形地貌。湖南省独特的自然地理环境，境内山水风光秀美奇特，历史文化底蕴深厚，民俗风情多姿多彩。通过学习，熟悉湖南省区域旅游资源概况，掌握湖南省高价值的旅游景区概况。

【学习目标】

1. 熟悉湖南省区域旅游资源概况，掌握湖南省国家历史文化名城、世界遗产、国家5A级旅游景区的概况。

2. 具备对湖南省热门主题线路的行业敏感度，对各主题线路涉及的资源及景点具有一定的鉴别能力。

3. 通过对湖南红色旅游资源的学习，实现“穿越百年，红心向党”炽热情怀。

【知识准备】

一、区域旅游资源概况

湖南省位于长江中游、洞庭湖以南，故名湖南，省会驻长沙市。又因省内最大河流——湘江贯通全省，故简称“湘”。东临江西，西接重庆、贵州，南毗广东、广西，北与湖北相连。全省面积21.18万平方公里，人口6622万人（截至2021年年底），辖14个地级行政区，其中13个地级市，1个自治州。

湖南全省可划分为六个地貌区：湘西北山原山地区、湘西山地区、湘南丘山区、湘东山丘区、湘中丘陵区、湘北平原区。全省东、西、南三面山地环绕，逐渐向中部及东北部倾斜，形成向东北开口不对称的马蹄形。省内大于海拔2000米高点的分布与地势总特点基本一致，集中分布在东、南、西三面的山地之中。炎陵县的神农峰（酃峰）是省内地势的最高点，峰顶海拔2122.35米。东南部有桂东县的八面山，峰顶海拔2042米。湘南有道县的韭菜岭，峰顶海拔2009米。西南部有城步县的二宝鼎，峰顶海拔2024米。西北部有石门县的壶瓶山，峰顶海拔2099米。湖南地势的最低点，是临湘市的黄盖湖西岸，海拔只有24米，与省内最高点相差2000米左右。群山连绵、峡谷如画、峰林斑斓构成湖南绝美的自然旅游资源。

湖南自古有“惟楚有材，于斯为盛”之誉。近现代以来，先后涌现了启蒙思想家魏源，清代中兴名臣曾国藩、左宗棠，维新志士谭嗣同、唐才常，辛亥元勋黄兴、蔡锷、宋教仁等。新民主主义革命时期，湖南发生了秋收起义、湘南暴动、桑植起义、平江起义、通道转兵、芷江受降等著名历史事件。毛泽东、刘少奇、任弼时、彭德怀等无产阶级革命家，为创建中国共产党、缔造中华人民共和国做出了卓越贡献；新中国授衔的十大元帅、十大将军有九位是湖南人。中华人民共和国成立后又涌现出胡耀邦、朱镕基等党和国家领导人。此外，从“世界杂交水稻之父”袁隆平、“试管婴儿之母”卢光琇等著名科学家，到田汉、齐白石、黄永玉等知名艺术家；从沈从文、周立波等著名文学家，熊倪、刘璇等世界体育名将，到共产主义战士雷锋。湖湘人才联袂而起、灿若星河。绮丽的自然风光和悠久的历史文化，使湖南具有独特的旅游资源。

【案例精选 9–1】

湘水同源　文化同根

近年来，湖南充分发挥红色文化资源优势，大力推进湘赣边红色文化旅游融合发展创新示范区建设和湘潭（韶山）全国红色旅游融合发展示范区发展，以红色场馆建设和红色旅游景区开发为重点，加强红色旅游人才培养，加快红色文旅业态融合，形成了资源优化、空间有序、产业丰富、功能完善的红色旅游发展新格局。

资料来源:《中国旅游报》，2020–07–27。

二、主要旅游资源及景区

（一）国家历史文化名城

截至 2022 年 3 月，湖南省拥有国家历史文化名城 4 座，如表 9–5 所示。

表 9–5　湖南省国家历史文化名城及资源概况

城市名称	评选时间	资源概况
长沙市	1982年	长沙为湖南省的省会，又称“楚汉名城”，是楚文明和湘楚文化的发源地，有3000年悠久的历史文化，约有2400年建城史，在春秋战国时期始建城，属楚国。因屈原和贾谊的影响而被称为“屈贾之乡”
岳阳市	1994年	岳阳古称巴陵、又名岳州，建城始于公元前505年，是一座有着2500多年悠久历史的文化名城。位于江南洞庭湖之滨，依长江、纳三湘四水，江湖交汇，是一个资源丰富、区位优越、风景优美的地方。不仅是中国南北东西交通要道、国务院首批沿江开放之重地，且是长江中游重要的区域中心城市、湖南首位门户城市
凤凰县	2001年	凤凰古城被新西兰著名诗人路易·艾黎称为“中国最美丽的小城”，凤凰之美可以浓缩为“九个一”：一座青山抱古城、一湾江水绕城过，一条红红石板街，一排小巧吊脚楼，一道风雨古城墙，一座沧桑老城堡，一个奇绝奇梁洞，一座雄伟古石桥，一群闻名世界的人

续表

城市名称	评选时间	资源概况
永州市	2016年	自公元前124年始置泉陵侯国以来，永州已有2100多年的建制史。此外，永州还是怀素、黄盖、周敦颐、李达、陶铸等历史名人的故乡。唐宋八大家之一的柳宗元被贬至永州时，留下了《永州八记》，在文学史上影响重大

（二）世界遗产

截至 2022 年 8 月，湖南有 3 处景观被列入《世界遗产名录》，其中 2 处独立遗产：武陵源、中国土司遗址（老司城遗址）；1 处联合遗产：中国丹霞（湖南崀山）。

1. 武陵源（1992.12，世界自然遗产）

武陵源位于中国中部湖南省西北部，由张家界市的张家界森林公园、慈利县的索溪峪自然保护区和桑植县的天子山自然保护区组合而成，总面积约 500 平方公里，最近又发现了杨家界新景区。

武陵源是 20 世纪 80 年代初新发现的山水名胜。这里的风景没有经过任何的人工雕凿，到处是石柱石峰、断崖绝壁、古树名木、云气烟雾、流泉飞瀑、珍禽异兽。可谓奇山异水，天下独绝。置身其间，犹如到了一个神奇的世界和趣味天成的艺术山水长廊。

武陵源独特的石英砂岩峰林属国内外罕见，在 360 多平方公里的面积中，目前所知有山峰 3000 多座，这些突兀的岩壁峰石，连绵万顷，层峦叠嶂。每当雨过天晴或阴雨连绵天气，山谷中生出的云雾缭绕在层峦叠嶂之间，云海时浓时淡，石峰若隐若现，景象变幻万千。

武陵源水绕山转，据称仅张家界就有“秀水八百”，众多的瀑、泉、溪、潭、湖各呈其妙。金鞭溪是一条十余公里长的溪流，从张家界沿溪一直可以走到索溪峪，两岸峡谷对峙，山水倒映溪间，别具风味。武陵源的溶洞数量多、规模大，极富特色，其中最为著名的是索溪峪的“黄龙洞”。黄龙洞全长 7.5 公里，洞内分为四层，景观奇异，是武陵源最为著名的游览胜地之一。

2. 中国丹霞（湖北崀山）（2010.8，世界文化遗产）

崀山风景名胜区位于湖南省新宁县境内，包括大一巷、辣椒峰、扶夷江、八角寨、紫霞峒、天生桥六大景区，18 处风景小区，已发现并命名的重要景点有 500 余处，总面积 108 平方公里，属典型的丹霞地貌，是难得的山水自然风景区。

崀山的丹霞地貌是继张家界后发现的又一颗璀璨的风景明珠。崀是指在中生代侏罗纪至新生代第三纪沉积形成的红色岩系。世界上丹霞地貌主要分布在中国、美国西部、中欧和澳大利亚等地，以我国分布最广，又尤以崀山为中国丹霞地貌风景区中丰度和品位极具代表性和优美的景区，是一座天然的丹霞地貌博物馆，被地质专家们誉为“丹霞之魂、国之瑰宝”。景区内的辣椒峰、骆驼峰、“鲸鱼闹海”“亚洲第一桥”“将军石”“天下第一巷”构成了崀山雄奇、峻美的景观。

3. 中国土司遗址（老司城遗址）（2015.7，世界文化遗产）

老司城城址兴建于南宋绍兴五年（1135 年）彭氏第十一世首领彭福石庞统治时期，废弃于清雍正二年（1724 年）“改土归流”，是永顺彭氏政权统治古溪州地区近 600 年的治所和古溪州地区的行政、生活、经济、文化和军事中心。

老司城遗址位于湖南永顺县城以东灵溪河畔，是目前中国规模最大、保存最完整、历史最悠久的古代土司城市遗址。老司城遗址于 2001 年被列为中国重点文物保护单位，2011 年入选 2011 年全国十大考古发现。2015 年，老司城遗址与贵州海龙屯遗址、湖北唐崖土司城遗址一起被列为世界文化遗产。

（三）国家 5A 级旅游景区

截至 2022 年 9 月，湖南省拥有 11 家国家 5A 级旅游景区，如表 9-6 所示。

表 9-6　湖南省国家 5A 级旅游景区一览

序号	景区名称	入选时间
1	张家界武陵源—天门山旅游区	2007年
2	南岳衡山旅游区	2007年
3	湘潭韶山旅游区	2011年
4	湖南省岳阳市岳阳楼—君山岛景区	2011年
5	湖南省长沙市岳麓山 · 橘子洲旅游区	2012年
6	长沙花明楼景区	2013年
7	郴州市东江湖旅游区	2015年
8	邵阳市崀山景区	2016年
9	株洲市炎帝陵景区	2020年
10	常德市桃花源旅游区	2020年
11	矮寨 · 十八洞 · 德夯大峡谷景区	2021年

【任务引入】

2022年9月17日，伴随着火车的鸣笛声和车厢内乘客的歌声，长沙至韶山的红色专列首发车从长沙火车站缓缓驶出，向着革命圣地韶山前进。专列全程132公里，耗时100分钟，是打通“车厢课堂”与“车站课堂”的红色教育专列，车内装饰颇有年代感，根据沿线红色景点、红色元素进行设计，形成一车厢一特色、一专列一情怀的风格，是旅客重温红色经典、感受红色文化的“流动课堂”。

【任务分析】

2022年11月26日，中国红色旅游博览会在湖南韶山举办。开幕式上，《红色旅游融合发展韶山宣言》发布，博览会以“贯彻二十大，奋进新征程”为主题，并举办主题展、“红色印象最美湘赣”红色旅游推介会、红色旅游推广联盟年会、“伟人故里行”精品旅游线路考察等系列活动。

“车厢课堂”是湘赣边红色专列最大的特色，将红色故事演绎等活动搬上专列“车厢课堂”为旅客带来一场趣味性、互动感强的沉浸式红色文化洗礼。

【任务实施】

任务要求：根据湘潭韶山旅游区旅游开发产品及导览图，请撰写韶山景区内某一旅游点的概况介绍，字数500字以内。

任务目标：

1. 具备对国家5A级旅游景区内某一景点的概括和讲解能力。

2. 具备对景区内高价值资源概况的梳理能力，为后续导游词撰写做好基础训练。

实训步骤：参见表9-7提示。

表9-7　实训操作指导步骤

步骤	标准	提示
1.确定旅游景点	通过韶山旅游区官网、旅游攻略等确定旅游景点	如毛泽东广场、毛泽东同志纪念馆、滴水洞、青年水库等
2.搜索旅游景点相关资料	通过多途径，对确定选定的旅游景点进行详细了解	如毛泽东的生平、传记等相关材料

续表

步骤	标准	提示
3.景点概况创作	对资料进行取舍，且逻辑通顺，结构完整	如避免过多书面语言，具备现场感，强调重点内容、高价值点，能够达到对游客进行红色教育的效果
4.现场演示	课堂上结合PPT图片或视频，现场讲解	注意普通话标准、语音语调抑扬顿挫、语速适中

任务4　四川旅游亚区旅游资源概况

【任务概述】

四川是文化资源和生态旅游资源大省，它地跨青藏高原、横断山脉、云贵高原、秦巴山地、四川盆地等几大地貌单元，地势西高东低，由西北向东南倾斜。四川境内民族风情多姿多彩、巴蜀文化积淀深厚，革命历史遗迹可歌可泣，川菜享誉四方，川酒香飘四海，川剧独具魅力。通过学习，了解四川旅游资源概况，掌握四川高价值的旅游景区概况，学会设计简单的四川热门旅游线路。

【学习目标】

1. 了解四川旅游资源概况，掌握四川国家历史文化名城、世界遗产、国家5A级旅游景区概况。

2. 学会以四川旅游资源为基础设计简单的主题旅游线路。

3. 通过四川多民族聚居情况的学习和线路设计，树立“民族团结一家亲”的家国情怀。

【知识准备】

一、区域旅游资源概况

四川省，简称“川”或“蜀”，位于我国西南地区、长江上游，汉末三国时为蜀国地。宋时设立川峡路，后分设益州路、利州路、梓州路、夔州路四路，合称四川，因而得名。四川面积48.6万平方公里，常住人口8372万人（截至2021年年底）。这里因土地肥沃、物产富饶、资源富集、风景优美，素有“天府之国”的美誉。

四川地跨青藏高原、横断山脉、云贵高原、秦巴山地、四川盆地等几大地貌单元，地势西高东低，由西北向东南倾斜。最高点是西部的大雪山主峰贡嘎山，海拔高达7556米。地形复杂多样，以龙门山—凉山一线为界，东部为四川盆地及盆缘山地，西部为川西高山高原及川南山地。四川盆地是我国四大盆地之一，面积17万平方公里，盆地底部龙泉山以西为川西平原，由成都平原、眉山—峨眉山平原组成；龙泉山以东地区为盆地丘陵地貌区，可分为川中方山丘陵、川东平行岭谷区两个地貌亚区。四川丰富的自然资源优势，对于发展生态旅游，将绿水青山转化为金山银山具有重要的实践意义。

四川自然风光雄奇险秀，民族风情多姿多彩，巴蜀文化积淀深厚，革命历史遗迹可歌可泣，川菜享誉四方，川酒香飘四海，川剧独具魅力，旅游资源得天独厚。截至2022年8月，四川拥有世界遗产5处，国家5A级旅游景区16家，国家历史文化名城8座，全国重点文物保护单位230处。童话世界九寨沟、国之瑰宝大熊猫、古蜀文化三星堆已经成为四川省三大国际旅游品牌。峨眉山、青城山、九寨沟、黄龙、牟尼沟、兴文石林等都以其独特的自然风光引人入胜；都江堰、剑门蜀道则是人工改造自然的辉煌成果；乐山大佛是世界最大的石刻佛像，“山是一尊佛，佛是一座山”。王建墓、刘备墓与武侯祠、杜甫草堂、望江楼公园都与著名历史人物有密切关系。四川民族风情特异，为多民族聚居地，精美绝伦的文化艺术和清幽绮丽的自然风光让游客流连忘返。

二、主要旅游资源及景区

（一）国家历史文化名城

截至2022年3月，四川省拥有国家历史文化名城8座，如表9-8所示。

表9-8 四川省国家历史文化名城及资源概况

城市名称	评选时间	资源概况
成都市	1982年	成都市简称“蓉”，别称蓉城、锦城，是四川省省会。成都是全国十大古都和首批国家历史文化名城，古蜀文明发祥地。境内金沙遗址有3000年历史，周太王以“一年成聚，二年成邑，三年成都”，故名成都；蜀汉、成汉、前蜀、后蜀等政权先后在此建都；一直是各朝代的州郡治所；汉为全国五大都会之一；唐为中国最发达工商业城市之一，史称“扬一益二”；北宋是汴京外第二大都会，发明世界上第一种纸币交子

续表

城市名称	评选时间	资源概况
自贡市	1986年	自贡市，地处四川盆地南部低山丘陵区，是中国四川省的一个地级市。“中国历史文化名城”，有“千年盐都”“恐龙之乡”“南国灯城”和“美食之府”之称
宜宾市	1986年	宜宾古称“叙州”“戎州”，素有“万里长第一城”“中国酒都”“中华竹都”的美誉，拥有深厚的文化底蕴，有3000多年的茶叶生产史、4000多年的酿酒史，是世界名酒五粮液的产地，这里是长江文化、茶文化、酒文化、僰苗文化的荟萃之地
阆中市	1986年	阆中位于嘉陵江畔，山水环绕，风光旖旎。阆中古城与平遥古城、徽州古城、丽江古城并称为我国现存最完好的四大名城。中华民族传统的春节文化发源于此，蜀汉五虎上将之一的张飞曾镇守于此，汉代天文历算学家落下闳曾于此研究风水
乐山市	1994年	乐山，古称嘉州，是四川省下辖的一个地级市。历史上属古蜀国，有“海棠香国”的美誉。乐山市是国家历史文化名城、国家首批对外开放城市、全国绿化模范城市、中国优秀旅游城市、国家园林城市、全国卫生城市、2008北京奥运会火炬传递城市之一
都江堰市	1994年	都江堰市隶属四川省成都市，位于成都平原西北部，以秦国蜀郡太守李冰修建的都江堰水利工程而得名，被誉为“天府之源”。都江堰是国际旅游名城，古老的都江堰水利工程被誉为“世界水利文化的鼻祖”；有“青城天下幽”之称的青城山，是中国道教发祥地
泸州市	1994年	泸州别称“酒城”，酿酒历史悠久。境内太平镇的太平渡是红军长征四渡赤水战役的重要渡口。泸州历史悠久，文化积淀深厚，民俗风情浓郁，具有以酒文化、生态文化、红色文化、历史文化、长江文化为代表的五大旅游资源
会理县	2011年	会理因“川原并会、政平颂理”而得名，历来是川滇两省交界的军事和经济重镇，是川滇两省商旅物资的集散地，古代南方丝绸之路从县境南北贯通达100多公里，途经44个乡镇，会理是这条古道的重要驿站，素有“川滇锁钥”的美誉

（二）世界遗产

截至2022年8月，四川省有5处景观被列入《世界遗产名录》：峨眉山—乐山大佛、黄龙、九寨沟、大熊猫栖息地、青城山—都江堰。

1. 峨眉山—乐山大佛（1996.12，世界文化与自然双重遗产）

峨眉山位于神秘的北纬30°附近，雄踞在四川省西南部。自古就有“普贤者，佛之长子，峨眉者，山之领袖”之称。峨眉山自然遗产极其丰富，素有天然“植物王国”“动物乐园”“地质博物馆”的美誉。文化遗产极其深厚，是中国佛教圣地，被誉为“佛国天堂”，是普贤菩萨的道场。它以“雄、秀、神、奇、灵”的自然景观和深厚的佛教文化，被联合国教科文组织列入《世界遗产名录》。

乐山大佛景区位于四川盆地西南部，岷江、青衣江、大渡河三江在此交汇。景区依山傍水，风光旖旎，文化和自然景观和谐统一，构成了一幅多彩的山水画卷。这里有世界最大的摩崖石刻弥勒坐像——乐山大佛、自然和人文奇观——“巨型睡佛”、青衣别岛——乌尤寺、佛教雕刻艺术荟萃——东方佛都、宋元古战场——三龟九顶城、中国最早的佛像之一——结跏趺坐佛。此外，这里还有著名的历史文化景观和景点：秦时离堆、汉时尔雅台、唐时海师洞、宋时东坡楼、元时千峰洞、明时注易洞、当代沫若堂等。

2. 黄龙（1992.12，世界自然遗产）

黄龙位于阿坝藏族自治州松潘县境内，是中国唯一保护完好的高原湿地，与九寨沟相距100公里，海拔1700~5588米，地貌特征是山雄峡峻。黄龙以规模宏大、结构奇巧、色彩丰艳的地表钙化景观为主景，以罕见的岩溶地貌蜚声中外，堪称人间仙境。因沟中有许多彩池，随着周围景色变化和阳光照射角度变化变幻出五彩的颜色，被誉为“人间瑶池”。黄龙以彩池、雪山、峡谷、森林“四绝”著称于世，再加上滩流、古寺、民俗称为“七绝”。黄龙由黄龙沟、丹云峡、牟尼沟、雪宝顶、雪山梁、红星岩、西沟等景区组成，主景区黄龙沟位于岷山主峰雪宝顶下，面临涪江源流，似中国人心目中“龙”的形象，因而历来被喻为“中华象征”。黄龙除了是世界自然遗产，还是世界生物圈保护区、国家5A级旅游景区、国家重点风景名胜区。

3. 九寨沟（1992.12，世界自然遗产）

九寨沟位于阿坝藏族羌族自治州九寨沟县境内，地处青藏高原、川西高原、山地向四川盆地过渡地带，距离成都市400多公里，是一条纵深50余公里的山沟谷地，总面积64297公顷，森林覆盖率超过80%，因沟内有树正寨、荷叶寨、则查洼寨等九个藏族村寨而得名。“九寨归来不看水”是对九寨沟景色真实的诠释。泉、瀑、河、滩、海子，构成了一个个五彩斑斓的瑶池玉盆。长海、剑岩、诺日朗、树正、扎如、黑海六大景观，成“Y”形分布。翠海、叠瀑、彩林、雪峰、藏情、蓝冰，被称为“六绝”。神奇的九寨，被世人誉为“童话世界”，号称“水景之王”。九寨沟历来被当地藏族同胞视为“神山圣水”，九寨沟景区开放后，东方人称之为“人间仙境”，西方人则誉为“童话世界”。

4. 大熊猫栖息地（2006.7，世界自然遗产）

大熊猫栖息地由世界第一只大熊猫发现地宝兴县及四川省境内的卧龙自然保护区等7处自然保护区和青城山　都江堰风景区等9处风景名胜区组成，涵盖成都、雅安、阿坝和甘孜共4市州的12个县，面积9245平方公里。四川大熊猫栖息地保存的野生大熊猫占全世界30%以上，是全球最大最完整的大熊猫栖息地，也是全球所有温带区域

（除热带雨林以外）中植物最丰富的区域，被保护国际（CI）选定为全球 25 个生物多样性热点地区之一，被世界自然基金会（WWF）确定为全球 200 个生态区之一。从某种意义上来讲，它可以说是一个“活的博物馆”，这里有高等植物 1 万多种，还有大熊猫、金丝猴、羚牛等独有的珍稀物种。

5. 青城山—都江堰（2000.11，世界文化遗产）

青城山位于四川省成都市都江堰西南，东距成都市区 68 公里，处于都江堰水利工程西南 10 公里处。景区面积 200 平方公里，最高峰老君阁海拔 1260 公里。全山林木青翠，四季常青，诸峰环峙，状若城郭，故名青城山。丹梯千级，曲径通幽，以幽洁取胜，享有“青城天下幽”的美誉。这里是全球道教全真道圣地，中国四大道教名山之一，中国道教发祥地之一。

都江堰始建于秦昭王末年（约公元前 256—前 251 年），是蜀郡太守李冰父子在前人鳖灵开凿的基础上组织修建的大型水利工程，由分水鱼嘴、飞沙堰、宝瓶口等部分组成，两千多年来一直发挥着防洪灌溉的作用，使成都平原成为水旱从人、沃野千里的“天府之国”，至今灌溉区已达 30 余县市、面积近千万亩，是全世界迄今为止年代最久、唯一留存、仍在一直使用、以无坝引水为特征的宏大的水利工程，凝聚着中国古代劳动人民勤劳、勇敢、智慧的结晶。

（三）国家 5A 级旅游景区

截至 2022 年 9 月，四川省拥有 16 家国家 5A 级旅游景区，如表 9–9 所示。

表 9–9　四川省国家 5A 级旅游景区一览

序号	景区名称	入选时间
1	成都市青城山—都江堰旅游景区	2007年
2	乐山市峨眉山景区	2007年
3	阿坝藏族羌族自治州九寨沟旅游景区	2007年
4	乐山市乐山大佛景区	2011年
5	阿坝州黄龙景区	2012年
6	广安市邓小平故里旅游区	2013年
7	南充市阆中古城旅游区	2013年
8	绵阳市北川羌城旅游区	2013年
9	阿坝州汶川特别旅游区	2013年

续表

序号	景区名称	入选时间
10	广元市剑门蜀道剑门关旅游区	2015年
11	南充市仪陇朱德故里景区	2016年
12	甘孜州海螺沟景区	2017年
13	四川省雅安市碧峰峡旅游景区	2019年
14	巴中市光雾山旅游景区	2020年
15	甘孜州稻城亚丁旅游景区	2020年
16	成都市安仁古镇景区	2022年

【职业素养 9–1】

参与生态旅游，保护生物多样性

近年来，以亲近自然、观赏野生动植物等为主要形式的生态旅游，因为具有距离生态环境更近、体验性更强等特点，受到越来越多人的欢迎。对游客来讲，通过参与生态旅游，不但可以身心得到放松，而且可以身临其境地学习丰富的动植物知识，可谓一举多得。如比较有名的“四川·格萨拉生态旅游区”“四川广安华蓥”等都是“生态更美旅游更活”的典范。

但是，无论生态旅游如何发展，对野生动植物、自然环境的保护都应该是第一位的，如果没有以保护为前提，生态旅游也就失去了发展的根基。比如人工投喂野生动物，必须充分考虑投喂的食物种类、数量和投喂方式；比如游客在生态旅游过程中产生的生态足迹、碳足迹不能对公园保护物种和生态过程造成压力。

资料来源：编者根据相关资料整理。

【任务引入】

2018年在四川省乐山市峨边彝族自治县底底古村，一座彝族风格的民俗馆落成。该民俗馆立体而鲜活地呈现了彝族的发展史、古老的农耕文明、多彩的民俗风情。

【任务分析】

四川是个多民族大省，有全国最大的彝族聚居区、第二大的藏族聚居区和唯一的羌族聚居区，少数民族人口达568.8万人。彝族作为中国第六大少数民族，民族语言为彝语，服饰以红、黑、黄为主色调，彝族孩童、青年、新婚夫妇等各年龄段都有各自的服饰，彝族的非遗项目彝族月琴乐声悠悠……

【任务实施】

任务要求：根据彝族民族风俗，尝试撰写民俗展品概况介绍并进行讲解。

任务目标：

1. 熟悉四川彝族民俗旅游资源概况。

2. 具有梳理和讲解某一民俗旅游景点的能力。

实训步骤：参见表9–10提示。

表9–10　实训操作指导步骤

步骤	标准	提示
1.详细查找彝族民风民俗	如食、住、行、娱、祭祀、禁忌等多方面	如彝族服饰、彝族节日等
2.系统梳理该区域的彝族民俗文化	要充分考虑彝族民俗的传承与变化	如脱贫攻坚和乡村振兴后的变化和新的传承
3.将民风民俗与民俗博物馆展览对标	可按照一定的功能进行分类介绍	如按照功能梳理为生产工具、服饰、器乐等
4.现场演示	课堂上结合PPT图片或视频，现场讲解	注意普通话标准、语音语调抑扬顿挫、语速适中

任务5　重庆旅游亚区旅游资源概况

【任务概述】

重庆，位于中国西南部，是国家西部大开发重要战略支点、“一带一路”和长江经济带重要连接点和内陆开放高地，有世界文化遗产大足石刻、世界自然遗产武隆喀斯特和南川金佛山等景观。通过学习，熟悉重庆的区域旅游资源概况，掌握重庆高价值的旅游景区概况。

【学习目标】

1. 了解重庆旅游资源概况，掌握重庆国家历史文化名城、世界遗产、国家5A级旅游景区概况。

2. 学会设计简单的重庆热门旅游线路。

【知识准备】

一、区域旅游资源概况

重庆市，简称“巴”或“渝”，位于中国西南部，是长江上游地区经济、金融、商贸物流、科技创新和航运中心，西南地区综合交通枢纽和最大的工商业城市，国家重要的现代制作业基地，全国统筹城乡综合配套改革试验区。总面积8.24万平方公里，辖26个区、8个县、4个自治县，总人口3121.43万人（截至2021年年底）。

重庆气候温和，属亚热带季风性湿润气候，是宜居城市，年平均气温在18℃左右，冬季最低气温为6℃~8℃，夏季炎热，7月每日最高气温均在35℃以上。极端气温最高可达43℃，最低气温可达-2℃，日照总时数1000~1200小时，冬暖夏热，无霜期长、雨量充沛，常年降雨量1000~1450毫米，春夏之交夜雨尤甚，因此有“巴山夜雨”之说。重庆多雾，素有“雾都”之称。

流经重庆的主要河流有长江、嘉陵江、乌江、涪江、綦江、大宁河等。长江干流自西向东横贯全境，流程长达665公里，贯穿巫山三个背斜，形成著名的瞿塘峡、巫峡、西陵峡（该峡位于湖北省境内），即举世闻名的长江三峡。嘉陵江于渝中区入长江，乌江于涪陵区汇入长江。

重庆市一座具有悠久历史的文化名城。公元前11世纪，巴国就在此建都。公元1189年，宋光宗在此先封王后称帝，自诩“双重喜庆”，重庆由此得名。抗日战争时期，重庆为国民党政府战时陪都。中华人民共和国成立后，重庆于1950年成为中央直辖市，1954年改为四川省辖市，1983年成为中央计划经济单列市。1997年3月，全国人大第八届五次会议批准重庆恢复为中央直辖市。

重庆是巴渝文化发祥地，有“中国火锅之都”“中国会展名城”“世界温泉之都”之称。重庆旅游资源丰富，人文、自然旅游资源得天独厚。古代石刻文化、巴渝文化、三峡文化、抗战文化蜚声中外。世界文化遗产大足石刻、雄伟壮丽的长江三峡、璀璨迷人的山城夜景闻名遐迩。

【行业前沿 9-2】

重庆加快建设世界知名旅游目的地

《重庆市文化和旅游发展“十四五”规划（2021—2025年）》提出，以巴蜀文化为纽带，以文化旅游融合发展为突破，把巴蜀文化旅游走廊打造成富有巴蜀特色的国际消费目的地和世界级休闲旅游胜地。根据资源禀特质和区位条件，按照融合化、全景化、差异化的要求，着力打造大都市、大三峡、大武陵旅游目的地，加快构建重点突出、各具特色、功能互补的“一区两群”旅游发展新格局。

资料来源:《中国旅游报》，2022-04-08。

二、主要旅游资源及景区

（一）世界遗产

截至2022年8月，重庆有3处景观被列入《世界遗产名录》：大足石刻、中国南方喀斯特（重庆武隆、重庆金佛山）。

1. 大足石刻（1999.12，世界文化遗产）

大足石刻位于重庆市大足区境内，是唐、五代、宋时所凿造，明、清两代亦续有开凿。现为世界文化遗产，世界八大石窟之一，是以佛教题材为主宗教摩崖石刻，尤以北山摩崖造像和宝顶山摩崖造像最为著名，是中国著名的古代石刻艺术。

大足石刻代表了9—13世纪世界石窟艺术的最高水平，是人类石窟艺术史上最后的丰碑。它从不同侧面展示了唐、宋时期中国石窟艺术风格的重大发展和变化，具有前期石窟不可替代的历史、艺术、科学价值，并以规模宏大、雕刻精美、题材多样、内涵丰富、保存完好而著称于世。

1999年12月，以宝顶山、北山、南山、石门山、石篆山“五山”为代表的大足石刻，被联合国教科文组织列入《世界遗产名录》，是重庆唯一的世界文化遗产。

大足石刻现为国家5A级旅游景区，全国重点文物保护单位，重庆十大文化符号，2016年国庆假期旅游“综合秩序最佳景区”。2018年12月7日，入选由中央广播电视总台央视财经频道和盈科旅游主办的2018《魅力中国城》文化旅游魅力榜。2020年11月18日，当选“巴蜀文化旅游走廊新地标”。

2. 中国南方喀斯特（重庆武隆、重庆金佛山）（2007.6，2014.6，世界自然遗产）

中国南方喀斯特是世界上最壮观的湿热带—亚热带喀斯特景观之一。它包含了最重要的岩溶地貌类型，塔状岩溶、尖顶岩溶和锥形岩溶地层，以及其他壮观的特征，如天然桥梁、峡谷和大型洞穴系统。

“中国南方喀斯特一期”由云南石林、贵州荔波、重庆武隆共同组成。2007年6月27日在第31届世界遗产大会上被评选为世界自然遗产并入选《世界遗产名录》。

广西桂林、贵州施秉、重庆金佛山和广西环江组成“中国南方喀斯特二期”项目于2014年6月23日在第38届世界遗产大会中通过审议入选世界自然遗产，作为对“中国南方喀斯特”的拓展。

（二）国家5A级旅游景区

截至2022年9月，重庆市拥有11家国家5A级旅游景区，如表9-11所示。

表9-11　重庆市国家5A级旅游景区一览

序号	景区名称	入选时间
1	大足石刻景区	2007年
2	巫山小三峡—小小三峡	2007年
3	武隆喀斯特旅游区（天生三桥·仙女山·芙蓉洞）	2011年
4	酉阳桃花源旅游景区	2012年
5	重庆市万盛经开区黑山谷景区	2012年
6	重庆市南川金佛山	2013年
7	江津四面山景区	2015年
8	重庆市云阳龙缸景区	2017年
9	重庆市彭水县阿依河景区	2019年
10	黔江区濯水景区	2020年
11	白帝城瞿塘峡景区	2022年

【任务引入】

2021 年 10 月 20 日，中共中央、国务院印发《成渝地区双城经济圈建设规划纲要》，明确了成渝地区双城经济圈建设的战略地位，提出打造富有巴蜀特色的国际消费目的地，以高质量供给引领和创造市场新需求，坚持高端化与大众化并重、快节奏与慢生活兼具，激发市场消费活力，不断增强巴蜀消费知名度、美誉度、影响力。在营造高品质消费空间方面：一是打造城市消费品牌；二是共建巴蜀文化旅游走廊。

【任务分析】

2022 年 5 月 27 日，文化和旅游部、国家发展和改革委员会、重庆市人民政府、四川省人民政府联合印发《巴蜀文化旅游走廊建设规划》，巴蜀文化走廊建设范围包括重庆市、四川省 42 个市（区、县），总面积 18.5 万平方公里，辐射带动重庆市和四川省全域范围。该规划明确，重庆市、四川省作为巴蜀文化旅游走廊建设的责任主体，在推动成渝地区双城经济圈建设重庆四川党政联席会议机制的统筹指导下，共同建立协调推进机制，协调落实重大事项，把规划确定的各项任务落到实处。

【任务实施】

任务要求：依托巴蜀文化旅游走廊知名旅游资源景点，利用电子地图设计一条兼有自然和人文景观的夏季旅游线路。

任务目标：

1. 具备对行业热门线路的关注度和敏感度。
2. 学会分析热门线路旅游资源特色及旅游产品。
3. 具备在电子地图上按照确定的资源进行基础线路设计的能力。

实训步骤：参见表 9–12 提示。

表 9–12　实训操作指导步骤

步骤	标准	提示
1.查找巴蜀文化旅游走廊热门旅游景点	包括国家5A级旅游景区、自然景点和人文景观	如九寨沟、峨眉山、武隆喀斯特、大足石刻等

续表

步骤	标准	提示
2.对同类景点进行取舍，将自然与人文穿插设计	将知名度高、热点的资源及景点分类，尽量资源类型多样化	如自然类九寨沟、海螺沟等选择一个，把人文类大足石刻、邓小平故里等穿插其中
3.将所有资源及景点标注在地图上	严格界定查找到的资源及景点在巴蜀文化旅游走廊范围内	如九寨沟、峨眉山、海螺沟、大足石刻等位置在兰图绘等电子地图上标识
4.将地图上资源与景点进行线路连接，自动生成线路图	对有疑问和不解的线路安排进行求证	如按照从成都出发又回到成都的线路做成环线

【项目考核】

一、单项选择题

1. 以下哪个省因其农业发达而享有“天府之国”的美誉（　）。

A. 四川　　B. 重庆　　C. 湖北　　D. 湖南

2. 下列景观属于文化与自然双重遗产的是（　）。

A. 大足石刻　　B. 峨眉山—乐山大佛

C. 唐崖土司城遗址　　D. 黄龙

3. 唐宋八大家之一的柳宗元曾经被贬永州，写下著名的《永州八记》，永州地处湘江上游，这里是（　）民族的聚居地区。

A. 瑶族　　B. 回族　　C. 哈萨克族　　D. 维吾尔族

4. “五岳”为中国五大名山，其中（　）位于该旅游区。

A. 嵩山　　B. 衡山　　C. 恒山　　D. 泰山

二、多项选择题

1. 以下哪些属于湖南省著名小吃（　）。

A. 火宫殿臭豆腐　　B. 口味虾　　C. 腊肉　　D. 武昌鱼

2. 九寨沟位于阿坝羌族藏族自治州九寨沟县境内，其有诸多美誉，如（　）。

A. 神山圣水　　B. 童话世界　　C. 水景之王　　D. 人间仙境

3. 湖北黄鹤楼与下列哪些建筑并称为“江南三大名楼”（　）。

A. 湖南岳阳楼　　B. 西安鼓楼　　C. 鹳雀楼　　D. 江西滕王阁

4. 武隆喀斯特旅游景区包括重庆武隆旅游景点（　）三部分。

A. 天生三桥　　B. 仙女山　　C. 芙蓉洞　　D. 辣椒峰

【项目实训】

长江全长6300公里，是世界第三长河。发源于青海省唐古拉山，干流自西向东流经青海、西藏、四川、云南、重庆、湖北、湖南、江西、安徽、江苏和上海11个省份，最后注入东海。长江流域幅员广大、历史悠久、旅游资源丰富，有峨眉山、九寨沟、黄山、青海湖、洞庭湖等全国著名的游览胜地。

实训要求：请以小组为单位，查找资料，对长江大保护方面湖北省做出的系列举措进行梳理，并就如何“守护好一江碧水”提出你的建议。

项目 10

石林洞乡——多彩民族文化旅游区认知实践

项目导学

- 石林洞乡——多彩民族文化旅游区认知实践
  - 多彩民族文化旅游区旅游地理环境特征分析
    - 自然旅游地理环境特征分析
    - 人文旅游地理环境特征分析
  - 云南旅游亚区旅游资源概况
    - 区域旅游资源概况
    - 主要旅游资源及景区
  - 贵州旅游亚区旅游资源概况
    - 区域旅游资源概况
    - 主要旅游资源及景区
  - 广西旅游亚区旅游资源概况
    - 区域旅游资源概况
    - 主要旅游资源及景区

学习目标

知识目标：

1. 了解多彩民族文化旅游区经典旅游线路及特色。

2. 熟悉云南省、广西壮族自治区、贵州省主要旅游资源概况。

3. 掌握多彩民族文化旅游区旅游地理环境特征。

能力目标：

1. 具备对本区热门线路火爆的原因进行系统分析能力。

2. 能够对本区涉及的茶马古道及历史遗址遗迹有系统性认知。

素质目标：

1. 充分认识我国在“茶马古道·红色热土”红色旅游发展的重要机遇。

2. 通过“茶马古道·红色热土”红色旅游发展的学习提升家国情怀，构建旅游大地理格局；通过本区多民族文化的学习增进民族团结、提升民族自豪感。

任务 1　多彩民族文化旅游区旅游地理环境特征分析

【任务概述】

由云南省、贵州省和广西壮族自治区组成的多彩民族文化旅游区以其独特、典型的岩溶地貌景观与绚丽、多彩的人文风情备受游客青睐。因地处我国的热带、亚热带湿润区，海拔高度和地理位置差异，形成各地气候特征的巨大差异，该区地貌类型多样、河流峡谷及岩溶景观典型。又因处于祖国的西南边陲，边境区位和旅游资源优势突出。通过学习，了解本区独特的地形地貌，熟悉本区概况、主要山脉与地理单元，掌握景观组合异常多样、生物资源丰富、民族风情浓郁、历史遗迹遍布、美食多样齐全的自然与人文景观特征。

【学习目标】

1. 了解多彩民族文化旅游区地形、地貌与主要山脉、河流概况，熟悉该旅游区自然与人文旅游地理环境特征。

2. 提升对茶马古道、少数民族多元文化的重要性认知，培养中华民族文化认同感。

【知识准备】

本区位于我国西南部，包括云南、贵州两省和广西壮族自治区。其南部、西部与越南、老挝、缅甸接壤。本区是我国峡谷地貌、岩溶地貌最为典型，也是我国少数民族最多和分布最广、少数民族风情最为绚丽多姿的区域。虽因这里山高流急，交通不便，影响了经济的发展，却也保护了大西南丰富多彩的民族文化和原始优美的自然风光。

一、自然旅游地理环境特征分析

（一）地处西南边陲，边境区位与旅游资源优势突出

本旅游区地处我国西南边陲，西南和南部有绵延数千公里的陆地疆界，与缅甸、老挝和越南接壤，其中仅云南省西部和西南部就有陆地国境线 4061 公里，拥有边境口岸 17 个，有出境公路 20 多条。怒江、澜沧江和元江分别与邻国的萨尔温江、湄公河、红河同为一江水。这种独特的边境区位优势与当地旅游资源优势相结合，为边境旅游的开展奠定了良好基础。广西南部濒临北部湾，拥有 1595 公里长的海岸线，面积 500 平方米以上的岛屿有 653 个，有利于拓展海洋旅游，并使广西成为连接东南亚与亚洲腹地的枢纽和通道，在开展跨国边境旅游活动中具有独特优势。

（二）地貌类型多样，河流峡谷及岩溶景观典型

本区的地形以山地、高原、丘陵为主，地跨滇西山地、云贵高原和广西丘陵盆地三大地貌单元，岩溶地貌与横断山区景观独特。在距今 2000 多万年以前的新构造运动中，由于印度次大陆板块和欧亚板块大碰撞，引发了青藏高原的强烈隆升，并在横断山区一带与刚性较大的地块产生强烈挤压运动，形成了一系列几乎平行的南北向的深大断裂与高耸的山地，构成了高山和大江交替出现的景象。山高谷深是横断山区的最大特色，特别是发源于青藏高原的大江——金沙江、澜沧江和怒江在云南省境内自北向南穿越横断山区的担当力卡山、高黎贡山、怒山和云岭等崇山峻岭时，不仅江面与两侧山峰相对高差达数千米，自然景观垂直变化十分显著，而且形成了三江并流奔腾 170 多公里而不交汇的自然奇观。在距今 2.3 亿 ~4 亿年前的古生代，这里除云南西部以外的大部分地区曾经长期处于浅海状态，沉积了厚达 3000~6000 米以石灰岩为主的碳酸岩地层，

隆升成陆地以后，在湿热条件下，广泛发育了热带岩溶地貌。云南高原、贵州高原以及广西盆地在新构造运动的差异升降之后，海拔高度和水热状况各不相同，岩溶地貌的发育程度各异。三省区中云南高原地势最高（一般在1500~2000米），气温相对较低，且具有半年湿润半年干旱的气候特征，岩溶地貌发育进程十分缓慢，以尚处于岩溶地貌发育初期的高大石芽为特色，云南石林即其典型代表。贵州高原海拔1000多米，气候温凉，虽然“天无三日晴”但降雨量不大，岩溶地貌的发育处于青壮年阶段，以同基连座的峰丛与岩溶洞穴分布为特色，溶蚀谷地和暗河比较多见，被誉为“世界奇观”的织金洞、黄果树瀑布溶洞群为其典型代表。广西盆地地势较低，热量和水分最为丰富，其溶岩侵蚀已进入到潜水面，密集如林的岩溶山峰彼此分离，清澈见底的河水环绕岩溶山峰静静流淌，呈现出“江作青罗带，山如碧玉簪”的绝妙图景，桂林—阳朔山水即其典型代表。

（三）气候温和舒适，四季皆宜旅游

滇黔桂三省区位于我国热带、亚热带湿润区，但由于海拔高度及地理位置的差异，各地气候特征各不相同。云南省除南部的干热河谷外，大多属热带高原季风性气候区，由于全年不受北方寒冷气流的影响，冬夏温差不大，降雨多集中在6—10月，其余月份多晴空万里，冬夏干湿分明。其中又以滇东高原气候最为温和，冬暖夏凉，素有“四季如春”的美誉，省会城市昆明历来被称为“春城”。贵州省属亚热带高原季风湿润气候类型，全省大部分地区气候温和，冬无严寒，夏无酷暑，多云雾，少日照，雨量充沛，全省各地雨日一般在160~220天，比同纬度的我国东部地区多40天以上，故有“天无三日晴”之说。同时，由于地势高差大，立体气候明显，故素有“一山有四季，十里不同天”的说法。广西夏季长而炎热，冬季偶有奇寒。总之，本区位于青藏高原东部边缘一线，纬度较低，北回归线横穿本区南部，大多属南亚热带气候区，水热条件好，大多数地区具有冬无严寒、夏无酷暑的基本特征，基本全年皆宜开展旅游活动。2015年亚太环境协会等评选的中国十佳避暑旅游城市中，西南地区即有昆明、贵阳、六盘水、丽江、毕节5个，其中贵阳连续六年位居第一，并再次入选年度“世界十大避暑名城”。

（四）生物资源丰富，旅游开发价值潜力巨大

纬度较低、水热条件优越、地形地貌复杂多样、人类活动干扰相对较少等使得本区保存有大量原始的自然生态环境、种类众多的野生动植物，并拥有大量特有动植物物种。本区已发现1800多种高等植物，占全国总数的一半还多，相当于整个欧洲的植物种类数量，被誉为“植物王国”。其中园林植物多达2000多种，很多为稀有品种。记录在案的哺乳动物有300多种、鸟类686种。本区还有大量特有动物和珍稀濒危物种，包括大熊猫、小熊猫、金丝猴、雪豹、羚牛、四川梅花鹿、麝、白唇鹿以及27种雉类，如绿尾虹雉和白马鸡等，是世界公认的生物多样性保护热点地区。到2015年，本区建有52处国家级、132处省级自然保护区，其中属于国家级的有：1958年建立为我国最大的热带植物宝库，被誉为“动植物王国”“物种基因库”的西双版纳自然保护区，位于四川盆地西北缘被誉为“大熊猫的故乡”的四川卧龙自然保护区，位于贵州省东北部的素有“药材宝库”之称的梵净山自然保护区，以及位于贵州省威宁县的草海自然保护区等。贵州省素有“宜林山园”的美称，全省拥有的药用植物种类约占全国中草药品种的80%，是中国四大中药材产区之一。广西壮族自治区生物资源也十分丰富，在国家公布的389中濒危保护植物中，广西有113种；此外，广西还是闻名全国的“水果之乡”，拥有极其丰富的蔬果种类。丰富的生物资源是西南地区旅游景观、旅游商品及旅游食品开发的物质基础，也为生态旅游活动的开展提供了良好的基础。

【行业前沿10-1】

数字藏品赋能旅游景区

远方的名山大川、馆藏的珍贵文物、悠久的历史故事、新颖灵动的艺术设计……数字藏品以看得见却摸不着的虚拟方式，逐渐进入游客视野，被关注、被收藏。一些旅游景区陆续推出数字藏品，旨在提升吸引力，创新玩法，刺激消费，为文旅融合增添新亮点。

什么是数字藏品呢？数字藏品是指使用区块链技术，对应特定的作品、艺术品生成的唯一数字凭证，在保护其数字出版权的基础上，实现真实可信的数字化发行、购买、收藏和使用。

旅游景区凭借自身独特的自然风光和深厚的文化内涵，大胆尝试探索，以数字藏品开辟新天地。每个文旅数字藏品都有专属的序列号，是独一无二的数字纪念品，兼具艺术性和数字化，颇具纪念和收藏价值。如“游云南”App之“数字藏品”专区有“数藏大理·崇圣寺二塔”“特别款·苍山雪影”等。

资料来源：编者根据相关资料整理。

二、人文旅游地理环境特征分析

（一）少数民族众多，民族风情绚丽多彩

本区是我国少数民族聚居最多的地区之一，其中云南是我国少数民族最多的省份，除汉族外，有藏、彝、苗、侗、傣、白、布依、哈尼等26个少数民族，而贵州的少数民族有17个，广西壮族自治区有11个。由于历史及民族关系等原因，这些少数民族相对集中在一定的地理单元。如藏族、普米族主要聚集在云南西北的高原地区；傈僳族、怒族、独龙族主要分布在横断山脉纵深地带和高寒山区；傣族、阿昌族和基诺族主要分布在云南南部河谷地区。众多的少数民族都有着悠久的历史、灿烂的文化，都有着各自独特的民居建筑、丰富多彩的民俗和礼仪、传统的民族节日、多姿多彩的舞蹈，构成吸引旅游者的重要人文旅游资源。

（二）民族节会多如繁星，节庆活动独具特色

据不完全统计，西南地区少数民族的节日多达1000多个，覆盖了全年的每个月，而且各地周期性的节庆也是五彩缤纷、十分热闹。一年365天，几乎天天都可以赶上少数民族的节庆。西南各地的少数民族都能歌善舞，活动形式丰富多彩，如对歌、跳舞、吹芦笙、打鼓、击铜鼓、斗牛、狩猎、赛马、斗鸡、斗雀、摔跤、泼水、赛龙舟、玩龙灯、碰彩蛋、抛绣球，乃至“上刀山”“蹈火海”等，应有尽有。例如，彝族的“火把节”，白族的“三月街”，傣族的“泼水节”，苗族的“龙舟节”以及节日期间的各种活动都是一年中最吸引游客的日子。繁多的少数民族节会不仅是西南地区独特的人文地理环境特征，更是西南旅游最大吸引力之所在。

（三）交通区位优势得天独厚，交通运输条件大为改善

交通畅达程度直接决定着旅游目的地的可进入性、通达性和便捷度。滇黔桂民族地区向内连接长江经济带和泛珠三角洲旅游区，向西通过陆路辐射到印度洋经济圈，向南出海可达中国—东盟自由贸易区，肩挑“两洋”、面向“三亚”，在国家“一带一路”倡议中具有独特的区位优势：云南是我国从陆上通往印度洋的最佳捷径。广西是中国通往东盟最便捷的通道和西南地区最便捷的出海通道，是全国少见的既有路上交通出国，又有远海海港运输的省份，具有极大的交通区位优势。贵州具有连接华南地区的前沿和承东启西连南重要接合部的独特优势。同时，三省区在交通基础设施建设方面取得了长足进步，三省区铁路交通以柳州、贵阳和昆明为枢纽，以黔桂、南昆和贵昆线沟通区

内，以湘桂、湘黔、枝柳、川黔、成昆、黎湛等铁路线联系区外，网络格局已经形成；高速公路建设突飞猛进，截至2016年年末，云南、贵州、广西的高速公路通车总里程分别达到了3255公里、5433公里、4603公里，其中一些线路还直通东南亚各国，如云南2017年完成“七出省、四出境”大通道高速路建设。本区的航空交通、水运等运输条件也都在飞速发展、不断完善中，但总体水平在全国还相对落后，特别是民族贫困地区通道建设支撑地区发展的大引擎作用没有得到充分发挥，在一定程度上也影响了旅游业的发展。

【知识拓展10-1】

西南茶马古道：宝贵的廊道遗产

西南茶马古道是我国历史上内地同西南边疆地区和周边邻国进行商贸、文化交流的重要通道，也是全人类共同拥有的宝贵的廊道遗产。就国内而言，西南茶马古道可分为青藏、川藏和滇藏三条主要线路和数量众多的支线，它们共同组成了一张复杂交错的道路网络。其中，西南茶马古道青藏线起自陕南，途经甘肃南部和青海地区后进入西藏；川藏线东起雅安，经康定、理塘、巴塘等川边重镇入藏；滇藏线起自普洱，经南涧、大理、丽江、德钦等地入藏。

西南茶马古道是茶马贸易之路。历史上的多数时间里，西南茶马古道流通着茶、马、丝、盐、铜等多种大宗商品，相关商业贸易甚至涉及沿线各族人民生活的方方面面。但不可否认的是，茶叶和马匹始终是西南茶马古道上最重要的物资，是西南茶马古道之所以形成的根本原因。

资料来源：编者根据相关资料整理。

【任务引入】

2019年9月3日，昆明、南宁、贵阳与红河、桂林、黔南“3+3”政协跨区域协商会议文化旅游推介会在贵阳举行，六地政府签订了旅游产业融合发展合作框架协议，本着资源共享、品牌互塑、优势互补、共谋发展的原则，抢抓“一带一路”及西部陆海新通道建设的重大机遇，充分发展六地的特色资源优势，统筹推进对内合作和对外开放工作，构建六地内外联动、合作共赢的区域合作格局，共同推进六地文化旅游产业深度融合发展。

后三省区又联合推出《广西贵州云南左右江片区红色旅游发展规划（2020—2025）》确定“11234”红色旅游整体发展战略，即一个红色城市（区域性国际红色旅游城市）、一道伟人足迹（邓小平红色足迹）、两处合作样板（中越跨国红色旅游合作和桂黔滇省际红色旅游合作样板）、三大江河流域（左江生态绿、右江革命红、红水河长寿蓝）、四大旅游胜地（荔巴国际长寿养生旅游胜地、盘江国际山地文化旅游胜地、左江跨国生态山水旅游胜地、滇桂边境红色记忆旅游胜地）。

【任务分析】

区域旅游合作是指在一定的区域范围内，旅游经济活动的主体按照一定的原则、目标和制度，重新将各区域内的旅游要素进行统筹、优化、整合和配置，从而实现树立整体区域旅游形象和增强区域旅游竞争优势的目的。滇黔桂区域旅游合作近年来持续推进，不断提升区域旅游形象和旅游竞争优势。

【任务实施】

任务要求：分组查找资料，完成对滇黔桂区域旅游资源特色的认知与梳理，并设计一条主题线路。

任务目标：

1. 学会查看中国地图和各旅游亚区地图。
2. 对滇黔桂的重要旅游资源、景点有梳理认知能力。
3. 提升西南茶马古道和红色旅游重要性的认识。

实训步骤：参见表 10–1 提示。

表 10–1 实训操作指导步骤

步骤	标准	提示
1.查找中国地图和旅游亚区地图	找出附近的山脉与河流	如玉龙雪山、乌蒙山、大苗山、金沙江、元江、漓江、红水河等
2.查找茶马古道	找到起始城市和主要线路	西南茶马古道有滇藏、川藏和青藏三条线
3.查找网络、相关书籍	滇黔桂区域旅游资源、景点	世界遗产、5A级旅游景区、旅游热点
4.任务展示	课堂上结合PPT图片或视频，现场讲解	注意普通话标准、语音语调抑扬顿挫、语速适中

任务2 云南旅游亚区旅游资源概况

【任务概述】

云南省地处中国西南边陲，是中国少数民族最多的省份。因地处云岭以南而得名，特殊的地理气候环境、中国的民族、悠久的历史以及灿烂的文化造就了云南得天独厚的旅游资源。通过学习，熟悉云南省区域旅游资源概况，掌握云南省高价值的旅游景区概况。

【学习目标】

1. 熟悉云南省区域旅游资源概况，掌握云南省国家历史文化名城、世界遗产、国家5A级旅游景区的概况。

2. 具备对云南省热门主题线路的行业敏感度，对各主题线路涉及的资源及景点具有一定的鉴别能力。

3. 认识到茶马古道在古代"丝绸之路"和当前"一带一路"倡议的重要作用，构建文化自信。

【知识准备】

一、区域旅游资源概况

云南省，简称"滇"或"云"，地处中国西南边陲，毗邻东南亚，东与贵州省、广西壮族自治区为邻，北与四川隔金沙江相望，西北与西藏自治区相连，北回归线横贯南部。总面积39.4万平方公里，平均海拔2000米左右。云南地形以元江谷地和云岭山脉南段的宽谷为界，分为东、西两大地形区。东部为滇东、滇中高原，属于云贵高原；西部为横断山脉纵谷区，高山深谷相间，高差相对较大，地势险峻。整体地势西北高、东南低。云南地貌类型复杂多样，包括高原、盆地、河谷、丘陵等，其中山地面积占全省总面积的84%。全省气候类型丰富多样，有北热带、南亚热带、中亚热带、北亚热带、南温带、中温带和高原气候区共 7 个气候类型，年温差小，日温差大。云南拥有丰富的自然资源，在全国近 3 万种高等植物中，云南就有 1.8 万种，素有“植物王国”“动物王国”“天然花园”“药材之乡”的美誉。截至 2021 年年底，云南省的常住人口为 4690 万人。云南是中国少数民族最多的省份，全国 56 个民族中，云南就有 26 个，少数民族占总人口数的 38.07%。“一山不同族，十里不同天”，在世代传承中形成了纳西族的东巴文化、大理的白族文化、傣族的贝叶文化、彝族的贝玛文化等，每个民族的衣食住行、审美礼仪、语言文字、图腾宗教等均个性鲜明，沉淀为多姿多彩的民族风情。

云南因地处云岭以南而得名，相传汉武帝见彩云现于南中，遂指为云南。生活在距今 170 万年前的元谋猿人，证明从猿到人的进化曾经在这里展开。战国时，这里为滇国地，唐时属于南诏，宋时是一个独立小国——大理国，元代设置云南行省，明朝设立了云南布政使司。云南特殊的地理气候环境，众多的民族，悠久的历史以及灿烂的文化，造就了云南得天独厚的旅游资源。这里有金沙江、怒江、澜沧江三江并流，石林高低错落，原始森林古老茂密，溶洞奇观婀娜多姿。闻名于世的春城昆明气候温和，满城花香；千年古城大理的风花雪月源远流长，苍山洱海古朴娴静，白族民居淡雅精致；“丽江的柔软时光”已经成为全国小资青年的共同记忆；大研古城、木府历史久远，白沙壁画留存稀世的传奇，泸沽湖宁静绰约，虎跳峡奔腾咆哮；瑞丽常年竹木苍翠，腾冲地热蒸腾；神奇的香格里拉，碧塔海湖若翠玉，梅里雪山晶莹剔透；孔雀曼舞的西双版纳，处处绿野仙踪。

【行业前沿 10-2】

服务区景区化催生公路旅游

近年来，云南交投集团加大力度对服务区实施了景区化改造提升。改造提升后的服务区不仅有观光栈道、房车营地，还有小游园、文化景观小品等休闲场所。服务区引入多家消费服务品牌，普洱茶、中药材、热带水果等名特优产品，半山酒店、卡丁车俱乐部、运动公园等娱乐设施，成为集“食、住、行、游、购、娱”等丰富业态于一体，为游客提供“一站式”旅游体验的服务区，满足了旅客高品质、多样化出行需求。

与此同时，通过与企业合作，充分应用互联网、数字化前沿技术，服务区全面对接“一部手机游云南”平台。

资料来源：《云南日报》，2021-10-07。

二、主要旅游资源及景区

（一）国家历史文化名城

截至 2022 年 3 月，云南省拥有国家历史文化名城 7 座，如表 10-2 所示。

表 10-2　云南省国家历史文化名城及资源概况

城市名称	评选时间	资源概况
昆明市	1982年	昆明，别称春城，是云南省省会、滇中城市群中心城市。昆明地处中国西南地区、云贵高原中部，早在3万年前就有人类在滇池周围繁衍生息；公元前278年滇国建立，定都于此；765年南诏国筑拓东城，为昆明建城之始；明末时期，南明永历政权在昆明建都。昆明属北亚热带低纬高原山地季风气候，为山原地貌，三面环山，南濒滇池，沿湖风光绮丽，由于地处低纬高原而形成“四季如春”的气候，享有“春城”的美誉
大理市	1982年	大理市，位于中国云南省西部，是大理白族自治州的州政府驻地，是古代南方丝绸之路的门户。大理市地处云贵高原上的洱海平原，苍山之麓，洱海之滨，是古代南诏国和大理国的都城，作为古代云南地区的政治、经济和文化中心，时间长达500余年
丽江市	1986年	丽江，云南省地级市，位于青藏高原东南缘，滇西北高原，金沙江中游。是国际知名旅游城市、古代“南方丝绸之路”和“茶马古道”的重要通道。丽江是一个多民族聚居的地方，除汉族外，共有12个世居少数民族，22种少数民族；丽江是著名的旅游城市，拥有世界文化遗产丽江古城、世界自然遗产三江并流、世界记忆遗产纳西族东巴古籍文献三大世界遗产，旅游资源丰富
建水县	1994年	建水县是云南省红河哈尼族彝族自治州下辖的县之一，该县位于云南省南部红河北岸，面积3789平方公里，居住着汉、彝、回、哈尼、傣、苗等民族。建水具有1200年的建城历史，是中国四大名陶之一紫陶发源地
巍山县	1994年	巍山彝族回族自治县位于大理白族自治州南部，是南诏国的发祥地和古都、茶马古道重镇和彝族寻根祭祖圣地，清代曾被御封为“文献名邦”。境内有保存完好、距今600余年的巍山古城，有各级文物保护单位59项，有国家级森林公园、道教名山巍宝山，有鸟类迁徙的要道鸟道雄关，是国际河流红河的发源地
会泽县	2013年	会泽县秦汉时期为古夜郎国，至今有两千多年的历史。会泽在历史上曾因铜矿的开采冶炼铸币而鼎盛一时。东汉时期，会泽铸造锻打的“堂琅铜洗”闻名遐迩。毛泽东抒写的长征诗句“金沙水拍云崖暖”“乌蒙磅礴走泥丸”形象地描述了红军长征过会泽时，红军将士们面对长征遇到的千难万险所表现出的革命乐观主义精神和历尽的千辛万苦
通海县	2021年	通海县隶属于云南省玉溪市，早在新石器时期就有人类在杞麓湖畔生息，至元十三年（1276年）始建通海县。通海县地处云南省中南部，总面积721平方公里，辖4镇、3乡和2个街道，居住着汉、彝、回、蒙古、哈尼等多个民族，兴蒙蒙古族乡是云南唯一的蒙古族聚居地

（二）世界遗产

截至 2022 年 8 月，云南省有 5 处景观被列入《世界遗产名录》：丽江古城、三江并流、中国南方喀斯特（云南石林）、中国澄江化石地、云南红河哈尼梯田。

1. 丽江古城（1997.12，世界文化遗产）

丽江古城位于云南省西北部丽江市古城区，又称大研镇。它位于丽江大坝的中部，海拔 2400 余米。这是一座风景秀丽、历史悠久和文化灿烂的名城，也是中国罕见的保存相当完好的少数民族古城，始建于宋末元初（13 世纪末），面积 7.279 平方公里。

丽江古城的街道依山傍水，铺着红色的角砾岩。有四方街、木府、五凤楼、黑龙潭、文昌宫、王丕震纪念馆、雪山书院、王家庄基督教堂、方国瑜故居、白马龙潭寺、顾彼得故居、净莲寺、普贤祠、接风楼、十月文学馆、红军长征过丽江指挥部纪念馆、丽江古城历史文化展示馆和丽江古城徐霞客纪念馆等景点。丽江是中国第二批批准的历史文化名城之一。它是中国两座与整个古城一起成功申报世界文化遗产的古城之一。丽江古城是中国古代城市建设成就的集中体现，是中国特色鲜明、风格鲜明的民居类型之一。

2. 三江并流（2003.7，世界自然遗产）

三江并流自然景观位于中国西南部云南省青藏高原南部横断山脉的纵谷地区，由怒江、澜沧江、金沙江及其流域内的山脉组成，整个区域面积达 4.1 万平方公里。它地处东亚、南亚和青藏高原三大地理区域的交汇处，是世界上罕见的高山地貌及反映其演化的代表地区，也是世界上生物物种最为丰富的地区之一。该地区跨越丽江地区、迪庆藏族自治州、怒江傈僳族自治州三个地州，区内汇集了高山峡谷、雪峰冰川、高原湿地、森林草甸、淡水湖泊、稀有动物、珍贵植物等奇异景观。同时，该地区还是 16 个民族的聚居地，是世界上罕见的多民族、多语言、多种宗教信仰和风俗习惯并存的地区。长期以来，三江并流自然景观一直是科学家、探险家和旅游者的向往之地，具有重要的科学价值、美学意义和丰富多彩的少数民族文化。

3. 中国南方喀斯特（云南石林）（2007.6，世界自然遗产）

石林风景区位于云南省石林彝族自治县境内，距昆明城区 78 公里，是以形态各异的石灰岩岩溶地貌景观为主的世界地质公园。因为这里高大的岩溶石芽密集如林，面积广达 400 平方公里，故称为“石林”，石芽的形态主要为剑状、塔状、蘑菇状及不规则柱状等，造型优美，似人似物，在美学上达到了极高的境界。进入“林区”如入迷宫，在众多景点中，尤以“莲花峰”“剑峰池”“望峰亭”“石林湖”“母子偕游”“万年灵芝”等景色最佳。在石林还流传着一些美妙、动人的传说故事，著名爱情故事《阿诗玛》就出自这里。按区内风景点的分布情况，大致可分为大石林、小石林、外石林三个游览区，其中大石林区为主景区。石林风景区群峰万仞、奇石林立，是世界上单体最高的喀斯特地质奇观，享有“天下第一奇观”之誉。1982 被列为第一批国家级风景名胜区，2007 年云南石林作为“中国南方喀斯特”的重要组成部分被列入《世界遗产名录》。

4. 中国澄江化石地（2012.7，世界自然遗产）

2012 年 7 月 1 日，云南澄江化石遗址申遗的成功使中国拥有首个化石类世界遗产，填补了中国化石类自然遗产的空白。至此，中国被列入《世界遗产名录》的自然文化遗址及自然景观总数已达到 43 个。澄江化石地位于云南省玉溪市澄江县境内，面积 512 公顷，缓冲区面积 220 公顷，距今 5.3 亿年，于 1984 年被发现，被誉为“20 世纪最惊人的古生物发现之一”。澄江化石地共涵盖 16 个门类、200 余个物种，这在世界同类化石地中极为罕见，完整展示了寒武纪早期海洋生物群落和生态系统。

5. 云南红河哈尼梯田（2013.6，世界文化遗产）

2013 年 6 月 22 日，云南红河哈尼梯田成功入遗，被批准列入《世界遗产名录》。红河哈尼梯田位于云南南部，遍布于红河州元阳、红河、金平、绿春四县，总面积约 100 万亩，是哈尼族人 1300 多年来生生不息地“雕刻”的山水田重要农业文化遗产保护试点；2013 年，成为中国唯一申报世界文化遗产项目。中国的世界遗产数量也随着红河哈尼梯田成功申遗而增至 45 处，仅次于拥有 48 处世界遗产的意大利。

红河哈尼梯田是以哈尼族为主的各族人民创造的农业生态奇观，梯田规模宏大，气势磅礴，绵延整个红河南岸的红河、元阳、绿春及金平等县，仅元阳县境内就有 17 万亩梯田，是红河哈尼梯田的核心区。元阳县境内全是崇山峻岭，所有的梯田都修筑在山坡上，梯田坡度在 15°~75°。以一座山坡而论，梯田最高级数达 3000 级，这在中外梯田景观中是罕见的。元阳哈尼梯田主要有 3 大景区：坝达景区包括箐口、全福庄、麻栗寨、主鲁等连片 14000 多亩的梯田，老虎嘴景区包括勐品、硐浦、阿勐控、保山寨等近 6000 亩梯田，多依树、爱春、大瓦遮等连片上万亩梯田。如此多的梯田，在茫茫森林的掩映中，在漫漫云海的覆盖下，构成了神奇壮丽的景观。

（三）国家 5A 级旅游景区

截至 2022 年 9 月，云南省拥有 9 家国家 5A 级旅游景区，如表 10-3 所示。

表 10–3 云南省国家 5A 级旅游景区一览

序号	景区名称	入选时间
1	昆明市石林风景区	2007年
2	丽江市玉龙雪山景区	2007年
3	丽江市丽江古城景区	2011年
4	大理崇圣寺三塔文化旅游区	2011年
5	中国科学院西双版纳热带植物园	2011年
6	迪庆州香格里拉普达措景区	2012年
7	云南省昆明市昆明世博园景区	2016年
8	云南省保山市腾冲市火山热海旅游区	2016年
9	云南省文山州普者黑旅游景区	2020年

【任务引入】

2019 年 8 月起云南省大力推进“旅游革命”三部曲，推动旅游业转型升级。三部曲的第一部曲是整治旅游市场乱象；第二部曲是推进“智慧旅游”打造“游云南”App，让游客拿着手机游云南，说走就走，全程无忧；第三部曲是“无理由退货”，全省 16 州市、15 个机场、重点旅游县都有政府建立的游客购物退货受理中心，30 天无理由退货。

按照全域旅游理念，加快推进旅游业转型升级。建设“大滇西旅游环线”（梅里—香格里拉—丽江—大理—保山—腾冲—怒江），范围涵盖三江并流、香格里拉、茶马古道、苍洱风光、怒江大峡谷，包括从热带到寒带的丰富景观，以及少数民族多样风情。通过“大滇西旅游环线”，云南将把深度贫困地区和较发达地区全面串联起来，推动经济高质量跨越式发展。

【任务分析】

在“旅游革命”和“大滇西旅游环线”建设的背景下，“大健康”+“生态旅游”文旅融合项目，智能化、人性化的旅游服务，一站式文化旅游休闲综合体和文旅新产品新业态孵化器，科技助力地方文化的创造性转化和创新性发展，实现云南旅游由“粗放式”到“高品质”的转变，独特性与趣味性双提升。

为推进文化和旅游深度融合发展，2020年云南省推出10条非遗线路：滇西·丝路云赏之旅、滇西·艺美云南之旅、滇西北·茶马古道之旅、滇中·云境探秘之旅、滇西南·逐味茶香之旅、滇东·怡养休闲之旅、滇西北·逸游秘境之旅、滇西南·神奇风情之旅、滇中·高原神韵之旅和滇东·唱享云南之旅。

如果你是游客，在了解了每条线路涉及的区域及特色后，会对哪条线路最感兴趣呢？

【任务实施】

任务要求：选择其中一条主题线路，查找所涉及的城市及旅游景点、旅游资源，尝试设计一条自助游线路。

任务目标：

1. 对云南省热门主题旅游线路有一定的敏感度和认知力。

2. 对云南主题旅游线路所涵盖的资源与景点有基本的辨别能力。

实训步骤：参见表10–4提示。

表10–4　实训操作指导步骤

步骤	标准	提示
1.确定选择线路	通过主题关键词查找相关城市	如滇西搜到楚雄市、瑞丽、芒市等；滇中搜到红河、玉溪、元阳等
2.搜索城市旅游资源	查找主题线路涉及城市的旅游资源，从中抽取与线路主题符合的景区景点	如楚雄既有元谋土林、彝人古镇等遗址遗迹，也有己衣大裂谷、紫溪山森林公园等，要进行甄别
3.甄别资源的价值和类型	在同类中寻找级别高、价值高的景点	如滇西·艺美云南之旅主题涉及景点，首选世界遗产、国家5A级旅游景区，再去掉同类的，补充其他类高价值景点
4.画出线路	根据景点位置、方位进行判别	如滇中·云境探秘之旅主题，途经石林县、红河州、元阳县、建水县等，应按照一定的顺序进行串联

任务3　贵州旅游亚区旅游资源概况

【任务概述】

贵州省地处中国西南内陆地区腹地，是中国西南地区交通枢纽，长江经济带重要组成部分。贵州境内地势西高东低，自中部向北、东、南三面倾斜，山地和丘陵占总面积的92%以上，素有“八山一水一分田”之说。特殊的喀斯特地质地貌、原生的自然环境、浓郁的少数民族风情和宜人的气候条件，形成以自然风光、人文景观和民俗风情交相辉映的丰富旅游资源。通过学习，了解贵州省旅游资源概况，掌握贵州省高价值的旅游景区概况，学会设计简单的热门旅游线路。

【学习目标】

1. 了解贵州省旅游资源概况，掌握贵州省高价值的国家历史文化名城、世界遗产、国家5A级旅游景区概况。

2. 学会设计简单的热门旅游线路。

3. 通过贵州省多民族共融下的民族团结树立家国情怀和民族自信。

【知识准备】

一、区域旅游资源概况

贵州省，简称“黔”或“贵”，位于我国西南地区东部，东毗湖南、南邻广西、西连云南、北接四川和重庆。全省面积17.61万平方公里，地貌类型复杂多样，以高原山地为主，其中岩溶地貌类型齐全且广泛分布，人们常以“地无三尺平”来描述贵州的地貌。贵州是古生物的发源地之一，地层中蕴藏着各个时代丰富的古生物化石，被誉为“了解和研究地球生命发展演化史的宝库”。截至2021年年底，全省常住人口3852万人。贵州是一个多民族共居的省份，其中世居的少数民族主要有苗、布依、侗、彝、水、回、仡佬、壮、瑶、白、土家等。贵州属亚热带湿润季风气候，有冬无严寒、夏无酷暑、阴雨天多、四季不甚分明的特点。独特的气候特征，使贵州成为理想的休闲旅游和避暑胜地。

特殊的喀斯特地质地貌、原生的自然环境、浓郁的少数民族风情和宜人的气候条件，形成了以自然风光、人文景观和民俗风情交相辉映的丰富旅游资源。其主要景点有黄果树瀑布、龙宫、织金洞、红枫湖、荔波樟江、马岭河峡谷、赤水等18个国家级风景名胜区；有中国南方喀斯特（贵州荔波）、中国丹霞（贵州赤水）、中国土司遗址（遵义海龙屯遗址）等5处世界遗产；有梵净山动植物园、茂兰喀斯特原始森林、赤水原生林、草海鸟类栖息衍生地和习水中亚热带常绿阔叶林等10处国家级自然保护区；有遵义会议会址、杨粲墓、黔西观音洞遗址、普安铜鼓山遗址、红军四渡赤水遗迹、息烽集中营旧址等71处全国重点文物保护单位；有遵义和镇远两座国务院公布的历史文化名城以及众多各具色特的民族风情旅游村寨。贵州旅游亚区奇特的山水风光、浓郁神秘的民族风情、古朴多彩的文物古迹，以及冬无严寒、夏无酷暑的宜人气候，使贵州成为理想的旅游观光和避暑胜地。

【案例精选10-1】

贵州荔波：红色旅游与绿色生态交相辉映

贵州荔波是一块红色土地，1930年4月，红七军军长张云逸率红七军第二纵队，从广西经黎明关进入荔波县黎明关水族乡板寨村。随后，红七军、红八军总指挥李明瑞率红七军第一纵队赶到板寨，会师于此。红七军作为第一支进入贵州的红色军队，在贵州高原播下了革命的火种，注入了红色基因。

荔波不仅有红色基因，还有荔波茂兰自然保护区。20世纪80年代开始，荔波着力挖掘境内旅游资源。2007年，荔波的中国南方喀斯特地貌荣膺“世界遗产”。从此，“地球绿宝石”的美名响彻国内外，绿色成为荔波发展的主基调。经过多年的发展，2020年12月，荔波成功创建国家全域旅游示范区，全域旅游在荔波的青山绿水间遍地开花。

资料来源：人民网。

二、主要旅游资源及景区

（一）国家历史文化名城

截至2022年3月，贵州省拥有国家历史文化名城2座，如表10-5所示。

表 10–5　贵州省国家历史文化名城及资源概况

城市名称	评选时间	资源概况
遵义市	1982年	遵义，简称“遵”，位于贵州省北部，是国家全域旅游示范区。南临贵阳市，北倚重庆市，西接四川省，是昆筑北上和川渝南下之咽喉。处于成渝—黔中经济区走廊的核心区和主廊道，黔渝合作的桥头堡、主阵地和先行区。是西南地区承接南北、连接东西、通江达海的重要交通枢纽。1935年，中国共产党在遵义召开了著名的“遵义会议”，成了党的生死攸关的转折点，被称为“转折之城，会议之都”
镇远县	1986年	镇远县隶属黔东南州，距离州府凯里市190公里，位于贵州省东部武陵山区，是贵州高原向湘西丘陵过渡的斜坡地带，东界湖南新晃，南邻三穗、剑河，西毗施秉，北接岑巩和铜仁市的石阡，是贵州省的东大门，素有“滇楚锁钥、黔东门户”之称

（二）世界遗产

截至 2022 年 8 月，贵州省有 5 处景观被列入《世界遗产名录》，其中世界自然遗产 4 处：中国南方喀斯特（贵州荔波）、中国丹霞（贵州赤水）、中国南方喀斯特（贵州施秉）、梵净山；世界文化遗产 1 处：中国土司遗址（遵义海龙屯遗址）。

1. 中国南方喀斯特（贵州荔波）（2007.6，世界自然遗产）

“中国南方喀斯特”集中了中国最具代表性的喀斯特地形地貌区域。“中国南方喀斯特”由云南石林的剑状、柱状和塔状喀斯特，贵州荔波的锥状喀斯特（峰林），重庆武隆的以天生桥、地缝、天坑群等为代表的立体喀斯特共同组成，形成于距今 50 万年至 3 亿年间，总面积达 1460 平方公里。2007 年 6 月，中国南方喀斯特一期被评选为世界自然遗产并入选《世界遗产名录》。

荔波喀斯特遗产地位于贵州南部荔波县，属亚热带季风性气候，海拔 385~1109 米，包括樟江国家重点风景名胜区和茂兰国家级自然保护区，总面积 73016 公顷。荔波喀斯特最醒目的景观是锥状喀斯特，最典型的类型是峰丛喀斯特，也是世界上罕见的“绿色喀斯特”。与刀劈斧削的云南石林景观不同，荔波喀斯特地貌上覆盖着茂密的原生植被，生长着多种珍稀树种，如银杏、鹅掌楸等，是世界上保存最完美的喀斯特原生森林风光。

2. 中国丹霞（贵州赤水）（2010.8，世界自然遗产）

中国丹霞是中国境内由陆相红色砂砾岩在内生力量（包括隆起）和外来力量（包括风化和侵蚀）共同作用下形成的各种地貌景观的总称。这一遗产包括中国西南部亚热带地区的 6 处遗址。它们的共同特点是壮观的红色悬崖以及一系列侵蚀地貌，包括雄伟的天然岩柱、岩塔、沟壑、峡谷和瀑布等。这里跌宕起伏的地貌，对保护包括约400种稀有或受威胁物种在内的亚热带常绿阔叶林和许多动植物物起到了重要作用。

赤水丹霞位于贵州省赤水市境内，地处四川盆地南缘，紧靠黔北大娄山北麓，是青年早期丹霞地貌的代表，其面积达1200多平方公里，是全国面积最大、发育最美丽壮观的丹霞地貌。赤水的丹霞地貌，以其艳丽鲜红的丹霞赤壁，拔地而起的孤峰窄脊，仪态万千的奇山异石，巨大的岩廊洞穴和优美的丹霞峡谷与绿色森林、飞瀑流泉相映成趣，形成极高的旅游观赏价值。遗产地主要包括赤水国家级风景名胜区十丈洞景区、丙安竹海景区、赤水桫椤国家级自然保护区和赤水竹海国家森林公园。

3. 中国南方喀斯特（贵州施秉）（2014.6，世界自然遗产）

施秉喀斯特世界自然遗产地位于贵州省东部施秉县，地处中国云贵高原东部边缘向湘西低山丘陵过渡的山原斜坡地带，即中国阶梯地势第二级与第三级的过渡地区。施秉喀斯特地处施秉县北部，与云台山、杉木河景区及杉木河水源涵养区边界重合，总面积282.95平方公里，其中核心区102.8平方公里，缓冲区180.15平方公里。施秉喀斯特保存着完好的白云岩喀斯特地层、构造、地貌、洞穴、地下水系等地质遗迹，是世界热带、亚热带白云岩喀斯特杰出代表，发育在5.7亿年的古老白云岩性基础上的锥状峰丛峡谷喀斯特，例证了白云岩在特定的自然地理背景及构造基础上发育的典型、壮观景观，为丰富“中国南方喀斯特”的地貌类型做出积极的贡献。

2014年6月23日，施秉喀斯特作为中国南方喀斯特二期被列入《世界遗产名录》。施秉喀斯特是人自然赋予人类的不可多得的财产，是人自然和人类和谐相处的美妙境界，它将永远受到世人的礼赞和保护。

4. 中国土司遗址（遵义海龙屯遗址）（2015.7，世界文化遗产）

海龙屯土司遗址位于遵义市西北方向约30公里处，是贵州境内目前仅见的一处大型军事建筑与宫殿建筑合二为一的遗址，也是当今中国乃至亚洲保存完好的中世纪城堡遗址。

海龙屯群山环峙，孤峰挺立，形如细颈葫芦，北、东、南三面临湘江河主源“白沙水”，全是绝壁，关墙重重叠叠，先后建有月城、土城，屯上游二道城墙环绕，其沿山蜿蜒的雄姿，酷似万里长城。山顶上建有阁楼、兵营、仓库、水库、绣花楼；屯前设铜柱、铁柱、飞龙、飞凤、朝天、万安等九关，各关之间有护墙相连，凭险设关，关关相连，以石块垒砌的高大城墙关隘，随山势绵延十余里，别有一番气象。2015年，被成功列为世界文化遗产。

5. 梵净山（2018.7，世界自然遗产）

梵净山位于贵州省铜仁市境内，是武陵山脉主峰，遗产地面积402.75平方公里，缓冲区面积372.39平方公里。梵净山生态系统保留了大量古老孑遗、珍稀濒危和特有物种，拥有4395种植物和2767种动物，是东方落叶林生物区域中物种最丰富的热点区域之一。梵净山满足了世界自然遗产生物多样性标准和完整性要求，展现和保存了中亚热带孤岛山岳生态系统和显著的生物多样性。梵净山的主要保护对象是以黔金丝猴、珙桐等为代表的珍稀野生动植物及原生森林生态系统。森林覆盖率95%，有植物2000余种，国家保护植物31种，动物801种，国家保护动物19种，被誉为“地球绿洲”“动植物基因库”“人类的宝贵遗产”。2018年，贵州梵净山被列入《世界遗产名录》。

（三）国家5A级旅游景区

截至2022年9月，贵州省拥有9家国家5A级旅游景区，如表10-6所示。

表10-6　贵州省国家5A级旅游景区一览

序号	景区名称	入选时间
1	安顺黄果树大瀑布景区	2007年
2	安顺龙宫景区	2007年
3	毕节市百里杜鹃景区	2013年
4	黔南州荔波樟江风景名胜区	2015年
5	贵州省贵阳市花溪青岩古镇景区	2017年
6	贵州省铜仁市梵净山旅游区	2018年
7	贵州省黔东南州镇远古城旅游景区	2019年
8	贵州省遵义市赤水丹霞旅游区	2020年
9	贵州省毕节市织金洞景区	2022年

【任务引入】

2022年7月4日，贵州省黔东南州荔波县小七孔镇举办第十届“六月六”布依歌节活动，活动分为主会场新街村和分会场联山湾村。

【任务分析】

在贵州，农历六月六是一些少数民族的传统节日，很多少数民族会举行各类活动欢庆“六月六”。如苗族同胞六月六着节日盛装举行芦笙会、喝“拦门酒”、歌舞表演、民歌对唱、摆长桌宴、采草药、晒龙袍等；布依族除举行山歌对唱、民族舞蹈、舞狮表演外，还包括杂技表演、捉田鱼、抢鸭子、包粽子等。

【任务实施】

任务要求：根据布依族少数民族风俗，简单设计可开发的民俗类旅游产品。

任务目标：

1. 熟悉布依族民俗旅游资源概况。

2. 能够将布依族旅游资源与旅游产品的对应关系梳理明晰。

3. 对有关地市已开发的布依族旅游产品有基本认知。

实训步骤：参见表10–7提示。

表10–7 实训操作指导步骤

步骤	标准	提示
1.详细查找布依族民风民俗	如食、住、行、娱、祭祀、禁忌等多方面	如布依族喜食糯食、辣椒、酸菜、酸汤等，布依族土花布等
2.将民风民俗与可转化的旅游产品对标	要充分考虑到产品开发的具体功能	如糯食可转化为体验产品，蜡染可以制作成旅游产品，同时也可以兼具体验性
3.梳理开发的思路并制作PPT	充分考虑资源特色和开发可能性	如开发为观光、休闲、体验、度假、探险产品等
4.设计成果展示	课堂上结合PPT图片或视频，现场讲解	注意普通话标准、语音语调抑扬顿挫、语速适中

任务4 广西旅游亚区旅游资源概况

【任务概述】

广西壮族自治区地处我国南疆、北回归线横贯中部，南临北部湾，面向东南亚，西南与越南毗邻，东邻粤、港、澳，北连华中，背靠大西南，区位优越。奇特的喀斯特地貌、灿烂的文物古迹、浓郁的民族风情，使广西旅游资源独具魅力。通过学习，熟悉广西壮族自治区旅游资源概况，掌握广西壮族自治区高价值的旅游景区概况，学会梳理西南少数民族风情旅游产品。

【学习目标】

1. 熟悉广西壮族自治区区域旅游资源概况，掌握广西壮族自治区国家历史文化名城、世界遗产、国家 5A 级旅游景区概况。

2. 具备对旅游资源与旅游产品的对应关系梳理、归纳能力。

3. 为广西壮族自治区历史上灿烂的文物古迹而自豪，为浓郁的民族风情和奇特的喀斯特地貌而点赞。

【知识准备】

一、区域旅游资源概况

广西壮族自治区，简称“桂”，首府南宁。广西地处我国南疆，北回归线横贯中部，南临北部湾，面向东南亚，西南与越南毗邻，东邻粤、港、澳，北连华中，背靠大西南，区位优越。广西陆界国境线长 637 公里，大陆海岸线长 1628.6 公里，岛屿海岸线长 604.5 公里，沿海大小岛屿 697 个，最大岛屿涠洲岛面积约 24.74 平方公里。全区土地总面积 23.76 万平方公里，海拔多在 1000~1500 米，最高峰南岭苗儿山主峰海拔 2141 米。截至 2021 年年底，常住人口 5037 万人。全自治区聚居壮、汉、瑶、苗、侗、仫佬、毛南、回、京、彝、水、仡佬等民族，是以壮族为主体的少数民族自治区，也是全国少数民族人口最多的省份。本区春秋战国时为百越（粤）地，秦置桂林郡，部分属象郡，唐属岭南道，宋为广南西路，元属湖广行省，清为广西省。1958 年成立广西壮族自治区。广西是全国唯一的具有沿海、沿江、沿边优势的少数民族自治区，是西南地区最便捷的出海通道，在中国与东南亚的经济交往中占有重要地位。

美丽的八桂之地，十万大山的壮美，千百条河流的秀美，形成了无尽的水域资源。亚热带雨林气候，孕育了大量珍贵的动植物资源，尤其盛产水果，被誉为“水果之乡”。广西的峰林是发育完美的热带岩溶地貌的典型代表，它们平地拔起，气势超群，造型奇特，形态最典型、风景最秀美的桂林、阳朔一带的石灰岩峰林，曾被明代旅行家徐霞客誉为“碧莲玉笋世界”；洞穴景观同样众多且优美，素有“无山不洞，无洞不奇”之称。据统计广西溶洞约有10万个，在瑰丽多姿的溶洞里，石乳、石笋、石幔、石柱、石花、石莲、石林等琳琅满目，美不胜收，比较著名的有旱洞型的桂林的芦笛岩、七星岩，柳州的都乐岩等；有水洞型的桂林冠岩、荔浦丰鱼岩、灌阳龙宫、钟山碧水岩、马山金伦洞等，以及考古陈列型的桂林甑皮岩（是中国有代表性的新石器时代古人类洞穴遗址），龙隐岩（存有唐代至清代摩崖石刻200多件），柳州白莲洞（中国史前人类文化的重要遗址）等。广西是以壮族为主体的多种少数民族聚居的少数民族自治区，他们各自的语言、服饰、建筑物、生活习惯、风土人情、喜庆节日、民间艺术、工艺特产、烹调技术等，构成了多姿多彩的民族风情，为民族风情观光旅游提供了良好的条件。如壮族的三月三歌节、瑶族的达努节和盘王节、苗族的踩花山、仫佬族的走坡节、侗族的花炮节，以及别有风味的打油茶等，都充满着浓郁的民族风情，吸引着人们去观光。奇特的喀斯特地貌，灿烂的文物古迹，浓郁的民族风情，使广西的旅游资源独具魅力。

二、主要旅游资源及景区

（一）国家历史文化名城

截至2022年3月，广西壮族自治区拥有国家历史文化名城3座，如表10-8所示。

表10-8　广西壮族自治区国家历史文化名城及资源概况

城市名称	评选时间	资源概况
桂林市	1982年	桂林地处广西壮族自治区东北部，是广西最大空港，桂东北地区的政治、经济、文化、交通中心，桂林北接湖南、贵州，西面、南面与柳州市相连，东面与贺州市毗邻，属山地丘陵地区，为典型的“喀斯特”岩溶地貌，遍布全市的石灰岩经亿万年的风化侵蚀，形成了千峰环立、一水抱城、洞奇石美的独特景观，自古以来就有“桂林山水甲天下”的美誉
柳州市	1994年	柳州市位于广西壮族自治区中北部，地形为“三江四合，抱城如壶”，故称“壶城”。又叫龙城，龙城的名字源于南朝梁。柳州是以工业为主、综合发展的区域性中心城市和交通枢纽，是西江经济带龙头城市，是山水景观独特的历史文化名城。壮歌、瑶舞、苗节和侗楼，堪称柳州“民族风情四绝”
北海市	2010年	北海市是广西壮族自治区地级市，地处广西壮族自治区南端，北部湾东北岸。北海是全国14个沿海开放城市之一，亦是中国最美的海滨城市之一；既是中国西南地区同时拥有深水海港、全天候机场、高铁、高速公路的城市，也是中国大西南连接东盟的最便捷的出海口。北海是古代“海上丝绸之路”的重要始发港

（二）世界遗产

截至 2022 年 8 月，广西壮族自治区有 3 处世界遗产，其中世界自然遗产 2 处，分别是广西桂林和广西环江，均为联合项目，作为“中国南方喀斯特二期”在第 38 届世界遗产大会上成功列入《世界遗产名录》；左江花山岩画为世界文化景观遗产。

1. 中国南方喀斯特（广西桂林、广西环江）（2014.6，世界自然遗产）

2014 年 6 月 23 日，中国南方喀斯特二期在卡塔尔首都多哈召开的第 38 届世界遗产大会上获准列入《世界遗产名录》。此次由广西桂林、贵州施秉、重庆金佛山、广西环江四部分组成的中国南方喀斯特二期，是作为中国南方喀斯特扩展项目列入《世界遗产名录》的，是对原有中国南方喀斯特项目的扩展和补充。

桂林喀斯特世界自然遗产地范围 700.64 平方公里，其中提名地面积为 253.84 平方公里，缓冲区面积为 446.8 平方公里，提名地范围基本涵盖在现有漓江风景名胜区核心景区范围内，包括具代表性的漓江峡谷峰丛片区和葡萄峰林片区。桂林喀斯特是中国南方喀斯特系列的重要组成部分，具有世界地位，是中国南方喀斯特地貌演化史完美结局的呈现。

环江喀斯特景区位于广西西北部，云贵高原东南麓，隶属河池市，生态环境良好，境内有九万山和木论喀斯特两个国家级自然保护区。环江喀斯特和荔波喀斯特天然地连成了一体，保存了从高原喀斯特逐渐过渡到低山丘陵喀斯特的完整形态谱系，其间展布了峰丛、峰林、洼地、谷地、洞穴等类型的喀斯特景观，反映了一个完整而独特的喀斯特演化过程，具有不可估量的美学价值、科学价值。

2. 左江花山岩画（2016.7，世界文化景观遗产）

花山岩画是战国至东汉时期当地壮族先民骆越人群体祭祀遗留下来的遗迹，距今有 2000 多年的历史，和与其依存的山体、河流、台地共同了构成了壮丽的左江花山岩画文化景观。

被列入世界文化遗产名录的 38 个岩画点中，约有 4050 个图像分布在左江宁明、龙州、江州、扶绥 105 公里的河段。花山岩画是壮族祖先骆越先民的文化瑰宝，反映了 2000 多年前壮族骆越人的文化面貌和精神世界，是左江流域古老神奇岩画中的代表，也是世界同类岩画中面积最大、画面最集中、内容最丰富、保存最完好的一处岩画，被誉为中国稻作文化的最大标志、壮族文化的瑰宝和世界岩画的极品。左江花山岩画文化景区生态秀美，植被丰茂，有植物资源 1280 多种，其中名贵树种十多种；有动植物资源127种，拥有300多只濒临灭绝的珍稀动物——白头叶猴。附近的友谊关位于广西凭祥市西南端，是我国九大名关之一，建筑雄伟，形势险峻。

（三）国家5A级旅游景区

截至2022年9月，广西壮族自治区拥有9家国家5A级旅游景区，如表10-9所示。

表10-9　广西壮族自治区国家5A级旅游景区一览

序号	景区名称	入选时间
1	桂林市漓江景区	2007年
2	桂林市乐满地度假世界	2007年
3	桂林市独秀峰—王城景区	2012年
4	南宁市青秀山旅游区	2014年
5	广西壮族自治区桂林市两江四湖·象山景区	2017年
6	广西壮族自治区崇左市德天跨国瀑布景区	2018年
7	广西壮族自治区百色市百色起义纪念园景区	2019年
8	广西壮族自治区北海市涠洲岛南湾鳄鱼山景区	2020年
9	广西壮族自治区贺州市黄姚古镇景区	2022年

【任务引入】

2022年12月3日，广西壮族自治区文化和旅游厅发布《广西“文旅”+产业融合培育新业态拓展新消费三年行动计划（2022—2025）》，提出培育10个以上国家级健康旅游品牌，打造一批以康养为主题的旅游度假区；培育10条以上康养旅游度假精品线路，评选出百项广西健康旅游必购消费品。

【任务分析】

康养旅游近年来成为旅游行业的热词，具有停留时间长、旅游节奏慢、消费能力强、重游率高、强身健体等特点，实现了从单一的游览观光到满足体验地方文化、融入当地生活、追求健康养生、开阔视野等多样需求的升级，并以更丰富的内涵和更多元的形式为中国旅游增添活力。

【任务实施】

任务要求：分组查找资料，完成对广西康养旅游资源特色的认知与梳理，并尝试设计一条以康养为主题的旅游线路。

任务目标：

1. 了解基本的康体养生的知识及其在旅游中的开发利用。

2. 对广西壮族自治区的生态旅游资源、景点有梳理认知能力。

3. 提升对养生和大健康重要性的认识。

实训步骤：参见表 10–10 提示。

表 10–10　实训操作指导步骤

步骤	标准	提示
1.查找广西旅游亚区生态旅游资源	找到近年来的相关规划和热门线路	如气候康养、海洋康养、山林康养、温泉康养等
2.查找热门旅游目的地	经典线路和热门主题	如解压之旅、徒步穿越等
3.整理设计思路并制作PPT	整合康养类相关旅游资源、景点	如避寒、避暑、运动健身、养老养生、历史文化等主题
4.任务展示	课堂上结合PPT图片或视频，现场讲解	注意普通话标准、语音语调抑扬顿挫、语速适中

【项目考核】

一、单项选择题

1. 我国少数民族最多的省份是（　　）。

A. 四川　　B. 重庆　　C. 贵州　　D. 云南

2. “三月街”节是（　　）的传统节日。

A. 傣族　　B. 彝族　　C. 白族　　D. 苗族

3. 因拥有极丰富的蔬果种类，而享有有全国“水果之乡”美誉的是（　　）。

A. 云南　　B. 广西　　C. 贵州　　D. 四川

二、多项选择题

1. 三江并流景区所涉及的是（　　）这三条发源于青藏高原的大江。

A. 金沙江　　B. 长江　　C. 澜沧江　　D. 怒江

2. 海龙屯土司遗址和下列哪两处土司遗址在 2015 年被列入《世界遗产名录》(　　)。

A. 湖南永顺老司城　　　　B. 湖北唐崖土司城

C. 古城坝土司遗址　　　　D. 酉阳土司城

【项目实训】

导游讲解：桂林漓江景区、三江并流景区择一处进行导游讲解。

实训要求：请以小组为单位，查找资料，对导游词进行整理修改，选择合适的游览线路，进行景区导游讲解；普通话标准、仪容仪表大方得体。

项目 11

南国侨乡——岭南文化旅游区认知实践

项目导学

- 南国侨乡——岭南文化旅游区认知实践
  - 岭南文化旅游区旅游地理环境特征分析
    - 自然旅游地理环境特征分析
    - 人文旅游地理环境特征分析
  - 福建旅游亚区旅游资源概况
    - 区域旅游资源概况
    - 主要旅游资源及景区
  - 广东旅游亚区旅游资源概况
    - 区域旅游资源概况
    - 主要旅游资源及景区
  - 海南旅游亚区旅游资源概况
    - 区域旅游资源概况
    - 主要旅游资源及景区

学习目标

知识目标：

1. 了解岭南文化旅游区经典旅游线路及特色。

2. 熟悉福建省、广东省和海南省主要旅游资源概况。

3. 掌握岭南文化旅游区旅游地理环境特征。

能力目标：

1. 具备对本区热门线路火爆的原因进行系统分析的能力。

2. 能够对本区涉及的海上丝路文化及历史遗址遗迹有系统性认知。

素质目标：

1. 充分认识我国在“一带一路”合作倡议发展背景下为旅游业带来的重要机遇。

2. 通过古代丝绸之路、当前“一带一路”发展战略提升家国情怀，构建旅游大地理格局。

任务1　岭南文化旅游区旅游地理环境特征分析

【任务概述】

岭南文化旅游区位于我国南部的亚热带和热带地区，优越的地理位置、特殊的地貌类型、丰富的地热资源、良好的生态环境、开放兼容的侨乡文化，使岭南文化旅游区拥有独特的文化与丰富的旅游资源。通过学习，了解本区特殊地形地貌，熟悉本区概况、主要山脉与地理单元，掌握景观组合异常多样、湖泊湿地独具特色、动植物资源丰富、民族风情浓郁、文化多元开放、海洋文化、侨乡文化凸显等景观特征。

【学习目标】

1. 了解岭南文化旅游区地形、地貌与主要山脉、河流概况，熟悉岭南文化旅游区自然与人文旅游地理环境特征。

2. 提升对岭南文化、民族文化、侨乡文化重要性认知，培养中华民族文化认同感。

【知识准备】

岭南文化旅游区包括福建省、广东省、海南省三省，位于我国南部亚热带和热带地区，地理位置优越，拥有独特的岭南文化与丰富的旅游资源，是我国对海外沟通的重要窗口，一直是我国的旅游热点地区。

一、自然旅游地理环境特征分析

（一）位居我国东南沿海，滨海旅游资源丰富

本区位于我国东海、南海之滨，处于东亚、东南亚以及大陆的中心位置，是亚洲至欧洲、非洲和大洋洲的航道要冲，地理位置优越。本区海岸线曲折、绵长，岛屿众多，海域广阔。仅广东、福建两省就拥有大陆海岸线 7210 公里，若加上岛屿海岸线，全区海岸线长度达到 10000 公里以上。其中约 80% 为山地丘陵海岸，既拥有众多向海突出、适于观景的海岬，又有大量风平浪静的港湾和半岛，除了有基岩海岸、沙砾海岸、淤泥海岸，还有华南独特的红树林海岸与珊瑚礁海岸；同时，本区岛屿星罗棋布，全区面积在 500 平方米以上的岛屿 2000 多个，有基岩岛、沙洲岛、珊瑚岛等多种类型，且海蚀地貌分布广，有海蚀崖、海蚀柱、海蚀洞、海蚀台地等景观，极富有观赏价值。因而形成了众多的海滨旅游地，其中以厦门、汕头、深圳、珠海、湛江、海口、三亚最为著名。与我国北方海滨旅游地相比，本区海滨旅游地具有许多明显的优势，如本区海滨旅游地可利用时间长，闽粤琼海滨几乎一年四季皆可利用，其中海南三亚的海水水温全年在 20℃以上，全年皆可进行海水浴与潜水活动，是避寒旅游最好的地方；加之热带、亚热带椰风海韵的海滨风光特色，对游客更加具有吸引力。

【行业前沿 11-1】

滨海旅游领跑海洋经济

滨海旅游日益成为旅游消费的新热点，滨海旅游业包括海洋观光游览、休闲娱乐、度假住宿、体育运动、海底休闲、低空飞行、邮轮游艇等立体式的旅游产品体系。

滨海旅游成为海洋经济的新亮点和海洋经济的支柱产业，其原因有：一是东部地区分布着中国主要的经济大省，大部分城市的滨海旅游休闲需求旺盛；二是滨海旅游内涵

广泛，基本涵盖了海滨、海上、海下、近海、远洋等发展空间。

资料来源：人民网。

（二）奇峰异石类型多样，丹霞地貌景观奇丽

本区地表形态以海拔500米左右的低山丘陵为主，其山地丘陵面积占3/4以上。拥有丰富的特殊地貌类型，包括火山地貌、熔岩地貌、花岗岩地貌、岩溶地貌、丹霞地貌等，其中尤以丹霞地貌及花岗岩石蛋地貌最为有名。从总体看，本区东部一带花岗岩广泛出露，加上高温多雨的气候，形成了不少著名的山水景观，如广东著名的旅游地罗浮山、清源山、太姥山等；福建东南沿海地区花岗岩的景色极为突出，多以千姿百态的奇石形成著名风景点，如厦门的鼓浪屿日光岩，还有许多地方的“风动石”。中部南岭和武夷山一带多红色沙砾岩分布，形成威严高耸、景色绮丽的丹霞地貌，成为著名风景区，如韶关丹霞山、金鸡岭、冠豸山、福建武夷山、金泰宁大金湖等。此外，肇庆七星岩是著名的岩溶地貌风景区；广东西樵山、雷州半岛、海南岛都有火山、熔岩地貌分布；在海岬突出之处，则有各种海蚀地貌、奇石景观。

（三）地热资源丰富，温泉旅游资源众多

本区位于环太平洋火山地震带上，故地热资源丰富。广东境内温泉出露达200多处，几乎县县有温泉。福建也有近200处，海南达100多处，其中以广东从化、福建福州、海南七星岭温泉最为著名。从化温泉是广东省名传遐迩的风景区和疗养胜地。这里的露天泉眼，远望白雾蒙蒙，轻烟袅袅；近看河底细石晶莹，闪闪发光。温泉就从石罅中喷涌而出，宛如明镜上滚动着的万斛玉珠，闪烁不定；温泉区气候宜人，四面山峦重叠，环境幽静，是旅游和疗养胜地。福建南半部温泉较集中，福州温泉出露点多，在市内形成了一个南北长达5公里、东西宽1公里的温泉集中区，为全国所罕见，被称为“温泉城”。

（四）热带、亚热带季风气候显著，生物景观资源丰富

本区位于东亚季风气候区，除雷州半岛、海南岛和南海诸岛属热带气候外，其余大部分地区属亚热带季风区。由于纬度低且紧靠海洋，水汽充足，全年长夏无冬，春秋相连，故以低山丘陵为主的地貌，在湿热条件下，森林覆盖率高，四季林木繁茂，花果终年不绝，动植物资源非常丰富，生态环境良好。截至2017年年初，福建森林覆盖率达65.95%，连续39年森林覆盖率保持全国第一；海南森林覆盖率达62%，广东森林覆盖率达 58.98%。森林资源持续增长，生态状况得到改善，人居环境进一步优化。本区自然植被为常绿热带雨林、季雨林和常绿阔叶林，花果期长，终年花开不断，各季都有果实成熟。热带、亚热带自然密林中具有多层结构，林木寄生、附生、老茎开花结果、板根、气生根及独木成林等奇特景观，随处可见。同时，保存有大批古老树种及名贵动物，因此建有一系列自然保护区，如武夷山、鼎湖山、五指山等。而高大的棕榈科植物构成特殊风貌，成为华南热带景观标志，这些都为本区发展旅游提供了良好的资源与条件。

二、人文旅游地理环境特征分析

（一）开放兼容的岭南文化特色

岭南文化是悠久灿烂中华民族优秀文化的有机组成部分。从地域上来说，岭南文化大体上分为广东文化、桂系文化和海南文化三大块，主要以属于广东文化的广府文化、客家文化和潮汕文化为主。秦汉中华一统，华南与中原地区交流逐渐密切，加之后来几次战乱，中原大批移民迁入华南，从此本区土著文化融入中原文化。明清以后，特别是鸦片战争后，华南首当其冲，受外国势力侵入，广州、汕头、惠阳、琼州、厦门、梧州等地先后辟为通商口岸或商埠，进行海外贸易。改革开放后，华南是我国优先对外开放的地区，我国第一批对外开放的窗口就在本区，发达的贸易引来了西方人，同时也带来了海外文化，为华南文化注入新的活力，逐渐形成特色鲜明的岭南文化，岭南文化具有务实、开放、兼容、创新的特点。

因此，本区的人文旅游资源表现出中原文化和西方文化的影响痕迹，形成中西文化交融、受多元文化影响的华南特色文化。主要表现为：一是园林和建筑吸收中原文化和江南园林艺术，比如传统民居建筑保留了中原聚族而居的传统。广州的庭院、惠州的西湖，借助西方园林构园方法，建筑布局或局部构建受西方建筑文化影响，在中式传统建筑中采用了罗马式拱门和巴洛克式柱头；建筑的装修运用了大量的木雕、砖雕、陶瓷、灰塑等民间艺术。二是宗教文化，除佛教、道教外，还有基督教、伊斯兰教等外来宗教，以及妈祖崇拜。三是方言，本区包括我国七大方言中闽语、粤语、客家话三大方言。四是饮食文化，既有中国各大菜系，又有海外知名菜系。如广州是一个聚集美食的地方，“食在广州”在全国已经形成一种效应，极具市场影响力。广州容纳了中国八大菜系，鲁菜、粤菜、川菜、湘菜、闽菜、苏菜、浙菜、徽菜，此外还有韩国菜、欧美菜等各个国家菜系。

（二）著名的侨乡及港澳台同胞的故乡

由于闽粤琼是我国早期对外贸易的前沿阵地，也是历史上海外劳工最大的输出地，因此成为华人华侨祖籍集中的区域。世界各地的华人、华侨中，祖籍为广东籍的约占54%、福建籍的约占25%、海南籍的约占6%，其他地方籍的共占15%。可见，本区是我国当之无愧的侨乡。福建与台湾自古以来也是“同宗同源”“血脉相连”的，现台湾同胞中仅祖籍为福建漳州的就有800万人，占台湾总人口的35.8%，祖籍为泉州安溪的有200多万人，约占台湾总人口的1/10，这充分说明，本区是港澳台同胞的故乡。广东的潮汕、梅州地区、珠江三角洲地区，海南的文昌、琼海，万宁、琼山，福建的厦门、晋江、泉州、南安、漳州、永春、福清都是著名的侨乡。海外华侨的分布以东南亚最多，每年都有大批华侨回国观光、寻根祭祖、探亲访友，成为本区入境旅游的稳定客源之一。

【案例精选 11-1】

侨乡文化　南洋味道

海南是华侨的故乡，归侨的乐土。20世纪50年代，来自21个国家和地区的归侨在兴隆华侨城安家落户，并逐渐形成特色鲜明、韵味独特的侨乡风情。在归侨们的影响和带动下，以咖啡为载体的旅游在兴隆逐渐兴起。同时，印度尼西亚风味餐厅、马来西亚风味餐厅、越南风味餐厅让游客品尝不一样的“侨”滋味。

资料来源：编者根据相关资料整理。

（三）发达的对外商贸业与外向型经济

历史上便利的海运条件促进了闽粤琼旅游区对外贸易与外向型产业的发展，本区也是新中国最先对外开放的地区，经济发展迅速，对外贸易繁荣，雄厚的经济基础和繁荣的贸易，对旅游也有极大的促进作用。如每年春秋两季的广交会吸引了世界和我国各地的商人前往洽谈，促进了商务旅游和购物旅游的发展。本区其他各地也进一步继承和发展了本区发展外贸与外向型产业的优秀传统，在吸纳资金、发展对外贸易和外向型产业等方面一直走在全国前列，经济的外向度远远高于全国其他地区。外向型经济不仅给本区带来了经济的繁荣，也给旅游业带来了大量的游客。

（四）完善便利的交通网络体系

本区旅游交通发达，基本形成了以航空、铁路、高速公路、海运为主的便捷的立体交通网络。其网络组成主要有：以广州、深圳、福州、厦门、海口、三亚为枢纽的航空网络；以京九、京广两条大动脉为骨干的铁路网络；以同江到三亚的沿海高速、京珠高速、京福高速以及若干条国道为骨干的高速公路网；以福州、厦门、泉州、东山、广州、肇庆、梧州、汕头、三亚、海口等对外海运口岸和内河港口以及近海海运线路的水运网络。它们共同构成了旅游区四通八达的对内、对外交通网络，为旅游业的发展创造了极其优越的交通基础条件。

【任务引入】

中国旅游研究院发布的《2021 年全球自由行报告》显示，2021 年微度假人群构成中，“90 后”占比 50.2%。微度假群体主要集中在一线及新一线城市，两者占比总和近 60%。

【任务分析】

中国旅游韧性强劲，活力涌动，旅游消费呈现出新的趋势：时间短、路程短、体验性强的“微度假”“微旅游”改变着旅游业传统的发展格局，开辟出一条新路径。以城市游、周边游为主的“微旅游”“微度假”正赢得越来越多人的青睐。

【任务实施】

任务要求：分组查找资料，完成对“微旅游 深体验”旅游产品设计。

任务目标：

1. 了解当今旅游业发展的趋势、微旅游的主要特点。

2. 对岭南文化旅游区的重要旅游资源、景点有梳理认知能力。

3. 提升对文旅融合、微旅行的认知，把握微旅行与多主题深度旅游的关系。

实训步骤：参见表 11–1 提示。

表 11-1　实训操作指导步骤

步骤	标准	提示
1.查找相关资料了解“微旅行”	其主要特点与趋势	如时间短、路程短、体验性强
2.延伸了解一线城市微旅行的经典案例	找出其新奇设计、文化内涵、创新做法	如上海和“建筑可阅读”双层巴士“微旅行”线路、“青年市集”等
3.形成设计思路并制作PPT	注意体验性、沉浸式、短时间性	设计主题线路：如浪漫夜游、非遗体验等
4.成果展示	课堂上结合PPT图片或视频，现场讲解	注意普通话标准、语音语调抑扬顿挫、语速适中

任务 2　福建旅游亚区旅游资源概况

【任务概述】

福建省位于东海与南海交通要冲，是历史上海上丝绸之路、郑和下西洋的起点，也是海上商贸集散地。福建省地势西北高、东南低，呈“依山傍海”态势。山与水完美结合、亚热带海洋性季风气候、侨乡文化独具魅力、多元文化互融、民族风情独具特色，造就了福建丰富而独具海洋风情、多元特色的旅游资源。

【学习目标】

1. 熟悉福建省区域旅游资源概况，掌握福建省国家历史文化名城、世界遗产、国家5A级旅游景区的概况。

2. 具备对福建省热门主题线路的行业敏感度，对各主题线路涉及的资源及景点具有一定的鉴别能力。

3. 认识到海洋文化、侨乡文化在福建旅游发展战略中的重要作用，树立中华文化自信。

【知识准备】

一、区域旅游资源概况

福建省，简称“闽”，雅称“八闽”，省会福州，地处祖国东南部、东海之滨，居于中国东海与南海的交通要冲，东隔台湾海峡，与台湾地区隔海相望，东北与浙江省毗邻，西北横贯武夷山脉与江西省交界，西南与广东省相连。福建是中国著名侨乡，旅居世界各地的闽籍华人华侨1088万人，其中，菲律宾、马来西亚、印度尼西亚三地的闽籍华人华侨最多。福建与台湾源远流长，关系最为密切。福建陆地面积12.14万平方公里，素有“八山一水一分田”之称；海域面积13.63万平方公里，大于陆地面积。截至2021年年底，全省常住人口4187万人。全省大陆海岸线长达3752公里，居全国首位；大小岛屿1546个，数量居全国第二；拥有厦门湾、福州湾、兴化湾、湄洲湾、沙埕港、三都澳等众多天然港湾，兼有山海之优。福建属温暖湿润的亚热带海洋性季风气候，气候温和，雨量丰富。福建历史悠久，福建之称最早始于唐朝，南宋时称“八闽”，福州、厦门曾被辟为全国五口通商口岸之一，泉州曾是古代世界第一大港口。福建人精明善商，历史时期的“闽商”“晋商”“徽商”同为中国三大著名商帮。

福建省人文荟萃，拥有十分丰富的旅游资源，拥有一大批影响日益扩大的旅游品牌，包括山与水完美结合、人与自然和谐统一的武夷山，世界文化与自然遗产，素有“海上花园”“音乐岛”美誉的鼓浪屿，情系海峡西岸、凝聚世界华人的湄洲妈祖朝圣文化，多元文化相互融合、民俗风情独具特色的泉州海上丝绸之路，世界文化遗产福建永定土楼，著名的革命圣地上杭古田会址，福建古文化和海洋文化的摇篮昙石山文化遗址，天下绝景、宇宙之谜的宁德白水洋奇观，泰宁世界地质公园，漳州火山公园等旅游品牌和一大批风景名胜区。目前，福建拥有武夷山、福建土楼、中国丹霞（福建泰宁）、鼓浪屿：历史国际社区、泉州：宋元中国的世界海洋商贸中心5处世界遗产；泰宁、宁德2处世界地质公园；福建土楼、武夷山、鼓浪屿、泰宁、清源山、太姥山、三坊七巷等10家国家5A级旅游景区。

【行业前沿 11-2】

中国的茶文化　世界的茶文化

2022 年 11 月 29 日，“中国传统制茶技艺及其相关习俗”被列入联合国教科文组织人类非物质文化遗产代表作名录。中国传统制茶技艺及相关习俗是有关茶园管理、茶叶采摘、茶的手工制作，以及茶的饮用和分享的知识、技艺和实践。

自古以来，中国人就开始种茶、采茶、制茶和饮茶，发展出绿茶、黄茶、黑茶、白茶、乌龙茶、红茶六大茶类以及花茶等再加工茶，2000 多种茶品供人饮用与分享。传统制茶技艺主要集中在秦岭淮河以南、青藏高原以东的江南、江北、西南和华南四大茶区。成熟发达的传统制茶技艺及其广泛深入的社会实践，体现了中华民族的创造力和文化多样性，传达着茶和天下、包容并蓄的理念。

资料来源：新华社。

二、主要旅游资源及景区

（一）国家历史文化名城

截至 2022 年 3 月，福建省拥有国家历史文化名城 4 座，如表 11-2 所示。

表 11-2　福建省国家历史文化名城及资源概况

城市名称	评选时间	资源概况
泉州市	1982年	泉州，简称“鲤”，别名“鲤城”“刺桐城”“温陵”，地处福建省东南部，北承福州，南接厦门，东望台湾宝岛。泉州历史悠久，周秦时代就已开发，260年（三国时期）始置东安县治，唐朝时为世界四大口岸之一，宋元时期为“东方第一大港”，被马可波罗誉为“光明之城”
福州市	1986年	福州，别称榕城，简称“榕”，福建省省会，位于福建省东部、闽江下游及沿海地区。福州是海上丝绸之路的门户，近代中国最早开放的通商口岸之一。福州马尾是中国近代海军的摇篮，中国船政文化的发祥地。境内的昙石山文化遗址是福建海洋文明的发源地，此外，还有三坊七巷、瑞云塔、鼓山等名胜古迹
漳州市	1986年	漳州地处“闽南金三角”，位于福建省东南部，东临厦门、南与广东交界，东与台湾隔海相望，是中国的“田园都市，生态之城”，生态城市竞争力位居福建第一，也是著名的“鱼米花果之乡”。漳州是闽南文化的发祥地之一，早于一万年前就有先民在这里繁衍生息。唐垂拱二年（686年）建州，迄今已有1300余年历史。历史上人才辈出，走出了林语堂、黄道周等文化名人

续表

城市名称	评选时间	资源概况
长汀县	1994年	长汀县，别称“汀州”，简称“汀”，是最具代表性的客家人聚居地，世界客家首府。地处闽赣边陲要冲的福建的西部山区，武夷山南麓，南与广东近邻，西与江西接壤。是福建新石器文化发祥地之一，全县有200多处新石器遗址。汉代置县，唐开元二十四年（736年）建汀州，成为福建五大洲之一。自盛唐到清末，长汀均为州、郡、路、府的治所

（二）世界遗产

截至 2022 年 8 月，福建省有 5 处景观被列入《世界遗产名录》，其中世界文化与自然双重遗产 1 处：武夷山；世界自然遗产 1 处：中国丹霞（福建泰宁）；世界文化遗产 3 处：福建土楼，鼓浪屿：历史国际社区，泉州：宋元中国的世界海洋商贸中心。

1. 武夷山（1999.12，世界文化与自然双重遗产）

武夷山市位于福建省北部，属中亚热带地区。境内东、西、北部群山环抱，峰峦叠嶂，中南部较平坦，为山地丘陵区。市区海拔 210 米。地貌层次分明，呈梯状分布。地势由西北向东南倾斜，最高处黄岗山海拔 2158 米，被称为“华东屋脊”，最低处兴田镇，海拔 165 米（河床标高海拔 160 米）。最高与最低点高差 1993 米，地势高低相差之大，为全省之最。武夷山遗产地包括武夷山风景名胜区、武夷山自然保护区、武夷山古汉城遗址和九曲溪上游保护地带四个部分。

武夷山是我国著名的丹霞地貌分布区，其景观以“三三六六”山水而闻名，“三三”指“九曲溪”，“六六”指三十六峰。清澈的九曲溪水环绕赤壁丹霞的三十六峰流淌，溪水山色中融入了中国传统的诗情画意和美学意境，形成了山与水完美结合的特有风貌。被誉为“中国最美的溪流”的九曲溪可谓是武夷山的灵魂。武夷山还是我国重点自然保护区，武夷山西部是全球生物多样性保护的关键地区，是尚存的珍稀、濒危物种栖息地，分布着世界同纬度带现存最完整、最典型、面积最大的中亚热带原生性森林生态系统；武夷山已知植物 3728 种，已知的动物种类有 5110 种，在动物种类中尤以两栖、爬行类和昆虫类分布众多而著称于世，中外生物学家把武夷山称为“研究两栖、爬行动物的钥匙”“鸟类天堂”“蛇的王国”“昆虫世界”等。武夷山有双竿竹、方竹、建兰等罕见的竹木，并且这里生产香浓、味醇的武夷岩茶，以其“药饮兼具”的功效，名扬四海。先民的智慧、文士的驻足，人文与自然有机相融，国内外绝无仅有的偏居中国一隅的“古闽族”文化和其后的“闽越族”文化，在此绵延 2000 多年之久，在九曲溪两岸留下众多的文化遗存：有高悬崖壁数千年不朽的架壑船棺18处；有朱熹、游酢、熊禾、蔡元定等鸿儒大雅的书院遗址35处；有堪称中国古书法艺术宝库的历代摩崖石刻450多方；有僧道的宫观寺庙及遗址60余处。

2. 福建土楼（2008.7，世界文化遗产）

2008年7月6日，在加拿大魁北克城举行的第32届世界遗产大会上，46座福建土楼被正式列入《世界遗产名录》。这46座福建土楼由六群四楼组成，即永定县初溪、洪坑、高北土楼群及衍香楼、振福楼、南靖县田螺坑、河坑土楼群及怀远楼、和贵楼、华安县大地土楼群。这些土楼或方或圆，以圆为主，如珍珠般洒落在闽西南的绿水青山间。福建土楼产生于宋元，成熟于明末、清代和民国时期。世遗土楼中最古老和最年轻的均在初溪土楼群，直径66米的集庆楼已届600“高龄”，直径31米的善庆楼则仅有30年历史。福建土楼所在的闽西南山区，正是福佬与客家民系的交汇处，地势险峻，人烟稀少，一度野兽出没，盗匪四起。聚族而居既是根深蒂固的中原儒家传统观念要求，更是聚集力量、共御外敌的现实需要使然。集居住和防御功能于一体的土楼就这样应运而生了。这些独一无二的山区民居建筑，将源远流长的生土夯筑技术推向极致。福建土楼现存3000多座。

3. 中国丹霞（福建泰宁）（2010.8，世界自然遗产）

福建泰宁丹霞位于福建西北的三明市，是中国亚热带湿润区青年期低海拔山原——峡谷型丹霞的唯一代表，被国内外地学界称为“中国丹霞故事开始的地方”。泰宁丹霞有五个“最”：最密集网状谷地、最发育的崖壁岩穴、最完好的古遗平面、最丰富的岩穴文化、最宏大的水上丹霞。泰宁丹霞有两大片区：大金湖和上清溪。其中，上清溪有两处著名的峡谷：寨下大峡谷和九龙潭。观赏这两处峡谷时，游客会发现赭红的巨岩高崖上都有着深深浅浅的洞，有的成片如同蜂窝，“触目惊心”。九龙潭峡谷还开有漂流项目，其惊险之处来自高崖巨岩压顶和绝壁石峰挤压带来的恐惧感。

4. 鼓浪屿：历史国际社区（2017.7，世界文化遗产）

鼓浪屿位于福建九龙江入海口，与厦门岛隔着鹭江海峡相望。鼓浪屿世界文化遗产地范围包括鼓浪屿全岛及其近岸水域，总面积316.2公顷；鼓浪屿缓冲区涵盖邻近的大屿和猴屿两座岛，并一直延伸到厦门岛海岸线，总面积886公顷。1903年，鼓浪屿在传统聚居地的基础上，逐渐形成多元文化交融发展的历史国际社区。鼓浪屿现留存有931座展现本土和国际不同风格的历史建筑、园林和自然景观、历史道路网络，体现了现代人居理念和当地传统文化的融合。

鼓浪屿有“音乐导”“琴岛”之称，位于厦门岛西南隅，面积1.87平方公里，常住人口1.6万人，隔500米宽的鹭江与厦门岛相望。宋时鼓浪屿原名圆沙洲、圆洲仔，因岛西南有一海蚀岩洞受浪潮冲击，声如擂鼓，自明朝雅化为今名。由于历史原因，中外风格各异的建筑物在此地被完好地汇聚、保留，有“万国建筑博览”之称，包括51组代表性历史建筑及宅院、4组历史街道、7处代表性自然景观与2处代表性文化遗迹，共同构成了鼓浪屿自然有机的空间结构和内涵丰富的城市历史景观要素。岛上气候宜人、四季如春，无车马喧嚣，处处鸟语花香。主要观光景点有日光岩、菽庄花园、皓月园、毓园、环岛路、鼓浪石、博物馆、郑成功纪念馆、海底世界和天然海滨浴场等，融历史、人文和自然景观于一体。鼓浪屿景区为国家5A级旅游景区、国家级风景名胜区，2017年7月8日，鼓浪屿成为中国第52个世界遗产项目。

5. 泉州：宋元中国的世界海洋商贸中心（2021.7，世界文化遗产）

2021年7月25日，在福州举行的联合国教科文组织第44届世界遗产大会上，中国“泉州：宋元中国的世界海洋商贸中心”项目，顺利通过审议，列入《世界遗产名录》。至此，我国世界遗产总数达到56处。位于闽南沿海地区的泉州古称“刺桐”，至今已有1300多年历史。宋元时期，泉州在繁荣的国际海洋贸易中蓬勃发展，成为各国商旅云集、多元文化交融的“东方第一大港”。“泉州：宋元中国的世界海洋商贸中心”是10世纪至14世纪产生并留存至今的一系列文化遗产，分布于以今天泉州城区为核心的泉州湾地区，包括九日山祈风石刻、市舶司遗址等22个遗产点。

（三）国家5A级旅游景区

截至2022年9月，福建省拥有10家国家5A级旅游景区，如表11-3所示。

表11-3 福建省国家5A级旅游景区一览

序号	景区名称	入选时间
1	厦门市鼓浪屿风景名胜区	2007年
2	南平市武夷山风景名胜区	2007年
3	福建省三明市泰宁风景旅游区	2011年
4	福建省土楼（永定·南靖）旅游	2011年
5	宁德市白水洋—鸳鸯溪旅游区	2012年
6	泉州市清源山景区	2012年

续表

序号	景区名称	入选时间
7	宁德市福鼎太姥山旅游区	2013年
8	福州市三坊七巷景区	2015年
9	龙岩市古田旅游区	2015年
10	福建省莆田市湄洲岛妈祖文化旅游区	2020年

【任务引入】

G228线在福建省境内里程达1250公里，经过宁德、福州、莆田、泉州、厦门、漳州6个滨海城市，连接29个县（市、区），辐射50个美丽乡村，181个3A级以上旅游景区（点），1500个大小不一的岛屿，旅游资源十分丰富，人文景观荟萃，多元文化交融碰撞，同时还有大量的历史文化街区、历史文化名镇、历史文化名村、传统村落和历史建筑等，具有很高的观赏和游览价值。

【任务分析】

G228起于辽宁丹东市，终于广西壮族自治区东兴市，全长6900公里，是中国最长的滨海国道，计划2025年实现全线贯通。它被誉为“中国第一沿海公路”“最美滨海国道”，从南到北横跨了珠江、长江、淮河、海河、辽河、鸭绿江等一系列水系，将40多座沿海城市串联起来，也将祖国最美海岸线串联起来。G228厦门段是全国的标杆，串起了厦门海湾的绵长炫目的风景线，海景与城景交相辉映。

【任务实施】

任务要求：查找G228国道在福建段涉及的城市及旅游景点、旅游资源，尝试设计一条福建滨海国道微旅游线路。

任务目标：

1. 对G228公路滨海主题旅游线路有一定的敏感度和认知力。

2. 对G228国道旅游线路所涵盖的资源与景点有基本的辨别能力。

实训步骤：参见表11-4提示。

表 11-4 实训操作指导步骤

步骤	标准	提示
1.确定选择线路	通过主题关键词查找相关城市	如宁德、福州、莆田、泉州、厦门、漳州等
2.搜索城市旅游资源	查找主题线路涉及城市的旅游资源，从中抽取与线路主题符合的景区景点	如湄洲岛、妈祖阁、南普陀寺等旅游资源，对主题线路有关的景点进行甄别
3.设计微旅游线路	线路设计要有明确主题	景点首选世界遗产、国家5A级旅游景区
4.任务展示	课堂上结合PPT图片或视频，现场讲解	注意普通话标准、语音语调抑扬顿挫、语速适中

任务 3　广东旅游亚区旅游资源概况

【任务概述】

广东是岭南文化的重要传承地，在语言、风俗、生活习惯和历史文化等方面都有着独特风格。广东地处东亚季风区，从北向南分别为中亚热带、南亚热带和热带气候，是全国光、热和水资源丰富的地区，也是农耕文明发祥地之一。广东省旅游资源丰富，类型多样，气候温和，阳光明媚，一年四季均适宜旅游，是著名的山水风光旅游度假胜地。通过学习，了解广东省区域旅游资源概况，掌握广东省主要旅游景区概况。

【学习目标】

1. 熟悉广东省区域旅游资源概况，掌握广东省国家历史文化名城、世界遗产、国家5A级旅游景区的基本概况。

2. 具备人文类景区导游词创作的基础能力。

【知识准备】

一、区域旅游资源概况

广东省，简称“粤”，位于南岭以南，是中国大陆最南端沿海的一个省份。东邻福建，北接江西、湖南，西连广西，南临南海，珠江口东西两侧分别与香港、澳门特别行政区接壤，西南部雷州半岛隔琼州海峡与海南省相望。以亚热带季风气候为主，南部为热带季风气候。广东面积为17.79万平方公里，其中岛屿面积1448平方公里。全省沿海共有面积500平方米以上的岛屿759个，数量仅次于浙江、福建两省，居全国第三位。另有明礁和干出礁1631个。全省大陆海岸线长3368.1公里，居全国第一位。按照《联合国海洋公约》关于领海、大陆架及专属经济区归沿岸国家管辖的规定，全省海域总面积41.9万平方公里。广东是一个以汉族为主体的省份，拥有全国全部56个民族，是佛教、道教、伊斯兰教和基督教四大宗教齐全的省份。截至2021年年末，广东省常住人口12684万人。

广东是中国经济最发达的省份之一，以广府文化和外向型经济为特色。广东省旅游资源丰富，类型多样，气候温和，阳光明媚，一年四季均适宜旅游，是著名的山水风光旅游度假胜地。粤北的丹霞山、南海的西樵山、博罗的罗浮山和肇庆的鼎湖山并称广东四大名山。自然风光旖旎，有以丹霞山和金鸡岭为代表的丹霞地貌，以连南、阳山、英德山群及溶洞为代表的喀斯特地貌；粤西有着漫长而曲折的海岸线，拥有众多的优质海滩。人文景观独特，粤东的梅州、河源、潮汕和惠州地区一向以其独特的客家文化而自成体系，民风古雅，古文化遗存丰富，近年来成为旅游热点。更有醒狮、英歌、烧塔等民俗节日。广东粤剧、粤绣、粤菜独具特色，尤其是粤菜吸取了京、川、鲁、苏等菜系的烹饪原料和技术，一跃成为中国四大名菜系之一。广东本地的汉语包括粤语、潮州话、客家话、台山话、雷州话、韶州土语等，其中广州话和梅县话分别是汉语粤方言和汉语客家方言的代表音。广东的8座国家历史文化名城广州、佛山、潮州、梅州、肇庆、雷州等各有精彩之处，文物古迹不胜枚举。

【案例精选11–2】

红色文旅护照：沉浸式旅游体验

2021年“五一”假期，广东省文旅场馆、旅行社等推出多样的红色主题活动，以互动打卡、沉浸式舞台剧、体验式研学、重走长征路等创新形式突出沉浸式体验，吸引游客更好地参与红色旅游，感悟红色文化、厚植爱国主义情怀。

其中的“红色文旅护照”文创产品，内容包括“线上学习红色知识”“红色科普有奖答题”“线下寻找红色印迹”三个部分，此外，还有探险寻宝、游玩指导、奖励激励、收藏纪念等功能。这一创新的党史学习教育方法，吸引了很多年轻游客在“五一”期间专程“打卡”红色景点。

资料来源：新华社。

二、主要旅游资源及景区

（一）国家历史文化名城

截至2022年3月，广东省拥有国家历史文化名8座，如表11-5所示。

表11-5　广东省国家历史文化名城及资源概况

城市名称	评选时间	资源概况
广州市	1982年	广州别称“羊城”“花城”，华南最大的进出口口岸，是海上丝绸之路的起点之一，有中国的“南大门”之称。中国历史最悠久且唯一从未关闭过的对外通商口岸，素有“千年商都”的美誉。这里气候宜人，被联合国评为“国际花园城市”，获联合国改善人居环境最佳范例奖。著名的美食之都，有“食在广州”之誉
潮州市	1986年	潮州市位于韩江中下游，是广东省东部沿海的港口城市。潮州自古为粤东地区的政治、经济、文化中心，潮汕文化的发源地，著名的侨乡，海上丝绸之路的发源地之一，素有“海滨邹鲁”“岭海名邦”“岭东首邑”之称。潮州工艺琳琅满目，被誉为“中国工艺美术之都”“中国民间工艺传承之都”
肇庆市	1994年	肇庆古称“端州”，是名砚端砚的产地，有“中国砚都”之称。既是岭南土著文化和广府文化的发祥地，也是中原文化与岭南文化、中国传统文明与西方文明交融较早的地区之一。拥有“岭南第一奇观”七星岩、鼎湖山、广宁竹海、龙母祖庙等风景名胜
佛山市	1994年	佛山，简称禅，广东省第三大城市，是我国著名的侨乡，曾为古代四大名镇之一，是中国龙舟龙狮文化名城，粤剧的发源地、兴盛地和传承地之一，素有陶艺之乡、粤剧之乡、武术之乡、美食之乡等美誉
梅州市	1994年	梅州是全球最具代表性的客家人聚居地，被誉为“世界客都”，是叶剑英元帅的故里，著名革命老区、海峡两岸交流基地，还是文化之乡、华侨之乡、山歌之乡、金柚之乡。拥有围龙屋、客家山歌等旅游资源
雷州市	1994年	雷州市，建市前称海康县，1994年4月26日撤销海康县，设立雷州市。雷州市是广东省湛江市辖县级市，位于雷州半岛中部。属热带季风气候，东濒雷州湾、南隔琼州海峡与国际旅游岛海南相望、西濒北部湾、北接湛江城区
中山市	2011年	中山市地处珠江口西岸，北连广州，毗邻港澳，古称“香山”，是我国伟大的革命先行者孙中山的故乡，也是全国唯一以伟人名字命名的地级市。中山是曲艺之乡、华侨之乡，孕育了独特的香山文化，以及中山咸水歌、小榄菊花会、六坊云龙舞等文化旅游资源
惠州市	2015年	惠州位于广东省东南部，在隋唐已是“粤东重镇”，一直是东江流域政治、经济、军事、文化中心和商品集散地。惠州是客家人最重要聚居地和集散地，旅居海外华人华侨、港澳台民众居客家四州之首，被称为“客家侨都”

（二）世界遗产

截至2022年8月，广东省有2处景观被列入《世界遗产名录》，分别是开平碉楼与村落、中国丹霞（广东丹霞山）。

1. 开平碉楼与村落（2007.6，世界文化遗产）

开平位于中国广东珠江三角洲西南部，距广州110公里，是著名的华侨之乡、建筑之乡、艺术之乡和碉楼之乡，也是中国优秀旅游城市。2007年6月28日，在新西兰举行的第31届联合国世界遗产大会审议通过，将中国的“开平碉楼与村落”列入《世界遗产名录》。中国由此诞生了首个华侨文化的世界遗产项目。同时，它也是国际“移民文化”的第一个世界遗产项目。位于广东西南部的开平市有人口68万人，而散居世界各地来自开平的华侨则达75万人。开平是中国著名侨乡，也是闻名遐迩的碉楼之乡。19世纪末，美国、加拿大等国家的排华政策迫使众多开平华侨纷纷回乡，在20世纪二三十年代形成了侨房建设的高峰期。为了防御当时的土匪，开平的华侨和乡亲将碉楼建成了一种集防卫、居住和中西建筑艺术于一体的特殊建筑。碉楼最多的时候有3000多座，至今仍完好保存了1833座。开平的村落多临河而建，枕山面水，由水塘、竹林、古榕、田畴、民居建筑、宗祠或灯寮、晒场以及各种神位，组成了情趣独特的空间结构和景观效果。有“开平碉楼第一楼”之称的瑞石楼是开平建筑艺术价值最高的碉楼，整体造型带着浓厚的西方建筑风格，包括古罗马的券拱、爱奥立克风格的柱廊、巴洛克风格的山花等，其中又注入了中国建筑文化元素，“瑞石楼”三字刚劲隽秀，很多楼层还雕刻着“富贵吉祥”“世界大同”等中国传统语汇。

2. 中国丹霞（广东丹霞山）（2010.8，世界自然遗产）

广东丹霞山位于韶关市东北50公里处，距仁化县城9公里，景区总面积290平方公里，因山石由红色砂砾构成，“色如渥丹，灿若明霞”故名，有大小丹霞石峰、石堡、石墙680多座，是广东省面积最大、景色最美的、以丹霞地貌景观为主的风景区。丹霞石峰不高，主峰巴寨海拔仅618米，一般多在300~400米，错落有致、形态各异、气象万千，是国家重点风景名胜区、世界地质公园、世界自然遗产、国家5A级旅游景区。全区包括丹霞山、韶石山、大石山三大景区，其中主景区丹霞山被三级绝壁和三级平坎分割成三个景观层：上层景区有长老峰、海螺峰、宝珠峰、阳元山和阴元山，长老峰上建有一座两层的“御风亭”，是观日出、赏云海的好地方，可容200多人；中层景区以别传寺为主景点，从这里到通天峡，两旁岩石像合掌一般，游人必须小心翼翼，手扶铁索，碎步而上；下层景区主要有锦岩洞天胜景，以随四季更换而变换颜色的“龙鳞片石”而著名，下层景区要钻隧道、穿石隙，较为刺激。丹霞山下有一条清澈的锦江，环绕于峰林之间，游客可乘舟漫游，欣赏沿江两岸景色和摩崖石刻。

（三）国家5A级旅游景区

截至2022年9月，广东省拥有15家国家5A级旅游景区，如表11-6所示。

表11-6　广东省国家5A级旅游景区名单

序号	景区名称	入选时间
1	广州市长隆旅游度假区	2007年
2	深圳华侨城旅游度假区	2007年
3	广东省广州市白云山风景区	2011年
4	梅州市雁南飞茶田景区	2011年
5	深圳市观澜湖休闲旅游区	2011年
6	广东省清远市连州地下河旅游景区	2011年
7	广东省韶关市丹霞山景区	2012年
8	佛山市西樵山景区	2013年
9	惠州市罗浮山景区	2013年
10	佛山市长鹿旅游休博园	2014年
11	阳江市海陵岛大角湾海上丝路旅游区	2015年
12	广东省中山市孙中山故里旅游区	2016年
13	广东省惠州市惠州西湖旅游景区	2018年
14	广东省肇庆市星湖旅游景区	2019年
15	广东省江门市开平碉楼文化旅游区	2020年

【实践活动11-1】

品味荔枝，广东从“田间”到“舌尖”的全域旅游

“日啖荔枝三百颗，不辞长作岭南人”是苏轼流放岭南时留下的名句，他以独有的旷达发现了岭南荔枝之美。每年盛夏荔枝红透时，也是游客体验一场荔枝文化休闲旅游的好时机。近年来，广东省的很多地方以荔枝为媒介，通过荔枝与音乐节、美食节、购物街、乡村旅游、万家旅舍、特色农产品联动，丰富了荔枝文化旅游内涵，走出了有一条“以荔枝为媒，文旅搭台、经济唱戏”的全域旅游发展之路。

要求：以学习小组单位，探源岭南荔枝文化，尝试分析荔枝文化对广东体验游和乡村旅游的关系。

【任务引入】

中华美食博大精深，美食之旅，既是一场大快朵颐的味觉盛宴，又是一次酣畅淋漓的文化大餐。岭南美食名扬天下，许多游客到广州必做的事情就是品尝正宗的“广府味道”。携程数据显示：2022年暑假以来，广州美食旅行相关搜索热度同比增长80%。

【任务分析】

美食是旅游体验的重要组成部分，如今因美食而出游的游客越来越多。美食是游客体验感知目的地文化的重要渠道。旅游与美食结合，不仅令游客在欣赏美景的同时饱尝美食，又可使游客借助美食更好地了解目的地文化，拉近游客与目的地的情感。途牛旅游网大数据显示，“旅游＋美食”的线路颇受游客喜爱，如广西的“桂林—龙脊—阳朔”线路中，游客可以赏完梯田后品尝农家竹筒饭、竹筒鸡、龙脊米酒；游览完漓江后体验桂林蒸土鸡和桂林米粉；在阳朔骑行后尝一尝当地特色啤酒鱼。在广东的“广州—佛山—顺德”小包团是以寻味顺德、食在广州为主线的美食之旅，用独特的美食体验带动城市旅游。

【任务实施】

任务要求：选择其中一条主题线路，查找所涉及的城市及旅游景点、旅游资源，尝试设计一条“舌尖上的广东”（以美食为主题）旅游线路。

任务目标：

1. 对广东热门主题旅游线路有一定的敏感度和认知力。
2. 对广东主题旅游线路所涵盖的资源与景点有基本的辨别能力。

实训步骤：参见表11–7提示。

表 11-7　实训操作指导步骤

步骤	标准	提示
1.确定选择线路	通过主题关键词查找相关城市	如寻味佛山、寻味东莞、寻味虎门
2.搜索城市旅游资源	查找主题线路涉及城市的旅游资源，从中抽取与线路主题符合的景区景点	如佛山西樵山风景名胜区、长鹿旅游休博园等
3.甄别挑选舌尖上的美味	在同类美食中寻求最有代表性的正宗美食	根据游览线路将知名景点和舌尖美味串联起来
4.任务展示	课堂上结合PPT图片或视频，现场讲解	注意普通话标准、语音语调抑扬顿挫、语速适中

任务 4　海南旅游亚区旅游资源概况

【任务概述】

海南是仅次于台湾岛的第二大岛，是中国陆地面积最小，海洋面积最大的省份，四面环海的地形地势和多民族共居的现实，造就了椰风海韵、碧浪白沙的独特海洋旅游资源与多姿多彩、质朴敦厚的民族风情。通过学习，了解海南省旅游资源概况，掌握海南省高价值的旅游景区概况，学会设计简单的热带海洋旅游线路。

【学习目标】

1. 了解海南省的旅游资源概况，掌握海南省高价值的国家历史文化名城、国家5A级旅游景区概况。

2. 学会设计简单的热带海洋旅游线路和民族风情旅游线路。

3. 通过对移民文化、海洋文化、红色文化和民族文化的学习，树立文化自信。

【知识准备】

一、区域旅游资源概况

海南省，简称“琼”，位于中国最南端，北以琼州海峡与广东省划界，西临北部湾与越南相对，东濒南海与台湾地区相望，东南和南边在南海中与菲律宾、文莱和马来西亚为邻。全省陆地总面积3.54万平方公里，其中海南岛3.39平方公里，海岸线总长1823多公里，海域面积约200万平方公里，占全国深海面积的2/3，是中国最大的“热带宝地”。海南是我国最年轻的省份和最大的经济特区，是中国南海上一颗璀璨的明珠，是仅次于台湾的全国第二大岛，是中国陆地面积最小，海洋面积最大的省。截至2021年年底，全省常住人口1020.46万人。

秦时海南为象郡外徼。西汉元封元年（公元前110年）在海南境设有珠崖、儋耳2个郡管辖16个县，海南正式被纳入西汉版图。1988年4月，撤销海南行政区，成立海南省人民政府，将海南岛划入经济特区。海南省的行政区域包括海南岛、西沙群岛、中沙群岛、南沙群岛的岛礁及其海域，是全国面积最大的省。

海南岛地势中部高四周低，中间高耸，呈穹隆山地形，以最高峰五指山（1867米）、鹦哥岭（1811米）为隆起核心，向外围逐级下降，由山地、丘陵、台地、平原构成环形层状地貌，梯级结构明显。海南岛比较大的河流大都发源于中部山区，组成辐射状水系。

海南生活着黎族、苗族、壮族、回族等36个少数民族，各少数民族至今保留着许多质朴敦厚的习俗和生活习惯，使海南岛的社会风貌显得多姿多彩。海南地处热带，是我国最具热带季风气候特色的地方，长夏无冬，雨量充沛，当北国千里冰封的时候，这里依然暖风和煦，可以海浴。海南的旅游资源十分丰富，极富特色，主要有以下几个方面：海岸带景观，如琼山区东寨港红树林海岸；山岳、热带原始森林，如乐东县尖峰岭和琼中县五指山等；大河、瀑布、水库风光，如万泉河风光；还有珍禽异兽、火山、溶洞、温泉等景观，在椰风海韵、碧浪白沙的大背景下，海南岛成为一个世界知名的旅游胜地。

【知识拓展 11-1】

黎族文化　海南魅力

黎族是海南岛最早的居民，我国学者普遍认为，黎族是从古代南方越族发展而来的，特别是和“百越”的一支——“骆越”关系密切。据推测，黎族先民3000年前在殷周时期就渡海入岛，过着母系氏族公社的生活，进行“砍倒烧光”的原始锄耕农业和狩猎、捕鱼、采集等生产活动，信仰原始宗教。

海南黎族主要分布在海南岛的中南部地区，黎族文化除了继承百越民族文化的文身、贯首衣、儋耳、水稻耕作、树皮布、织贝等传统外，还拥有自己的特色文化，如民歌民谣、音乐舞蹈、工艺美术、黎医黎药、船型屋、黎锦、制陶等。

资料来源：编者根据相关资料整理。

二、主要旅游资源及景区

（一）国家历史文化名城

截至2022年3月，海南省拥有国家历史文化名城2座，如表11-8所示。

表 11-8　海南省国家历史文化名城及资源概况

城市名称	评选时间	资源概况
琼山区	1994年	琼山区位于海南北部、海口市中南部，东连美兰区和文昌市，南接定安县，西邻龙华区，北临美兰区。琼山地灵人杰，是海南人才辈出和精英荟萃之地。文化发达，是海南岛文化传播最早的县份之一。著名人物有一代文宗丘浚、“海青天”海瑞、户部左给事中许子伟、冯白驹将军等。现存有闻名中外的琼台书院、五公祠以及鼓楼、丘浚故居、海瑞故居、琼台福地、琼州府治旧址、琼州府城（琼山城墙）、珠崖岭城址、旧州城遗址等
海口市	2007年	海口，别称“椰城”，海南省省会，国家“一带一路”倡议支点城市，北部湾城市群中心城市地处海南岛北部，东邻文昌，西接澄迈，南毗定安，北濒琼州海峡，是海南省政治、经济、科技、文化中心和最大的交通枢纽。海口地处热带，热带资源呈现多样性，是一座富有海滨自然旖旎风光的南方滨海城市。自北宋开埠以来，已有近千年的历史。于1926年12月9日建市，1950年4月23日解放。1988年4月13日，海南建省办经济特区，成为海南省省会

（二）国家5A级旅游景区

截至2022年9月，海南省拥有6家国家5A级旅游景区，如表11-9所示。

表 11-9　海南省国家 5A 级旅游景区一览

序号	景区名称	入选时间
1	三亚市南山文化旅游区	2007年
2	三亚市南山大小洞天旅游区	2007年
3	海南呀诺达雨林文化旅游区	2012年
4	分界洲岛旅游区	2013年
5	海南槟榔谷黎苗文化旅游区	2015年
6	海南省三亚市蜈支洲岛旅游区	2016年

【案例精选 11-3】

缤纷自贸港　欢乐踏歌来

2022 年 12 月 23 日晚，2022 年（第二十三届）海南国际旅游岛欢乐节在海口骑楼老街正式开幕，本届欢乐节由开幕式及闭幕式、海口主会场活动、市县分会场活动、九大旅游主题线路四大板块组成。

主会场海口共推出 5 项精彩配套活动，其中包括海南鸡饭节、水巷口美食嘉年华、海口城市文化印记成果展、“团圆海口 · 温情节”活动、“双城之恋 · 2023 我爱你”活动等。

欢乐节期间，市民可乘坐免费的欢乐巴士到海口骑楼老街，参加上述活动。同时，外滩—钟楼沿线步道被打造成一条缤纷欢乐大道，共设置 10 个打卡点。同时，海南省文旅厅还推出涵盖红色、购物、乡村、康养、会展、海洋、研学、雨林、体育九大主题的旅游线路，让游客畅享美景，欢游海南。

资料来源:《海口日报》，2022-12-24。

【任务引入】

2022 年元旦，海南海口推出跨年之旅、探奇亲子研学之旅、文化时尚免税之旅、看山观海浪漫之旅、海享冬日生态之旅 5 条旅游线路。

【任务分析】

携程大数据显示，南下避寒、北上滑雪继续引领春节旅游趋势，三亚、哈尔滨、丽江、北京、成都、桂林、西双版纳、西安、广州、张家界成为过年旅游热门目的地前十名。而通过携程搜索咨询三亚旅游线路的游客，增长了120%。去哪儿网统计的老年游客热门出游航线发现，热带海南岛当之无愧成为年度热门目的地。不仅北方游客爱去三亚，广州、深圳、重庆的老年游客也都心向往之，2020年老年游客的心不在亚龙湾，就在海棠湾。

【任务实施】

任务要求：选择其中一条主题线路，查找所涉及的城市及旅游景点、旅游资源，设计一条三日游主题旅游线路。如康养避寒、亲子研学、浪漫观海等主题。

任务目标：

1. 对海南省热门主题旅游线路有一定的敏感度和认知力。

2. 对海南省主题旅游线路所涵盖的资源与景点有基本的辨别能力。

实训步骤：参见表11–10提示。

表11–10　实训操作指导步骤

步骤	标准	提示
1.确定选择线路	通过主题关键词查找相关城市	如“亲子研学”搜到农业科技博览园、野生动植物园；“观山看海”搜到火山口公园、假日海滩等
2.甄别资源的价值和类型	在同类中寻找级别高、价值高的景点	如“海享冬日”主题涉及景点，首选世界遗产、国家5A级旅游景区，再去掉同类的，补充其他类高价值景点
3.画出线路	根据景点位置、方位进行判别	根据主题线路按照一定的方向将景点串联起来
4.任务展示	课堂上结合PPT图片或视频，现场讲解	注意普通话标准、语音语调抑扬顿挫、语速适中

【项目考核】

一、单项选择题

1.“色如渥丹，灿若明霞”形容的哪座丹霞山（　）。

A. 张掖丹霞　　B. 崀山丹霞　　C. 广东丹霞　　D. 梵净山

2. 下列属于本旅游区温度带类型的是（　）。

A. 南寒带　　B. 亚热带　　C. 北温带　　D. 北寒带

3. 本旅游区位于我国的（　）之滨。

A. 渤海、黄海　B. 黄海、东海　C. 东海、南海　D. 南海、北海

4. 海南省最早的少数民族是（　），其主要建筑是船型屋。

A. 黎族　B. 苗族　C. 回族　D. 珞巴族

二、多项选择题

1. 福建泰宁丹霞有五个“最”（　）。

A. 最密集网状谷地　B. 最完好的古遗平面

C. 最发育的崖壁岩穴　D. 最丰富的岩穴文化

E. 最宏大的水上丹霞

2. 以下属于厦门鼓浪屿主要观光点的有（　）。

A. 菽庄花园　B. 日光岩　C. 鼓浪石　D. 三坊七巷

3. 以下属于广东名吃的有（　）。

A. 烧乳猪　B. 梅菜扣肉　C. 龙虎斗　D. 棒棒鸡

4. 下列5A级旅游景区属于海南省的有（　）。

A. 蜈支洲旅游区　B. 武夷山　C. 大小洞天　D. 韶关丹霞

【项目实训】

2021年5月，联合国发布第二次全球海洋综合评估报告，对近年来全球海洋生态恶化表示忧虑。联合国秘书长古特雷斯在报告发布会上表示，来自人类活动压力持续对海洋造成危害。他呼吁所有利益攸关方听从科学家发出的警告，采取积极行动，共同保护海洋，实现可持续发展。

实训要求：请以小组为单位，查找资料，对我国近年保护海洋、实现可持续发展方面做出的系列举措进行梳理。

项目 12

沙漠草原——游牧文化旅游区认知实践

项目导学

- 沙漠草原——游牧文化旅游区认知实践
  - 游牧文化旅游区旅游地理环境特征分析
    - 自然旅游地理环境特征分析
    - 人文旅游地理环境特征分析
  - 甘肃旅游亚区旅游资源概况
    - 区域旅游资源概况
    - 主要旅游资源及景区
  - 宁夏旅游亚区旅游资源概况
    - 区域旅游资源概况
    - 主要旅游资源及景区
  - 新疆旅游亚区旅游资源概况
    - 区域旅游资源概况
    - 主要旅游资源及景区
  - 内蒙古旅游亚区旅游资源概况
    - 区域旅游资源概况
    - 主要旅游资源及景区

学习目标

知识目标：

1. 了解西北游牧文化旅游区经典旅游线路及特色。

2. 熟悉甘肃省、宁夏回族自治区、新疆维吾尔自治区、内蒙古自治区主要旅游资源概况。

3. 掌握西北游牧文化旅游区旅游地理环境特征。

能力目标：

1. 具备对本区热门线路火爆的原因进行系统分析的能力。

2. 能够对本区涉及的丝路文化及历史遗址遗迹有系统性认知。

素质目标：

1. 充分认识“一带一路”合作倡议为旅游业带来的重要机遇。

2. 通过古代丝绸之路、当前“一带一路”发展战略提升家国情怀，构建旅游大地理格局；通过本区多边疆省份的民族团结、疆域稳定提升民族自豪感。

任务1　游牧文化旅游区旅游地理环境特征分析

【任务概述】

由甘肃省、宁夏回族自治区、新疆维吾尔自治区和内蒙古自治区组成的西北游牧文化旅游区以其独特、辽阔的自然风貌与神秘、多彩的人文风情备受游客青睐。尽管深入祖国内陆，但一系列高大的冰川雪山融水，造就了绿洲、河谷、森林、草原与沙漠、戈壁共存的景观，加上众多少数民族风情融入，是我国近年来夏季热门的旅游地区之一，尤其以河西走廊、伊犁河谷、呼伦贝尔大草原为代表。通过学习，了解本区大尺度的地形地貌，熟悉本区概况、主要山脉与地理单元，掌握景观组合异常多样、湖泊湿地独具特色、动植物资源耐旱的奇特自然景观特征和民族风情浓郁、丝路历史遗迹遍布、美食多样齐全的人文景观特征。

【学习目标】

1. 了解西北游牧文化旅游区地形、地貌与主要山脉、河流概况，熟悉西北游牧文化旅游区自然与人文旅游地理环境特征。

2. 提升对丝绸之路文化、少数民族多元文化的重要性认知，培养中华民族文化认同感。

【知识准备】

西北游牧文化旅游区包括甘肃省、宁夏回族自治区、新疆维吾尔自治区和内蒙古自治区四个省级行政区，总面积为316万平方公里，总人口约8204万人（截至2021年年底），是少数民族聚居的大区域。本区与蒙古、俄罗斯和中亚、西亚数国有着近万公里长的边境线，历史上长期为中西文化交往的纽带，是连接亚、欧、非大陆的著名的“丝绸之路”的必经之地。

本区大部分处于我国地形三大阶梯中的第二阶梯，其中涵盖了我国四大高原中的黄土高原、内蒙古高原，四大盆地中的准噶尔盆地、塔里木盆地，也包括了巨大的昆仑山、天山等山脉，因此海拔差异巨大、地貌类型多样。从海拔7435.3米的天山托木尔峰，到海拔 -154米的艾丁湖，巨大的地形海拔落差、干旱的温带大陆性气候，使得本区沙漠、绿洲、草原、森林、戈壁自然景观类型多样，资源禀赋极高。

本区也是我国少数民族聚居的地区，尤其是新疆、内蒙古和宁夏最为突出，有维吾尔、哈萨克、蒙古、回、满、塔吉克等40多个少数民族聚居。在长期的历史发展和文化交流融合的过程中，少数民族形成了浓郁的西域文化特色，明显区别于我国其他地区的少数民族；不少民族在宗教信仰和生活习俗方面都有相同之处，且又都保持着各自独特的文化习俗和民族特征，使本区展现出绚丽多姿的民族风情。

一、自然旅游地理环境特征分析

（一）自然景观组合多样，集奇特、质朴、壮观、雄浑于一体

本区西部以高大的山地与巨大的盆地、谷地相间分布为主，东部以坦荡的高原和平原为主。甘肃南侧的祁连山与北侧的龙首山、北山、合黎山共同冲积出了东西长达1000公里的河西走廊，绿洲、戈壁景观遍布河西四郡（武威、张掖、酒泉、敦煌）。新

疆由于天山山脉横卧中部，将新疆分割成南疆和北疆两大部分。北疆的天山边缘，遍布森林、草原、湖泊、雪山，景观组合质量极佳；同时准噶尔盆地雅丹地貌是我国雅丹地貌的典型区域，面积大、分布广、形状和色彩极其丰富。南疆有昆仑山和喀喇昆仑山、帕米尔高原，还有我国最大的内陆盆地塔里木盆地及我国最大的沙漠塔克拉玛干沙漠，使得这里的峡谷、戈壁、沙漠景观和蜃楼幻影组成奇异风貌与神秘风光。内蒙古以高原地形为主，地表开阔坦荡，起伏和缓，风光旖旎，水草丰美的“天苍苍、野茫茫，风吹草低见牛羊”草原风情一览无余，其中尤以呼伦贝尔大草原最为典型。宁夏地跨内蒙古高原和黄土高原，山势巍峨雄伟的贺兰山成为银川平原的天然屏障，黄河自中卫入境，造就了一派农牧业发达、湖泊众多、湿地连片的“塞上江南”风光。总体上看，本区集高山、沙漠、草原、绿洲、森林、冰川、湖泊、河流多种景观于一体，构成奇特、质朴、壮观的自然景观。

（二）冰川融水与内陆河并存，湖泊、湿地景观独具特色

本区拥有阿尔泰山、昆仑山、天山、祁连山等巨型山脉，平均海拔超过4000米，顶部常年被积雪冰川覆盖，季节性融水成为许多地区主要的水源补给，由此也形成了新疆众多水质清冽、景色壮美的河流与湖泊水体景观，如天山天池、喀纳斯湖、博斯腾湖等。祁连山覆盖的永久积雪和史前冰川，成为河西走廊重要的冰雪融水补给，形成了星星点点的河流、湖泊与绿洲，更滋养了丝绸之路上的璀璨文明。同时本区地处内陆深处，远离海洋，降雨量少而不均，因此内陆河流居多，且随着季节数量变化明显，形成了四季不同的水体景观，如我国最大的内流河塔里木河、第二内流河黑河、内蒙古最长的河流乌拉盖河。众多水系共同滋养出片片绿洲和众多湿地景观，形成独特的旅游资源，如科尔沁湿地、额尔古纳湿地、可可托海湿地、巴音布鲁克湿地等。

（三）温带大陆性气候典型，旅游业淡旺季显著

本区属于典型的温带大陆性气候，总体上夏季炎热，即使在旅游旺季的七八月，气候也非常炎热，尤其是在广大的沙漠、戈壁地区酷热难耐，而在一些地势较高的山区则是避暑、观光、疗养的良好场所。冬季寒冷而漫长，冰雪资源未进行充分开发利用，导致旅游淡季持续时间过长，旅游资源利用率低下。春季风沙较大，容易产生沙尘暴等灾害性天气，山谷隘口由于“狭管作用”风力更猛，可达12级以上，且持续时间长，如阿拉山、老风口、达坂城、七角井等地都是有名的风口经常有飞沙走石天气，对旅游业有明显的制约作用。本区许多区域如伊犁河谷、天山地区在夏季呈现出“早穿皮袄午穿纱，围着火炉吃西瓜”的奇特景观，对于旅游体验有明显的吸引力。

【行业前沿 12-1】

新疆：创新冰雪旅游，做热冰雪经济

赏冰滑雪、体验民俗、感受美食……入冬以来，新疆冰天雪地的“冷资源”，成了“热优势”。新疆抓住北京冬奥会和冬残奥会机遇，依托丰富的冰雪、温泉旅游资源，推出系列冬季旅游产品和活动，以及丰富的优惠措施，吸引游客到新疆玩雪。2021 年 11月，新疆维吾尔自治区文化和旅游厅推出了 2021—2022 冬季旅游精品线路，囊括 25 条冬季自驾旅游线路和 10 条冰雪旅游线路。

资料来源：文化和旅游部官网。

（四）瓜果质优驰名全国，动植物景观资源独特

本区地处较为干旱的内陆地区，昼夜温差大、日照时间长，非常适合瓜果的生长，许多瓜果驰名全国，如新疆阿克苏苹果、库尔勒香梨、和田大枣、吐鲁番葡萄干、甘肃民勤蜜瓜、兰州黄河蜜瓜、宁夏硒砂瓜等，尤其是新疆，连同各种干果，被誉为“瓜果之乡”。这些水果基本都在旅游旺季收获，为游客在本区旅游区增添吸引力。本区面积广大的草原和沙漠、戈壁，造就了耐寒耐旱为特色的动植物资源，其中不乏众多观赏价值较高的资源，如内蒙古额济纳的胡杨林，新疆拜城的戈壁红柳、阿勒泰的沙棘果、宁夏枸杞、伊利昭苏的天马、野骆驼等，都是重要的旅游资源。

二、人文旅游地理环境特征分析

（一）热情奔放、能歌善舞的多民族风情浓郁

本区是我国少数民族聚居的地区，尤以新疆维吾尔自治区、宁夏回族自治区和内蒙古自治区最为突出，有维吾尔、哈萨克、蒙古、回、满、塔吉克等 40 多个少数民族聚居，其中伊斯兰教在本区影响较为广泛，主要分布于新疆维吾尔自治区、宁夏回族自治区、甘肃省等地。在长期的历史发展和文化交流融合的过程中，少数民族形成了浓郁的西域文化特色，明显区别于我国其他地区的少数民族；不少民族在宗教信仰和生活习俗方面都有相同之处，且又都保持着各自独特的文化习俗和民族特征，使本区展现出绚丽多姿的民族风情。

本区少数民族风格的特征是热情、奔放、快乐、勇敢，能歌善舞，众多的民族、不同的民风民俗构成了风格各异、绚丽多姿的民族风情画卷。其中维吾尔族的跑马叼羊、哈萨克族的“姑娘追”、蒙古族的那达慕大会等深受喜爱和欢迎，喀什大巴扎（集市）、甘肃省莲花山“花儿”会也颇具特色；而蒙古族的马头琴，维吾尔族的冬不拉，刚劲雄健、豪放酣畅的蒙古舞，曲调高昂悠扬的蒙古民歌，矫健轻巧、优美自由的维吾尔族舞蹈，诙谐乐观的维吾尔族乐曲等形成了本区人文旅游资源的一大特色。

（二）历史悠久、遗存丰富的丝绸之路文化深邃

盛名千年的丝绸之路，留存有数量巨大、种类丰富的历史文化古迹。著名的有罗布泊附近的楼兰故城、若羌县的米兰故城、吐鲁番市的高昌故城和交河故城等遗址；有敦煌莫高窟、麦积山石窟、炳灵寺石窟、拜城克孜尔千佛洞和文殊山石窟等石窟建筑；有临洮秦长城遗址，汉代阳关、玉门关及明代的嘉峪关等古代军事工程；有坎儿井等古代水利工程等，均堪称世界奇观。这些故城、古遗址、古石窟无不折射出极高的历史文化价值和艺术观赏价值。

丝路沿途还遍布古墓，每年都有惊人的珍贵文物出土，如出土于武威雷台汉墓的铜奔马，想象大胆，造型奇特，已被选作中国旅游的标志。还有那些曾跋涉于丝绸之路上的历史名人如张骞、班超、李广、高适、林则徐、左宗棠等留下的踪迹与遗迹，以及历史遗留下来的脍炙人口的诗词、游记、小说等都增添了丝绸之路旅游的文化内涵，并赋予其豪壮、神奇的色彩。

【知识拓展 12-1】

“一带一路”倡议为旅游业发展创造巨大机遇

“一带一路”是“丝绸之路经济带”和“21世纪海上丝绸之路”的简称，2013年9月和10月由中国国家主席习近平分别提出建设“新丝绸之路经济带”和“21世纪海上丝绸之路”的合作倡议。丝绸之路汇聚了世界上最精华的旅游资源，沿线分布着80%的世界文化遗产；涉及60多个国家、44亿人口，因而也被视为世界上最具活力和潜力的黄金旅游之路。对于旅游业来说，“一带一路”倡议的提出，让“丝路之旅”超越了旅游产品、旅游线路的简单范畴，赋予旅游促进跨区域融合的新理念。而其带来的设施互通、经济合作、人员往来、文化交融更是将为相关区域旅游发展带来巨大的发展机遇。

资料来源：编者根据相关资料整理。

（三）牛羊肉、面食为基础的饮食文化特色浓郁

本区受气候、物产和饮食习俗等因素影响，在菜肴的选择、制作工艺、花色品种等方面形成了独特的风格。肉类上以牛羊肉为主，马肉、鸡肉为辅，配以奶制品，提供了充足的热量，如手抓羊肉、烤全羊、熏马肠、大盘鸡等。主食以小麦为主，形成了品种繁多的面食，如兰州拉面、新疆拉条子、揪面片等。由于肉类制品偏多，脂肪含量高，不易消化，因此各式各样的茶饮在本区也普遍流行，如甘肃的三炮台、蒙古的奶茶、宁夏的红四品、新疆马奶子等。少数民族地区热情好客，宴席时间长，经常有歌舞助兴，美食与艺术交融，形成了丰富的文化内涵。这些都为本区旅游业发展提供了强有力的特色资源。

【任务引入】

历史上的“河西四郡”是在西汉时期设立的，曾被称为河西走廊上四颗最耀眼的明珠，包括敦煌郡、酒泉郡、武威郡、张掖郡。“河西四郡”的设立，首先极大地便利了中西方各国的经济文化沟通；其次加强了汉朝的边境防卫能力，有效地削弱了匈奴对西汉王朝的侵扰；最后有利于促进汉朝的统一，扩大了汉朝对新疆地区的控制和影响。

【任务分析】

“河西四郡”在历史上起到过非常重要的作用，这完全得益于“河西四郡”精准的位置选择。“河西四郡”串联起的实际是一条更为广阔的通道，这就是河西走廊。河西走廊自古以来便是沟通中国中原地区与西域的交通要道，多民族不断交锋融合的核心区域，留下了大量可资利用的文化遗产和文化旅游资源。由于河西走廊独特的通道地位和多民族间不断冲突与融合的重要场所，河西走廊地区成为体验中华民族丰富多彩的多元文化、了解不同民族之间文化差异的宝库。

【任务实施】

任务要求：分组查找资料，完成对河西走廊的地形地貌、旅游资源特色认知梳理。

任务目标：

1. 学会查看三维地图下河西走廊的地形地貌。

2. 对河西走廊内的重要旅游资源、景点有梳理认知能力。

3.提升河西走廊古今重要性的认识，突出其在今天旅游业发展中的贡献。

实训步骤：参见表12–1提示。

表12–1　实训操作指导步骤

步骤	标准	提示
1.查找中国三维地图（电子）	找出附近的山脉	祁连山、马鬃山、合黎山和龙首山
2.查找河西走廊范围	找出附近的大地理地貌单元	青藏高原、巴丹吉林沙漠、腾格里沙漠、库姆塔格沙漠
3.查找河西走廊3D地形图	找到其中的绿洲、城市	河西四郡：张掖、武威、酒泉、敦煌
4.查找网络、相关书籍	河西走廊重要旅游资源、景点	世界遗产、国家5A级旅游景区、旅游热点

任务2　甘肃旅游亚区旅游资源概况

【任务概述】

甘肃省因其独特的河西走廊的位置，自古以来在我国对外政治、经济、军事、文化交流中，起着重要的连接廊道作用。东西狭长的地形、南北山脉的地貌，造就了甘肃在自然景观上秀丽与粗犷并存、文化底蕴上历史与现代同耀的特征。通过学习，熟悉甘肃省区域旅游资源概况，掌握甘肃省高价值的旅游景区概况。

【学习目标】

1.熟悉甘肃省区域旅游资源概况，掌握甘肃省国家历史文化名城、世界遗产、国家5A级旅游景区的概况。

2.具备对甘肃省热门主题线路的行业敏感度，对各主题线路涉及的资源及景点具有一定的鉴别能力。

3.提升河西走廊在古代“丝绸之路”和当前“一带一路”倡议中的重要性意识，构建文化自信。

【知识准备】

一、区域旅游资源概况

甘肃省，简称“甘”或“陇”，以甘州（张掖）、肃州（酒泉）两地首字而得名。省会兰州市。位于我国西北，它东接陕西，南控巴蜀、青海，西倚新疆，北扼内蒙古、宁夏，是古丝绸之路的锁钥之地和黄金路段。甘肃省面积 42.58 万平方公里，人口 2490 万人（2021 年年末），有回、藏、东乡、裕固、保安、满、撒拉等少数民族，其中，东乡、裕固和保安族为甘肃省特有民族。

甘肃省海拔大多在 1000 米以上，四周为群山峻岭所环抱。北有六盘山、合黎山和龙首山；东为岷山、秦岭和子午岭；西接阿尔金山和祁连山；南壤青泥岭。境内地势起伏、山岭连绵、江河奔流，地形相当复杂。这里有直插云天的皑皑雪峰、一望无垠的辽阔草原、莽莽漠漠的戈壁瀚海、郁郁葱葱的次生森林、神奇碧绿的湖泊佳泉、江南风韵的自然风光，也有西北特有的名花瑞果。

有 8000 多年人文历史的甘肃省，融丝路文化、敦煌文化、黄河文化、伏羲文化、藏传佛教文化、伊斯兰文化以及陇东黄土地文化为一体，是多民族、多文化共生的地带，是我国早期文明最辉煌的地方之一，在中国西部形成一道神秘而独特的文化风景。甘肃省为黄河流域文化的中心之一，也是中国文化的起源地之一。天水的大地湾文化距今有 7800 多年，它将中国的彩陶历史推前了 1000 多年。甘肃省为羲皇故里，为轩辕帝的发祥地。渭河流域一带的秦人是以甘肃省为根据地挺进中原的。甘肃省是闻名遐迩的文物大省，也是文物保存最为集中、品级最高的地区，有丰富的文物古迹、遗址名胜。

甘肃省东南部的天水市和陇南市，是历史悠久、山川锦绣、物产丰富、气候宜人、民俗奇特的天然膏沃之地，有“小江南”之称。唐玄奘在天水的传说，使佛公桥、万紫山、渗金寺等地，成为民俗旅游的主要景点。与天水、陇南相邻的甘南、临夏两自治州，是藏、回、东乡、保安、撒拉等少数民族的集聚地，有独具一格的风情和风俗，境内的拉卜楞寺，不但有着精美绝伦的建筑，而且每年 7 次规模较大的法会和众多的节庆，使拉卜楞寺的宗教民俗活动空前丰富多彩。古朴典雅的临夏清真寺，是穆斯林民众们的聚礼之地，这里的宗教民俗活动独特隆重，令人叹为观止。甘肃省东部的庆阳、平凉地区，是具有悠久革命历史的老区。境内除有众多的革命遗迹外，黄帝登临、广成子修炼得道的道家圣地崆峒山，西王母设宴招待周穆王的王母宫山，以及公刘庙、菩萨山等庙会，都成为民间文化的传播阵地和民间经济的交易场所。特别是唢呐、剪纸、社火、戏曲等民俗文化独具魅力。

二、主要旅游资源及景区

（一）国家历史文化名城

截至 2022 年 3 月，甘肃省拥有国家历史文化名城 4 座，如表 12-2 所示。

表 12-2　甘肃省国家历史文化名城及资源概况

城市名称	评选时间	资源概况
敦煌市	1986年	敦煌在西汉汉武帝时设置，与酒泉、张掖、武威并称河西四郡，是西域进入河西走廊与中原的门户和军事重镇，被称为“丝路第一枢纽”。敦煌是多种文化融汇与撞击的交叉点，也是艺术的殿堂、文献的宝库
张掖市	1986年	张掖古称“甘州”，以“张国臂掖，以通西域”而得名，是古丝绸之路重镇，自古就有“塞上锁钥”之美誉，是历代中原王朝在西北地区的政治、经济、文化和外交活动中心
武威市	1986年	武威古称凉州，西汉时为了彰显大汉帝国的“武功军威”而得名，地处古丝绸之路要冲，是古代中原与西域的经济枢纽，中原文化和西域文化的融合传播之地，丝绸之路西段的要隘
天水市	1994年	天水，古称秦州，是中华民族和华夏文明的重要发祥地、“三皇之首”伏羲氏的诞生地、伏羲文化的发祥地，有“羲皇故里”之称

（二）世界遗产

截至 2022 年 8 月，甘肃省有 3 处景观被列入《世界遗产名录》，其中 1 处独立遗产：莫高窟；2 处联合遗产：长城（甘肃段），丝绸之路：长安—天山廊道的路网（甘肃段）。

1. 莫高窟（1987.12，世界文化遗产）

俗称千佛洞，位于敦煌市东南 25 公里的鸣沙山东麓崖壁上，始凿于十六国时期至元代，前后延续约 1000 年。它既是中国古代文明的一个璀璨的艺术宝库，也是古代丝绸之路上曾经发生过的不同文明之间对话和交流的重要见证。现存洞窟 492 个，壁画 45000 平方米，彩塑 2000 多件，飞天 4000 余身，是一处由建筑、绘画、雕塑组成的博大精深的综合艺术殿堂，也是世界上现存规模最宏大、保存最完好的佛教艺术宝库，被誉为“东方艺术明珠”。作为中国西北地区佛教艺术发展的见证，莫高窟具有无可比拟的历史价值。莫高窟与龙门石窟、云冈石窟和麦积山石窟合称为中国四大石窟。

2. 长城（甘肃段）（1987.12，世界文化遗产）

嘉峪关关城文物景区由嘉峪关关城、长城第一墩、悬壁长城三个景区组成。嘉峪关是明代万里长城的最西端，世界上冷兵器时代最重要、最经典的国家防线，也是目前中国保存最完整、气势最宏伟的古代军事防御体系，被誉为长城形态的百科全书。号称“天下第一雄关”“中外巨防”“河西锁钥”“丝路咽喉”。嘉峪关关城位于嘉峪关最狭窄的山谷中部，地势最高的嘉峪山上，城关两翼的城墙横穿沙漠戈壁，向北 8 公里连黑山悬壁长城，向南 7 公里，接天下第一墩，是明代万里长城西端主宰，自古为河西第一隘口。关城始建于明洪武五年（1372 年），从初建到筑成一座完整的关隘，经历了 168 年（1372—1539 年）的时间，是明代长城沿线九镇所辖千余个关隘中最雄险的一座，至今保存完好。

3. 丝绸之路：长安—天山廊道的路网（甘肃段）（2014.6，世界文化遗产）

丝绸之路甘肃段包括 5 处遗产点：敦煌市玉门关遗址、敦煌市悬泉置遗址、天水市麦积山石窟、临夏州炳灵寺石窟、酒泉市锁阳城遗址。其中玉门关古代“丝绸之路”北路必经的关隘，现存汉代玉门关遗址；悬泉置遗址是汉代设于河西地区交通线上传递各种邮件和信息，迎送过往使者、官吏、公务人员和外国宾客的遗址；麦积山石窟以其精美的泥塑艺术闻名世界，保留有大量的宗教、艺术、建筑等方面的实物资料，体现了千余年来各个时代塑像的特点。炳灵寺石窟开创于十六国西秦时期，距今 1600 多年，窟内现存西秦建弘元年（420 年）的墨书题记，是迄今我国最早的有明确造像纪年的题记，为早期石窟的分期断代提供了重要标尺。锁阳城遗址包括古城、古墓、石窟、寺庙，保存规模尤以锁阳城城址为最，具有我国保存最完好的古代军事防御系统和古代农田水利灌溉系统。

（三）国家 5A 级旅游景区

截至 2022 年 9 月，甘肃省省拥有 7 家国家 5A 级旅游景区，如表 12–3 所示。

表 12–3　甘肃省国家 5A 级旅游景区一览

序号	景区名称	入选时间
1	嘉峪关市嘉峪关文物景区	2007年
2	平凉市崆峒山风景名胜区	2007年
3	甘肃天水麦积山景区	2011年
4	敦煌鸣沙山月牙泉景区	2015年
5	甘肃省张掖市七彩丹霞景区	2019年

续表

序号	景区名称	入选时间
6	甘肃省临夏州炳灵寺世界文化遗产旅游区	2020年
7	甘肃省陇南市官鹅沟景区	2022年

【职业素养 12-1】

保护地质生态，倡导文明游览

2022 年 9 月 25 日，张掖市人民政府召开新闻发布会，《张掖七彩丹霞保护条例》正式颁布实施。张掖七彩丹霞的地层主要由粉砂岩和泥质岩构成，总体胶结程度差、质地脆弱，加之土壤盐碱程度高，地表缺少植被保护，其表面极易风化，基本一踏就碎、一踩就陷。一经破坏无法自我恢复，也很难人工修复至初始状态，是一种不可再生的珍贵地质遗产。作为旅游从业人员，要积极倡导游客加强生态环境保护意识，减少人为破坏和干扰，还自然一个本真状态、留人间一派秀美山川。

资料来源：编者根据相关资料整理。

【任务引入】

2022 年 4 月，甘肃省文化和旅游厅推出“一部手机游甘肃”——“自驾陇原‘甘’快出发”主题活动，面向广大游客推出“诗与远方丝路风情之旅”“多姿多彩民族风情之旅”“祖脉记忆寻根访祖之旅”“隽永人文敬仰圣迹之旅”“钟灵毓秀陇上江南之旅”“奇峡秀水黄河礼赞之旅”“烽燧千里长城探秘之旅”“时代壮歌红色革命之旅”8 条具有甘肃特色的自驾线路。

【任务分析】

以上 8 条线路按照不同的资源特色，串联起不同的城市，形成了游客青睐的热门旅游线路。这些线路每一条既具有明显的地理区域性，又有相似的文化特质，为游客进行主题性游览提供了精准的指导。

【任务实施】

任务要求：选择其中一条主题线路，查找所涉及的城市及旅游景点、旅游资源。

任务目标：

1. 对甘肃省热门主题旅游线路有一定的敏感度和认知力。

2. 对甘肃省主题旅游线路所涵盖的资源与景点有基本的辨别能力。

实训步骤：如参见 12–4 提示。

表 12–4　实训操作指导步骤

步骤	标准	提示
1.确定选择线路	通过主题关键词查找相关城市	如“丝绸之路”搜到河西走廊，“红色”搜到高台、古浪、会宁等
2.搜索城市旅游资源	查找主题线路涉及城市的旅游资源，从中抽取与线路主题符合的景区景点	如天水市既有麦积山石窟等丝绸之路主题的遗址遗迹，也有伏羲庙、大地湾等寻根问祖主题线路，进行甄别
3.甄别资源的价值和类型	在同类中寻找级别高、价值高的景点	如丝绸之路主题涉及景点，首选世界遗产、国家5A级旅游景区，再去掉同类的，补充其他类高价值景点
4.画出线路	根据景点位置、方位进行判别	如丝绸之路主题线路按照自东向西进行串联

任务 3　宁夏旅游亚区旅游资源概况

【任务概述】

宁夏回族自治区位于丝绸之路上，自古以来就是内接中原、西通西域、北连大漠、各民族南来北往频繁的地区。被誉为“塞上江南”的宁夏回族自治区因其雄浑的大漠风光、神秘的西夏王朝，迷人的六盘盛景、魅力的塞上江南，使游者乐此不疲，流连忘返。通过学习，了解宁夏回族自治区区域旅游资源概况，掌握宁夏回族自治区主要旅游景区概况。

【学习目标】

1. 熟悉宁夏回族自治区区域旅游资源概况，掌握宁夏回族自治区国家历史文化名城、世界遗产、国家5A级旅游景区的基本概况。

2. 具备人文类景区导游词创作的基础能力。

【知识准备】

一、区域旅游资源概况

宁夏回族自治区，简称“宁”，首府银川；面积6.64万平方公里，人口725万人（截至2021年年底）。宁夏回族自治区是一个多民族聚居的地方，其中，回族占1/3左右，是全国最大的回族聚居区。回族、维吾尔族、东乡族、哈萨克族、撒拉族和保安族等均信奉伊斯兰教。

宁夏回族自治区地处黄土高原与内蒙古高原的过渡地带，地势南高北低，西部高差较大，东部起伏较缓。从地貌类型看，南部以流水侵蚀的黄土地貌为主，中部和北部以干旱剥蚀、风蚀地貌为主，属内蒙古高原的一部分。境内有较为高峻的山地和广泛分布的丘陵，也有由于地层断陷又经黄河冲积而成的冲积平原，还有台地和沙丘，地表形态复杂多样。九曲黄河从宁夏回族自治区中部进入由南向北穿过银川平原，流程397公里，给宁夏回族自治区带来了丰富的水源，使宁夏平原成为宁夏最富庶的地区，素有“塞上江南”和“天下黄河富宁夏”的美称。宁夏回族自治区的旅游资源在西部地区得天独厚，大自然的鬼斧神工，造就了高山、平原、大漠、长河、绿洲、湖泊、草原等丰富的自然景观，使宁夏回族自治区既有江南水乡的秀丽，又集塞外大漠风光之雄浑，被誉为“塞上江南”。

宁夏回族自治区是中华远古文明的发祥地之一。灵武市水洞沟旧石器时代晚期人类活动的遗址和遗物表明，早在3万年前就有人类在这里繁衍生息。宁夏回族自治区处于“丝绸之路”东段北道的重要节点，历史上曾是东西部交通贸易的重要通道。1038年，党项族的首领李元昊在此建立了西夏王朝，定都银川，形成与宋、辽、金政府三足鼎立的局面，长达189年。元朝灭西夏后，意取“安宁西夏”，设置宁夏府路，宁夏由此得名。

宁夏回族自治区地处中原文化与草原文化的过渡地带，也是河套文化与丝路文化的交融区。自古至今，中原文化与北方游牧文化的碰撞与融合，形成了古老深远的黄河文化、鲜明特色的伊斯兰文化、独一无二的西夏文化、独具特色的移民文化与浓郁粗犷的边塞文化，共聚在宁夏回族自治区这块神奇的土地上。

二、主要旅游资源及景区

（一）国家历史文化名城

截至 2022 年 3 月，宁夏回族自治区拥有国家历史文化名城 1 座，如表 12–5 所示。

表 12–5　宁夏回族自治区国家历史文化名城及资源概况

城市名称	评选时间	资源概况
银川市	1986年	银川是历史悠久的塞上古城，早在3万年前就有人类在水洞沟遗址繁衍生息，史上西夏王朝的首都，古称“兴庆府”，素有“塞上江南、鱼米之乡”的美誉。恐龙化石、水洞沟古人类遗址、贺兰山岩画、西夏陵、镇北堡影视城等历史文化遗迹众多，有“塞上湖城”之美誉

（二）国家 5A 级旅游景区

截至 2022 年 9 月，宁夏回族自治区拥有 4 家国家 5A 级旅游景区，如表 12–6 所示。

表 12–6　宁夏回族自治区国家 5A 级旅游景区一览

序号	景区名称	入选时间
1	石嘴山市沙湖旅游景区	2007年
2	中卫市沙坡头旅游景区	2007年
3	宁夏银川镇北堡西部影视城	2011年
4	银川市灵武水洞沟旅游区	2015年

【任务引入】

水洞沟旅游区位于宁夏回族自治区灵武市临河镇，西距银川市 19 公里，是中国最早发掘的旧石器时代文化遗址，被誉为“中国史前考古的发祥地”“中西方文化交流的历史见证”。它是全国重点文物保护单位、国家 5A 级旅游景区、国家地质公园，被国家列为全国文物保护的 100 处大遗址之一、“最具中华文明意义的百项考古发现”之一。

【任务分析】

水洞沟景区已开发的旅游产品，不仅包括高价值的旧石器时代文化遗址等产品，还包括我国北方明代古长城、藏兵洞窟等构成军事防御建筑遗址以及多处土林雅丹地貌景观。

【任务实施】

任务要求：根据水洞沟景区旅游开发产品及导览图，请撰写水洞沟景区内某一高价值旅游点的导游词，字数500字以内。

任务目标：

1. 具备对水洞沟景区内高价值点的鉴别能力。

2. 具备对水洞沟景区内高价值导游词的撰写能力。

实训步骤：参见表12–7提示。

表12–7　实训操作指导步骤

步骤	标准	提示
1.确定高价值旅游点	通过水洞沟官网、旅游攻略等确定高价值旅游点	如水洞沟遗址博物馆、藏兵洞窟等
2.搜索高价值点相关资料	通过多途径，对确定的高价值旅游景点进行详细了解	如博物馆概况及馆内重要文物代表、长城及藏兵洞窟相关数据、材料
3.导游词创作	对资料进行取舍，且要符合导游词语言规范	如避免过多书面语言，具备现场感，强调重点内容，高价值点，能够达到对游客科普的效果
4.现场演示	课堂上结合PPT图片或视频，现场模拟导游	注意普通话标准、语音语调抑扬顿挫、语速适中

任务4　新疆旅游亚区旅游资源概况

【任务概述】

新疆维吾尔自治区作为国土面积最大的省级行政区，是举世闻名的歌舞之乡、瓜果之乡、黄金玉石之邦。这里地大物博，山川壮丽，瀚海无垠，古迹遍地，民族众多，民俗奇异；这里有一泻千里的河流、万顷碧绿的草原，又有光怪陆离的戈壁幻境，神秘莫测的沙漠奇观。保存完好的原始动植物种群，更显出得天独厚的大自然的本色。通过学习，了解新疆维吾尔自治区旅游资源概况，掌握新疆维吾尔自治区高价值的旅游景区概况，学会设计简单的伊犁河谷热门旅游线路。

【学习目标】

1. 了解新疆维吾尔自治区旅游资源概况，掌握新疆维吾尔自治区高价值的国家历史文化名城、世界遗产、国家 5A 级旅游景区概况。

2. 学会设计简单的伊犁河谷热门旅游线路。

3. 通过新疆维吾尔自治区多民族共融下的民族团结树立家国情怀，通过新疆维吾尔自治区创造出边疆稳定的旅游环境，树立民族自信心。

【知识准备】

一、区域旅游资源概况

新疆维吾尔自治区，简称“新”，地处亚欧大陆腹地、中国西北；首府乌鲁木齐，是中国五个民族自治区之一，也是中国陆地面积最大的省级行政区。新疆维吾尔自治区面积 166 万平方公里，人口 2589 万人（截至 2021 年年底），陆地边境线 5600 多公里，周边与俄罗斯、哈萨克斯坦、吉尔吉斯斯坦、塔吉克斯坦、巴基斯坦、蒙古、印度、阿富汗八国接壤，在历史上是古丝绸之路的重要通道，现在是第二座“亚欧大陆桥”的必经之地，战略位置十分重要。

新疆维吾尔自治区的地貌可以概括为“三山夹两盆”：北面是阿尔泰山，南面是昆仑山，天山横贯中部，把新疆维吾尔自治区分为南疆和北疆。南疆的塔里木盆地面积是中国最大的内陆盆地，位于塔里木盆地中部的塔克拉玛干沙漠，是中国最大、世界第二大流动沙漠，贯穿塔里木盆地的塔里木河是中国最长的内陆河。北疆的准噶尔盆地是中国第二大盆地。在天山东部和西部，还有被称为“火洲”的吐鲁番盆地和被誉为“塞外江南”的伊犁谷地。新疆维吾尔自治区水域面积 5500 平方公里，其中博斯腾湖是中国最大的内陆淡水湖，片片绿洲分布于盆地边缘和干旱河谷平原区。

新疆维吾尔自治区风光壮美，历史悠久，文化厚重。这里冰川雪岭与戈壁瀚海共生，高原山水景观蕴含在天山、阿尔泰山、昆仑山等世界名山之中，有着众多的雪域冰川、叠嶂雄峰、飞泉瀑布、珍奇异兽。天山南北，浩渺的河山瀚海，气势磅礴，变幻多姿。明镜般的高山湖泊映衬着一望无际的林海，沙漠边缘被戈壁割裂的绿洲，阡陌纵横，花果飘香，弦鼓传唱，充满诗情画意。昔日繁华的丝绸之路给新疆维吾尔自治区各地留下众多富含文化意味的遗迹，有“世界古城博物馆”之称。著名的高昌故城，曾是古丝绸之路上的王国都城，众多的石窟、千佛洞更是闪耀着古西域文化的光华。原始社会大量的岩刻以及众多的古代墓葬都是先民留下的生活印记。此外，自然风光有名闻遐迩的天池、火焰山、喀纳斯湖、赛里木湖、果子沟，以及美丽的天鹅湖等。

新疆维吾尔自治区为多民族聚居区，是一个真实而开放的民俗“博物馆”。主要居住有维吾尔、汉、哈萨克、回、蒙古、柯尔克孜、锡伯、塔吉克、乌兹别克、满、达斡尔、塔塔尔、俄罗斯等民族。几十个世居民族由于不同的文化历史背景，不同的宗教信仰以及不同的聚居区域，形成各自独具特色的人文风情。这些人文风情与奇特自然景观相交融，使新疆维吾尔自治区充满了新奇和神秘。

【案例精选 12-1】

新疆滋味　安居乐业

新疆炒米粉、沙湾大盘鸡、托云手抓羊肉、库车大馕饼，还有乌鲁木齐留香瓜酒、塔城格瓦斯、天山奶茶……这些地道的新疆美食不仅抓人味蕾，质朴的人情还能抚慰人心，这就是2022年7月上线的大型人文纪录片《新疆滋味》讲述的新疆故事。该纪录片分为《大盘小膳》《面面俱到》《有米之炊》《鱼羊为鲜》《果味人生》《流光溢彩》六集。《新疆滋味》由民族特色美食为切入点，通过捕捉新疆人民生活当中的点滴小事和朴素情怀，深入挖掘了民族精神和民族文化，进而回望时代变迁，展现新疆繁荣发展、人民安居乐业的幸福日常，不失为一场饱含深情的影像表达。

资料来源：人民网。

二．主要旅游资源及景区

（一）国家历史文化名城

截至2022年3月，新疆维吾尔自治区拥有国家历史文化名城5座，如表12-8所示。

表 12-8　新疆维吾尔自治区国家历史文化名城及资源概况

城市名称	评选时间	资源概况
喀什市	1986年	喀什位于新疆维吾尔自治区西南部，古称疏勒，是古丝绸之路中国境内中道、南道的交会处，中外商人云集的商埠。这里融汇了东西方文明，文化底蕴深厚，久负盛名，素有"丝路明珠"之称。古城大街小巷遍布各类风味特色餐饮，也被誉为"美食之都""美食天堂"
吐鲁番市	2007年	吐鲁番是古丝绸之路上的重镇，曾经是西域政治、经济、文化的中心之一。它历史悠久，文化积淀深厚，从最早的交河故城，到高昌故城、坎儿井、苏公塔、维吾尔古村落，已发现文化遗址200余处。这里有"风库""火洲"之称，坎儿井的滋养使这里有"葡萄和瓜果之乡"的美誉
特克斯县	2007年	特克斯是国内唯一建筑正规、保存完整的八卦城。特克斯不仅诠释了易经文化，而且也是乌孙文化兴盛地。这里是古代多出"天马"的乌孙国所在地。此外，特克斯有草原石人、塞人古墓、古代岩画、岩石风洞等景观
库车县	2012年	库车古称"龟兹"，历史上曾是古印度、古希腊—罗马、波斯、汉唐四大文明在世界上唯一的交融处，东西方文化交融碰撞，形成了举世闻名的龟兹文化，留下了古佛教文化、佛教石窟壁画、石窟题记、乐舞、戏曲、文物、诗词、乐舞等人类共同的文化遗产
伊宁市	2012年	伊宁是伊犁哈萨克自治州的首府，自古就是我国西北边陲的著名重镇和繁华商埠，其境内的丝绸通道，不仅沟通中亚、西亚各地，而且许多支线和南亚及欧洲各地连接。因地处伊犁河谷盆地，这里素有"花园城市"之称，是新疆维吾尔自治区近年来最热门的旅游目的地之一

（二）世界遗产

截至 2022 年 8 月，新疆维吾尔自治区有 1 处景观被列入《世界遗产名录》：丝绸之路：长安—天山廊道的路网（新疆段）。

丝绸之路新疆段包括 6 处遗产点：高昌故城、交河故城、克孜尔尕哈烽燧、克孜尔石窟、苏巴什佛寺遗址、北庭故城遗址。其中高昌故城是西汉至元明时期吐鲁番盆地中心城镇，时间跨度长达 1400 年左右。故城包括外城、内城和宫城（可汗堡）三重城，城址内分布有大量宗教建筑遗址和宫殿遗址。交河故城是世界上最大最古老、保存得最完好的生土建筑城市，也是我国保存两千多年最完整的都市遗迹，由公元前 2 世纪至 5 世纪的车师人开创和建造，9—14 世纪由于战略位置重要，连年战火，交河城逐渐衰落。克孜尔尕哈烽燧建于汉代，是古丝绸之路北道上时代最早、保存最完好的烽燧遗址，位居丝绸之路北道的黄金地段。克孜尔石窟开凿于 3 世纪，是中国历史上开凿最早的大型石窟群，现存洞窟 349 个，对研究新疆维吾尔自治区的社会历史佛教文化以及东西方文化交流具有重要意义。苏巴什佛寺遗址由土坯垒砌而成，包含佛殿、佛塔、僧房、洞窟等，是西域地区保留至今规模最大、保存最完整、历史最悠久的佛教建筑群遗址，展现了丝绸之路上古龟兹地区长期作为西域佛教传播中心的历史。北庭故城遗址曾是唐代庭州、北庭都护府、北庭节度使的治所，遗址主要包括北庭故城城址、城址西部的北庭高昌回鹘佛寺遗址两部分，展现了丝绸之路沿线有关城市文化、建筑技术、佛教和多民族文化的交流与传播。

（三）国家5A级旅游景区

截至2022年9月，新疆维吾尔自治区拥有17家国家5A级旅游景区，如表12-9所示。

表12-9　新疆维吾尔自治区国家5A级旅游景区一览

序号	景区名称	入选时间
1	新疆天山天池风景名胜区	2007年
2	吐鲁番市葡萄沟风景区	2007年
3	阿勒泰地区喀纳斯景区	2007年
4	新疆伊犁那拉提旅游风景区	2011年
5	阿勒泰地区富蕴可可托海景区	2012年
6	喀什地区泽普金湖杨景区	2013年
7	乌鲁木齐天山大峡谷景区	2013年
8	巴音郭楞蒙古自治州博斯腾湖景区	2014年
9	喀什地区喀什噶尔老城景区	2015年
10	新疆维吾尔自治区伊犁州喀拉峻景区	2016年
11	新疆维吾尔自治区巴音州和静巴音布鲁克景区	2016年
12	新疆生产建设兵团第十师白沙湖景区	2017年
13	新疆维吾尔自治区喀什地区帕米尔旅游区	2019年
14	新疆维吾尔自治区克拉玛依市世界魔鬼城景区	2020年
15	新疆维吾尔自治区博尔塔拉蒙古自治州赛里木湖景区	2021年
16	新疆生产建设兵团阿拉尔市塔克拉玛干·三五九旅文化旅游区	2021年
17	新疆维吾尔自治区昌吉回族自治州江布拉克景区	2022年

【任务引入】

伊犁河谷地处我国新疆维吾尔自治区西部，东西长约360公里，南北宽约275公里。这里三面环山，构成“三山夹两谷”的地貌轮廓。大西洋的暖湿气流促成了此地水汽丰沛，河流密布，故呈现出典型的绿洲景观，被人称作“西域湿岛”，草原、花海、森林、雪山等自然景观层次丰富，景色分外美丽。这里也是一个多民族聚居地，哈萨克、维吾尔、锡伯族等在这块土地上创造了自己灿烂的文化。多姿多彩的民族风情与这里特殊的地理环境和优美的自然风光交织融合，构成伊犁河谷独特的旅游景观。

【任务分析】

6月至10月的伊犁气候温润，日照充足，年均降水是全疆年均降水的2倍，人称“塞外江南”。此时的伊犁风光秀丽，瓜果飘香，游客不仅可以欣赏到美丽的自然风光，还可以尽情享用各类新鲜的时令瓜果。6月中旬是薰衣草盛开的时候，当地会举行盛大的薰衣草节；7月新源的杏树花、昭苏的油菜花也会相继开放。

【任务实施】

任务要求：依托伊犁河谷知名旅游资源景点，利用电子地图设计一条兼有自然和人文景观的夏季旅游线路。

任务目标：

1. 具备对行业热门线路的关注度和敏感度。

2. 学会分析热门线路旅游资源特色及旅游产品。

3. 具备在电子地图上按照确定的资源进行基础线路设计的能力。

实训步骤：参见表12–10提示。

表12–10　实训操作指导步骤

步骤	标准	提示
1.查找伊犁夏季热门旅游景点	包括国家5A级旅游景区、自然景点和人文景观	如赛里木湖、那拉提草原、特克斯城等
2.对同类景点进行取舍，将自然与人文穿插设计	将知名度高、热点的资源及景点分类，尽量资源类型多样化	如自然类那拉提草原与喀拉峻景区选择一个，把人文类特克斯城、锡伯族民俗风情园穿插其中

续表

步骤	标准	提示
3.将所有资源及景点标注在地图上	严格界定查找到的资源及景点在伊犁河谷范围内	如赛里木湖、特克斯城、那拉提草原位置在兰图绘等电子地图上标识
4.将地图上的资源与景点进行线路连接，自动生成线路图	对有疑问和不解的线路安排进行求证	如按照从乌鲁木齐出发又回到乌鲁木齐的线路做成环线

任务5　内蒙古旅游亚区旅游资源概况

【任务概述】

内蒙古自治区地理位置独特、地域狭长、文化底蕴厚重，旅游资源丰富多样。从东部大兴安岭到西部贺兰山，从北部辽阔草原到南部丘陵和平原，从呼伦湖到乌梁素海，从樟子松到胡杨林，从辽上京到西夏黑城，从阴山岩画到红山文化……草原、森林、沙漠、冰雪、河湖、温泉、湿地、地质奇观、中俄蒙口岸、历史民俗文化，为发展旅游业提供了得天独厚的条件和优势。通过学习，熟悉内蒙古自治区旅游资源概况，掌握内蒙古自治区高价值的旅游景区概况，学会梳理蒙古族少数民族风情旅游产品。

【学习目标】

1. 熟悉内蒙古自治区旅游资源概况，掌握内蒙古自治区国家历史文化名城、世界遗产、国家5A级旅游景区概况。

2. 具备对旅游资源与旅游产品的对应关系梳理、归纳能力。

3. 为内蒙古自治区历史上游牧与农耕文明积淀的文化遗址遗迹而自豪，为现代多民族融合下的多元文化发挥的价值引领而点赞。

【知识准备】

一、区域旅游资源概况

内蒙古自治区，简称“内蒙古”，是我国跨经度最大的省份，首府呼和浩特市。它北与蒙古、俄罗斯相邻，面积 118.3 万平方公里，人口 2400 万人（截至 2021 年年底）。人口以蒙古族、汉族为主，还有达斡尔、鄂温克、鄂伦春、回、朝鲜等民族。

内蒙古自治区地势由东北向西南斜伸，呈狭长形，全区基本属一个高原型的地貌区，全区涵盖高原、山地、丘陵、平原、沙漠、河流、湖泊等地貌，气候以温带大陆性气候为主，地跨黄河、额尔古纳河、嫩江、西辽河四大水系。东西长达 2400 公里的跨度、特殊的地理环境形成了多样的景观类型。东部草原辽阔，著名的草原有呼伦贝尔、锡林郭勒、乌兰察布等；西部沙漠广布，主要有巴丹吉林沙漠和腾格里沙漠；境内湖泊众多，著名的有呼伦湖、贝尔湖、乌梁素海、岱海等。

内蒙古自治区历史悠久，是中华文明的发祥地之一。在漫漫的历史长河中，草原文明与农耕文明交融，形成了举世闻名的红山文化、大窑文化、萨拉乌苏文化、夏家店文化、扎赉诺尔文化。作为中国古代北方少数民族的主要活动舞台，文献中有记载的曾在内蒙古自治区地区活动的游牧部族有 10 多个，其中时间较长、影响较大的有匈奴、鲜卑、突厥、乌桓、契丹、女真等。12 世纪，蒙古族兴起于额尔古纳河流域，成吉思汗统一蒙古各部，之后不断壮大，后成吉思汗之孙忽必烈建立起全国统一政权——元朝。

蒙古族歌舞是世界文化艺术宝库中的璀璨明珠，赛马、摔跤、射箭被视为蒙古族的“男儿三艺”，蜚声中外。传统的那达慕常常把中外游客带进浓烈的兴趣之中。名胜古迹如呼和浩特市的五塔寺、大召、昭君墓、席力图召、乌素图召、白塔，包头市的五当召、美岱召，伊金霍洛旗的成吉思汗陵园，阿拉善左旗的延福寺，赤峰市的辽上京、辽中京、大明塔，鄂伦春自治旗的嘎仙洞等，人文资源星罗棋布，历史厚重。

二、主要旅游资源及景区

（一）国家历史文化名城

截至 2022 年 3 月，内蒙古自治区拥有国家历史文化名城 1 座，如表 12-11 所示。

表 12-11　内蒙古自治区国家历史文化名城及资源概况

城市名称	评选时间	资源概况
呼和浩特市	1986年	呼和浩特是蒙古语音译，意为“青色的城”，因召庙云集，又称“召城”，是一座具有鲜明民族特点和众多名胜古迹的塞外名城。这里也是丝茶驼路中转之地，是召庙文化盛行之地，是草原文化与黄河文化、游牧文明与农耕文明融合的前沿。市内有大窑文化、赵长城、昭君墓、天文图金刚舍利宝塔、席力图召等历史古迹

【实践活动 12-1】

阿勒坦汗对“青城”呼和浩特的贡献探源

1572 年，蒙古部落首领阿勒坦汗借鉴汉地城市建设经验，开始在大青山下修建塞外草原上一座最重要的城池。相传当初建城时的城墙是用青砖砌成的，远远望去一片青蓝色，所以将其命名为“青城”。在蒙古语中称为库库和屯，明朝政府则将这座城市命名为归化。清乾隆二年（1737 年），又在归化城东北 2.5 公里的地方新建了绥远城，至此归化和绥远构成了呼和浩特城市的基本结构。直到 1954 年被确立为内蒙古自治区的首府时，归绥城开始正式启用汉文译名——呼和浩特。

要求：以学习小组单位，探源阿勒坦汗作为蒙古部落首领，为何要借鉴汉地经验建造呼和浩特呢？他对于汉文化与蒙古族文化交流又做过哪些重要贡献呢？

（二）世界遗产

截至 2022 年 8 月，内蒙古自治区有 2 处景观被列入《世界遗产名录》，其中 1 处独立遗产：元上都遗址，1 处联合遗产：长城（内蒙古段）。

1. 元上都遗址（2012.6，世界文化遗产）

元上都遗址是中国元代都城遗址，位于锡林郭勒盟正蓝旗草原，是历史上最大帝国元王朝的首都，始建于 1256 年，忽必烈在此登基建立了元朝。元上都遗址主要由宫城、皇城、外城、关厢、寺庙、墓群、水利工程等遗存组成，以宫殿为中心，呈分层、放射状分布，既有土木为主的宫殿、庙宇建筑群，又有游牧民族传统的蒙古包式建筑的总体规划形式。由我国北方骑马民族创建的这座草原都城，被认定是中原农耕文化与草原游牧文化奇妙结合的产物，古代城市规划与生态文明建设结合的突出代表，史学家称誉它可与意大利古城庞贝媲美。

2. 长城（内蒙古段）（1987.12，世界文化遗产）

内蒙古自治区拥有战国、秦、汉、北魏、西夏、金、明等多个历史时期的长城遗迹，总长度为 7570 公里。内蒙古自治区的长城种类丰富，既有战国时期诸侯国之间的防御工事，也有中原与草原游牧民族对峙的关隘。还有一些长城，是一个游牧民族为了防御另一个游牧民族而兴修的，如拓跋鲜卑建立的北魏修筑长城防御柔然，女真建立的金朝修筑界壕防御蒙古等。现存遗址主要包括呼和浩特市秦汉长城、明长城，包头市战国赵北长城、秦汉长城，巴彦淖尔市秦汉长城，乌海市秦长城、明长城，阿拉善盟汉长城、明长城，鄂尔多斯市战国秦长城，赤峰市战国燕北长城，呼伦贝尔市、兴安盟、通辽市、锡林郭勒盟金界壕，乌兰察布市明长城等。

（三）国家 5A 级旅游景区

截至 2022 年 9 月，内蒙古自治区拥有 6 家国家 5A 级旅游景区，如表 12-12 所示。

表 12-12　内蒙古自治区国家 5A 级景区一览

序号	景区名称	入选时间
1	内蒙古鄂尔多斯响沙湾旅游景区	2011年
2	内蒙古鄂尔多斯成吉思汗陵旅游区	2011年
3	内蒙古自治区满洲里市中俄边境旅游区	2016年
4	内蒙古自治区阿尔山·柴河旅游景区	2017年
5	内蒙古自治区赤峰市阿斯哈图石阵旅游区	2018年
6	内蒙古自治区阿拉善盟胡杨林旅游区	2019年

【任务引入】

根据 2021 年 5 月内蒙古自治区统计局发布的《内蒙古自治区第七次全国人口普查公报》显示，蒙古族人口占内蒙古总人口的 17.66%，是自治区内最重要的少数民族之一。13 世纪初，以成吉思汗为首的蒙古部统一了蒙古地区诸部，逐渐形成了一个新的民族共同体。

【任务分析】

蒙古族人民世居草原，以畜牧为生计，过着“逐水草而居”的游牧生活。草原人民热情好客、能歌善舞，草原风情独具魅力。烤全羊是蒙古族款待贵宾的传统礼仪，手把肉是蒙古族传统的肉食方法之一，蒙古包是蒙古族的传统住房，蒙古袍是蒙古族的传统服装。蒙古族歌舞以长调、呼麦、安代舞和筷子舞而闻名，马头琴是蒙古族钟爱的乐器。那达慕大会是蒙古的盛大集会，男子射箭、赛马和摔跤是比赛的固定形式。蒙古族等少数民族每逢贵客来临、敬神祭祖、婚嫁节庆等重要场合，都要献哈达来表达自己的诚意和美好的祝愿；以祭敖包的形式来表达对高山的崇拜、对神灵的祈祷。

【任务实施】

任务要求：根据蒙古族少数民族风俗，简单设计可开发的民俗类旅游产品并进行归类。

任务目标：

1. 熟悉内蒙古民俗旅游资源概况。

2. 能够将蒙古族旅游资源与旅游产品的对应关系梳理明晰。

3. 对有关地市已开发的蒙古族旅游产品有基本认知。

实训步骤：参见表12-13提示。

表12-13　实训操作指导步骤

步骤	标准	提示
1.详细查找蒙古族民风民俗	如食、住、行、娱、祭祀、禁忌等多方面	如住蒙古包、吃奶制品和牛羊肉、骑马或推勒勒车等
2.将民风民俗与可转化的旅游产品对标	要充分考虑到产品开发的具体功能	如饮食可以转化成体验挤牛奶和羊奶等体验产品、奶制品等购物产品、烤全羊等美食产品
3.将梳理出的产品按照某种标准分类，如功能、季节等	梳理分类中要有平行的对应关系，坚持同一标准分类	如按照功能梳理为观光、休闲、体验、度假、探险产品等
4.回归内蒙古民俗风情集中的地区，对标已开发的民俗产品，验证开发状况	依托节事活动、热门旅游线路进行分析	如鄂尔多斯蒙古族民风民俗旅游风情节、科右前旗草原观光民俗体验2日游

【项目考核】

一、单项选择题

1. 河西四郡中按照自西向东的地理位置正确顺序是（　）。

A. 张掖、酒泉、武威、敦煌　　B. 武威、张掖、酒泉、敦煌

C. 敦煌、酒泉、张掖、武威　　D. 酒泉、敦煌、武威、张掖

2. 下列不属于本旅游区内的山脉的是（　）。

A. 昆仑山　　B. 阿尔泰山　　C. 天山　　D. 横断山

3. 宁夏平原为誉为“塞上江南”，主要得益于（　）带来的灌溉水源。

A. 黄河　　B. 额尔齐斯河　　C. 黑河　　D. 塔里木河

4. 本旅游区在肉类食物选择上主要以热量高、耐旱耐寒的（　　）为主。

A. 猪肉　　B. 牛羊肉　　C. 马肉　　D. 骆驼肉

二、多项选择题

1. 我国提出的“一带一路”国际合作倡议是依托古老的（　　）。

A. 路上丝绸之路　　B. 万里茶道　　C. 海上丝绸之路　　D. 茶马古道

2. 下列瓜果产自本旅游区的有（　　）。

A. 库尔勒香梨　　B. 阿克苏苹果　　C. 吐鲁番葡萄干　　D. 若羌红枣

3. 以下属于蒙古族的民俗风情活动的有（　　）。

A. 那达慕大会　　B. 马头琴演奏　　C. 祭祀敖包　　D. 长调、呼麦

4. 下列属于本区世界文化遗产“丝绸之路：长安—天山廊道的路网”的遗产点包括（　　）。

A. 敦煌莫高窟　　B. 交河故城　　C. 坎儿井　　D. 克孜尔尕哈烽燧

【项目实训】

早在 2003 年 3 月 1 日《甘肃敦煌莫高窟保护条例》就被正式实施，用于保护这份全世界人类共同的文化遗产。莫高窟自 20 世纪初，就开始遭受严重的人为破坏。许多西方的考古学家和探险家，以极低廉的价格获得了大量的珍贵典籍和壁画，运出或散落民间，严重破坏了莫高窟和敦煌艺术的完整性。20 世纪 80 年代旅游开发以来，大量的游客涌入，对莫高窟洞内的壁画又产生了不同程度的损害。

实训要求：请以小组为单位，查找资料，对敦煌莫高窟近年在资源保护上做出的系列举措进行梳理。

项目 13

雪域高原——青藏文化旅游区认知实践

项目导学

- 雪域高原——青藏文化旅游区认知实践
  - 青藏文化旅游区旅游地理环境特征分析
    - 自然旅游地理环境特征分析
    - 人文旅游地理环境特征分析
  - 青海旅游亚区旅游资源概况
    - 区域旅游资源概况
    - 主要旅游资源及景区
  - 西藏旅游亚区旅游资源概况
    - 区域旅游资源概况
    - 主要旅游资源及景区

学习目标

知识目标：

1. 了解青藏文化旅游区的基本概况。

2. 熟悉青海省、西藏自治区主要旅游资源及景点概况。

3. 掌握青海省、西藏自治区旅游地理环境特征。

能力目标：

1. 具备对青藏文化旅游区资源垄断性原因系统分析的能力。

2. 具备对青藏文化旅游区相关资源及旅游产品开发现状的基础分析能力。

素质目标：

1. 充分认识青藏文化旅游区资源的脆弱性，提升资源保护意识与可持续发展理念。

2. 提高对大柴旦青甘旅游线、318 川藏旅游线等热门线路的敏感度及行业前沿动态的认知能力。

任务 1　青藏文化旅游区旅游地理环境特征分析

【任务概述】

青藏高原特殊的地理、气候条件孕育了原始的高原雪域风光、独特的藏族文化风情。通过学习，了解青藏高原独特的地形地貌，熟悉本区旅游资源、主要地理单元与山脉概况，掌握景观组合异彩纷呈、湖泊湿地独具特色、动植物资源多样奇特的自然景观特征和民族风情浓郁、丝路遗迹遍布、美食风味独特、宗教寺院遍布的旅游地理环境特征。

【学习目标】

1. 熟悉青藏文化旅游区地理环境概况，掌握本区自然与地理环境特征。

2. 具备对青藏文化旅游区旅游资源特殊性的原因分析能力。

3. 树立西藏自治区自古是我国领土完整重要组成部分的地理格局的认识。

【知识准备】

青藏文化旅游区位于祖国的西部，包括青海、西藏两个省份，土地面积194.94万平方公里，人口960万人（截至2021年年底）。本区与印度、尼泊尔、不丹、缅甸、克什米尔地区等国家（地区）接壤，边境线长达4000多公里，占全国陆地边界的1/6。

青藏高原素有“世界屋脊”之称，它独特的自然地理单元、地势结构以及位置差异，形成了从巍峨高耸的珠穆朗玛峰到地势平缓的林芝市区的巨大地势落差，从日温差大、干旱寒冷的高山高原气候到温暖湿润、四季分明的亚热带季风气候。这里“山上下雪、山下开花”的自然景观随处可见，神山圣湖星罗棋布，高山峡谷、大江草原不胜枚举。以游牧文化为载体的藏族民俗风情多姿多彩，宗教寺庙、传统节日、歌舞艺术、绘画建筑、藏医藏药等均具有无可替代的吸引力。地域的相对封闭、经济的欠发达，都使青藏高原保持着原始的自然风貌和人文风情，成为本区旅游业发展中的优势载体。

一、自然旅游地理环境特征分析

（一）高耸的雪山高原，巍峨的世界峰极

青藏高原是世界海拔最高的高原，被称为“世界屋脊”“第三极”，平均海拔超过4000米，纵横分布着喜马拉雅山、昆仑山、阿尔金山等一系列巨大的山脉，构成了高原地貌的基本格局。它东西长约2800公里，南北宽约300~1500公里，总面积约250万平方公里，地形上可分为羌塘高原、藏南谷地、柴达木盆地、祁连山地、青海高原和川藏高山峡谷区6个部分。全世界8000米以上的主峰有14座，其中有10座集中在青藏高原，包括珠穆朗玛峰、洛子峰、马卡鲁峰、卓奥友峰、希夏邦马峰等。其中，珠穆朗玛峰海拔8848.86米，是世界第一高峰，被誉为“地球之巅”，不但成为各国登山者心目中的“圣殿”，也为成游客千里迢迢奔赴而来远观的吸引力。

（二）湖泊片区集中分布，水体景观独一无二

本区受到系列高耸的冰川雪山融水作用，形成了地球上海拔最高、数量最多和面积最大的高原内陆湖区，同长江中下游平原湖区并列为我国湖泊分布密度最大的两个稠密湖区。这里大小湖泊星罗棋布、数以千计。从空间分布看，主要包括柴达木青海湖、可可西里和羌塘湖区、青藏高原南部湖区、东部湖区等。这里既有我国最大的咸水湖青海湖，也有三大圣湖纳木错、玛旁雍错和羊卓雍措，还有近年热门打卡地台吉乃尔湖、大

小柴旦翡翠湖等。这些湖泊都处于人烟稀少之地，保持了原始、圣洁的蓝色或绿色，与雪山、草原相互辉映，不仅是青藏高原重要的生态屏障，也为旅游业带来了独一无二的观赏体验。

（三）高山高原气候典型，避暑优势十分明显

青藏高原空气稀薄，故太阳总辐射量多，紫外线强度大；气温日变化显著，一天之内的温度差可达15℃~30℃；高海拔导致相对气温低、风大、干燥；冬夏干湿季节分明，夏季温暖湿润。同时在青藏高原东南部受到印度洋暖湿气流影响，呈现出明显的亚热带季风特征，四季分明、空气湿润，与其他地区形成明显的景观差异。本区高山高原气候对夏季开展避暑旅游提供了良好的优势，如青海省省会西宁位于青藏高原东部，平均海拔2260米，夏季平均气温只有17℃，避暑优势非常明显。

（四）野生动植物奇特罕见，自然保护区星罗棋布

青藏高原独特的地理环境与气候表征，为各类野生动植物提供了广阔多样的栖息环境，造就了全球高海拔地区独一无二的生态系统。这里是世界高海拔地区生物多样性最集中的地区，也是我国珍稀濒危野生动植物分布最为丰富的区域之一，生态地位极为重要。雪山、草原、湿地、森林、荒漠等生态景观不但为各类野生动植物提供了世代繁衍的生存环境，也是国家重要的“高原物种基因库”、野生动物栖息的“乐园”。用珍珠、珊瑚、麝香、熊胆、藏红花、虫草、贝母等名贵中药材为原料制作的神奇藏药，随处奔跑的藏羚羊、藏野驴、藏原羚、白唇鹿、藏狐、荒漠猫等一大批珍稀的动物资源，均为旅游业增添了强大的吸引力。为了保护高原生物多样独特性，国家申请、建立了可可西里世界自然遗产、三江源国家公园和雅鲁藏布大峡谷等多个国家级自然保护区，为开展科普、研学、观光等旅游活动建立了良好的生态屏障。

【职业素养13-1】

做好高原生态保护，实现旅游可持续发展

青藏高原是珍稀野生动物的天然栖息地和高原物种基因库，是我国乃至亚洲重要的生态安全屏障。党的十八大以来，以习近平同志为核心的党中央高度重视青藏高原生态环境保护工作。习近平总书记多次亲临青藏高原考察并作出重要指示批示，强调“要站在保障中华民族生存和发展的历史高度，坚持对历史负责、对人民负责、对世界负责的态度，抓好青藏高原生态环境保护和可持续发展工作”。高原生态保护对旅游业发展至关重要，是青藏旅游业发展的基础保障。生态环境保护要靠各方共同努力，旅游从业人员与游客也应积极共同构建生态屏障，实现旅游可持续发展。

资料来源：编者根据相关资料整理。

二、人文旅游地理环境特征分析

（一）吐蕃王朝曾创辉煌，留下多处政权中心遗迹

尽管青藏高原生存环境恶劣，但昌都卡若遗址和拉萨贡曲遗址证明距今4000至5000年前，已有人类在此活动。由于青藏高原地形复杂、面积广大，人烟稀少，难以出现统一的部落联盟，历史上长期处于混战割据中。约6世纪，吐蕃建立了历史上第一个统一青藏高原的政权，称为吐蕃王朝。尤其是松赞干布在位时期，在社会稳定、生产发展的基础上，先后征服青藏高原上的诸羌部，又通过和唐朝文成公主联姻，带去了中原先进的文化，中原和藏族地区开始密切交流，维持了两百多年的辉煌。举世闻名的布达拉宫就是当时松赞干布迁都拉萨后建造的王宫，一度为吐蕃王朝统一的政治中心，地位十分显赫。随着吐蕃的衰落，青藏高原开始出现了一些影响力较大的地方政权，也普遍出现了贵族占有的领主庄园经营制度。西藏札达县的古格王朝遗址就是西藏阿里地区从9世纪至17世纪存在的、影响力显著的地方政权遗址；江孜县的帕拉庄园有四百多年历史，充分体现着政教合一的影响力，也是西藏领主庄园制度和农奴悲惨生活的见证。这些都为青藏高原人文旅游资源开发提供了独一无二的物质与精神载体。

（二）政教合一制度延续千年，神圣宗教遗迹遍布藏区

7世纪中叶，吐蕃王朝赞普松赞干布娶唐朝文成公主和尼泊尔尺尊公主，并在拉萨修建布达拉宫，同时为两位公主建立大昭寺和小昭寺，供奉文成公主带来的释迦牟尼十二岁等身佛像，为藏传佛教的产生打下了重要基础。后佛教与当地原始宗教“雍仲苯教”融合，加上8世纪印度佛教大师莲华生入藏传法创立西藏第一座寺院，藏传佛教逐步形成，并经过长期演化发展为宁玛派（俗称“红教”）、萨迦派（俗称“花教”）、噶举派（俗称“白教”）和格鲁派（俗称“黄教”）。元朝时忽必烈将西藏十三万户的政教大权赏赐给萨迦派，开启了西藏政教合一制度；后经过明清时期中央的进一步册封，政教合一制度更为完备。这一制度为今天的青藏地区留下了大量历史悠久、地位神圣的寺院和建筑，如拉萨的布达拉宫和罗布林卡、日喀则的扎什伦布寺，西宁的塔尔寺、琼结

县的藏王墓、山南的桑耶寺等。寺院的繁盛也使得藏医、藏药、堆绣、唐卡、酥油花等医药、绘画、艺术发扬光大，都成为本区旅游业重要的人文优势资源。

（三）民风民俗与众不同，藏教文化精彩纷呈

藏族人民为了适应生存环境恶劣的高海拔地区，创造了从婚姻到丧葬、从服饰到饮食、从信仰到艺术、从医学到戏剧均与众不同的民族风情。藏族服饰传统无论男女至今保留完整，独袖便于穿脱，充分适应高原地区日温差较大的气候；以青稞等制作的糌粑、酥油茶、青稞酒是农牧民的主要食品，为高寒地区的民众带来足够的热量；青藏地区的塔葬、天葬是藏族同胞在宗教影响下的选择方式，形成了独特的地域丧葬文化；藏药具有神奇的治疗效果，是在长期实践中所形成的独特的医药体系；唐卡是藏族文化中一种独具特色的绘画艺术形式，题材内容涉及藏族的历史、政治、文化和社会生活等诸多领域，堪称藏民族的百科全书；藏族文学是藏族文化的重要组成部分，是我国文坛上独具藏族民族风情和高原色彩的文学之花，也是世界文坛的一枝奇葩；藏戏是起源于8世纪的藏族宗教艺术，17世纪时从寺院宗教仪式中分离出来，逐渐形成以唱为主，唱、诵、舞、表、白和技等基本程式相结合的生活化的表演。此外还包括藏族歌舞、传统手工艺品等均具有藏区浓郁的地方特色。

【任务引入】

2006年7月1日，有着“天路”之称的青藏铁路全线通车运营。青藏铁路的全线贯通，不仅改变了西藏不通铁路的历史，也带动了西藏旅游业乃至是整个经济的发展，西藏的发展潜力得到充分释放。十多年来，青藏铁路对加快西藏发展、改善群众生活、加强民族团结起到了难以估量作用。十多年来，西藏旅游业呈井喷式发展，游客由2005年的180万人次增至2019年的4012.15万人次，2019年西藏旅游业对全区经济社会发展贡献率达33%。

【任务分析】

尽管青藏地区因其独特的自然与人文旅游资源，旅游业发展潜力非常巨大，但青藏地区在旅游业发展上还存着许多主观或客观因素上的障碍，与我国中东部地区旅游业发展仍存在着较大的差距。

【任务实施】

任务要求：分组查找资料，梳理青藏地区旅游业发展的相关阻碍因素，并提出简单的发展建议。

任务目标：

1. 对青藏文化旅游区旅游业发展现状有全面认识。

2. 具备对青藏文化旅游区旅游业发展问题的原因分析能力。

3. 能提出对青藏旅游业发展的简单见解。

实训步骤：参见表13–1提示。

表13–1 实训操作指导步骤

步骤	标准	提示
1.确定查找问题的类别	可按照不同类别资源、主客观因素等标准进行分类	如按照食、住、行、游、购、娱等六要素分类
2.根据分类查找马蜂窝、美团、携程等旅游网站的评价	查看游客对旅程中各要素、景区的不良评价，以及旅游攻略中的真实感受等	如对青藏高原天气的感受、景区产品内容和服务的评价等
3.对评价呈现的问题进行梳理总结	归类正确，类别下查找内容齐全	如交通状况要从公路、航空、铁路几个方面共同梳理
4.找出问题存在的原因	对比东部旅游业发达地区找差距	如产品开发的功能差异、基础设施差异等
5.提出简单的发展建议	按照问题的类别提出简单建议	如提升服务质量、旅游产品升级换代等方面

任务2 青海旅游亚区旅游资源概况

【任务概述】

地处“世界屋脊”东北部的青海，以其雄浑奇异的自然与人文景观而著称于世，富有与南国风光迥然不同的阳刚气势和恢宏壮美。这里既有高原的博大、大漠的广袤，也有河谷的富庶、水乡的旖旎，还有名胜古迹的厚重，更有少数民族风情的多彩。通过学习，熟悉青海旅游资源概况，掌握青海高价值旅游景区概况，了解近年热门的大柴旦等旅游线路特色。

【学习目标】

1. 掌握青海省旅游资源特征，熟悉青海省国家历史文化名城、世界遗产、国家 5A 级旅游景区概况。

2. 具备对青海省热门旅游线路的行业敏感度，对线路的特色梳理总结能力。

3. 提高对青海省生态旅游环境的保护意识，重视绿色发展观的实践意义。

【知识准备】

一、区域旅游资源概况

青海省，简称“青”，省会西宁。面积 72.23 万平方公里，面积排在新疆维吾尔自治区、西藏自治区、内蒙古自治区之后，列全国各省、市、自治区第四位，人口 594 万人（截至 2021 年年底）。青海省是我国多民族聚居的地区之一，也是我国北方少数民族发祥地之一，少数民族中人口超过万人的有藏族、回族、土族、撒拉族、蒙古族五个民族。

青海省地势总体呈西高东低、南北高中部低的态势，西部海拔高峻，向东倾斜，呈梯形下降；东部地区属青藏高原向黄土高原过渡地带，地形复杂。青海省地貌复杂多样，4/5 以上的地区为高原；东部多山，西部为高原和盆地，兼具青藏高原、内陆干旱盆地和黄土高原三种地形地貌，属高原大陆性气候。地跨黄河、长江、澜沧江、黑河、大通河五大水系。

青海省是名山大川汇聚之地，拥有众多神奇的景观，是长江、黄河、澜沧江的发源地，有“中华水塔”之称。这里有中国最大的高原咸水湖青海湖，有世界上最高的被称之为“聚宝盆”的柴达木盆地，还有昆仑山、祁连山、阿尔金山等山系，其中昆仑山是中华文化源头之一，无数的神话、传说、宗教、艺术等都与此山有关。

青海省是地球上最洁净的地区之一，拥有世界上面积最大的高寒湿地、高寒草原、灌丛和森林等生态系统，是中国生物物种形成和演化的中心之一，是世界生态的独特之地，被联合国教科文组织誉为世界四大无公害超净区之一。尤其是三江源国家公园正式设立、可可西里正式列为世界自然遗产，为青海生态旅游发展创造了历史机遇。自然景观上集山宗、水源、异域、净土等诸多特点于一身，雪山、草原、湖泊、河流、戈壁、荒漠、雅丹、冰川等，五彩缤纷，绚烂多姿，动静相宜。

大美青海不仅是中华文明的重要发源地之一，也是中原文化与周边文化、域内文明与域外文明双向交流和传播的桥梁。在这里，昆仑文化源远流长，热贡艺术、青海“花儿”“青绣”等非遗文化底蕴深厚。昆仑文化、河湟文化、康巴文化、格萨尔文化等相映生辉，无不彰显着青海先民的文明与智慧，无不呈现青海民族民间艺术的神秘、粗犷、成熟和庄重。古代北有丝绸之路、中有唐蕃古道、南有茶马古道，今天更有青藏公路、铁路和青新公路、铁路贯通，是千百年文化交融的一片净地。

二、主要旅游资源及景区

（一）国家历史文化名城

截至 2022 年 3 月，青海省拥有国家历史文化名城 1 座，如表 13-2 所示。

表 13-2　青海省国家历史文化名城及资源概况

城市名称	评选时间	资源概况
同仁市	1994年	同仁市藏语俗称“热贡”，是黄南藏族自治州州人民政府所在地。这里是世界非物质文化遗产以唐卡、堆绣、雕塑为主的“热贡艺术”的发祥地，是著名的藏族画家之乡。千百年来，各民族文化在这里相互融合、交相辉映，古老原始文化保存较好。境内散布着许多远古时代以来人类活动遗址，也分布着数十座历史悠久、地位较高的藏传佛教寺庙

（二）世界遗产

截至 2022 年 8 月，青海省共有 2 处景观被联合国教科文组织列入《世界遗产名录》，其中 1 处独立遗产：青海可可西里；1 处联合遗产：长城（青海段）。

1. 青海可可西里（2017.7，世界自然遗产）

可可西里蒙古语为“青色的山梁”之意，位于青藏高原东北部，是中国面积最大、海拔最高、野生动物资源最为丰富的保护区之一，被称为世界“第三极”。遗产地拥有宏伟壮观、得天独厚的高原生态系统，也拥有青藏高原上保存最好的夷平面和最密集的湖泊集群，全面展现了各个阶段的地质演化进程，构成了长江源头重要的蓄水源和壮丽的自然景观。可可西里独特的地理和气候条件孕育了独特的生物多样性，更是大量高原特有动植物的重要庇护所。在这片平均海拔 4500 米以上的高地上，栖息着高原精灵藏羚羊、野牦牛、藏野驴等 230 多种野生动物。

2. 长城（青海段）（1987.12，世界文化遗产）

青海段长城主要留存的是明长城遗址，是为了防御西海蒙古袭扰而修建，从 1546 年修建到 1596 年，历时 51 年。作为明代西起嘉峪关、东到山海关的长城支线，青海段边墙全长约 360 公里，是万里长城中最高的一段。主线由东向西蜿蜒穿行于青海省东部的乐都、互助、大通、湟中及湟源五个县区，基本围绕西宁卫修建。青海边墙作为明代万里长城的重要组成部分，其建筑方式因地制宜、灵活多样，其本体由夯土墙、石墙、山险墙、山险、河险及壕堑组成，从北、西、南三面拱卫着西宁。

（三）国家 5A 级旅游景区

截至 2022 年 9 月，青海省拥有 4 家国家 5A 级旅游景区，如表 13–3 所示。

表 13–3　青海省国家 5A 级旅游景区一览

序号	景区名称	入选时间
1	青海省青海湖景区	2011年
2	西宁市塔尔寺景区	2012年
3	青海省海东市互助土族故土园景区	2017年
4	青海省海北州阿咪东索景区	2020年

【知识拓展 13–1】

塔尔寺的崇高地位

塔尔寺地处西宁市湟中区，创建于明洪武十二年（1379 年），得名于大金瓦寺内为纪念格鲁派（俗称“黄教”）创始人宗喀巴而建的大银塔，是格鲁派六大寺院之一，也是中国西北地区藏传佛教的活动中心，在中国及东南亚享有盛名。历代中央政府都十分推崇塔尔寺的宗教地位。明朝对寺内上层宗教人物多次封授名号，清康熙帝赐有“净上津梁”匾额，乾隆帝赐“梵宗寺”称号，并为大金瓦寺赐有“梵教法幢”匾额。三世达赖、四世达赖、五世达赖、七世达赖、十三世达赖、十四世达赖及六世班禅、九世班禅和十世班禅，都曾在塔尔寺进行过宗教活动。酥油花、壁画和堆绣被誉为“塔尔寺艺术三绝”，另外寺内还珍藏了许多佛教典籍和历史、文学、哲学、医药、立法等方面的学术专著。

资料来源：编者根据相关资料整理。

【任务引入】

大柴旦行政区蒙古语称“伊克柴达木”，意为大盐泽，位于青海省西北部、柴达木盆地北缘，为海西州委、州政府的正县级派出机构。2.1 万平方公里的辖区面积和 2 万常住人口，让海西蒙古族藏族自治州大柴旦成了一处地广人稀的寂静之地。

【任务分析】

2016 年前后户外爱好者的一次“意外”发现，让大柴旦成了中国西部最具吸引力的旅游目的地之一。翡翠湖、水上雅丹、魔鬼城……短短几年时间内，大柴旦旅游迅速升温。与此同时，在民间和官方的共同推动下，西北大环线的开发启了动甘青两省旅游发展的巨大引擎，作为西北大环线节点地域的大柴旦迎来旅游发展的机遇。

【任务实施】

任务要求：以小组为单位，查找以大柴旦为中心的青甘大环线旅游线路在地图上位置、线路形状，途经哪些城市、线路特色及著名旅游景点及资源旅游。

任务目标：

1. 对青海省热门旅游线路有行业敏感度。

2. 对地图上的线路位置、方向、线路形状有清晰的认知。

3. 具备对热门旅游线路资源特色梳理的能力，对线路中热门景点概况的认知能力。

实训步骤：参见表 13–4 提示。

表 13–4　实训操作指导步骤

步骤	标准	提示
1.查找完整线路地图	甄别是否为青甘大环线，是否以大柴旦为中心	包含青海、甘肃两个省份，大柴旦中的精华景点如翡翠湖、水上雅丹必须在内
2.查找线路中涉及的城市	以县级、地级市行政区为衡量标准	如德令哈市、大柴旦行政区、敦煌市等
3.查找每个途经城市涵盖的著名旅游资源及景点概况	包括未开发成景区的热点资源	如沿途的雅丹地貌、门源花海等
4.梳理、总结线路特色	根据资源及景点概况分类、总结	如苍凉与雄浑兼有的自然之美、神秘与艺术兼备的人文之美

任务 3　西藏旅游亚区旅游资源概况

【任务概述】

西藏地形的多样性造就了气候的特殊性，使冰川雪峰、山地湖泊、森林瀑布、农庄田园等和谐而又奇妙地交织在一起。独特的自然条件也形成了藏族特有的民族心理、文化、传统、宗教和习俗，这些和自然共同构成了吸引旅游者的富有民族特色的旅游资源。通过学习，了解西藏自治区旅游资源概况，掌握西藏自治区高价值的旅游景区概况。

【学习目标】

1. 掌握西藏自治区资源特征概况，熟悉西藏自治区国家历史文化名城、世界遗产、国家 5A 级旅游景区概况。

2. 具备对西藏自治区高价值旅游资源开发现状及问题的分析能力。

3. 通过江孜军民近代共同抗英战史树立家国情怀，提升民族自信心和责任心。

【知识准备】

一、区域旅游资源概况

西藏自治区，简称“藏”，首府拉萨市，是中国五个少数民族自治区之一。西藏自治区平均海拔在 4000 米以上，素有“世界屋脊”之称。国土面积 122.84 万平方公里，在全国各省、市、自治区中仅次于新疆。西藏常住人口 366 万人（截至 2021 年年底），是一个以藏族为主体的少数民族自治区，根据 2020 年第七次全国人口普查结果，藏族人口占西藏自治区总人口的 86%。除藏族外，还有门巴族、珞巴族、回族、纳西族等少数民族。

西藏自治区总体地地势由西北向东南倾斜，大致可分为喜马拉雅山区、藏南谷地、藏北高原和藏东高山峡谷区。平均海拔 6000 米的喜马拉雅山区位于藏南，位于中尼边境的珠穆朗玛峰则是世界上最高峰，海拔 8848.86 米，目前已建对游客开放的珠峰国家公园。藏南谷地由雅鲁藏布江及其支流冲积而成，地形平坦、土地肥沃，是西藏主要的农业区，这里有世界上最深、最大的峡谷雅鲁藏布大峡谷，也已经开发成国家 5A 级旅游景区。藏北高原约占全自治区面积的 2/3，由一系列浑圆而平缓的山丘组成，其间夹杂着许多盆地，是西藏主要的牧业区。藏东高山峡谷区著名的横断山地，是一系列东西走向逐渐转为南北走向的高山深谷，其间挟持着怒江、澜沧江和金沙江三条大江。山顶终年不化的白雪、山腰茂密的森林与山麓四季常青的田园，构成了峡谷区三江并流的壮丽景观。

西藏的气候，由于地形、地貌和大气环流的影响，独特而且复杂多样。气候总体上具有西北严寒干燥、东南温暖湿润的特点。气候类型也因此自东南向西北依次有：热带、亚热带、高原温带、高原亚寒带、高原寒带等各种类型。在藏东南和喜马拉雅山南坡高山峡谷地区，由于地势逐渐升高，气温逐渐下降，气候发生从热带或亚热带气候到温带、寒温带和寒带气候的垂直变化，呈现“一年无四季、一日见四季”的变化。

地形的多样性、气候的复杂性，共同造就了西藏雄伟壮观、神奇瑰丽、独一无二的自然风光。这里冰川雪峰、山地湖泊、森林瀑布、草原河流、农庄田园等和谐而又奇妙地交织在一起。一望无际的藏北高原是世界珍稀野生动植物藏野驴、藏牦牛、藏羚羊、藏原羚和黑颈鹤等的栖息地，是开展观鸟、观赏野生动植物、科考、探险等旅游活动的理想之地。珠穆朗玛峰、乔戈里峰、洛子峰、希夏邦马峰、马卡鲁山、卓奥友峰等高大山峰挺拔高峻，是国际著名的登山、探险、科考场所。雅鲁藏布大峡谷被誉为世界第一大峡谷。西藏是世界上湖泊海拔最高、范围最大、数量最多的地区，著名的玛旁雍错、羊卓雍湖、纳木错被藏族同胞视为圣湖，流传着许多美丽动人的传说。西藏东南部素有“植物王国”之称，林芝、米林一带的千年巨柏是我国特有的珍稀树种。目前已知的高度 83.4 米的“中国第一高树”云南黄果冷杉发现于林芝市。

生活在西藏高原上的藏民族以及其他民族，在同大自然的斗争中形成了藏族特有的民族心理、文化、传统、宗教和习俗的藏民族文化，这些极具民族特色的人文旅游资源，如宗教寺庙、宽大的藏袍、平顶的碉房民居、香味四溢的高原热饮——酥油茶、风干的牛羊肉、粗犷豪放的藏族歌舞、多姿多彩的节日、奇特的婚俗、丧俗等民风民俗，不仅让旅游者领略到完全不同于自己生活地域的异域情调，而且也使旅游者感受到藏族民族文化的独特魅力。

藏传佛教寺庙作为西藏宗教文化的集成载体，从建筑、装饰、壁画、塑像、宗教活动及仪轨等方面展现了西藏悠久的历史和灿烂独特的民族文化。西藏现有1700多座保护完好、管理有序的寺庙，形成了独特的人文景观。主要有以拉萨布达拉宫、大昭寺为代表的藏民族政治、经济、宗教、历史、文化中心人文景观区；以山南雍布拉康、桑耶寺、昌珠寺、藏王墓群为代表的藏文化发祥地人文景观区；以日喀则扎什伦布寺、萨迦寺为代表的后藏宗教文化人文景观区；以藏北“古格王朝古都遗址”为主的文物古迹人文景观区；以昌都康区文化为代表的“茶马古道”历史文化人文景观区等。

二、主要旅游资源及景区

（一）国家历史文化名城

截至2022年3月，西藏自治区拥有国家历史文化名城3座，如表13-5所示。

表13-5　西藏自治区国家历史文化名城及资源概况

城市名称	评选时间	资源概况
拉萨市	1982年	拉萨史称“逻些”，素有“日光城”的美誉。公元7世纪，松赞干布统一全藏，将政治中心从山南迁到拉萨，后历经千年发展，逐步形成了西藏的政治、经济、文化、宗教中心，也是藏传佛教圣地。拉萨以风光秀丽、历史悠久、风俗民情独特、宗教色彩浓厚而闻名于世
日喀则市	1986年	日喀则的藏文意思是“土质最好的庄园”，位于西藏西南部，南与尼泊尔、不丹、印度三国接壤，平均海拔在4000米以上，日喀则市境内定日县有世界第一高峰——珠穆朗玛峰，桑珠孜宗堡和江孜古堡都是曾经的政教中心，有扎什伦布寺、白居寺、萨迦寺等一批著名寺庙
江孜县	1994年	江孜县原称“杰卡尔孜”，意为“至高无上的王宫”，是西藏历史上地位仅次于拉萨、日喀则的第三重镇。这是一座英雄城，1904年江孜军民依托此处的宗山古堡在这里谱写了反抗英国侵略、保卫祖国领土和主权的英雄篇章。此外，还有藏传佛教几大教派聚于一庙的白居寺，旧西藏三大领主贵族庄园帕拉庄园

【案例精选13-1】

开发红色旅游产品　弘扬江孜英雄精神

18—19世纪，英国殖民者在占领了南亚大部分土地之后，企图加强其在中亚的势力，于是就策划把西藏变成它的“缓冲区”。1888年英国发动第一次侵藏战争，迫使西藏的亚东开放为商埠。1904年，英国3000多人又发动了对西藏的大规模入侵，在江孜地区遭到了藏族同胞的英勇抵抗。江孜保卫战是西藏近代史上抗击外国侵略者规模最大、最为惨烈悲壮的战斗之一，江孜军民以宗山古堡为中心与英军展开了殊死搏斗，用火绳枪、石头、大刀抵抗英国的榴霰弹、机枪、步枪，展开血肉之战，许多寺院僧侣也加入战斗，最后弹尽粮绝，跳崖身亡。今天江孜在开发旅游产品时，可以依托宗山古堡、白居寺等充分挖掘战争遗址遗迹，设计研学、红色旅游产品，弘扬江孜人民英雄精神，激励游客勿忘国耻，提升民族责任心。

资料来源：编者根据相关资料整理。

（二）国家5A级旅游景区

截至2022年9月，西藏自治区拥有5家国家5A级旅游景区，如表13-6所示。

表13-6　西藏自治区国家5A级旅游景区一览

序号	景区名称	入选时间
1	拉萨布达拉宫景区	2013年
2	拉萨市大昭寺	2013年
3	林芝巴松措景区	2017年
4	日喀则扎什伦布寺景区	2017年
5	林芝市雅鲁藏布大峡谷旅游景区	2020年

【任务引入】

西藏自治区的古格王朝的前身可以追溯到象雄国，王朝的建立大概从9世纪开始，在统一西藏高原的吐蕃王朝瓦解后建立的，到17世纪结束，前后世袭了16个国王。它是吐蕃王室后裔在吐蕃西部阿里地方建立的地方政权，其统治范围最盛时遍及阿里全境。它不仅是吐蕃世系的延续，而且使佛教在吐蕃瓦解后重新找到立足点，并由此逐渐达到全盛，因此古格王朝在西藏历史上具有重要意义。

【任务分析】

古格王朝遗址位于阿里地区札达县的一座土山上，西距札达县城约18公里，占地总面积72万平方米。遗址从山脚到山顶高300余米。有房屋、佛塔和洞窟等600余处，保存较好的有寺庙、殿堂5座；寺内残留有泥塑佛像和壁画，以及历代吐蕃赞普和王子的画像；遗址周围散布铁盔甲、马甲、盾牌、箭镞等遗物。它早在1961年就被国务院公布为第一批全国重点文物保护单位，目前已成为阿里地区旅游资源的代表。

【任务实施】

任务要求：以小组为单位，简单调查古格王朝遗址目前旅游的开发现状、存在问题、需要提升发展的内容及策略。

任务目标：

1. 提升古格王朝在西藏历史发展中的重要性认识。

2. 培养对人文类旅游资源及产品开发中存在问题的探究能力。

3. 具备对旅游资源及产品开发措施的个人思考及见解力。

实训步骤：参见表 13–7 提示。

表 13–7 实训操作指导步骤

步骤	标准	提示
1.查找资料，全面了解古格王朝	参考官网或权威资料，尤其是数据性资料	充分认识到古格王朝对西藏历史发展上对于宗教、政治上的重要意义
2.查找古格王朝相关旅游攻略、游记、评价	关注范围扩大到阿里旅，包括阿里其他代表性旅游资源	查找内容要全面，如交通、遗址产品、住宿等方面
3.梳理古格王朝遗址开发中存在的问题	可以分类梳理总结，如遗址产品开发现状、交通条件、餐饮、住宿等	关注大交通和小交通，邻近的餐饮、住宿位置等，便于精确查找问题
4.对问题改善提出自己的见解	分类提出解决措施	重点应放在旅游产品的措施改善上

【项目考核】

一、单项选择题

1. 青藏高原属于我国地势的第一阶梯，第一阶梯中还有我国四大盆地中的（ ）。

A. 塔里木盆地　B. 柴达木盆地　C. 准噶尔盆地　D. 四川盆地

2. 我国最大的咸水湖是（ ）。

A. 那木错　B. 青海湖　C. 翡翠湖　D. 羊卓雍措

3. 位于青藏文化旅游区的国家公园是（ ）。

A. 武夷山国家公园　B. 大熊猫国家公园

C. 三江源国家公园　D. 海南热带雨林国家公园

4. 为了纪念藏传佛教中格鲁派创始人宗喀巴而修建的寺院是（　）。

A. 大昭寺　　B. 小昭寺　　C. 塔尔寺　　D. 扎什伦布寺

二、多项选择题

1. 西藏三大圣湖包括（　）。

A. 纳木错　　B. 玛旁雍错　　C. 羊卓雍措　　D. 巴松措

2. 青藏文化旅游区的气候特点有（　）。

A. 空气稀薄　　B. 温差大　　C. 太阳辐射量高　　D. 风大干燥

3. 唐朝的文成公主与吐蕃的松赞干布和亲带来的积极意义包括（　）。

A. 稳定了唐朝的局势，缓解了两国的矛盾

B. 促进了中原文化和技术向高原地区的传播

C. 为佛教在西藏的产生奠定了基础

D. 加深了汉藏人民的友谊

4. 青藏文化旅游区被评为世界非物质文化遗产的项目有（　）。

A. 格萨（斯）尔　　B. 热贡艺术　　C. 藏医药浴法　　D. 藏戏

【项目实训】

热贡艺术是中国藏传佛教艺术的重要组成部分和颇具广泛影响的流派，15 世纪初发祥于藏民族文化的原生地青海省黄南藏族自治州同仁县境内的隆务河畔，藏语称热贡，意为梦想成真的金色谷地。热贡艺术主要指唐卡、壁画、堆绣、雕塑等绘画造型艺术。热贡艺术以藏传佛教中的佛本生故事，藏族历史人物和神话、传说、史诗等为主要内容，同时也包括一些世俗化的内容。2009 年，热贡艺术入被联合国教科文组织入选人类非物质文化遗产代表作名录。

实训要求：请以小组为单位，查找资料，查找热贡艺术当前的生存、保护和发展现状。

项目 14

一国两制——港澳台文化旅游区认知实践

项目导学

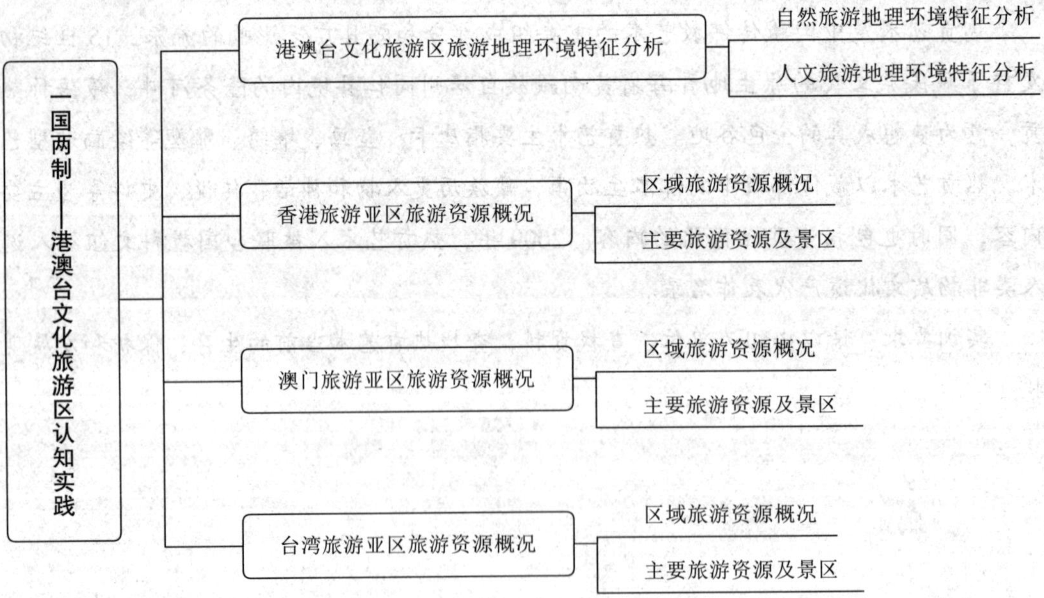

学习目标

知识目标：

1. 了解港澳台文化旅游区旅游地理环境特征及其对旅游业的影响。

2. 熟悉香港特别行政区、澳门特别行政区、台湾地区主要旅游资源概况。

3. 掌握港澳台文化旅游区主要的代表性景区。

能力目标：

1. 能够整合所学知识独立思考，分析台湾、香港、澳门旅游亚区受到政治等人文地理环境因素变化对其旅游业发展的影响。

2. 能够运用所学本地区旅游地理环境特征、旅游资源概况等知识，结合市场具体需求，科学规划旅游线路（产品）中景区节点合理设置的能力。

素质目标：

1. 通过充分认识我国“一国两制”在香港、澳门的成功实施，大陆经济飞速发展为港澳台旅游业、为当地居民个人发展带来的巨大拓展空间与发展机遇，提升家国情怀。

2. 通过香港动乱、佩洛西访台等“帝国主义亡我之心不死”事件的了解，增强使命感和责任感。

任务1　港澳台文化旅游区旅游地理环境特征分析

【任务概述】

多年来，香港和澳门凭借自身国际化的有利条件，依托“一国两制”享有高度自治权的基本国策，旅游发展势头良好。粤港澳大湾区旅游一体化为港澳提供了新的发展机遇。台湾旅游业的发展非常容易受到台湾当局对大陆政策的影响，目前“执政”的民进党蔡英文当局对大陆政策的收紧，不仅影响了两岸的正常交往，对旅游业也是致命的冲击。但仅从旅游资源木身分析，木旅游区有着中西合壁、独一无二的资源特征，是知名的国际旅游胜地。通过学习，了解本区山地丘陵为主的岛屿与半岛的地形地貌，熟悉本区旅游资源概况，掌握曲折蜿蜒的海岸线风光迤逦多优良海港、地壳活动频繁地热旅游资源丰富等自然地理环境特征，以及中西文化交融荟萃、中西建筑风格合壁、购物美食魅力无穷等人文地理环境特征。

【学习目标】

1. 了解港澳台文化旅游区地形地貌与主要景观概况，熟悉港澳台文化旅游区自然与人文旅游地理环境特征。

2. 提升对港澳台地区独特发展历史、中西文化融合发展背景下旅游资源特征的认知，具备对本旅游区旅游资源特殊性原因的分析能力。

3. 树立港澳台自古是我国固有领土的地理格局的认知，培养雪百年民族屈辱、迈向民族复兴的家国情怀。

【知识准备】

港澳台文化旅游区包括我国香港特别行政区、澳门特别行政区和台湾地区，总面积为 3.72 万平方公里，总人口约为 3165 万人（截至 2021 年年底）。本区地处我国南亚热带、热带地区，地势低缓，多为低山丘陵，背靠祖国大陆，面对广阔海洋，是亚洲至欧洲、非洲和大洋洲的航道要冲，具有十分优越的临海位置。长期以来，本区都是我国面向世界、沟通海外的前沿窗口。

一、自然旅游地理环境特征分析

（一）山地丘陵为主的岛屿与半岛地形，山地景观资源丰富

香港、澳门和台湾地区主要是由我国东南沿海地区的一些岛屿、半岛组成。台湾地区由中国第一大岛台湾岛与兰屿、绿岛、钓鱼岛等附属岛屿和澎湖列岛组成，台湾岛除西岸南北狭长一带为平原外，全岛约 2/3 的面积为山地和丘陵，拥有我国东部最年轻的山系——台湾东部山脉，包括呈南北纵向的阿里山脉、雪山山脉、玉山山脉、中央山脉及海岸山脉五大山脉，山岳高峻雄伟，气势磅礴。其中玉山主峰海拔 3952 米，为台湾和我国东部的最高峰，相对较低的阿里山则为台湾秀丽风光之象征。香港属于典型的滨海丘陵地貌，山岭众多、平原较少，大部分沿海平地都是近百年来填海造陆的结果。澳门地形多为山地海湾，拥有莲花山、东望洋山（松山）、西望洋山、炮台山、妈阁山等低山丘陵。这些山地依托亚热带湿润季风季候的水热条件，森林茂密、生物景观丰富、

水体旅游资源多样，形成了许多著名的山地景观。

（二）曲折蜿蜒的海岸线风光旖旎，多优良海港

香港地形以低山丘陵为主，海岸岬湾相间，海岸线蜿蜒曲折，湾深港多，不乏优良港口。如香港的维多利亚港，是世界三大天然良港之一。台湾岛四面环海，沿岸港口较多。其中，位于台湾岛西南海岸的高雄港是台湾地区最大的优良海港；位于台湾岛东北部的基隆港，是台湾第二大优良港口。澳门虽无深水港，但供游船停靠的浅水港口众多，主要有港澳码头及内河客运港口，是经由香港与内地进入澳门旅游的主要水上通道。除了借助优良的港口发展经济外，在旅游业的开发利用上也具有天然的优势。蜿蜒曲折的海岸线造就了许多水清沙细、滩床宽阔、平缓浪小的海滨浴场，如香港的浅水湾、台湾的垦丁白沙湾等。而台湾东海岸的清水断崖险峻秀美，是台湾东海岸最佳的观景之地；台湾北部的海蚀地貌鬼斧神工、千奇百怪，构成一幅幅天然奇景，地质景观价值高，野柳岬堪称是一座奇特的海岸地貌博物馆，成为游客最喜爱的台湾景区之一。

（三）地壳活动频繁，地热旅游资源丰富

台湾地区地处太平洋板块与欧亚板块的聚合边界上，是环太平洋火山地震带的重要组成部分，自古以来既是我国地震的多发区，又是地热资源十分丰富的区域。台湾全岛已被发现并命名的温泉有128处，是我国温泉密度最高的省份，主要分布于大屯火山群和中央山脉地区；以泉质区分，台湾温泉大多属于碳酸盐泉，疗养价值高。现已开发的有北投、金山、阳明山、谷关、泰安、关子岭、四重溪、知本及鸠之泽温泉（原仁泽温泉）等40多处，其中北投温泉、阳明山温泉、关子岭温泉和四重溪温泉最为著名，被誉为台湾“四大温泉”。台湾丰富的温泉资源，造就现今普遍的泡汤文化。赴温泉旅游度假区泡温泉成为许多游客前往台湾养生体验的必选项目，成为台湾旅游的一大特色。

（四）典型的热带、亚热带季风气候，台风、洪水灾害多

本区地处我国低纬度地区，属于典型的热带、亚热带海洋性季风气候。香港和澳门地处北回归线附近，属于亚热带季风气候，夏季漫长而炎热，雨多潮湿，冬季短促而凉爽，雨少干燥。台湾大部分地区处于亚热带季风气候区，南部小部分地区属热带季风气候，但由于四面环海，受海洋性季风、台湾暖流的影响，终年气候宜人，冬无严寒、夏无酷暑，雨量充沛，年平均降水超过2500毫米，四季树木葱茏、百花绽放，旅游业淡旺季差异较小，一年四季都适合前往观光游览。同时，本区靠近世界最大海洋太平洋，是台风、暴雨等灾害性天气的多发地，每年7—9月受到台风、暴雨侵袭的次数频繁、强度较大，常造成建筑物与植被景观被损坏、甚至出现洪水泛滥等严重后果，对其旅游业发展产生负面影响。

【行业前沿 14-1】

祖国统一将为两岸旅游业发展带来新机遇

大陆作为台岛最大的入境游市场，在2008年开放赴台游之后，让台湾旅游业曾迎来了史上最好的“黄金八年”。然而，2016年，蔡英文及民进党上台之后，两岸的共同政治基础遭到破坏，导致大陆赴台旅游也进入寒冬期。叠加新冠疫情影响，2021年境外赴台旅客为14.48万人次，创有统计以来新低。2022年，随着美方“窜访台湾”的闹剧上演，台海局势骤然紧张，原本就“不富裕”的台湾旅游市场无疑雪上加霜。但可以肯定的是，祖国统一台湾的决心从未改变，台湾融入国家的发展也是历史的必然。国家“十四五”规划中曾提到支持台商台企参与“一带一路”建设等，福州至台北的高速公路也在国家公路网规划之内，并计划于2035年前完成。目前国内各大地图平台已经显示京台高铁线路图以及台湾的每个街道名称了，网友对统一后搭动车去看台湾好风光、赴台自驾游充满了期待，旅游业界也对统一后两岸文旅产业的融合发展充满了信心。

资料来源：编者根据相关资料整理。

二、人文旅游地理环境特征分析

（一）中西文化交融荟萃，市井风情独具特色

港澳台自古以来就是我国不可分割的领土，但在历史上都有被外国殖民者统治的历史。在被殖民统治的过程中，本地传统文化与外来文化经历了长期的冲突与融合，最终形成了以中国传统文化为内核、以中西文化交融为特色的文化形态——港澳台文化。港澳台三地宗教信仰兼容并蓄、传统节日中外融汇。妈祖崇拜是港澳台三地民间最广泛的传统信仰。香港和澳门由于背靠祖国大陆，历史上居民大都是从内陆迁移而来的，华人约占97%，因此在宗教信仰上首推和内地一脉相承的佛教和道教，同时由于受到西方殖民统治的影响，许多民众也信仰基督教、天主教、伊斯兰教及印度教等，充分展现出港澳地区在宗教信仰上的中西合璧特色。台湾地区宗教信仰基本与大陆相同，以佛教、道教最为盛行，同时也有以高山族为代表的原住民原始信仰、民间通俗信仰，以及天主教

等外来宗教信仰。港澳台的节日众多，既有热闹、喜庆、吉利为特色的中华民族传统节日，也有以新潮、刺激和趣味为特色的西方节日；既有对原始祭祀的传承，也有现代化的创新，可谓异彩纷呈。

（二）中西建筑风格合璧，特色建筑众多

在港澳台长期的历史发展中，形成了既有传统的中式宅院，又有古老的西式洋楼，既有明清保留下来的古庙，又有近代遗留下来的教堂，中西建筑文化融合的格局。这些建筑不仅是一座座生动的文物，也是港澳台历史发展的一个个见证，其中有些价值极高，如澳门历史城区由22座位于澳门半岛的建筑物和相邻的8块前地组成，在2005年就被联合国教科文组织列为世界文化遗产，是中西建筑融合的典型代表。此外，香港历史建筑多数是于第二次世界大战前兴建，除了有悠久历史的寺庙、教堂及祠堂外，还有一些政府建筑如水塘建筑、军营、官员官邸等，这些建筑保留了不少早年香港居民的生活情况及信仰等痕迹；同时，香港不少建筑保留了英国殖民地时代的西方建筑风格，一些建筑更是中西合璧。漫步这些古迹及周边，细细咂摸这些老建筑砖瓦间遗留的历史积淀，或是对称轴线、大型圆拱流露的英式风格；或是骑楼、游廊呈现的粤式风格，新旧和谐交融，缔造出独具创意的城市文化形态。

（三）服务贸易繁荣，购物美食魅力无穷

香港、台湾早在20世纪80年代就已经凭借各自的特色产业跻身“亚洲四小龙”行列。香港由于特殊的地理位置，凭借天然的优良港口、发达的进出口贸易以及自由港的地位，大力发展服务业，逐渐成为亚太地区著名的国际金融、贸易、旅游中心。这里购物商场林立、商品种类包罗万象，拥有各式各样的露天市集、充满奇趣的夜市和琳琅满目的豪华大型商场，同时因政府采取低税率政策、商品价格相对较低，因此吸引中外游客前往香港购物及旅游，香港被称作“购物天堂”。澳门因旅游博彩业等服务业发达，低税率政策、地理条件和低消费水平造成了澳门物美价廉的购物环境。台湾的本土特产和工艺品深受游客喜爱，尤其是物美价廉的化妆品、糕点小吃及美术工艺品等市场热度很高。本区饮食博采众长，口味丰富多彩。香港有亚洲“美食之都”的美誉，汇聚了世界各地的美食，以选择繁多而质高味美闻名于世。香港的中国菜餐馆，提供中国各地的特色佳肴，广东菜餐馆尤其多，食肆以旺角、铜锣湾、尖沙咀东部和九龙城等地尤为集中，各种美食活动全年不绝。澳门美食也是华洋共处，荟萃东西南北各地美食，餐饮主打粤菜等。澳门的居民多为广东移居，所以粤菜的传统在澳门被保留下来，并且融合了西式烹饪的技巧，形成了独一无二的澳门菜。台湾饮食以闽南饮食为主，非常讲究食补，五行调和等观念深厚，形成了丰富多彩的饮食文化。

（四）交通便利快捷，旅游出行方便

香港地区的交通便利程度在世界名列前茅，无论是对内的交通密度，还是对外的航空班线，都是一流水平。香港市内公共交通系统快捷多元，地铁、电车、巴士、的士和轮渡等应有尽有，在观光游览区还有山顶缆车、轻铁等旅游交通；在通向内地的公共交通中，九广铁路、到广东各大城市的直通巴士、船运也非常方便；发达的公共交通系统、现代化的管理理念与管理手段，加上港人多能自觉遵守交通规则，使得地域狭小、交通特别繁忙的系统运行顺畅。香港是国际和亚洲地区主要的航空中心，香港国际机场也成为世界上最繁忙的机场之一，全球各大航空公司几乎每天都有航班来往于香港。澳门交通也较为便利，内部有公共汽车、出租车、三轮车、自行车多种交通工具供游客选择，外部远程有国际机场飞往内地各大城市和台湾、首尔等近域，近程有通往珠海、广州等地的大巴，通往香港的水运。台湾地区的海陆空交运系统非常完整，内部有贯穿台湾全境的捷运高铁，高速公路也非常发达；外部航空上有桃园、高雄国际机场，水运有高雄、基隆、台中、花莲和苏澳五个国际港口，可以说多层次的立体交通网络完备覆盖全岛。

【任务引入】

与中国大陆相比，港澳台旅游业起步早，三地凭借优越的地理位置、便捷的对内对外交通、良好的接待设施、中西融通的文化特色及对外开放的经济制度，较早地对有限的旅游资源进行了有效的独具特色的开发，旅游服务与规范的管理与国际接轨，迅速成长为国际旅游胜地。由于血缘、地缘及经济的密切联系，在政治坚冰融化以后，大陆一直是港澳台重要的客源市场，2008 年以来，大陆游客稳居台湾入境游客第一位，成为台湾旅游增长第一推动力；港澳也以各具特色的优势旅游资源成为最受内地游客欢迎的重要旅游目的地之一。

【任务分析】

港澳台虽同为国际旅游热点，都具有滨海旅游的良好条件，但旅游吸引力的侧重点各不相同。香港、澳门地域虽相对狭小，但旅游特色都十分鲜明。香港以购物旅游、商贸旅游为最大吸引力，在山水风光、主题公园等其他旅游资源开发方面也卓有成效，旅游业最为发达。澳门主要以博彩娱乐业及特殊文化色彩吸引游客，旅游业也十分兴旺，其世界文化遗产——澳门历史街区的开发，使澳门旅游从单一走向多元化世界旅游休闲中心发展的标志。宝岛台湾面积相对较大，各类旅游资源都比较丰富，山水风光、温泉疗养、滨海度假、民俗风情等以其独特的魅力深受中外游客喜爱。

【任务实施】

任务要求：分组查找资料，完成对港澳台三地优势旅游资源的认知梳理。

任务目标：

1. 对港澳台文化旅游区旅游地理环境特征、旅游业发展现状有全面认识。

2. 具备对港澳台三地优势旅游资源的归纳分析能力。

实训步骤：参见表14–1提示。

表14–1　实训操作指导步骤

步骤	标准	提示
1.掌握所学，拓展认知	查找资料，拓展对港澳台旅游地理环境特征、旅游业现状认知	港澳台三地主要的自然、人文地理环境特征，港澳台地区目前的特色旅游资源、重要景点
2.查找其特色与热点旅游资源	找出港澳台三地主要的旅游资源要素	通过携程等旅游网站的旅游线路、旅游攻略等资讯，通过游客游记等反馈评价印证收集的信息
3.对其优势旅游资源进行梳理总结	港澳台三地的优势旅游资源列举	其世界遗产、旅游热点、特色资源等

任务2　香港旅游亚区旅游资源概况

【任务概述】

香港被誉为“东方之珠”“购物天堂”，在这里，你可以乘着天星小轮畅游海港，也可以乘缆车登上太平山顶，也可以眺望维多利亚港迷人的夜色。通过学习，熟悉香港旅游资源概况，掌握香港高价值的旅游景区概况。

【学习目标】

1. 熟悉香港旅游资源概况，掌握香港主要的代表性景区。

2. 具备对香港热门主题线路的行业敏感度，对各主题线路涉及的资源及景点具有一定的梳理总结能力。

3. 认识到香港的稳定繁荣对“一国两制”实现祖国完全统一、对实现中华民族伟大复兴具有的重要意义，树立文化自信。

【知识准备】

一、区域旅游资源概况

香港特别行政区，简称“港”，地处广东省南部、珠江口以东，西与澳门特别行政区隔海相望，北与深圳市相邻，南临珠海市万山群岛，是太平洋和印度洋航线上的重要枢纽。区域范围包括香港岛、九龙半岛、新界和周围262个岛屿，陆地总面积1113.8平方公里（2021年）。截至2021年年末，香港总人口740.15万人，是世界上人口密度最高的地区之一，人均寿命全球第一，人类发展指数全球第四。香港属于亚热带海洋性季风气候，全年雨量充沛，四季花香。香港属于典型的滨海丘陵地形，境内丘陵起伏，最高点新界的大帽山海拔957米，而海拔554米的太平山是香港岛的最高峰。香港平地很少，是由河流自然形成的冲积平原，近百年填海造陆多位于九龙半岛及香港岛北部。香港海岸线曲折，湾深港多。

香港自古以来就是中国的领土。香港在第一次鸦片战争后开始陆陆续续沦为英国殖民地，至1997年正式回归祖国，历时达150多年。第二次世界大战以后，香港经济和社会迅速发展，被誉为“亚洲四小龙”之一。1997年7月1日，中华人民共和国正式恢复对香港行使主权，香港特别行政区成立。中央拥有对香港的全面管治权，香港保持原有的资本主义制度和生活方式，并可享受外交及国防以外所有事务的高度自治权。“一国两制”“港人治港”、高度自治是中国政府的基本国策。

香港素有“东方之珠”“美食天堂”和“购物天堂”等美誉，是一座高度繁荣的国际大都市，是重要的国际金融、贸易、航运中心和国际创新科技中心，与纽约、伦敦并称为“纽伦港”，是全球最具竞争力城市之一，在世界享有极高声誉。香港也是中西方文化交融之地，把华人智慧与西方社会制度合二为一，以廉洁的政府、良好的治安、自由的经济体系及完善的法制闻名于世。香港影视业历史悠久、独树一帜，有“东南亚制片中心”之称。旅游业是香港四大支柱产业之一。香港旅游资源丰富，其中西合璧的文化景观、古老传统与现代文化的融合、独特的自由贸易政策、来自世界各地的商品和美食、现代都市风光，以及维多利亚港、迪士尼乐园、海洋公园、太平山、铜锣湾、维多利亚公园、浅水湾、香港星光大道及黄大仙祠等密集存在的景点吸引世界各地的游客。

二、主要旅游资源及景区

（一）香港岛

1. 维多利亚港

维多利亚港（Victoria Harbour）是指位于香港岛和九龙半岛之间的港口和海域，名字取自于英国维多利亚女王，简称维港，其南北有高山作为天然屏障，东西有鲤鱼门、尖沙咀紧扼咽喉，港内航道水深10米以上，大型远洋货轮可直接驶入码头和装卸区，为世界各国船舶提供了方便而安全的停泊地，是世界三大天然深水良港之一，也是世界上最繁忙的天然内港之一。维多利亚港水面宽阔，景色迷人，每天日出日落，繁忙的渡海小轮穿梭于南北两岸之间，渔船、邮轮、观光船、万吨巨轮和它们鸣放的汽笛声，蔚蓝色的海水与两岸华美的建筑交相辉映，夜幕降临时，海港两岸华灯璀璨，交织出一幅美妙的海上繁华景致，香港亦因其而拥有“东方之珠”、世界三大夜景之最的美誉。

2. 香港海洋公园

香港海洋公园位于香港岛南区黄竹坑南朗山上，占地超过91.5公顷，1977年1月开幕，是一座集海陆动物、机动游戏和大型表演于一身的世界级主题公园，也是全球最受欢迎、入场人数最高的主题公园之一。公园凭山临海，旖旎多姿，包括北面的山下花园、南面的南朗山南麓及大树湾三部分，分为“高峰乐园”及“海滨乐园”两大主要景区，以登山缆车和海洋列车连接。在这里不仅可以看到趣味十足的露天游乐场、海豚表演，还有千奇百怪的海洋性鱼类、高耸入云的海洋摩天塔，更有惊险刺激的越矿飞车、极速之旅，堪称科普、观光、娱乐的完美组合。

3. 太平山

太平山位于中国香港中西区，古称为香炉峰，海拔高度554米，是香港岛最高峰，简称为山顶，是香港最著名的游览胜地之一，也是俯瞰维多利亚港及九龙半岛的最佳场所。在太平山山顶，白天可俯瞰香港美景、晚上是观赏香港美妙夜景的最佳去处，成为人们到香港的必游之地。太平山风光秀丽，是港岛最负盛名的豪华高级住宅区。山下有缆车直通山顶，山顶设有露天观景台和商场、餐厅等游客观景配套设施，太平山瞭望台西面有卢吉道小径，沿途绿树成荫，鸟语花香，在此可以俯瞰香港及维多利亚港的景色。香港杜莎夫人蜡像馆位于太平山顶凌霄阁，是专门展览名人蜡像的博物馆，是国内旅客游港必到之地。

4. 香港会议展览中心

香港会议展览中心位于香港岛湾仔北岸，简称会展中心，是香港的主要大型会议及展览场地，是香港地标之一，1988 年建成，1997 年 7 月 1 日香港回归大典就在该处举行。香港会议展览中心是香港新建筑群中的代表，它的新翼则由填海扩建而成，内附大礼堂及大展厅数个，分布于三层建筑之中，是世界最大的展览馆之一，而它独特的飞鸟展翅式形态，也给美丽的维多利亚港增添了不少色彩。金紫荆广场位于香港会展中心旁，是为纪念香港回归祖国而设立，放有象征香港回归的金紫荆雕像，亦是香港每天举行升旗仪式的地方。广场在维港的中心位置，与对岸的尖沙咀对峙，是观赏香港岛和九龙半岛夜景的好地方。

（二）九龙区

1. 尖沙咀

尖沙咀是九龙半岛南端的一个海角，毗邻红磡湾。在移山填海之前，由于该处附近的海水被官涌山所阻，其南端形成一个长及尖的沙滩，地形上十分显著。经过多次填海工程后，今天的尖沙咀已增加不少土地面积，却依然是一个高度发展区域，一直是香港的心脏的地带。尖沙咀充满异域风情，如南亚裔及非裔人士聚居的重庆大厦、九龙公园旁全港最大的清真寺、充满英国风情的五星级半岛酒店、有着韩国街之称的金巴利街等。尖沙咀区内设有不少购物商场，包括新港中心、太阳广场、美丽华商场、新世界中心等。在新世界中心面向维多利亚港一面的尖沙咀海滨长廊，设有记录香港百年电影史的香港星光大道，旅客可以欣赏不少杰出电影业人士的手印、牌匾和雕塑，重温不同电影人的风采。

2. 黄大仙祠

香港黄大仙祠位于九龙，又名啬色园，建于 1945 年，是香港最著名的道教庙宇之一，也是香港唯一一所可以举行道教婚礼的道教庙宇。整个庙宇占地 18000 多平方米，建筑雄伟，金碧辉煌，祠内园林里有仿照北京北海公园九龙壁而建的九龙壁，壁上刻有中国佛教协会主席赵朴初的题诗，极富中国传统祠庙建筑特色。每年农历年底及正月初一至十五，有大量善信前往该祠，所有黄大仙的弟子会于正午时分聚集于祠内的主殿参与祭祀。

【知识拓展 14-1】

香港俗神信仰及黄大仙

香港地区宗教信仰自由，据统计香港寺院有40座，天后庙宇24座。当地港人主要信仰佛教、道教，而在俗神信仰里，普遍敬奉的有祖先神位、妈祖、黄大仙、门神和土地神等。由于香港从事渔业、航运者众多，故庙宇供奉最多的是天后妈祖；此外在庙宇中供奉的其他神还有观音、北帝、关帝等。许多商店中也设有关帝神位，以求保佑平安。

黄大仙在我国东南沿海地区受到普遍信仰，视其为中国道教在南海的最高尊神，港澳尤甚。黄大仙亦称赤松黄大仙，生于328年东晋时期，原名黄初平，是浙江金华人。黄大仙擅长炼丹和医术，得道之后在民间惩恶除奸，劝恶扬善，赠医施药，有求必应，留下了许多脍炙人口的故事，被世人尊奉为财神、吉祥之神、万能之神。在英殖民时期大多数香港人崇奉黄大仙，许多港人无论保平安、求事业、问姻缘等，都来黄大仙庙解迷津，黄大仙殿前的香火终年鼎盛。

资料来源：编者根据相关资料整理。

（三）新界及离岛区

1. 迪士尼乐园

香港迪士尼乐园（Hong Kong Disneyland）位于香港新界大屿山，占地126公顷，2005年9月12日正式开园。它是全球第5座、亚洲第2座、中国第1座迪士尼乐园。乐园分为7个主题园区，分别为美国小镇大街、探险世界、幻想世界、明日世界、玩具总动员大本营、灰熊山谷及迷离庄园，其中灰熊山谷和迷离庄园为全球独有。园区内设有主题游乐设施、娱乐表演、互动体验、餐饮服务、商品店铺及小食亭。此外，乐园每天晚上会呈献巡游表演节目及烟花会演。

2. 宝莲禅寺

宝莲禅寺是香港的四大禅林之首、佛教圣地，位于大屿山昂坪，介于凤凰山与弥勒山之间，山门之前，左有木鱼峰天坛大佛、法华塔；右有莲花山与狮子石，寺宇建筑雄伟壮观，群山环抱，冈峦起伏，景色极佳。禅寺牌坊正对的木鱼山顶上，有一座新建的世界最大的户外青铜坐佛，称为天坛大佛。大佛端坐在三层祭坛上，总高度近34米，重约250吨，该像由中国航天科技部设计和制作，是结合宗教艺术和尖端科技的结晶品。大佛底座三层设有展览厅等，内有一口大钟，上雕佛像和经文等，该钟由电脑控制，每隔七分钟敲打一次，共108次，以供人“解除108种烦恼”。

【任务引入】

香港尽管地域面积不大，但可游览的旅游资源丰富，无论香港经典观光游、香港购物美食游，还是香港欢乐亲子游、跟着电影游香港，甚至是特色主题的定制旅游，香港之行都可让游客期待而来、满意而归。

【任务分析】

上述4条线路按照不同的主题特色，串联起不同的旅游资源，形成了游客青睐的特色热门旅游线路。如果你是游客，在了解了每条线路涉及的旅游资源及特色后，会对哪条线路最感兴趣呢？

【任务实施】

任务要求：选择其中一条主题旅游线路，查找所涉及的香港旅游资源及要素。

任务目标：

1. 对香港热门主题旅游线路有一定的行业敏感度和认知力。
2. 对香港主题旅游线路所涵盖的景区节点设置（在地图上位置）有清晰的认知。
3. 具备对热门主题旅游线路的梳理能力，对线路中热门景点概况的认知能力。

实训步骤：参见表14–2提示。

表 14–2　实训操作指导步骤

步骤	标准	提示
1.确定选择主题线路、搜索旅游资源	通过主题关键词查找相关旅游资源要素	如经典观光游搜到维多利亚海港、旺角、尖沙咀、太平山顶、铜锣湾等
2.甄别资源的价值和类型	在同类中寻找级别高、价值高的景点	如香港经典观光主题涉及景点，首选游客关注指数高、口碑好的热点
3.画出主题旅游线路	根据景点位置、方位进行判别	如香港经典观光主题线路采用环状或节点状线路进行串联

任务 3　澳门旅游亚区旅游资源概况

【任务概述】

澳门 400 多年东西方文化融合共存的历史，使其成为一个风貌独特的城市，留下了大量的历史文化遗迹。富有东方色彩的寺院庙宇、文艺复兴时期建筑风格的天主教堂、欧洲中世纪古堡式的炮台、原始的石板路和碎石路、中西合壁市井风情等都体现了澳门作为一个文明交会点的特有魅力。通过学习，了解澳门旅游资源概况，掌握澳门高价值的旅游景区概况。

【学习目标】

1. 熟悉澳门特别行政区旅游资源概况，掌握澳门主要旅游景区概况。
2. 了解人文类景区概况导游词创作的基本内容。
3. 树立家国情怀，提升民族自信心和责任心。

【知识准备】

一、区域旅游资源概况

澳门特别行政区，简称“澳”，位于广东省珠江口西侧，北邻珠海市，东与香港隔海相望，与香港相距 60 公里，距离广州 145 公里。澳门由澳门半岛和氹仔、路环二岛组成，陆地面积因沿岸填海造地目前为32.9平方公里。截至2021年年底，总人口为68.32万人，人口密度居世界前列。澳门地势不高，丘陵、台地广布，属于亚热带海洋性季风气候。澳门自古以来就是中国领土。澳门从明朝开始被葡萄牙人租借，直至清朝末年正式沦为葡萄牙殖民地，1999年12月20日回归祖国，中国政府恢复对澳门行使主权，被殖民历史长达400多年。

澳门素有“东方拉斯维加斯”之称，是国际自由港、世界四大赌城之一、世界旅游休闲中心，经济规模不大，但具有开放和灵活的特点，商品种类繁多，进出手续极为简便，是个购物天堂。澳门旅游业发达，其中博彩娱乐与世界文化遗产——澳门历史城区是其最大的旅游吸引力之所在。澳门主要景点有大三巴牌坊、妈阁庙、渔人码头、议事厅前地、葡京游乐城、威尼斯人度假村、澳门旅游塔、东望洋（松山）灯塔、黑沙湾海滨浴场、林则徐纪念馆、澳门博物馆、天主教艺术博物馆等。

【行业前沿14–2】

港澳游乱象调查：虚假宣传、强制购物

不考虑疫情影响，近年港澳游市场乱象丛生，投诉不断。宣传的是“精品线路、无强制购物、专业导游团服务……”，参团后旅行团不按照合同规定游玩相应的景点，强行带消费者到珠宝店等地方购物，不按照承诺提供相应标准的住宿和用餐服务等。据游客反映，他们在香港买的商品大多数比市价贵。虚假宣传层出不穷、强制购物应接不暇，港澳游旅游市场亟待整肃。

资料来源：编者根据相关资料整理。

二、主要旅游资源及景区

（一）世界文化遗产——澳门历史城区

澳门历史城区于2005年7月15日正式成为世界文化遗产，截至目前，澳门历史城区是澳门唯一被列入世界文化遗产的项目。澳门历史城区位于澳门半岛，以澳门旧城为中心，东起东望洋山，西至新马路靠内港码头，南起妈阁山，北至白鸽巢公园。该城区建筑群中的各建筑建成时间从明至民国，时间跨度达400多年，因为中西文化共融的缘故，城区大部分建筑具有中西合璧的特色。主要包括妈阁庙、港务局大楼、郑家大屋、圣老楞佐教堂、岗顶剧院、三街会馆（关帝庙）、大三巴牌坊等22处历史建筑，是中国境内现存年代最古老、规模最大、保存最完整和最集中的东西方风格共存建筑群。其中，以大三巴牌坊、妈阁庙等最为著名。

1. 大三巴牌坊

大三巴牌坊位于澳门半岛中央、炮台山下，为圣保禄大教堂的前壁遗址，一般称为大三巴或牌坊，是澳门的标志性建筑，为“澳门八景”之一。1835年一场大火将圣保禄教堂烧毁，只剩下前壁留存至今，因其形状与中国传统牌坊相似，因此称为大三巴牌坊（葡语“圣保禄”发音接近粤语中的“三巴”）。大三巴牌坊建筑糅合了欧洲文艺复兴时期西方建筑与东方建筑的风格，体现了东西艺术的交融，雕刻精细，巍峨壮观。无论是牌坊顶端高耸的十字架，还是铜鸽下面的圣婴雕像和被天使、鲜花环绕的圣母塑像，都充满着浓郁的宗教气氛，给人以美的享受，堪称“立体的圣经”。

2. 妈阁庙

妈阁庙是澳门最古老的古刹，位于澳门半岛的西南端，俗称天后庙，是澳门供奉中国道教女仙海神妈祖的庙宇。妈阁庙初建于明弘治元年（1488年），枕山面海，沿崖建筑，古木葱茏，山石峥嵘，风景幽雅。整座庙宇包括大殿、弘仁殿、观音阁等四座主要建筑，石狮镇门，飞檐凌空，是一座富有中国文化特色的古建筑。妈阁庙历经500多年的风雨沧桑，香火不绝，是中葡文化融合的起点，也是澳门最著名的名胜古迹之一。

（二）其他主要旅游景点

1. 澳门渔人码头

澳门渔人码头是澳门首个主题公园，位于新口岸友谊大马路及孙逸仙大马路交叉处，仿欧美渔人码头建成于2005年。渔人码头占地超过11万平方米，整个项目按照设计分为“宫廷码头”“东西汇聚”“励骏码头”3个主题区域，集娱乐、购物、饮食、酒店、游艇码头及会展设施于一体，结合不同建筑特色及中西文化，游客仿佛一会儿行进在古罗马的大街上、一会儿穿行在大唐的宫墙外、一会儿陶醉在希腊神话的意境里。这里24小时免费入场，吃喝玩乐男女老幼各适其便。

2. 澳门旅游塔

澳门旅游塔是全球最高的商业蹦极跳场地，习称为观光塔，位于澳门西湾的新填海区，2001年12月开幕，集观光、会展、娱乐设施于一体，是全球十大观光塔之一，是澳门新一代的标志性建筑。观光塔总高度为338米，塔身顶层即60层是360°旋转餐厅，

61 楼是室外观光廊。站在塔的观光廊，澳门、珠海尽收眼底，晴天还可以看到香港的大屿山岛。旅游塔还设有蹦极跳、高飞跳、空中漫步及“百步登天”四个室外冒险活动。2006 年 12 月，“蹦极跳之父”哈克特在澳门旅游塔开启了 223 米全球最高的商业蹦极跳，同时为旅游塔创下了“从建筑物跃下之最高蹦极跳”及“世界最高商业蹦极跳设施”两项吉尼斯世界纪录。

3. 澳门博彩游乐场

以博彩为龙头的旅游业是澳门经济的一大特色，在澳门既有造型别致、建筑雄伟、专供赌博的葡京娱乐场、威尼斯人度假村，也有在豪华酒店内开设的赌场。但不管何种赌博娱乐场，均装有国际一流的设备，采用现代化的管理方法，并配有严密的保安系统。为配合博彩业，澳门各娱乐场附近开设有众多的当铺，在澳门当铺典押的客户可在香港取回典押品。来澳门的游客中有近四成左右是为赌而来，因此博彩已成为澳门旅游业的支柱与特色。

【任务引入】

澳门自然风光优美，文物古迹众多，气候宜人，富有热带海滨风韵。澳门不仅是世界四大赌城之一，还以中西文化融合的独特魅力和优越的地理位置，成为世界热门旅游地之一。

【任务分析】

澳门历史城区是澳门唯一被列入世界文化遗产的项目，是中国境内现存年代最古老、规模最大、保存最完整和最集中的东西方风格共存建筑群。

【任务实施】

任务要求：请根据澳门历史城区旅游指南及导览图等资料，撰写澳门历史城区内某一高价值旅游点的导游词，字数 500 字以内。

任务目标：

1. 具备对景区内高价值点的鉴别能力。

2. 尝试对景区内高价值导游词的撰写能力。

实训步骤：参见表 14–3 提示。

表 14-3　实训操作指导步骤

步骤	标准	提示
1.确定高价值旅游点	通过线上旅游平台及旅行社澳门线路介绍、旅游攻略等确定高价值旅游点	如妈阁庙、圣老楞佐教堂、大三巴牌坊等
2.搜索高价值点相关资料	通过多种途径，对确定的高价值旅游景点进行全面详细了解	如圣老楞佐教堂位置、历史、建筑风格及旅游开发利用现状等相关素材
3.尝试导游词创作	对资料进行取舍，且要符合导游词语言规范	如避免过多书面语言，具备现场感，强调突出重点内容、高价值点，能够达到对游客科普的效果
4.现场演示	课堂上结合PPT图片或视频，现场模拟导游	注意普通话标准、语音语调抑扬顿挫、语速适中

任务 4　台湾旅游亚区旅游资源概况

【任务概述】

宝岛台湾美丽多姿，自然景观以高山、密林、飞瀑、断崖等称奇，岛内不仅有温泉、椰林，由于四周环海，森林茂密，动植物资源异常丰富，尤其以蝴蝶著称，享有“蝴蝶王国”的美称。台湾是传统的，传承和发扬了中华民族传统文化的精髓，传统的繁体汉字、保存完好的古建筑和古民居，尤其是浓缩了中华文化精粹的台北故宫博物院文物；台湾又是时尚的，是世界名牌、奢侈品的集中地。通过学习，了解台湾旅游资源概况，掌握台湾高价值的旅游景区概况，学会设置简单的台北游览区热门旅游线路中的景区节点。

【学习目标】

1. 了解台湾地区旅游资源概况，掌握台湾地区高价值的旅游景区概况。
2. 学会设置简单的台北游览区经典旅游线路中的景区节点。
3. 通过孤悬海外的台湾地区旅游业发展现状分析，树立民族责任感与家国情怀。

【知识准备】

一、区域旅游资源概况

台湾地区，简称“台”，是中华人民共和国省级行政区，省会台北，地处我国大陆东南沿海的大陆架上，东临太平洋，东北邻琉球群岛，南界巴士海峡与菲律宾群岛相对，西隔台湾海峡与福建省相望。台湾地区包括中国第一大岛台湾岛和兰屿、绿岛、钓鱼岛等附属岛屿及澎湖列岛，陆地总面积约 3.6 万平方公里。台湾扼西太平洋航道的中心，是我国与太平洋地区各国海上联系的重要交通枢纽，主要港口有高雄港、基隆港、台中港、花莲港等。台湾地貌多为山地与丘陵，东部多山脉，中部多丘陵，平原主要集中于西部沿海，东部玉山山脉主峰海拔 3952 米，是台湾也是我国东部最高峰。台湾地区人口 2356.84 万人（截至 2021 年年末），是我国人口密度最大的省份之一，人口主要集中分布在西部平原。台湾居民以汉族为主，约占总人口的 98%，主要的少数民族是高山族。

台湾自古以来就是中国不可分割的一部分，海峡两岸同胞同根同源、同文同种。自明末清初以来有大量福建南部和广东东部居民移垦，最终形成以汉族为主体的社会。台湾在 17 世纪上半叶先后被西班牙、荷兰侵占将近半个世纪，甲午中日战争后又沦为日本殖民地长达半个世纪，抗日战争结束后，台湾重归中国版图。1949 年国民党政府在内战失利后退守台湾，海峡两岸分治至今。台湾自 20 世纪 60 年代起推行出口导向型工业化战略，经济社会发展突飞猛进，缔造了举世瞩目的台湾经济奇迹，名列“亚洲四小龙”之一，于 20 世纪 90 年代跻身发达经济体之列。台湾制造业与高新技术产业发达，半导体、IT、通信、电子精密制造等领域全球领先，台湾产业结构以电子工业为主导的高新技术产业和服务业为支柱产业。

台湾地处热带及亚热带气候交界，自然景观与生态资源丰富，是一个美丽的宝岛。台湾地貌资源丰富，拥有高山、丘陵、平原、盆地、岛屿、纵谷与海岸等自然景观资源，以及热带、亚热带、温带等各种自然生态资源、森林资源及海洋资源，其中，阿里山、阳明山、太鲁阁、垦丁等景区具有世界级的水平。在人文景观方面，由于丰富多元的历史背景，兼容闽南、客家、外省及高山族等不同的族群，在宗教信仰、建筑、语言、生活习惯及饮食风味上，又形成多彩多姿的台湾区域性文化。近年台湾逐渐重视对人文旅游资源如文物古迹、建筑、民间艺术、民俗风土、特色美食等的旅游开发，使其与自然景观融为一体，充分体现历史价值和人文特色，形成岛内丰富多彩的人文色彩。

【课堂思考 14-1】

“挟洋谋独”没有出路，“以台制华”注定失败

《台湾问题与新时代中国统一事业》白皮书于2022年8月发布，白皮书是在佩洛西窜台挑衅、中方展开一系列有力反制措施后发表的，具有很强的现实针对性，清晰阐明了台湾自古属于中国的历史经纬、法理事实，世界上只有一个中国，台湾是中国的一部分，中华人民共和国政府是代表中国的唯一合法政府。体现了中国人民维护国家主权和领土完整的决心不可动摇、意志坚如磐石，对于坚决粉碎“台独”分裂和外来干涉图谋，强化塑造反“独”促统大势，必将产生重大而深远的影响。试说明为什么说“挟洋谋独”没有出路，“以台制华”注定失败。

资料来源：编者根据相关资料整理。

二、主要旅游资源及景区

（一）台北游览区

台北游览区以台北市为旅游中心，包括桃园市、基隆市、新北市、宜兰县和新竹市等县市所辖区域。本区自然景观与人文景观皆佳，其中台北市是台湾地区的政治、经济、文化和交通中心，为台湾第一大市，也是台湾北部的游览中心。主要景点有台北故宫博物院、台北101大楼、中正纪念堂、士林官邸、北投温泉、阳明山国家公园、野柳地质公园、大屯火山群景区、淡水渔人码头、龙山寺、西门町等。

1. 台北故宫博物院

台北“故宫博物院”，位于台北市士林区，又称台北故宫、中山博物院，是中国大型综合性博物馆、台湾规模最大的博物馆，也是中国三大博物馆之一，是研究古代中国艺术史和汉学的重要载体。它于1965年夏建成，占地总面积约16公顷，为仿造我国传统宫殿式建筑，主体建筑共4层，白墙绿瓦，正院呈梅花形。院前广场耸立五间六柱冲天式牌坊，整座建筑庄重典雅，富有民族特色。台北故宫博物院藏品包括清代北京故宫、沈阳故宫等处旧藏之精华70万件，价值连城的极品更是数以千计，以陶瓷、书画、青铜器保存最为完整。如瓷器中的宋、明、清名窑名家制品等；书法中的王羲之《快雪时晴帖》，颜真卿、宋徽宗（赵佶）书法手迹，画卷中的张宏《华子冈图》，以及中唐至清历代名家的代表作；铜器中的西周毛公鼎、散氏盘；玉器中的翠玉白菜、辟邪雕刻（六朝古墓出土）等，堪称中国文化艺术宝库。藏品的年代几乎涵盖了整部5000年的中国历史，体现了中华文化的源远流长。

2. 台北101大楼

台北101大楼是台湾地区台北市的地标性建筑，原名为台北国际金融中心，又名台北101、台北金融大楼，坐落于台北市信义区金融贸易区中心。大楼地上有101层，底下有5层，高508米，即包含办公塔楼101层及高60米的商业裙楼6层和地下楼面5层，每8层楼为1个结构单元，彼此接续、层层相叠，构筑整体；第101层，面积只有3.3平方米，转乘2次电梯才能抵达。大楼有2部快速电梯可直达观景台，其上行最高速率可达每秒16米，相当于时速60公里。外墙灯光会在特殊的节日，会以节庆为主题在外墙以灯光表现特殊的文字或图形，大楼烟火表演装置，配合不同节日主题，进行烟火秀表演。

3. 野柳地质公园

野柳地质公园位于新北市万里区，是一个伸入海中的山岬，长约1700米，这里突出于北海岸的狭长海岬，经千百万年的侵蚀、风化作用，逐渐形成蕈状石、烛台石、姜石、壶穴、棋盘石、海蚀洞等奇岩怪石密布的地质奇观，成为台湾最负盛名的地质公园。再加上周围丰富的海洋生态、渔村风情等多元地貌，让野柳成为深具教育、观光与游憩功能的著名旅游景点。曾被《中国国家地理》杂志“选美中国”活动评选为“中国最美的八大海岸”之一。主要景点有女王头、仙女鞋、梅花石、情人石、卧牛石等。最著名的景点是屹立于斜缓石坡高达2米的“女王头”，该“头像”颈部修长、脸部线条优美，神态像极昂首静坐的尊贵女王，体现了自然神工之美妙。

4. 北投温泉

北投温泉位于台北市北投区大屯火山群、金山断层上，为台湾百年来最著名的温泉乡。三面有大屯、七星、纱帽诸峰环绕，南面的淡水河蜿蜒如带。这里温泉密布，别致的温泉旅社五步一楼、十步一阁，隐现于岩谷溪涧之间。北投温泉早在日本侵占时期就享有盛名的温泉公共浴场，有着英国都铎时期的乡村建筑风格，沉稳的红色砖墙与黑色的瓦与绿荫相称，是个让人放松休憩的好地方。其泉源主要来自地热谷及行义路底的龙凤谷，地热谷涌出的热泉澈绿似玉，称为青磺，属酸性盐酸泉，因泉水中又含有少量的放射性镭，也称为“镭温泉”；由龙凤谷接管引来的白磺又称为星汤，属酸性硫酸盐泉，两种泉质均有治疗慢性关节炎、肌肉酸痛、慢性皮肤炎等疗效。北投温泉距台北市12公里，位于阳明山麓北投镇，它与大屯火山群、士林、阳明山构成台湾北部著名风景区。

（二）台中游览区

台中游览区位处台湾岛中段，以台中市为中心，该区域包括台中市、南投县、云林县、彰化县、苗栗县及花莲县所辖区域，主要景点包括日月潭、阿里山、玉山、太鲁阁峡、清境农场、雾社、阿美文化村、昭忠塔等。

1. 阿里山

阿里山是台湾地区的著名的旅游风景区和理想的避暑胜地，位于嘉义市东部。阿里山共由十八座高山组成，属于玉山山脉的支脉，最高海拔高度为2663米。景区环境优美，气候凉爽，有森林铁路可登山。日出、云海、晚霞、森林与高山铁路，合称阿里山五奇。“擎天神木”“壮观云海”“艳红樱花”“日出奇观”是阿里山著名的四大景观。阿里山森林铁路为世界上著名的登山铁路之一。全线自海拔30米的嘉义一路爬升至2216米高的阿里山，经过众多隧道和桥梁，沿途可欣赏热、暖、温等不同森林带之植物种类变化与美丽的山脉、溪谷。

2. 日月潭

日月潭位于阿里山以北的南投县，是台湾地区第一大天然湖泊，湖面海拔740米，面积7.93平方公里，平均水深30多米，清朝时即被选为台湾八大景之一，是台湾地区最著名的风景区与避暑胜地。日月潭潭中有一小岛名珠仔屿，亦名光华岛，此岛以北湖形如日轮，以南形似新月，日月潭因此而得名。日月潭之美在于环湖重峦叠嶂，湖面辽阔，潭水澄澈，一年四季，晨昏景色各有不同。湖面的涵碧楼是观赏湖光山色的最佳处，周围还有玄光寺、玄奘寺、九层慈恩塔、文武庙等胜迹。

3. 太鲁阁

太鲁阁位于台湾岛东部，地跨花莲、台中、南投三县交界处，以峡谷和断崖为特色，以雄伟壮丽、几近垂直的大理岩峡谷景观闻名，被公认为“台湾八景之冠”。主要景点包括长春祠、太鲁阁峡谷、九曲洞、天祥村等。20公里长的太鲁阁峡谷是世界上最大规模的大理石峡谷，两岸悬崖万仞、奇峰插天、怪石嵯峨，谷中溪曲水急、林泉幽邃。因为地势险要，易守难攻，峡谷多次作为战场，至今随处可见当年本地人抵抗日本侵略者的石头碉堡。

（三）台南游览区

台南游览区指台湾岛南端，主要包括高雄市、台南市、嘉义县、屏东县和澎湖县等地域。在旅游资源上既有如鹅銮鼻灯塔、垦丁公园为代表的海岸风光，也有以赤崁楼、郑成功庙、安平古堡为代表的历史遗址遗迹。

1. 垦丁公园

垦丁公园位于台湾本岛最南端的恒春半岛，被称为台湾的天涯海角。1984年，垦丁公园正式挂牌成立，是岛内首座公园。垦丁地属热带气候，年平均气温25℃，热带植物衍生、昆虫蝴蝶类繁多，四周海水清澈，珊瑚礁生长繁盛。主要的景点有猫鼻头、森林游乐区、鹅銮鼻、七孔瀑布、出火风景区、龙磐公园、船帆石等。公园内的鹅銮鼻灯塔是台湾拥有百余年历史的灯塔，为著名历史建筑。

2. 关子岭温泉

关子岭温泉位于台南市白河区，为台湾著名温泉。关子岭温泉最大特色是黑浊泥状的泉水，含有丰富矿物质，是全球稀有的泥浆温泉，由于当地盛产天然气与硫黄，泥浆水经过这些天然热源加温后滑腻而带有浓厚的硫黄味，泉水可浴不可饮，浸泡后全身舒畅，皮肤柔滑光洁，传言对于皮肤过敏、胃肠慢性病及风湿关节炎均具有相当疗效，堪称天然美容圣品。这里四周有枕头山、虎头山等群峰环抱，设有关子岭温泉风景区，以关子岭温泉区为起点，沿途有火山碧云寺、红叶公园、水火同源等诸多休憩玩赏地点。

3. 安平古堡

安平古堡位于今台南市安平区，古称“奥伦治城”、“热兰遮城”“台湾城”。原是明末崇祯年间荷兰人侵占台湾时建造的贸易据点，是台湾地区最古老的城堡。郑成功收复台湾后，改名为“安平”，作为郑氏府第。古堡建筑屋舍纯用红色砖瓦，黄昏时与落日相辉映，景色优美，“安平夕照”1953年被选为台湾八景之一。今日所见的安平古堡，虽已是历经多次整建后的模样，不复当年碉堡的宏伟壮丽，但见证了台湾三百多年来的沧桑历史，是具有重要文化意义的游览胜地。

【任务引入】

宝岛台湾旅游资源丰富，自然、人文景观多姿多彩，加上70多年人为的隔离、社会制度的差异，为台湾增添几分神秘感，相对于大陆民众而言具有独特吸引力，2010年以来大陆一直是台岛最大的入境游市场。

【任务分析】

台湾水热条件优越，水果种类繁多，素有“水果王国”美称，是一个四季都可以去的地方，但春秋季，尤其是天气晴朗凉爽的秋季是台湾旅游最佳季节。

【任务实施】

任务要求：依托台北游览区知名旅游景点，利用电子地图对兼有自然和人文景观的秋季经典旅游线路中的景区节点设置进行规划。

任务目标：

1. 具备对行业热门线路的关注度和敏感度。

2. 学会设置简单的台北游览区经典旅游线路中的景区节点。

3. 具备在电子地图上按照确定的资源进行基础线路规划的能力。

实训步骤：参见表14–4提示。

表14–4　实训操作指导步骤

步骤	标准	提示
1.查找台北游览区热门旅游景点	包括著名自然景观、人文景点、热点资源	如台北故宫博物院、中正纪念堂、台北101大楼、北投温泉等
2.对同类景点进行取舍，将自然与人文穿插设计	将知名度高、热点的资源及景点分类，尽量资源类型多样化	如自然类阳明山与野柳地质公园选择一个，把人文类台北故宫博物院、中正纪念堂穿插其中
3.将所有资源及景点标注在地图上	界定查找到的资源及景点在台北游览区范围内	如台北故宫博物院、台北101大楼等在电子地图上进行标识
4.将地图上资源与景点进行线路连接，自动生成线路图	对有疑问和不解的线路安排进行求证	如按照从台北出发，又回到台北，采用节点状、环状线路相结合的方式做成人环线

【项目考核】

一、单项选择题

1. 世界三大天然深水良港之一，也是世界上最繁忙的天然内港之一的是（　）。

A. 宁波港　B. 基隆港　C. 维多利亚港　D. 上海港

2. 下列不属于本旅游区内的山脉的是（　）。

A. 太平山　B. 阿里山　C. 武夷山　D. 东望洋山

3. 本区唯一被列入世界文化遗产的项目是（　）。

A. 大三巴牌坊　B. 澳门历史城区　C. 杜莎夫人蜡像馆　D. 安平古堡

二、多项选择题

1. 澳门重要的经济支柱是（　）。

A. 旅游业　B. 出口加工业　C. 博彩业　D. 高新技术产业

2. 下列属于香港的景区有（　）。

A. 大三巴牌坊　B. 铜锣湾　C. 维多利亚港　D. 渔人码头

3. 以下属于台北游览区的旅游景点有（　）。

A. 野柳地质公园　B. 日月潭　C. 阳明山　D. 垦丁

【项目实训】

回首详细梳理2019年“香港修例风波”以来香港曾发生过的暴乱，可以说是美国精心组织策划的一场“颜色革命”。这场暴乱表面的起因是所谓反对修例，而反对修例的第一天，美国方面就通过它的政府系统，对香港民众发出各种各样的呼吁，甚至用降低美港关系这样的威胁来影响民众的情绪；6月19日，美国众议院议长佩洛西在公开的场合用“美丽的风景线”来鼓励暴徒的行动，参议员克鲁兹甚至穿起暴徒的服装站在街上说，他没有看见暴力，极大地催化了这场香港暴乱。中国中央政府、香港特区政府采取了一系列措施，在2020年6月30日通过了《香港特别行政区维护国家安全法》，香港社会迅速恢复稳定，反中乱港分子在香港已没有立足之地。

实训要求：请以小组为单位，查找资料，对香港动荡的内部根源、外部原因及政府的系列举措进行梳理。

参考文献

［1］张东月，焦金英．新编旅游地理［M］．北京：中国旅游出版社，2017.

［2］保继刚，楚义芳．旅游地理学［M］．北京：高等教育出版社，2018.

［3］李娟文．中国旅游地理［M］．7版．大连：东北财经大学出版社，2022.

［4］赵利民．中国旅游地理［M］．大连：东北财经大学出版社，2020.

［5］徐永红．中国旅游地理［M］．2版．北京：中国人民大学出版社，2020.

［6］发展计划司.2021年民航行业发展统计公报［EB/OL］. http：//www.caac.gov.cn/.

［7］《关于加快邮轮游艇装备及产业发展的实施意见》文字解读［EB/OL］. http：//www.gov.cn/.

［8］游春亮．春节期间港澳游乱象调查：强制购物应接不暇［N］．法制日报，2019-02-18.

［9］戴斌．《从风景到场景——关于景区度假区和休闲街区的新思考》［EB/OL］. https：//travel.sohu.com/.

［10］旅游资源分类、调查与评价（GB/T 18972—2017）［EB/OL］. https：//openstd.samr.gov.cn/bzgk/gb/newGbInfo?hcno=B8AFA5B524438117E00F3BC259B6831C.

策划编辑：张芸艳
责任编辑：张芸艳
责任印制：冯冬青
封面设计：武爱听

图书在版编目（CIP）数据

新编中国旅游地理 / 焦金英，张东月主编. -- 2版. -- 北京 : 中国旅游出版社，2023.8

中国旅游院校五星联盟教材编写出版项目　中国骨干旅游高职院校教材编写出版项目

ISBN 978-7-5032-7134-2

Ⅰ. ①新… Ⅱ. ①焦… ②张… Ⅲ. ①旅游地理学－中国－高等职业教育－教材 Ⅳ. ①F592.99

中国国家版本馆CIP数据核字（2023）第111213号

书　　名：新编中国旅游地理（第二版）

主　　编：焦金英　张东月
参　　编：高梦梦　雷俊霞
出版发行：中国旅游出版社
（北京静安东里6号　邮编：100028）
http://www.cttp.net.cn　E-mail:cttp@mct.gov.cn
营销中心电话：010-57377103，010-57377106
读者服务部电话：010-57377107
排　　版：北京旅教文化传播有限公司
经　　销：全国各地新华书店
印　　刷：三河市灵山芝兰印刷有限公司
版　　次：2023年8月第2版　2023年8月第1次印刷
开　　本：787毫米×1092毫米　1/16
印　　张：24.75
字　　数：420千
定　　价：39.80元
I S B N　978-7-5032-7134-2
